현대무용사상

표현과 해체

* 이 저서는 2013년도 정부(교육과학기술부)의 재원으로 한국연구재단의 지원을 받아 수행된 연구임(NRF-2013S1A5A203045275).

* 이 저서는 신일재단 학술지원금에 의한 결과임.

현대 무용 사상

표현과 해체

Ideas in Contemporary Dance
expression & deconstruction

김말복 · 이지원 · 이지선 · 나일화 지음

이화여자대학교출판문화원

20세기의 무용과 사상, 표현과 해체의 키워드로 읽다

이 책은 20세기 현대 서양무용의 흐름을 당대의 시대사상과 연결시키고, 그 핵심이 되는 예술적 가치와 이념들을 '표현과 해체'의 키워드를 중심으로 풀어낸다. 독자들은 네 명의 필자가 지난 2년 동안의 공동 연구로 결실을 거둔 이 책에서 한 세기 전체를 아우르는 무용사상을 조망하고, 당대를 대표하는 무용 작품의 양상들을 분석하는 다양한 미학적 관점들을 만날 수 있을 것이다.

이 책은 총 3부로 구성된다. 제1부 '20세기 현대 춤의 표현'에서는 20세기 전반 무용에 나타난 '표현'을 다양한 각도에서 주목한다. 여기에서는 모던 댄스의 선구자인 로이 풀러의 아르누보적 상징, 초기 독일 모던 댄스에 나타난 실존주의적 움직임, 기호학적 관점에서 본 춤의 현대적 해석, 예술심리학적 시각으로 본 현대 춤에서의 심리 표현, 사회와 현실에 밀접하게 관계되는 리얼리즘 무용의 양상들을 볼 수 있다.

제2부 '해체 시대의 춤'에서는 20세기 후반의 포스트모던 댄스 이후 나타난 다양한 춤의 흐름을 '해체'의 개념으로 꿰뚫어보고자 했다. 여기에는 니체의 철학과 공유하는 현대 춤의 사상, 무용예술의 영역에서 해체미학의 선구가 되는 머스 커닝엄의 안무, 포스트모던 댄스에 나타나

는 비표현적 특성, 데리다의 해체론적 관점에서 해석한 현대 춤의 탈중심화, 그리고 새로운 주체로 부상하는 마이너리티의 움직임에 관한 내용을 담았다.

제3부 '컨템퍼러리 현장'에서는 현재 활발한 활동을 하고 있는 안무가 포사이드의 작품 「헤테로토피아」에 나타나는 푸코의 헤테로토피아 개념과 사유, 무용예술에 나타나는 디지털 융합의 기술철학적 특성과 의미, 컨템퍼러리 댄스에 나타나는 후기구조주의 이후의 신체 확장의 인식과 담론, 한국 컨템퍼러리 댄스의 글로컬 경향과 표현들에 주목해 본다.

이 책에서 20세기를 전반과 후반으로 나눈 기준은 모더니즘이 포스트모더니즘 사상으로 분화되는 시기와 모던 댄스에서 포스트모던 댄스로 전개되는 시점을 고려한 것으로 무용사상의 흐름에 따라 유연하게 구분해야 할 필요가 있다. 아울러 표현과 해체의 개념 또한 단순하게 모던 댄스가 '표현'적이며, 포스트모던 댄스 이후의 춤이 '해체'를 의미하는 것으로 이해되기보다 한 세기 동안의 춤을 조망하기 위한 키워드의 의미로 읽혀지기를 바란다. 무용미학의 견지에서 볼 때 모던 댄스의 '표현'과 포스트모던 댄스의 '해체'는 상반되거나 대치되는 개념이 아니다. 오히려 해체는 넓은 의미의 표현으로 이해될 수 있으며, 비표현 혹은 반표현에서 나아간 해체는 표현주의의 다양한 양식의 발현으로 볼 수 있다. 마지막으로 이 책에서 '모던 댄스', '포스트모던 댄스'를 '현대 춤'으로 표기하는 경우가 있는데, 필자들의 개별 연구에서 나타나는 맥락적 의미와 글의 스타일을 고려해서 용어를 통일해 표기하지 않았다.

20세기의 새로운 사상적 변화를 이끌었던 니체의 차라투스트라는 "내가 신을 믿게 된다면 다만 춤출 줄 아는 신이리라"고 외쳤고, 그 울림이 21세기인 현재까지 널리 울려 퍼지는 듯 무용은 삶 속의 예술로 존재하고 있다. 이러한 시대에 이 책이 무용예술에 대한 폭넓고 깊이 있는 이해와 오늘날의 춤에 대한 다양한 시각들을 이끌어내 주기를 바라며, 끝으로 무용의 학문적 발전 가능성을 격려해 준 신일재단의 학술 지원에 감사드린다.

2016년 8월

저자 대표 김말복

차례

제2부 _ 해체 시대의 춤

제3부 _ 컨템퍼러리 현장

제1부

20세기 현대 춤의 표현

제1장

로이 풀러의 아르누보적 상징

김말복

19세기 말 유럽은 세기말적 불안의 징후로 다양한 예술 스타일과 사상들이 나타나고 사라져 갔는데 그중에 다양한 분야와 예술 사조의 형성에 영향을 주었을 뿐 아니라 다수의 예술 사상의 선구이자 우상으로 칭송받으면서 또한 독자적인 개성을 지닌 예술가로 평가받는 인물이 바로 로이 풀러(Loie Fuller, 1862-1928)다. 로이 풀러는 무용예술에 빛을 가져다준, 즉 조명을 가르쳐준 첫 번째 스승이다. 그녀는 전통적인 안무의 틀을 무너뜨림으로써 현대무용 발전의 길을 열어주었다. 오늘날 그녀는 현대무용과 극장 조명기술의 선구자로 평가받고 있으며, 아르누보(art nouveau)와 프랑스 상징주의 이론, 미래파, 초현실주의, 그리고 극장 기술의 발전을 이야기할 때 그녀를 빼놓고 논의할 수 없을 정도의 중요성을 지닌다.

로이 풀러를 아르누보와 상징주의 이론의 관점에서 연구해 각기 아르누보의 선구이자 아이콘으로 그리고 상징주의 이론을 실현해 준 이상적인 상징체로서 그녀의 춤을 설명하고자 한다. 그리고 각각의 예술 움직임 속에서 그녀가 차지하는 위상과 역할을 살펴볼 것이다. 그녀가 다양한 예술 사조의 시조로 거론될 수 있었던 것은 인간 신체를 그녀의 트레이드마크가 된 긴 실크 천으로 가린 채 춤추는 '스커트 댄스(skirt dance)'를 통해 이 세상의 것이 아닌 것 같은 환영과 이미지를 만들어냈기 때문이었다. 따라서 아르누보와 상징주의 이론의 접점이 되는 그녀의 무용 이미지와 상징이 연구의 초점이 되는데, 먼저 그녀가 그런 환영적인 이미지를 만들어내는 데 관심을 갖게 된 배경과 이미지를 중시하는 작품 아이디어와 스타일이 형성되어가는 과정을 살펴본 뒤 그리고 그것이 어떻게 아르누보적으로 읽히면서 동시에 상징파 이론의 완벽한 상징으로 보일 수가 있었는지의 이유를 살펴보고자 한다.

로이 풀러에 대한 선행 연구로는 각기 그녀의 작품에서 나타나는 아르누보적 성향 연구[1]와 미래파의 관점에서 살펴본 그녀의 혁신적인 표현성 연구,[2] 음악적 리듬과 조명의 관계에 대한 연구,[3] 말라르메(Stéphane Mallarmé)와 프루스트(Marcel Proust) 그리고 상징주의의 관점에서 다룬 연구[4] 등이 있다. 그러나 이 논의는 단지 그녀의 작품에 나타나는 아르누보적 성향의 지적에 그치는 것이 아니라 그 운동의 선구로 설명한다는 점에서 차이가 있고 상징주의적 관점에서 다룬 선행 연구와 비교해서는 리동(Mary Lydon)의 연구가 말라르메의 시에 나타나는 풀러

1 조은숙(2008). 아르누보적 관점에서 본 로이 풀러의 예술 성향에 관한 연구. 『무용예술학연구』, 25, pp.217-235.

2 Amy Zornitzer(1998). Revolutionaries of the Theatrical Experience: Fuller and the Futurists. *Dance Chronicle*, 21(1), pp.93-105.

3 Sally R. Sommer(1981). Loie Fuller's Art of Music and Light. *Dance Chronicle*, 4(4), pp.389-401.

4 Mary Lydon(1988). Skirting the Issue: Mallarmé, Proust, and Symbolism. *Yale French Studies*, 74, pp.157-181.

춤의 언급에 집중 조명되고 있는 것과 달리 그녀의 춤에 나타나는 상징의 구조와 메커니즘을 밝히고자 한다.

1. 로이 풀러의 작품 스타일

로이 풀러는 항시 앞서가는 겁없는 의지를 가지고 이를 실행하기에 충분할 정도의 지성과 비상한 수완을 지녀 자신이 뜻한 바를 이루는 독창력을 가진 인물이었다. 그녀의 이런 자질은 많은 사람에 의해 지적되고 칭송되었는데 "유명한 예술평론가 아르센 알렉상드르(Arsène Alexandre)는 그녀를 세상에서 가장 좋은 의미에서의 '매우 진취적인 여성(a very pushing woman)'이라고 했다."[5] '빛의 마술사'로서 풀러는 현대무용의 선구자일 뿐 아니라 무대 조명과 영화 테크닉에도 매우 중요한 기여를 했다. 그녀는 아르누보 정신을 체현한 화신이었으며 많은 화가와 조각가, 시인 등 당대 수많은 예술가와 지식인에게 영감적인 존재로 그녀의 모습은 많은 예술 작품에서 우상화되어 묘사되었다. 또한 프랑스 상징파 시인들에게는 영감의 대상이었고 상징주의 움직임의 상징이었다. 그리고 그녀는 프랑스 천문학회 회원이었다.

19세기 말 풀러가 혁신적 시대적 우상이 될 수 있었던 이유는 전통적으로 "무용예술의 장점으로 생각되던 아름다운 무용수와 아름다운 포즈를 강조하는 것이 아니라 무용수의 신체를 뒤집어씌우고 감춰 인간적인 모습을 감춰버린 데 있다."[6] 그 결과 무용예술의 제재를 어떤 시각적인 형태나 추상적인 상징으로 변화시킨 새로운 변화의 주역이 바로 풀

---

5 Richard N. & Marcia E. Current(1997). *Loie Fuller: Goddess of Light*(Boston: Northwestern University Press), p.5.

6 김말복(2011). 『무용예술코드』(파주: 한길아트), p.51.

러다. 당시대인들을 기절초풍하게 만든 풀러의 놀라운 시각적 효과와 예술적 발명은 "그녀를 감싼 얼룩진 베일이 소용돌이치며 일분에 만 번 정도 변화하며 만들어내는 환상은 마치 기묘한 꿈 같은 생물이 미친 듯이 춤추는 것을 보는 것 같다"[7]라는 인상을 만들어냈다. 이런 비법의 원인은 무용예술에 즉흥적인 안무 방식을 처음으로 도입하고 광대한 실크 천으로 만든 의상을 고안해 이를 알루미늄이나 대나무로 만든 지휘봉 같은 긴 지팡이로 투명한 겹겹의 천 아래에서 휘둘러 의상이 살아 움직이도록 한 것이다. 이것이 만들어내는 효과는 그녀의 신체 움직임을 확대시켜 주었으며, 동시에 초현실적이고 흐르는 특질을 동작들에 부여해 주었다.

그녀가 소용돌이치는 팔 움직임과 색채를 입힌 조명은 관객에게 최면술을 거는 것과 같은 효과를 만들어내어 당대의 많은 화가와 조각가 그리고 루미에르 형제(Lumiére Brothers)와 같은 영화 제작자들이 포착하고자 했으며 후대의 예술가들이 재생산하고자 한 매혹적인 장면이었다. 그녀가 이런 작품 성향을 형성하게 된 원천을 소급해 보자면 1878년과 1879년 시즌에 빈센트 컴퍼니(Felix A. Vincent Company)와 함께 순회 공연한 판토마임 스펙터클 「알라딘(Alladin)」에서 시작되었다고 할 수 있다. 이런 공연은 조야한 극장에서 순간적인 장면 전환을 위해 엷은 거즈(gauze) 커튼과 이를 밝히는 칼슘광 그리고 오늘날 슬라이드 프로젝터의 전신이라 할 환등기로 다양한 슬라이드 영상을 천에다 비추는 기술이었다. 이는 마법적인 장면 전환을 위해 고안된 장치였는데 이런 방식을 당시 성인이 된 풀러가 수용함으로써 자신의 추후 예술적 발전에 중요한 연출 원리가 되었다.

1886년 비쥬 오페라 시어터(Bijou Opera House Theater Company)의

---

7 Arsène Alexandre(1900). Le Theatre de la Loie Fuller. *Le Theatre*, 4, August 11, p.24.

전속 배우가 된 뒤 1887년 풀러가 주인공을 맡은 「아라비안 나이트(The Arabian Nights)」 공연에서 '스팀 커튼'이 선보였는데 "이는 수증기들이 다양한 색깔의 조명으로 비춰지는 것이었다. 이런 화려한 연출법은 그 시대 미국의 전형적인 대중 여흥이었으며 끊임없는 실험을 거친 스펙터클한 무대 효과는 당시 성장하는 중산층 관객들에게 사랑받았다."[8] 이런 공연을 통해 풀러는 무대연출법에 대한 학습을 축적했다. 1889년 그녀는 파리 만국박람회에 들러 전기의 성(城)과 9미터나 솟아오르는 분수의 물을 유리로 된 풀(pool) 바닥 아래에서 다양한 색의 전기 조명으로 비추는 빨간 탑(Champs de Mars)의 빛을 내는 분수에 큰 인상을 받았다. 1890년 런던에서 풀러는 명랑 소녀와 스커트 댄스로 유명한 명랑극단(Gaiety Theatre)에서 활동하게 되는데 이 시점이 그녀의 솔로 스커트 댄스 안무 개념이 형성되는 데 중요한 시점이 된다.

1891년 미국으로 돌아온 뒤 최면을 주제로 하는 코미디 작품 「돌팔이 의사(Quack, MD)」에서 풀러 버전의 스커트 댄스를 처음 선보이게 된다. 이 작품에서 그녀는 마치 최면에 걸린 척하며 춤추었는데 긴 치마를 가슴 아래 핀으로 고정한 채 치마 양 옆 끝자락을 잡고서 무대 위를 달려가면 공중에 휘날리는 천들이 그녀의 춤에 천상의 서정성을 부여해 주어 관객들을 매혹시켰다. 이로부터 자신의 신체 동작을 조정해 시시각각으로 색이 변하는 천이 그녀 주위에서 부풀어 오르며 맴돌고 소용돌이치게 만들어 추상적인 형태로 조각하는 방법을 긴 거울 앞에서 연습하며 자신의 스타일을 형성해 나가게 된다. 이런 아이디어의 초기부터 그녀는 인간 신체가 의상에 의해 동작의 영역을 확장시킴으로써 이상한 형체로 변형되고 실크 천이 그 자체의 생명력으로 움직이는 것에

---

8 Selma Jeanne Cohen(ed.)(1998). *International Encyclopedia of Dance Vol. 3*(New York: Oxford University Press), p.91.

강한 흥미를 느꼈다. 그리고 환상적인 장면 연출에 대한 경험과 노하우가 발전하게 되었으리라 본다.

1891년 11월 코미디 작품 막간에 그녀의 「구불거리는 춤(Serpentine Dance)」을 공연하게 되었는데 이 작품이 1892년에 열광적인 평을 받게 된다. 그런 반응에 힘입어 풀러는 극단에 급여 인상을 요구했는데 극단은 이를 거절하고 풀러를 해고했을 뿐 아니라 그녀의 아이디어를 모방한 다른 무용수를 채용했다. 풀러는 자신의 춤 아이디어를 도용한 베미스(Minnie Renwood Bemis)에게 저작권 소송을 냈지만 패소했다. 그녀의 판례(Fuller vs Bemis)는 이후 무용안무 저작권법에 큰 영향을 끼치는 경계표(境界標)가 되었다. 당시 판결은 극적인 구성이 아닌 '우아한 움직임의 연결'에 대해 저작권 보호가 적용될 수 없다고 봤던 것이다. 그리하여 미국에서 얻지 못한 진지한 예술적 인정을 받기 위해 유럽으로 향했다.

1892년 그녀는 파리에서 가장 큰 음악홀인 폴리 베르제르(Folies-Bergère)의 스타 연기자로 전속 계약을 했는데 전임자는 또 다른 풀러의 모방자였다. 베르제르극장은 풀러의 「구불거리는 춤」을 공연하기 위해서 극장 안내원이 일일이 객석을 밝히는 가스등을 껐는데 이는 그 당시로는 유례없는 혁신적인 조치였다. 어두움 속에서 공연을 기다리는 흥분과 긴장감이 기대감을 한층 고조시켰다. 이후 베르제르극장은 1892년 가스등 조명에서 전기 조명으로 시설을 바꾸게 된다. 무대는 아무런 장식도 없이 검정 천 커튼으로 둘러싸인 채 검정 벨벳이 깔린 무대에서 풀러는 무지개 색으로 변하는 빛 덩어리로 나타나 한순간 형태를 드러냈다가는 금방 실크 구름 속으로 숨어버리곤 했다. 그녀가 춤추고 회전하면서 얇고 가벼운 실크 의상을 공중으로 내던지면 그것들은 거대한 나비와 꽃의 모습으로 주위에 떠올랐다. 또 공중에서 파스텔 색조의 거대한 날개처럼 펄펄 날아다니다가 어느 순간 그녀의 주위에 백합 봉우리처럼 모여들었다. 이 실크천 의상의 크기는 양손에서 각기 3미터 정도씩 연장되는 길이의 정도였고, 「백합 춤(Dance of the Lily)」(1895)에서는 그녀의 머리 위 10미터까지 솟을 정도였는데 풀러는 의상의 무게 때문에 이 춤을 춘 뒤에 의자에 쓰러질 정도였고 "순수 의지의 힘으로 한다"고 말했다고 한다.

"그녀의 공연은 세상을 떠들썩하게 하는 대사건으로 즉각 성공을 거뒀으며, 로이 풀러는 '새로운 무용예술의 창조자'로 불리며 비평계와 대중으로부터 그렇게도 바라던 환호를 받았다. 로이 풀러의 파리 입성 시기는 마치 파리가 그녀의 '빛나는 춤(luminous dance)'을 보기 위해 준비한 것처럼 절묘했다. 로이 풀러의 파리 도착 시점은 아르누보의 발화(發花)와 상징주의 이론의 발전, 그리고 가스에서 전기 조명으로의 전환 시점과 일치했다. 로이 풀러는 '빛을 내는 요정(La fée lumineuse)'이라 환호받으며 유명한 시인과 비평가들의 칭송을 받고, 많은 화가와 조각가가 그녀의 모습을 작품으로 만들면서 그 시대의 우상이 되었다."[9] 대부분 솔로 작품인 그녀의 작품 중 가장 인기를 얻은 「불의 춤(Fire Dance)」(1895)에서 풀러는 무대 아래서 조명을 비추는 기술을 처음 사용했다. 이 아이디어는 그녀가 1889년 파리 만국박람회에서 본 빛을 내는 분수 '빨간 탑'의 아이디어를 처음으로 무대 공연화한 것이다.

이 작품은 이제까지 무대 앞에서 조명을 쏘는 것에서 나아가 무대 바닥에 두꺼운 유리판을 깔고 그 아래에서 강력한 빛을 비춰 옷자락에 불이 붙은 것 같은 인상을 만들어냈다. 춤이 전개되면서 점차 불길이 일어나 그녀를 집어삼키고 화산 폭발의 중심처럼 타오르는듯 하다가 마지막에는 무대에 타다 남은 불씨 같은 것만 남기고 완전히 사라진다. 그리고 마침내 하늘을 날아오르는 듯한 실크 조각을 비추는 조명으로 끝난다.

---

9 김말복(2011), p.52.

이렇게 단순한 추상 안무 경향은 전성기까지 이어지는데, 구불거리는 형태와 꽃 모양에서 시작해 파도와 안개, 구름, 불, 나비, 큰 날개가 달린 생물 등으로 이어졌다. 이 전성기의 춤에 대한 인상은 "순수 형식의 꿈을 불러일으킨다"라는 기록으로 보아 순수와 비인간적 형상을 주요 모티프로 하는 스타일이었다.

1904년부터 공연하기 시작한 일련의 「라듐 댄스(Radium Dance)」는 그녀의 특징적인 스타일을 보여주는 작품이다. 이 작품은 어둠 속에서 빛을 내는 물질을 의상에 입혀 조명으로 빛을 발하게 하는 아이디어인데 이 역시 당시로서는 처음 보는 현상이었다. 1890년대 초부터 로이 풀러는 의상에 쓸 '차가운 빛'을 발명하기 위해 스트론튬 소금과 우란광에서 푸른 인광을 추출해내는 실험을 통해 고유 원천을 찾았다. 의상에다 인광을 발하는 이 페인트를 칠한 뒤 다양한 색채 조명을 비추면 어둠 속에서 별이 명멸하는 듯 경이로운 느낌을 불러일으켰다. 풀러는 이 작품의 조명을 작동시키기 위해 40명의 기술자를 동원할 정도로 당시 첨단 테크놀로지 작품이었다. "당시 개발된 전기, 즉 조명은 무대에서 최신 유행이었다. 전기가 없었다면 풀러의 예술은 존재하지 않았을 것이다. 경이로운 전기 조명과 의상 페인트가 어둠 속에서 빛을 받아 발광하는 풀러의 춤을 보고 비평가 비두(André Bidou)는 '푸른색 배경 위에 떠다니는 추상 디자인과 줄무늬의 자유로운 형태 놀이'라 했다. 로이 풀러는 공연에서 선과 형태 그리고 색을 실험한 것이다."[10] 이런 계통의 어둠에서 인광을 발하는 「푸른빛 춤(Phosphorescent Dance)」을 보고 평론가 마이어 그래페(Julius Meier-Graefe)는 "숨을 멈추게 하는 신비로운 춤(mystic dance)"[11]이라는 느낌을 기록하고 있다.

---

10 앞의 책, p.56.

11 Rhonda K. Garelick(2007), *Electric Salome*(Princeton and Oxford: Princeton University Press), p.39.

이렇듯 그녀는 텅 빈 무대 위에서 거울과 조명들을 복잡하게 사용해 끊임없이 변화하는 색채 조명으로 경이로운 꿈 같은 장면을 연출해냈다. 그녀의 활동 말기에 해당하는 중요한 스타일은 그림자 무용이다. 이때는 풀러가 나이가 들어 자신이 직접 출연하기보다는 '뮤즈들' 혹은 '풀러렛(Fullerets)'이라 불린 어린 무용수로 구성된 무용단 공연을 주로 하던 시기다. 1911년부터 풀러는 일련의 그림자 춤 공연을 시작해 활동이 끝나는 시점까지 지속적으로 다듬고 발전시킨 스타일이다. 그림자와 움직임으로만 승부한 이 안무적 탐구는 당대의 입체파의 탐구로 반향을 불러일으켰다. 1918년에서 1921년 사이 무용 드라마 영화를 제작하고 감독하는 데 열중하다가 1922년에서 1923년 시즌에 다시금 그림자 춤 버전에 관심을 가지고 현란한 색채 조명과 함께 시도한다.

화려하게 조명을 받은 스크린 위에 무용수들의 실루엣이 조명등과의 거리를 조정하면서 움직임을 실제 사이즈보다 훨씬 확장시키고 변형시키는 방식이었다. 풀러의 공연을 보도하는 파리 일간지는 1922년 6월 샹젤리제(Champs-Elysées)극장에서 공연된 그녀의 「환상적인 발레(Ballets Fantastiques)」에 대해 "그녀의 춤을 정의내리긴 어렵지만 그림자와 빛의 훌륭한 조화다. 난 생전에 이렇게 재미있는 공연을 본 적이 없다…. 이제까지 무대에서 그림자는 아무것도 아니었다. 그녀는 이 그림자를 길들여 쇼의 본질적인 요소로 만들었다"[12]고 평한다. 이 작품에서 풀러는 거대한 그림자들로 놀랄 만한 효과를 내는 데 의존했으며 이 공연은 대단한 성공을 거뒀다. 개막 첫날 이 작품의 한 장면을 "거대한 마법들(The Giant Witches)"이라 평한 리뷰에 힘입어 풀러는 그 극장에서 3주간 연속 공연을 했다.

다음 글에서 살펴보듯이 그녀의 스타일은 당시 다양한 예술 사조에

---

12 Richard N. & Marcia E. Current(1997), p.292.

의해 우상시되는데 그 와중에서도 여전히 포착되지 않은 그녀의 개성은 글로 다 표현할 수 없고 단지 당시 공연을 직접 본 사람들의 기록을 통해 짐작할 수 있을 뿐이다. 다양한 시점에서 바라볼 때마다 카멜레온처럼 색을 달리하는 그녀의 복합적 성향은 가레릭(Rhonda K. Garelick)의 지적처럼 "그녀의 스타일은 분명하게 정반대의 것들을 잘 융합한 것이라 할 수 있다. 말라르메와 미래파들에게 사랑받은 매끄러운 비인간적인 기계적 이형태(異形態)의 모더니즘과 귀부인과 왕족들에게 좀 더 호감을 준 자연이나 요정, 신화와 드라마로부터 모티프를 끌어온 천진한 화풍의 낭만적이고 몽상적인 것의 결합"[13]이라는 것이다. 그러나 여전히 여기에도 지적되지 않은 그녀의 스타일적 특징은 그녀의 예술 관점에서 찾아야 할 것이다. 풀러가 춤에서 이미지와 색채, 조명 그리고 추상적 형태를 도입했을 뿐 아니라 예술과 첨단 기술을 결합해 그 결과 최면과 같은 마법적인 환상을 이루고자 한 정신에 풀러 스타일의 본질이 있다고 보는 것이 더 근원적이다.

2. 아르누보의 선구

1892년 풀러의 파리 공연은 아르누보의 출현 시기와 일치했다. 1890년에서 1910년 사이 20세기로 접어들 무렵 미술계에서 큰 변화가 일었는데 그것은 당시 '모던 양식(modern style)'으로 불리던 아르누보(art noubeau: 신예술)였다. 아르누보는 "1900년 파리의 만국박람회에서 화려하게 등장한 이래로 약 100여 년 동안 여성적인 곡선과 식물의 덩굴무늬 그리고 선적인 형태로 이뤄진 이미지들을 일컫는 말로 사용되었

---

13 Rhonda K. Garelick(2007), p.32.

다."[14] 한 세기를 마감하고 새로운 시대를 예고하는 스타일로 여겨진 아르누보는 범유럽에서 다양한 이름으로 불리며 그 시대의 정신을 표현한 예술 양식으로 생각되었다. 독일에서는 유겐트스틸(Jugendstil), 오스트리아와 헝가리에서는 제체시온 슈틸(Secession style), 바르셀로나에서는 모데르니스타(Modernista), 이태리에서는 라 스틸레 리베르티(La Stile Liberty)라 불린 이 예술 움직임은 "엘리트적이면서 대중적이고, 사적이면서 공적이고, 보수적이면서 급진적이고, 풍요로우면서 단순하고, 전통적이면서 현대적인 다양한 모습을 띠었다."[15] 새로운 예술 움직임을 지칭하는 용어들은 대개 일정 시간이 지나면 비평가들에 의해 그들의 이후의 흐름에 따라 다른 이름으로 바뀌는 경우가 많은데 아르누보는 이채롭게도 당대에 붙은 이름을 그대로 지닌다.

아르누보란 용어는 1880년대 벨기에에서 미술과 사회 전체의 개혁을 촉구하며 자신들을 20인회라 부른 미술가들을 지칭하기 위해 처음 쓰였다. 이후 1880년대와 1890년대에 형성되어 1900년 파리 만국박람회에서 대중에게 널리 알려진 뒤 1914년 이후 거의 소멸되는 아르누보는 미적으로 타락한 시대에 대한 반작용으로 보이기도 한다. 한편으로 산업 시대가 가져온 진보에 대한 불안감의 표출로 해석되기도 하지만 아르누보를 통해 세기말의 공포와 근심 그리고 희망과 꿈을 엿볼 수 있다. 19세기 프랑스 상업주의와 물질주의의 기본적 규범에 대한 젊고 창의적인 영혼들의 저항으로 일어난 이 운동은 주로 남성들에 의해 장악되었지만 여성적인 기질을 지녔다. 이들의 선은 감각적으로 흐르고 주제는 당시 일본 회화의 파리 유입에 영향을 받아 자연에서 끌어온 것이었다. 길게 굽어내리는 줄기를 지닌 꽃, 기어가는 덩굴손이, 굽이치는

---

14 스티븐 에스크릿(2002). 『아르누보』. 정무정 옮김(서울: 한길아트), p.4.

15 앞의 책, p.5.

머리채로 길게 늘어지는 여인 등의 주제는 인간을 자연으로 변형시키는 것으로 확대되었는데 여성을 꽃으로, 혹은 여성-나비나 여성-새로 변형시키는 것이었다. 그와 함께 시간이 멈춘 듯 무한정 길게 늘어진 순간의 움직임을 포착한 듯한 인상을 즐겨 다뤘다.

1892년 로이 풀러가 파리 베르제르극장에서 공연한 「구불거리는 춤」은 이 모든 새로운 아르누보적 요소를 종합해 극명하게 보여주는 종합 선물세트였다. 로이 풀러는 아르누보 사상을 그녀의 독특한 빛과 동작의 조합으로 체현했다. 그녀는 음악과 색채 그리고 움직임의 구성으로 진정한 공연예술과 시각예술의 통합체를 만들었다. 끝이 보이지 않는 길이의 가벼운 천을 몸에 휘감은 채 그녀가 춤을 출 때면 공기에 의해 그 천들이 조각되어 부풀어 올랐다가 줄어들고 솟아오르다가 가라앉는 다양한 변주 속에 천연색 조명을 받아 무지개 색으로 빛나는 그녀는 진정한 안무의 아르누보였다. 그녀의 춤에는 아르누보의 특징인 섬세한 선과 과장된 유려함과 유혹적인 화려함이 깃들어 있었고, 그 어떤 예술가도 풀러만큼 강렬한 신비적 분위기와 퇴폐적인 에로티시즘과 자연의 주제를 완벽하게 그리고 완전하게 예증해 보여주지 못했다.

그 결과 풀러 그 자신이 당시대 모든 예술가의 머릿속에 아르누보의 상징처럼 나타나는 거대한 장식이자 선구가 되었다. 그녀를 향한 열광적인 숭배 분위기는 그녀를 시대적 아이콘으로 만드는 데 뛰어든 예술가들의 수로 증명된다. "10여국 출신의 70명이 넘는 예술가가 풀러의 춤추는 모습을 석판화 포스터와 유화, 파스텔화, 수채화, 청동조각상, 테라코타나 유리조상, 도자기나 자기 제품, 금은보석과 메달 등으로 만들었다."[16] 풀러는 "로쉐(Pierre Roche), 리비에르(Theodore Riviere), 라리크(René Lalique), 갈레(Emile Galle) 등 많은 아르누보 예술가에게 지

16 Richard N. & Marcia E. Current(1997), p.128.

속적인 영감을 제공했는데 이들은 그녀에게서 '여성-꽃' 혹은 '여성-나비' 모티프의 살아 있는 화신을 발견했다."[17]

앞서 언급했듯이 아르누보는 1900년 만국박람회에서 대중적으로 널리 알려지고 절정에 이르는데, 아르누보 정신의 상징(emblem)으로서 로이 풀러의 위상은 박람회 정면 광장에 앙리 에밀 소바주(Henri-Émile Sauvage, 1842-1917)가 설계한 로이 풀러의 전용극장 춤의 성(palace of dance)을 지닐 정도였다. 그녀의 성은 그녀가 태생적으로 아르누보와 깊은 관련을 지녔음을 보여주는 건축학적 선언문 같았다. 소바주는 로댕(François Auguste René Rodin)의 추천으로 풀러극장을 만들었는데 입구를 장식하는 조각상이나 정문의 디자인 그리고 제작 과정에 풀러가 직접 참여해 아이디어를 제공하고 감독한 결과 풀러의 전시관 옆에 있던 로댕의 전시관이나 그 박람회의 어느 빌딩보다도 가장 아르누보적인 정신과 외관을 뽐내고 있어 아르누보의 명작으로 평가받았다. 박람회의 풀러극장은 로쉐에 의해 조각된 풀러의 대리석 조각들로 줄지어 장식되어 있었는데 물결치는 입구 정면 장식과 그 위에 풀러의 조각상이 너무나 인상적이어서 풀러의 조각상이 박람회 정문에 있었어야 한다는 말이 나올 정도였다. 당시 얼마나 많은 예술가가 풀러의 작품에서 영감을 받았는지 그 작품들을 열거하는 것은 거의 불가능할 정도로 많지만 그중 으뜸가는 예는 레오나르(Agathon Léonard)가 디자인하고 프랑스의 세브르 자기회사가 만든 유약 처리를 하지 않은 15개의 무용수 형태 자기 시리즈를 들 수 있는데, 이는 1900년 박람회에서 가장 인기 있던 작품이었다. 그 박람회에 참가한 라리크는 자신의 전시관 창문에 나비 여성의 창살 문양을 설치해 풀러에 대한 찬사를 바쳤다.

이렇듯 아르누보 작가들의 나비-여성이나 여성-꽃이 들어 있는 작

17 Rhonda K. Garelick(2007), p.81.

품을 보면 모두 예외 없이 풀러와 동일시되는 인물임을 알 수 있는데 이것은 그녀가 아르누보 사상에서 얼마나 압도적이고도 지배적인 영향을 끼치고 있는지를 알 수 있는 방증이다. 물론 그것이 정확하게 로이 풀러인지 아닌지 제목에 표기하고 있지 않은 경우도 있지만 당시대인들에게 그 예술 움직임의 대변인으로서 풀러의 위상은 상식적인 수준이었다. "아르누보와 로이 풀러는 서로 떼어낼 수 없을 만큼 상호 긴밀하게 얽혀 있다."[18] 로이 풀러의 천상에서 떠다니는 것같이 움직이는 이미지에 매혹된 예술가들은 그 형태를 이상화해 표현하고자 했다. 로이 풀러의 모습은 '로이(La Loie)' 스타일이라 불리며 의상, 향수, 스카프, 보닛 모자, 화병, 램프, 장난감, 스툴 등으로 제작되었다. 이들 예술가와 대중적인 상품들이 포착하고자 한 것은 "아르누보의 꿈인 인간 로이 풀러가 아니라 그녀가 창조한 비전이었다."[19]

아르누보 개념이 보편적으로 알려지기 전 로이 풀러는 아르누보 사상을 무대화한 첫 케이스였으며 그들의 모든 원리와 특성을 빠짐없이 자신의 춤으로 체현해 보여주었기 때문에 아르누보 예술가들로부터 숭배와 찬사를 받은 것이다. 로이 풀러는 1890년대 프랑스 관객들에게 당대 주요한 예술 움직임인 아르누보 미학을 대중적으로 학습시켰을 뿐 아니라 1890년대의 시대 정신을 대변해 주는 예술가였다. 로이 풀러는 무대 배경을 모두 제거하고 조명과 천으로 무대 장치를 대체해, 손에 잡히지 않는 빛과 색, 실크, 그림자, 신체 움직임으로 추상적인 형태를 조각하며 아르누보 운동의 선두에서 지휘를 했을 뿐 아니라 20세기 무대 연출의 방향을 예측했다. 예술과 기술을 융합시키고 무서운 전기의 힘을 길들이는 풀러의 능력에 미래파 예술가들은 찬양과 감탄을 금치 못했다.

18 앞의 책, p.129.

19 앞의 책.

3. 상징주의 이론의 화신

상징주의는 19세기 말 프랑스와 러시아 그리고 벨기에에서 출발한 시와 예술계의 움직임으로 문학에서 이 움직임의 기원은 보들레르(Charles Baudelaire)의 「악의 꽃(The Flowers of Evil)」(1857)에서 시작되었고, 상징주의 미학은 말라르메와 베를렌(Paul Marie Verlaine)에 의해 1860년대와 1870년대에 걸쳐 형성되었으며 1880년대에 들어 많은 지지자를 얻게 되었다. 미술계에서의 상징주의자들은 문학과 달리 낭만주의 고딕 양식적 성향과 관련된다. 상징주의는 크게는 자연주의와 사실주의에 대한 저항으로 나타나 꿈과 상상력 그리고 영성을 추구한다. 상징주의 시인들은 앞선 유파, 즉 기교를 중시하는 고답파의 언어 유희나 시구(詩句)의 음악적 특성에 대한 관심을 계승하고 있다.

상징주의자들은 "분명한 의미나 장광설, 가장된 감상 그리고 사실적인 기술"을 적대시하고 예술이 진실에 대해 표현할 때는 간접적으로 기술해야 한다고 생각한다. 따라서 심한 은유나 연상시키는 방식으로 또는 특정 이미지나 대상에 상징적 의미를 부여하는 방식으로 글을 쓰는 것을 좋아한다. 따라서 시인의 영혼의 상태를 알리기 위해 단순히 기술하는 방식이 아니라 상징적 이미지를 통해 환기시키고자 시도한다. 상징주의 시인들의 목적은 이상 그 자체를 발견하는 데 있는 것이 아니라 이를 지각할 수 있는 형식으로 표현하는 데 있다. 앞선 낭만주의 시에서도 상징을 발견할 수 있지만 상징주의자들의 경우는 좀 더 극단적이다. 상징주의자들의 상징은 무엇을 의미하고자 의도하는 풍유나 상징이 아니고 특별한 마음의 상태를 불러일으키려고 한다. 예술의 목적을 의지와 투쟁의 세상으로부터 잠시 피난처를 제공하는 것으로 생각하는 쇼펜하워(Arthur Schopenhauer)의 염세적 세계관이 이들의 철학적 배경이다. 이런 예술적 도피를 위해 상징주의자들은 신비주의와 공상세계, 예리한 도덕성, 성적 관심의 해악에 대한 의식 등이 특징적으로 다루는 주제였다.

풀러의 공연은 상징주의자들이 자신의 작품에서 성취하고자 희망하던 모든 것을 구현해 보여주었다. 상징주의자들은 풀러의 몽환적인 이미지에서 아이디어와 상징 사이의 완벽한 상호 관계를 발견했다. 표현적이면서도 모방적이지 않으며 아름다우면서도 동시에 아주 현대적이며 초자연적인 영역으로 데려가는 듯한 연상을 자아내는 풀러의 빛과 움직임 그리고 음악의 총체 공연은 이를 본 많은 동조 예술가를 배출했다. 로이 풀러의 열렬한 숭배자 중 으뜸은 프랑스의 명망 높은 상징주의 시인 말라르메였다. 그는 여러 글에서 아이디어의 완벽한 상징으로 그리고 비인간적인 지적 추상으로 그녀의 춤을 상찬했다. 풀러를 자신의 예술적 이상들의 전형으로 보고 그녀를 "탁월한 시의 극장 연출적 형식"이라고 했다.

풀러는 그녀의 춤 속에서 무엇을 묘사하거나 연기한 적은 없었으며 그녀 자신이 끊임없이 생겨났다 사라지는 순간적이고도 연속적인 조각 같은 형식으로 변화했는데 이것이 말라르메에게 그녀가 완벽한 시적 상징이 될 수 있는 이유였다. 풀러는 그녀의 실크 의상으로 자신의 여성으로서의 몸을 가려 "초자연적인 존재"가 되어 말라르메로 하여금 "꿈에도 생각지 못한 장소의 순수함을 몸에 지닌다"라고 탄식하게 한다. 그리고 실크 천으로 가리운 채 그녀는 말라르메로부터 예이츠(William Butler Yeats)에 이르기까지 단지 '춤추는 여성'[20]이 아니라 비인간적인 완벽한 예술 상징이 될 수 있는 요건으로서의 비인간성을 순간적으로 획득하는 것이다.

20 아름다운 낭만 발레리나를 비유하는 것으로 당시 고티에가 낭만 발레리나의 몸을 시각적으로 즐기는 것이라고 말라르메가 비난했던 적이 있는데 그런 맥락에서 상징주의 시인이 지니는 여성의 몸에 대한 도덕적 의식을 보여준다.

춤추는 신체를 혁신적으로 절멸시키는 것이 자연에서 벗어난 이미지의 상징으로 성공하는 데 필수적인 요건이 된다. 비인간적인 상징적 존재가 만들어내는 공간을 바라보는 관객의 상상력이 또한 풀러의 의도와는 상관없이 그녀의 작품이 창조해내는 이미지에 덧씌워서 자연의 실제로부터 완전히 격리된 추상적 상징을 만들어낸다. 말라르메는 극장 공간을, 그중에서도 움직임에 의해 끊임없이 재창조되는 무용 공간이 환영의 창조를 위해 헌정된 장소라 말했다. 풀러를 향한 말라르메의 열정은 "풀러의 춤을 보는 것은 술책에 의해 보여지는 영혼의 현기증을 목격하는 것"[21]이라는 진술에서 잘 나타난다.

"말라르메의 시에서 그리고 상징주의파들의 시에서 흔히 발견하는 비워진 공간 혹은 물러나온 공간(withdrawn space)을 만나게 되는데, 이는 말라르메가 '무(無, nothing)'라고 부른 시인의 욕망의 대상이다."[22] 연속적으로 이어지는 추상적인 이미지를 창조하는 풀러의 춤은 '무'를 가시적으로 보이게 한다는 점에서 말라르메에게 예술적 이상이 된 것이다. 당시 낭만 발레에서 작가의 구체적인 아이디어가 춤추는 신체를 통해 시각적으로 구현되는 것과는 달리 말라르메는 풀러의 춤에서 눈으로 볼 수 있는 것 이상의 '지적이고 상상적인(intellectual and imaginative)' 손에 잡히지 않는 아이디어의 표현을 발견했다. 말라르메는 풀러의 공연을 통찰력을 지닌 직관으로 바라봤으며 무용수의 몸을 통해 '분위기'나 '존재하지 않는 것(nothingness)'이 무대 위에서 드러나는 것에 매료되었던 것이다.

이때 풀러의 몸은 기호 그 자체로서 상형문자 혹은 표의 기호로 읽혀졌다. 따라서 말라르메에게 춤은 단지 보는 대상이 아닌 읽혀지는 대상

---

21 Sally Sommer(1975). Loie Fuller. *The Drama Review*, 19(1), p.58에서 재인용.

22 Mary Lydon(1988), p.160.

으로서 텍스트이며 근본적으로 '상징(emblematique)'과 '풍유(allegorique)'와 같은 비유적 상징성을 획득하게 된다. 말라르메는 "무용이 약호로 쓰여진 개요적 글쓰기라 보았으며, 춤에서 자신의 정의하기 어렵고 잡히기 힘든 문학적 혹은 철학적 아이디어를 암시적으로 그리고 제안적으로 제시하는 가장 이상적인 최적의 예술 매체를 발견한 것이다."[23] 말라르메는 기호로써 신체를 통해 "시각적으로나 감정적으로 끊임없는 창조와 파괴가 반복되는 경험을 암시하는 가장 놀라운 이미지를 풀러의 나선형으로 피어오르는 춤에서 끄집어냈다."[24] 나아가 말라르메는 춤도 시처럼 응집된 의미 형식이라 생각했고, 풀러가 의상으로 몸을 가린 상징으로 존재하는 방식은 말라르메가 시어(詩語)들이 근본적으로 '환기'와 '암시', '연상'의 방식으로 대상을 가리는 효과를 부정하지 않은 채 덮어씌우면서 의미를 전달하는 시적 표현의 구조와도 닮은 것이다. 동시에 실재하지 않는 대상을 환기시킬 수 있는 능력을 시와 풀러의 춤이 공통적으로 가지는 것으로 말라르메는 봤다. 관객들에게 상상의 여지를 준다는 점에서 풀러의 춤은 그의 가장 이상적인 극장 공연 형태가 될 수 있었으며, 그러므로 춤이 그에게 제공하는 것은 극히 일부이며 춤이란 대상은 말라르메에게 상상하는 것 그 자체라 할 수 있다.

말라르메의 후기 작품에서 그는 내용과 형식 그리고 텍스트와 지면 위에 단어의 배열과의 관계를 탐색하며 다다이즘과 초현실주의 그리고 미래파 같은 20세기 초의 혁신적인 예술 유파의 등장에 영향을 주었다. 말라르메가 프랑스 문화계에 미친 영향은 지대한데 롤랑 바르트(Roland Barthes)의 문학 저술에서 텍스트를 개인 저자의 의도로부터 해방시킨 '저자의 죽음'이란 개념도 말라르메의 영향이다. 이후 20세기 후반 주류

23 김말복(2005). 무용수의 몸. 『무용예술학연구』, 15, p.23.

24 Carol Barko(1977). The Dancer and the Becoming of Language. *Yale French Studies*, 54, p.180.

사상을 이루는 구조주의나 후기구조주의 그리고 자크 데리다(Jacques Derrida), 줄리아 크리스테바(Julia Kristeva), 자크 라캉(Jacques Lacan)의 이론들도 모두 말라르메에게 큰 빚을 지고 있다.

◆ ◆ ◆

관객들과 많은 사람이 풀러가 순전히 본능적인 사람이라 상상하던 것과 달리 그녀 자신은 새로운 형식을 탐구하기 위해 매진하며 자신의 예술을 지적으로 자각하고 있었다. 풀러는 한 인터뷰에서 자신은 일반 이론과는 완전히 다른 예술 "실제와 꿈, 빛과 소리, 움직임과 리듬이 놀라운 통일을 이뤄 영혼과 감각에 모두 완전한 기쁨을 주는 예술을 만들고자 했다고 말했다."[25] 풀러 자신은 일반적인 예술이론의 구속으로부터 벗어난 완전히 새로운 예술을 만들고자 했지만 결과적으로 미학적 문제에서 그녀는 주위의 많은 것을 빨아들이고 주변에 영향력을 미치는 이상한 스펀지 같은 특성을 지니고 있었던 것 같다. 이 논의에서 살펴보았듯이 그녀의 예술은 아르누보와 상징주의 예술가 모두에게 하나의 귀감이자 칭송의 대상이 되었던 사실에서도 알 수 있다. 그럼에도 불구하고 여전히 그녀는 어느 하나의 카테고리나 라벨로 제한되지 않는 확실한 오리지널리티를 가지고 있다. 이것이 바로 그녀에 대한 연구가 오늘날 되살아나고 있는 이유인지 모른다.

풀러의 춤은 아르누보의 대표적 특징들인 섬세한 선과 과장된 유려함과 유혹적인 화려함, 그리고 강렬한 신비적 분위기와 퇴폐적인 에로티시즘과 자연의 주제를 그 누구보다도 완벽하게 그리고 완전하게 예증

---

25 Covielle(1914). Danse, Musique, Lumiere, chez la Loie Fuller, *Eclair*(May 5, 1914)(Carolyn Sinsky, Loie Fuller, http:modernism, research.yale.edu에서 재인용).

해 보여줌으로써 아르누보의 구체적 이론의 형성 이전에 그 실체를 시각적으로 보여주어 그들의 선구가 될 수 있었다. 그 결과 풀러는 당시대 모든 예술가의 머릿속에 아르누보의 상징이자 거대한 성상(聖像)이 되었다. 그와 동시에 풀러의 공연은 상징주의자들이 자신들의 작품에서 성취하고자 희망하던 모든 것을 어느 이론보다도 더 확실하게 구현해 보여주었다. 말라르메는 시인의 욕망의 대상인 '무(無)'를 풀러의 신체 기호가 끊임없이 만들어지고 사라지는 상징적 은유로 가시적으로 보여주는 춤에 매료되어 자신의 예술적 이상으로 생각했다. 가장 이상적이고도 완벽한 시의 극장적 표현이 바로 풀러의 춤이었던 것이다. 이렇듯 아르누보와 상징주의 모두에게 그들의 이상으로 칭송된 이유는 바로 풀러가 자신이 살았던 시기의 시대 정신을 읽어 자신의 춤에 녹여냈기 때문이라고 본다.

로이 풀러의 작품 세계는 바우하우스(Bauhaus)와 얼윈 니콜라이(Alwin Nikolais)에게 계승되어 오늘날까지 이어지고 있다. 로이 풀러는 20세기 초 첨단 기술인 전기 조명을 춤과 결합해 새로운 매체를 끌어들임으로써 21세기 추상 춤과 공연예술의 방향을 제시한 것이다. 오늘날 멀티미디어 아트를 포함해 혁신적인 전위무용도 컴퓨터나 홀로그램을 비롯한 첨단 영상과 미디어를 동원해 예술과 기술의 융합을 시도한다는 점에서 로이 풀러의 정신을 이어가는 셈이다.

제2장

독일 모던 댄스와 실존주의

이지원

실존주의는 20세기 즈음 현대 사회로의 변혁과 삶의 위기감이 고조됨에 따라 인간 스스로의 문제에 관한 관심을 반영한 철학 사상이다. 실증주의식의 물질문명과 과학의 발달로 인한 인간의 소외를 경험하고 존엄성이 상실되는 시대에 대항해 인간 실존에 관한 주체성을 밝히고자 하는 것이었다. 두 번의 세계대전과 독일의 나치즘은 인간의 존엄성과 이성의 신뢰를 무너뜨린 사건으로 당시 유럽인들에게 공포와 충격이었다. 합리성은 낙관적 세계관을 반영하는 현실적 계측기가 아니라 비인간적 일을 도모하는 도구임을 말하는 것이었다. 따라서 실존주의의 출현은 자연스러운 시대적 요청이었다.

실존주의 철학의 특징은 '인간'[1]에 관한 조명이라 하겠다. 실존주의

---

1 "플라톤(Platon)은 인간이 객관적으로 실재하는 존재로, 아리스토텔레스(Aristoteles)는 인간은 공동체 안에서 살아가는 사회적 존재라고 했고, 프리드리히 니체(Friedrich W. Nietzsche)는 권력 의지로 충만한 존재, 지그문트 프로이트(Sigmund Freud)는 성적인 욕망이 가득한 존재, 마르틴 부버(Martin Buber)는 나와 너의 관계를 맺는 존재, 앨프리드 화이트헤드(Alfred N. Whitehead)는 끊임없이 자기를 실현하는 과정의 존재로 생각했다." 김기현 외(2013). 『그런 하나님을 어떻게 믿어요?』(서울: SFC출판부), p.65.

는 인간의 가치와 의미, 그리고 존엄성에 관한 반성과 더불어 성찰로 이어진 사상으로 휴머니즘적 성격이 강하게 표출된다. 인간이라는 존재, 경험, 관심에서부터 출발해 의지, 자유, 개성, 자아 등을 강조한다. 실존(existentia)[2]이라는 개념이 고대에는 사물 전반에 적용되어 사용되었던 것에 반해, 실존철학의 실존(existence)은 인간만을 지칭[3]하는 것으로 본질에 대한 현실 존재를 말하는 것이다. 실존주의 철학은 쇠렌 키에르케고르(Sören A. Kierkegaard), 프리드리히 니체(Friedrich W. Nietzsche), 마르틴 하이데거(Martin Heidegger), 장 폴 사르트르(Jean Paul Sartre)로 이어져 인간에 관한 물음과 성찰에 주목했으며, 현대 사회 속 인간의 부정적이고 나약한 존재임을 인정하는 한편 주어진 상황들의 난관을 현명하게 개척하려 하는 의지를 포함하고 있다. 따라서 하이데거는 죽음을 맞이하는 존재로, 키에르케고르는 인간을 고독한 단독자로, 사르트르는 진실한 자기를 찾는 과정을 포함한 주체성에 관해 강조하는데 이러한 논점은 이 글의 출발점이라 하겠다.

실존주의의 필연성은 20세기 초엽 예술로 기울어져 무용, 문학, 음악, 미술, 등 깊은 영향을 미쳤고 시대와 교감했다. "예술은 여타의 어떤

---

2 "실존(existentia)이라는 말은 라틴어 existere에서 유래한 것으로 밖에(ex)와 있다(sistere)라는 의미를 지닌다. 이는 자기에서 출발한다는 ex와 전에는 가능하던 것의 수준에 자기를 올려놓는 일 sistere로 바꿔 표현할 수 있다. 즉, 가능성을 실현시켜 무엇인가로 되어간다는 devenir의 의미인 것이다." Paul Foulquie(1978). 『실존주의』. 박은수 옮김(서울: 정음사, 1983), p.57.

3 이중(1972). 『교육과 사상』(서울: 배영사), p. 86. "짐승이나 돌에 대해서는 실존이라는 말을 쓰지 않는다. 그것은 다만 존재할 따름이다. 인간은 물건이나 도구와는 다른 독특한 존재 방식을 가지고 있고 그 존재 방식을 실존이라고 일컫는다. 한 개의 돌, 한 포기의 풀, 한 사람의 인간, 한 마리의 개, 모두 다 존재하는 세계가 있지만 그 존재 방식의 내용과 질서에는 엄연한 차이가 있다. 인간은 단순히 존재하는 사물이 아니고 감각하고 사고하며 행동하는 인격적 주체다. 자기를 판단과 의지와 책임 하에 선택하고 결단하는 행동적 주체가 바로 인간의 실존인 것이다."

매체보다도 한층 깊이 문화 발달 속에 뿌리를 박고 있는 표현 수단이라는 점에서 또한 예술의 영향 면에서뿐만 아니라 그 표현의 동기, 대상, 소재 및 토대로 인해 역사적 성격을 지닌다고 말할 수 있다."[4] 특별히 춤은 인간 신체를 통해 표현하는 예술로서 인간 존재 의식을 생동감 있게 표출하는 것이 가능하다. 따라서 예술가와 현실의 절대적인 구분, 현실과 무관한 미적 체험은 불가능한 것으로 예술 작품에 환경과 사회의 사상은 자연스럽게 작가의 작품을 통해 반영되었다. 따라서 이 글에서는 현대 철학의 사조라 할 수 있는 실존주의 철학의 개념과 의미를 조명하고 실존주의적 의미를 춤에서 추출해 진단하고자 한다. 사실 춤에서의 지난 연구들은 실존철학에서 이어진 현상학으로 모리스 메를로 퐁티(Maurice Merleau-Ponty)의 신체관에 주목했다. 그리하여 이성과 대치되는 신체에 관한 논문들은 학계에 꾸준히 보고되고 있으나 실존주의 철학을 바탕으로 한 무용의 성과는 찾아보기 어렵다. 내용 자체가 방대하고 접근하기 쉽지 않기 때문일 것이다. 실존철학에 관한 접근은 1993년 박인순의 논문[5]이 교육적 측면으로 치중했다고 하더라도 이 외에 전무하다 하겠다.

따라서 이 글은 실존철학의 '인간 존재'에 관한 초점에 무게를 두고 예술 작품과 실존적 의미, 그리고 표현을 다뤄볼 것이다. 구성은 먼저 실존주의 철학의 개념과 의미에 관해 살펴볼 것이다. 실존주의의 배경을 다루고 주요 테제인 '인간 존재에 관한 의미'를 중심으로 춤과의 연결고리를 두고자 한다. 인간은 무엇인가? 나는 누구이며 어떻게 살아가야 하는가라는 구체적인 논점을 중심으로 접근할 것이다. 각각의 논의는

4 아놀드 하우저(1973). 『예술과 사회』. 한석종 옮김(서울: 홍성사, 1981), p.106.

5 그러나 박인순의 논문은 실존주의 철학을 통한 무용의 접근을 이뤘으나 여기에는 교육적 측면과 수행자적 측면 그리고 관람자적 측면으로 구분해 연구하기에 이 글과의 차별성을 둘 수 있다. 박인순(1993). 실존주의 철학을 통한 무용의 접근. 이화여자대학교 석사학위 논문.

실존주의자들에게 혼재적으로 나타나지만, 실존하는 인간에 관한 지점을 '죽음을 향한 현존재'와, '소외된 불완전한 존재', 그리고 '주체적인 존재'로 나눠 볼 수 있을 것이다. 따라서 다음 절에서는 현대 춤에 관한 인간 실존의 문제와 해석적 지점을 앞선 논의에 연결고리를 가지고 살필 것이다. 죽음에 관한 논의를 '인간의 유한성에 관한 목도'로 접근하고, 소외와 불완전성에 관한 시각을 '고독과 불안의 파토스(pathos)로의 귀환'이라는 제목으로 살필 것이다. 마지막으로 주체적 존재로서의 이해를 '주체적 체험을 통한 기존 가치의 거부'라는 주제로 현대 춤의 표현과 움직임을 살피도록 할 것이다. 이와 같은 구분은 앞서 인용한 하이데거, 키에르케고르, 사르트르의 중심 논의를 중심으로 추출한 것이다. 마지막 절에서는 실존주의적 색채가 가장 짙게 나타나는 독일의 대표적 현대무용가 마리 뷔그만(Mary Wigman, 1886-1973)과 쿠르트 요스(Kurt Jooss, 1901-1979)의 작품을 접근해 볼 것이다. 이들의 작품을 선정한 이유는 실존적 한계에 관한 좌절과 절망을 포함하고 있고 여기에 스스로를 재창조하기 위한 실존주의적 주제가 강하게 표출되기 때문이다. 따라서 실존적 자기 표현의 사례를 선명하게 보여주는 이들 작품을 통해 인간의 유한성과 파토스 그리고 주체성에 관한 논의를 이어갈 것이다.

사실 실존주의 철학을 짧은 글로 담아내는 작업은 녹록치 않으며 불가능에 가까울지 모른다. 하지만 현대 철학의 핵심이라 할 수 있는 실존주의의 의미를 개괄적이나마 살피고 이것을 현대 춤에 대입해 사회문화적 현상을 진단하며 춤의 가치를 조망하고 재정립하는 데 이 글이 기여할 수 있으리라 생각한다. 또한 키에르케고르가 제시한 실존은 하나의 구체적인 단독자로 남과 대응하거나 대치할 수 없는 독자적인 의지와 가치를 지니는 개별자로서 설명한다. 이것은 본래적 자기를 몸으로 말하고 독자적으로 현실을 조명하는 현대무용가들의 작업을 읽어내는 데 주요한 토대이자 근거이기에 이 연구의 의미를 대신할 수 있으리라 생각한다. 이 글을 통해 현대 철학 사조의 하나인 실존주의의 의미와 본질을 올바로 이해하고, 이러한 논의를 통해 춤 해석의 새로운 관점이 제시될 수 있기를 기대한다.

1. 실존주의 철학의 개념과 의미

1) 실존주의의 배경과 의미

산업혁명 이후 서구 사회를 지배해 온 과학과 합리주의 사상은 인간을 위협했고 고도로 발달한 현대 과학문명은 자기 소외와 고립감을 경험하게 했다. 여기에 세계대전이 가져온 불안과 허무는 기존의 객관적인 존재 질서와 신념을 파괴했다. 인간이란 무엇이며 나는 누구인가 하는 본질적인 의문이 제기되었고 신의 존재마저도 부정하고자 했다.[6]

더 나은 미래를 추구하며 세계를 끊임없이 변화시키고 개선시켜 왔지만 인간은 진행 과정에서 목표 자체를 목적으로 설계함으로써 인간 존재를 스스로 상실하게 만들었다. 인간 존재보다 물질이 목적이 되어버렸고 대량 생산과 같은 인간의 물질적 생활은 취미와 성향까지도 획일화시켰다. 현대인은 이런 조직사회에서 일원으로 순응하면서 주체가 아닌 삶으로 고독감과 불안감은 커지고 생활은 무감각해졌다. 카를 야스퍼스(Karl Jaspers, 1883-1969)는 문명화되고 물질적으로 풍요한 사회에 현대인은 표면적으로는 무엇이든 알고 있지만 본질적으로는 아무것

6 마종수(2001). 인체 형상을 통한 현대인의 내면세계 표현 연구. 이화여자대학교 석사학위 논문, p.10.

도 모른다고 비판했다. 현대 사회의 경이적인 변동 속에서 문명은 발달했으나 인간은 병들고 죽어갔다.[7] 먹고 마시고 이야기하는 일상의 삶에서 나는 누구인가, 도대체 왜 사는가라는 질문을 자주 접하지만 자기 자신의 정체성 없이 물질문명의 경이로움만 좇다보니 자신의 의지와는 상관없는 삶의 방식을 추구하게 되고 불안정하고 텅 빈 공허감을 느끼는 인간으로 변모해 버린 것이다.

실존주의는 이성적 합리주의와 논리주의에의 반항으로 등장해 객관이라는 이름으로 비인간화되어가는 인간의 좌절과 불안, 그리고 실존적 고민을 반영하는 것이었다. 인간 소외, 인간 상실의 시대에서 인간 주제라는 사명을 가지고 등장해 자기의 모습을 되찾고 본래의 자기에게 귀환함으로써 자기 소외, 자기 상실의 상태에서 회복과 귀환을 염원하는 사상이라 하겠다.

실존주의 철학은 생철학으로부터 발단해 야스퍼스나 하이데거에 의해 사상적 틀을 구성했다. 제2차 세계대전 이후에는 문학이나 예술의 분야로 확대되었고, 장 폴 사르트르나 알베르 카뮈(Albert Camus), 프란츠 카프카(Franz Kafka) 등 문학에서 두드러진 하나의 흐름을 완성했다. 또한 '본질'에 대한 태도에 따라 무신론적 실존주의, 유신론적 실존주의, 그리고 행동적 실존주의로 나눌 수 있는데, 서양 철학에 처음으로 개인과 각자가 가진 고유한 정신을 고민하는 새로운 사고 방식을 수용했다는 데에 큰 의미를 둘 수 있다. 그러나 실존주의를 크게 두 갈래로 나눈다면 하나는 유신론적 실존주의자로 키에르케고르, 야스퍼스[8]와 가브리

7 임춘식(1991). 『현대사회와 인간 소외』(서울: 한남대학교출판부), p.77.

8 야스퍼스(Karl Jaspers)는 독일의 유신론적 실존주의 철학자로 인간의 존재는 의식에 의해서만 포착되는 것이라고 주장했다. 존재는 어떤 전체로서 실현되는 것이 아니며 그 상태를 초월하려면 종국적인 좌절에 의하는 바, 즉 신에게 도달하는 길이라 했다. 장 폴 사르트르(1981). 『실존주의는 휴머니즘이다』. 방곤 옮김(서울: 문예출판사), p.13.

엘 마르셀(Gabriel Marcel, 1889-1973)[9]을 꼽고 또 다른 하나는 무신론적 실존주의자로 니체, 하이데거와 사르트르, 메를로 퐁티를 들 수 있다. 그러나 이러한 양자에서 공통되는 점은 존재는 본질에 앞선다는 것이다. 이에 관한 설명을 '죽음을 향한 현존재', '소외된 불완전한 존재', '주체적인 존재'라는 주제로 풀어서 다뤄 볼 것이다.

가. 죽음을 향한 현존재

근세의 계몽주의와 그 뒤를 이은 독일 관념 철학은 인간의 이성에 대한 절대적 신뢰를 바탕으로 하고 있는 것으로 가만히 내버려둬도 인류 사회는 진보하고 향상되어간다는 것이었다. 그러나 이 우상은 20세기 초의 두 차례의 세계대전으로 무참하게 파괴되었다.[10] 절대자를 자처하던 인간이 이제 그 유한성을 쓰라린 현실로 좌시할 수밖에 없게 되었다. 키에르케고르는 "불안은 인간성이 완전하다는 것에 대한 하나의 표현이다." 즉 불안을 통과할 때에만 참다운 실존으로 달성될 수 있다고 언급했다.[11] 이것은 동시에 소외된 불완전한 존재로서 인간을 해석하는 것으로 키에르케고르에게 인간은 죽음에 이르는 병에 사로잡힌 절망적인 존재라는 것이었다.

니체는 신은 죽었다고 설파했는데 이것은 모든 존재의 근원자, 모든 가치의 근원이신 신이 죽었기에 모든 존재와 가치의 근원을 잃어버렸다는 것이다. 우리는 단지 던져진 존재일 뿐이며 무엇으로 인해 던져졌는지 알지 못하는 것이다. 더구나 나 자신의 의사와는 아무 상관이 없다.

---

9 가브리엘 마르셀(Gabriel Marcel)은 프랑스 철학자로 키에르케고르, 야스퍼스와 동일한 계열에 속하는 유신론적 실존주의 철학자로 사르트르와 대치하고 있는 사람이다. 저서는 『존재와 소유』가 있고, '인간의 존재는 그 본질에 앞선다'라는 점에서 사르트르와 일치하나 사르트르가 신을 부정하는 것과는 반대로 마르셀은 전적으로 신에 귀착하는 데에서 차이를 지닌다.

10 백은정(2001). 도시 주변 개체의 일상 표현. 이화여자대학교 석사학위 논문, p.4.

11 O. F. 볼노브(2006). 『실존철학입문』. 최동희 옮김(서울: 간디서원), p.110.

우리의 출생 이전과 이후는 완전한 무(無)다. 우리는 무 위에 떠 있으며 우리는 무 위에 던져진 존재에 불과하기에 불안한 것이다.

인간에게 발을 디딜 곳이 없어 헤매는 모습을 하이데거는 우리가 무 위에 던져진 존재에 불과하며 이 때문에 불안한 것이라 보았다. 아무런 필연적 연관성이 없이 소외된 채로 존재하는 것이다. 우주라는 공간 속에 근거로 해석할 수 없는 우연 속에 존재하는 것이다. 사르트르의 무신론적 세계관은 바로 여기서 출발한다. 인간은 아무런 합목적적 이유 없이 존재하는 것이다.

사실 실존의 불안과 부조리함에서 유신론적 실존주의와 무신론적 실존주의가 차이를 지니지만 인간의 실존적 상황과 한계를 설명하는 데 별 이견은 없다. 인간은 누구나 죽을 수밖에 없는 존재로 허무함과 무상함을 느끼며 불안해하는 존재다. 그리하여 피할 수 없는 죽음이 아닌 과정 지향적인 시선으로 전환해야 하는 것이다.

나. 소외된 불완전한 존재

지금까지 전통 철학에서는 본질이라는 문제를 중시했다. 아리스토텔레스 이후 헤겔(Georg W. F. Hegel, 1770-1831)에 이르기까지 철학의 일차적인 문제는 본질을 바라보는 것이었다. 아리스토텔레스의 철학은 모든 존재가 본질에 의해 설명되고 파악되었다. 도구는 만들기 전에 제작과정에서 개념과 본질을 구성한다. 이런 것을 만들고자 하는 이념과 본질의 관념이 앞선다는 의미로 컵이나 그릇과 같은 도구적 존재는 용도나 목적이 우선시되는 것이다. 따라서 도구적 존재에서는 본질이 존재보다 앞선다.

인간은 무엇에 의해서도 미리 규정되지 않은 지금 여기에 실존하는 존재로 규정적 존재가 아니다. 인간은 자신의 자각적 선택과 자유로운 결단에 의해 자기 스스로를 만들어 나가는 존재이기 때문이다. 즉, 인간에게는 실존이 본질에 우선한다. 이런 실존 선행론은 결국 인간의 주체성을 강조하는 것으로 인간은 도구처럼 본질이나 목적이 먼저 결정되어 있지 않은 이 세상에 던져진 존재라는 해석이다.

하이데거의 '던져진 존재'는 우리가 목적에 의해 만들어진 것이 아니라 태어나고 살면서 끊임없는 선택에 의해 우리의 삶의 본질이 만들어진다는 의미다. 과거의 헤겔 철학에서는 인간이 가지는 모든 가치, 정신적 현실성은 오직 국가에 의해서만 소유될 수 있고 개개인의 인성이나 가치관은 국가에 의해 결정되고 국가나 사회 속에 묻혀야 한다고 주장했다. 그의 철학은 개개인에 집중하기보다는 방대한 체계를 구축하기 위해 벽돌로 쌓아지는 비인격적인 인간의 모습이었다. 개인의 요구를 보편화시키고 전체 안에서 자신의 가치와 기준을 바라보게 했다. 그러나 이렇게 역사와 국가와 사회의 강요된 억압과 체계 속에서 삶을 살아가는 인간은 결코 행복할 수 없다. 모든 사고의 중심과 행동을 보편적인 대중과 전체에 맞추다보면 나 자신의 정체성을 잃어버린 채 불안정한 모습으로 살아갈 수밖에 없다는 것이다.[12] 키에르케고르(Sören A. Kierkegaard, 1813-1855)는 이에 대해 내게서 중요한 것은 내가 무엇을 해야만 하는 것인지 마음을 뚜렷이 아는 것이고 내게 진리가 되는 이념을 발견하는 것이 아니라 내면성을 지닌 실존하는 개인이 진리로써 사는 것이 주체적 진리이며, 이것이야말로 실존하는 개인이 도달할 수 있는 최고의 진리라고 언급했다.[13]

다. 주체적인 존재

키에르케고르는 가장 중요한 것이 주체성이라고 주장했다. 이것이

---

12 김종호(1983). 『역사철학 I』(서울: 삼성출판사), p.83.

13 임춘갑(1980). 『키에르케고르의 생애와 사상』(서울: 종로서적), p.225.

바로 키에르케고르가 헤겔의 철학에 반발해 주장한 인간관의 모습이다. 그는 자기 자신의 실존에 귀를 기울이는 것이 주체적 진리라고 정의하고 주체적 진리에 도달하려면 주체적 사고가 선행되어야 하고 그것이 행동과 실천으로 이뤄져야 한다고 강조했다.

하이데거(Martin Heidegger, 1889-1976) 역시 같은 입장에서 자신의 견해를 피력했다. 자신의 의지와는 상관없이 이 세상에 던져진 인간이 그의 주체성, 즉 자기 실존의 본질을 파악했을 때 비로소 세계의 한계를 초월할 수 있고 자기의 운명을 결단할 수 있다고 확신했다.[14] 인간은 무(無)에서 출발해 자기를 결정하고 만들어간다. 인간은 행동하기 전까지는 아무것도 아니다. 인간은 스스로의 행동을 통해 자기를 형성해 가고 그 과정에서 선택의 자유와 책임을 지니게 되며 자기 존재에 대한 물음과 자각을 가지고 행동의 자유를 가지며 행동의 결과에 대한 책임을 스스로 짊어지는 것이다.[15]

사르트르(Jean Paul Sartre, 1905-1980)는 자신의 사상을 실존적 휴머니즘이라 칭함으로써 직접적인 인간 존재의 입장에 서고 있다. 실존주의적 휴머니즘은 "자신의 존재를 지배하는 것은 인간이며 다른 어떤 것도 아니다. 즉, 인간 스스로 오직 인간만이 자신의 존재를 지배하는 것이며 또한 구속받지 않는 것이다. 그러므로 인간은 세계를 떠나서 다른 세계는 있을 수 없고 인간은 자신이 기원이며 자기 선택에 의해 이루기에 모든 사람과 모든 것으로부터 독립적이라고 말할 수 있다"[16]고 강조했다. 이것은 인간 자유의 사상을 그리는 것으로 인간 주권적 자기 제어와 자기 지배로서 특정지어질 수 있는 자유라 하겠다. 진취적이고 희망

---

14 S. E. 프로스트(1982). 『철학의 이해』. 서배식 옮김(서울: 현암사), p.365.

15 마종수(2001), pp.11-12.

16 반리이센 외(1983). 『니체 사르트르, 프로이드, 키에르케고르』. 이창우 옮김(서울: 종로서적), p.57.

적인 인간의 삶에 대해 인간은 신이 되려고 하는 욕망을 지닌 존재이며 자기의 실존으로부터 자유로이 자신을 선택하고 창조해가는 행동을 취함으로써 마침내 원하는 인간 이상형에 도달할 수 있다는 낙관적인 견해를 보이고 있다.[17] 이는 인간이 행동의 주체이자 책임을 동반하는 선택의 주체라는 것이다. 인간 스스로 선택하고 행동하며 책임을 지는 사르트르의 실존은 자아의 확실성이 그 주체가 된다. 이는 자아와 자아의 확실성뿐 아니라 타인의 실존에 대한 인정도 포함하는 것이다. 자아와 타인이 어떤 상황 속에 있을지 아는 것에서부터 변화의 가능성이 시작되는 것이다.

이처럼 실존주의는 객관주의 철학이 아니라 주체주의적 철학이다. 인간은 태어날 때 선도 악도 아니며 학식이 있는 것도 없는 것도 아닌 것으로 인간은 자신의 행위를 통해 자신의 본질을 형성하는 것이다. 따라서 실존주의는 조용히 바라보는 관상의 철학이 아니고 주체적 자각과 결단과 실천을 강조하는 행동주의 철학이기도 하다.[18] 개인적 생각, 책임과 자유가 중요한 것으로 인간 운명의 주인은 신이 아니라 자기 자신이라 정의한 것이라 하겠다.

사실 실존주의에 관해 논하는 것은 어려운 일이다. 실존주의 사상가들마다 차이가 있고 시대에 따라 내용과 방향이 다르다. 그러나 다의적 해석이 가능함에도 불구하고 실존이라는 공통점은 불안한 인간 존재는 자기를 찾으려는 노력과 의지를 기울인다는 것이다. 나는 누구인가에 관한 자문 속에서 나를 찾아 길을 나서는 것이다. 길 위에 자아는 불완전하게 존재하는 불안한 인간 자체이지만 새로운 절망을 마주하고 또 다시 새로운 이상을 유도하는 계속적 단계를 거듭하는 개별자이자 주체

---

17 Fritz Heineman(1976). 『실존철학』. 황문수 옮김(서울: 문예출판사), p.188.

18 마종수(2001), p.13.

자다. 다시 말해 본래적인 나의 앞에 있는 대상의 문제가 아니라 내가 무엇을 어떻게 해야 하는가를 고민하는 주체적 자아이자 행동을 감행하는 자다. 이것이 실존주의를 관통하는 근본 개념이라 요약할 수 있겠다.

2. 20세기 초엽 춤에 나타난 인간 실존의 문제와 해석

1) 초기 현대 춤에 관한 실존주의적 해석

실존주의가 20세기 초반의 현대 춤을 특징짓는 주요 주제 의식 중 하나였으나 20세기 중반에 이르러서는 미국과 유럽을 중심으로 각 분야별 예술에 적극적으로 반영[19]되었다. 사실 실존주의의 특징적 현상과 지향점을 고려할 때 결코 한 시대에 유행했던 사유 체계로 치부해 버릴 수는 없다. 20세기 이후 전통적 가치 체계가 붕괴되고 도덕적 파편화 현상이 가속화되는 오늘날에도 여전히 유효하기도 하기 때문이다. 따라서 20세기 초반에 보여준 인간 실존의 모습을 담지한 현대 춤의 움직임은 오늘날의 자화상이기도 하다. 현대 춤이라는 명명 하에 이사도라 덩컨(Isadora Duncan), 마리 뷔그만, 루돌프 폰 라반(Rudolf von Laban), 테드 숀(Ted Shawn)과 같은 예술가들의 행보는 오늘날의 춤과 가치를 정립하는 데 가장 중요한 모태로 작용했다.

---

19 부조리극 『고도를 기다리며』는 제2차 세계대전 이후 실존주의 영향을 받아 나타난 연극이다. 아일랜드 작가인 베케트(Samuel Beckett)의 희곡으로 '고도'를 기다리는 상황을 몸짓과 대사를 통해 인간의 허무함을 말하고 있다. 최근 미국의 업다이크(John H. Updike)는 『토끼를 기리며』라는 중편소설을 발표했는데 이것도 실존주의적 주제가 강하게 표출되고 있는 작품으로 각각의 경구들은 실존주의 텍스트로부터 인용되어 쓰여져 있기에 지금까지의 실존주의적 영향과 파장을 가늠할 수 있다. 변종민(2004). 『존 업다이크의 실존주의 문학세계』(서울: 태학사), p.7.

20세기 현대무용가들은 인간의 몸짓을 통해 현대 문명과 사회가 어떻게 인간을 억압하고 있는지 보고했고 현대인의 갈등, 불안, 고독을 작품에 담았다. 실존적 상황을 전통적 가치 체계의 결별과, 죽음의 문제를 얽매이지 않는 형식으로 담아냈기에 실상 실존주의자들이라 해도 과언이 아니다. 실존주의자에게 가장 중요한 자신의 개인적, 주관적 체험에 의한 실존이 보여지기 때문이다. 다시 말해 이들은 사회가 요구하는 보편적 가치 체계보다는 자신의 내면적 명령을 중요시하며 자신만의 가치 창조에 몰두했다. 초기에 현대무용가들은 각자가 규정한 미의 기준과 움직임에 자신의 삶과 이야기를 담았다는 사실이 중요하다. 이것은 키에르케고르가 처음 사용한 '실존하는 개인'이나 사르트르가 제시한 '실존이 본질을 선행한다'와 상통하는 것이다. 인간이 세상에 존재한 이후 스스로 원하는 바에 따라 자기 스스로의 삶을 만들어간다는 의미처럼 현대무용가들은 개인의 특수한 체험에 의해 형성된 자신만의 몸짓이자 미의 기준을 새롭게 제시했다. 자신의 자아 추구에 걸림돌이 되는 어떤 가치 체계도 거부하며 내적 주관성에 관한 충실한 표현이었다. 이어지는 글에서는 앞서 언급한 실존주의적 해석의 연장으로 '인간의 유한성에 관한 목도', '고독과 불안의 파토스(pathos)로의 귀환', '주체적 체험을 통한 기존 가치의 거부'라는 세 가지 주제로 구분해 초기 현대무용의 작품과 연결지어 해석해 볼 것이다.

가. 인간의 유한성에 관한 목도

인간 존재는 본질적으로 상황 속에 있는 존재이며 이 구속으로부터 결코 벗어날 수 없다는 데서 인간의 유한성의 본질이 강조된다. 즉, 던져진 인간이기에 세계로부터 소외되어 있으며 어떤 고정적이며 의심할 수 없는 절대적인 것은 없다는 것이 실존주의자들의 해석이다. 이것은 인간이 마주친 부조리한 상황이지만 변함없이 유지될 완벽한 근거는 더 이상 없다는 것을 느끼는 것이기도 하여 인간의 불안은 인간을 실존으로 향상시키는 원동력이 된다. 동시에 군중 속에서의 고독이라는 개인의 소멸을 일으키는 소외를 느끼게 해 결국 실존적 범주 내에서 절망감이 죽음으로 진화하게 된다. 이러한 죽음은 인간이 이유 없이 감당해야 할 부조리를 뜻하며 인간 실존의 한계 상황을 대변하는 것이기도 하다.

테드 숀이 그려낸 작품 「아도니스의 죽음(The Death of Adonis)」(1923)에서는 인간의 실존을 테마로 한다. 자연 속에서 운명적 삶을 이루는 인간의 삶과 죽음을 담고 있다. 테드 숀은 좁고 위태로운 단상 위에 올라서서 서서히 상념에 잠긴 듯 서서히 움직이고 있다. 그리고 석고상과 같이 흰색 가루로 도포해 물질주의로부터 소외된 익명화된 인간의 모습을 표상하고 있다. 마치 장 이플리트 플랑드랭(Jean Hippolyte Flandrin, 1809-1864)의 그림처럼 생육과 부활을 담은 신화 속 인물이 아니라 현실 속 죽음을 맞이하는 인간의 모습으로 보인다. 인간은 결국 무인도에 버려진 고독한 존재이기에 작은 석단 위에 올라서서 위태롭게 움직이는 모습을 보였다. 더불어 인간의 생명을 담지 않은 듯한 물질을 몸에 입혀 차가운 촉각적 이미지로 시각화해 박제화했다. 이것은 인간이 인간 소외와 함께 죽음에 이르는 유한한 존재임을 몸의 움직임을 통해 담아낸 것이었다.

모드 알렌(Maud Allan, 1883-1956)의 1903년도 작품 「살로메의 환영(The Vision of Salome)」은 마임적이고 사실주의적 표현으로 죽음에 관한 이야기를 풀어놓았다. 성경 속 헤로디아(Herodias)의 딸을 오스카 와일드(Oscar Wilde)는 살로메라 명명하는데 작품 속 움직임의 전개는 유한한 인간의 몸과 공허한 삶의 한계를 마주할 수 있는 계기를 마련했다. 인간은 무엇이고 어디로 가는가? 그녀가 바라본 죽음은 어떤 최후의 사건이 아니라 현재의 삶을 자신의 요소로 보아 어떤 안이한 상태에 있는 현존재의 한계를 뛰어넘는 일종의 초월의 의미였다. 이것은 인간의 망각으로 구체화되지 않았던 불멸에 관한 이기적인 허상과 예감을 도려내는 시각적 충격이었다.

실존주의 사조에서 죽음은 가장 궁극적인 부조리다. 그리고 현대 춤 안무가들은 죽음이라는 한계성을 수용함으로써 세상 속 나름대로의 삶의 의미를 구축하고자 했다. 스스로의 선택과 결정에 따라 자신만의 가치를 창조하며 실존이 본질에 선행하는 궁극적인 부조리를 표현했다. 현대무용가들은 춤을 통해 실존의 주인공으로서 죽음의 부조리를 수용하고 이를 움직임에 담아냈다.

나. 고독과 불안의 파토스로의 귀환

키에르케고르는 사상의 출발을 인간의 본질로 보았고 그것은 고독과 불안의 '감정'이라 강조했다. 이러한 감정이라는 것은 이성에 의해 제한되거나 보편화될 수 있는 수치로 측정되는 것이 아니라 인간이 자기다울 수 있는 유일한 창구라는 해석이다. 세계 속에 인간은 같은 환경에서 같은 잣대로 주어지는 합리적인 가치에 영향을 받는다. 때로는 이에 치중하며 자신을 억제하기도 한다. 예술에서도 평가는 이에 반영된다. 많은 사람이 공감하는 미에 관한 기준으로 작품을 평가하는 것이다. 그러나 이것은 각자의 사람을 말하거나 인생을 담지 못한다. 나만의 길, 나다운 길은 절대적인 공감의 로고스(logos) 측면이 아니라 소외되고 불안한 파토스(pathos) 측면에 치중한 것이다. 예를 들어 이사도라 덩컨의 「아베마리아(Ave Maria)」(1914)에서는 두 아이의 죽음에 관한 절망적인 고뇌를 몸으로 표현했다. 엄숙한 에티튜드로 모성을 고통과 연민의 복합체로 나타낸다. 아이를 안듯 흔들거나 하늘을 향해 손을 뻗어 간청하는 듯 보인다.[20] 불안, 죄, 절망, 공포, 허무, 죽음 등에 관한 해석은 무용

20 샐리 베인스(1998). 『춤추는 여성』. 김수인·김현정 옮김(서울: 성균관대학교출판부, 2012),

가마다 각각 다른 것이다. 따라서 존재의 상태를 예리하게 분석하고 인간의 소외와 퇴락을 말할 수 있는 감정은 타자와 다른 나를 말하는 것으로 휴머니즘적 해석이라 할 수 있겠다.

1936년에 미국 안무가 도리스 험프리(Doris Humphrey)는 새로운 춤 3부작 「나의 뜨거운 열정으로(With My Red Fires)」를 안무했다. '사랑 그리고 여성에 대한 남성의 관계라는 주제'로 접근하고 있는데 여성 가장의 파괴적이고 소유욕이 강한 사랑이 어느 누구의 로맨스보다 강력하다는 것을 보여주며 몰상식한 증오로부터 이겨낸 조용하고 희망적인 사랑을 구현했다.[21] 거만한 여자의 타고난 힘이 증오로 변형된 몸짓을 구현했으며 자신의 무능력에 분노하고 타인들의 행복을 시기하며 혼자 남게 될 것을 두려워하는 모습을 그리고 있다.[22] 감정에 관한 험프리식의 표현은 타자에 관한 배려나 소속으로 한 줄 맞추기 식의 앞뒤 없는 행보가 아닌 나를 말하고 상실된 자아를 표현하는 진정한 회복이며 자기에게로 돌아가기 위한 자기 발견으로서의 삶의 모습이라 할 수 있다.

20세기 초엽의 인간의 특별한 감정이나 의지를 춤 움직임에 반영한 마사 그레이엄(Martha Graham)은 「비탄(Lamentation)」(1930)을 안무했다. 그녀는 몸의 구석구석을 의미체로 발화했으며 삶의 고뇌와 투쟁적 모습을 응축된 감정으로 관객에게 전달했다. 이것은 "실존주의자들이 인간의 고뇌, 죄, 권력에의 의지, 열정 등은 이성이 파악할 수 없는 힘을 지니고 있어 인간은 항상 이성적 판단과는 대치되는 실존의 부조리한 상황에 직면하고 있다는 것"[23]을 몸소 보여주는 것이었다. 기독교의 세마포(細麻布, linen) 혹은 장의(長衣)와 같이 온몸을 덮고 있는 한 여인의

---

pp.145-146.

21 앞의 책, p.239.

22 앞의 책, p.248.

23 변종민(2004), p.49.

의상과 몸짓에서 현대 사회의 정신적 불모, 기독교 믿음의 문제, 전통적 가치 체계의 거부 등 실존주의적 주제 의식의 단초를 감성적 표현으로 제공받는다. 인간은 본성적으로 이성으로 통제될 수 없는 비이성적인 면, 즉 감성과 충동이 있으며, 인간의 행동은 이성보다 감성의 지배를 더 받는다고 보는 실존주의자들의 해석의 연장선상으로 볼 수 있는 것이다.

다. 주체적 체험을 통한 기존 가치의 거부

기존의 발레는 기본적으로 도구적 이성이라는 이름으로 객관을 말하고 수치화된 아름다움을 지향하는 것이었다. 어쩌면 발레는 이전 기계 미학으로 해석할 수 있을지 모른다. 아카데믹한 신체 표현으로 인식되었던 발레의 움직임은 개개인의 인간적 욕구와 체험을 반영하지 못해 생명력을 잃게 되고 기계문명과 같이 조립된 느낌으로 극장 속 기계의 파이프나 나사와 같은 기능적 역할로 서열화되었다. 자본주의라는 경제 구조에서 한 인간은 거대한 조직 속에서 그것을 구성하는 톱니바퀴에 지나지 않은 것처럼 발레 작품 속 개개인의 움직임은 조직도로 구상되었고 이름없는 군무의 역은 자신의 인권을 상실한 것일 뿐 아니라 더 이상 자기 자신일 수 없는 상황이 되었다.

그러나 초기 현대무용가들은 몸짓을 통해 나 자신을 말했다. 참다운 진리, 아름다움은 주관적 체험으로 판단할 수 있고 스스로 미를 창안할 수 있다는 것이었다. '본질이 아니라 실존이다'라는 의미도 보편성이 아닌 인간 개개인이 가지는 특수성에 관해서 말하는 것이었다.[24] 이것은 다시 말해 현실의 삶, 개인의 삶을 중시하는 것으로 중요한 것은 발 딛고 있는 현실주의로 움직임을 통해 상대적, 주관적 체험을 반영한다는

---

24 백승균(1987). 『실존철학과 현대』(대구: 계명대학교출판부), p.202.

것이었다. 객관화, 수치화했던 미를 개개인의 취향으로 해석해 군무가 아닌 한 인물에 의존하는 형식으로 전환한 것이었다. 키에르케고르가 "사람이 단독자가 된다는 것은 낱낱의 사람들에게 주어진 최고의 과제다"라고 언급한 것처럼 말이다.[25] 따라서 초기 현대 춤은 기존의 가치 체계를 거부하는 몸짓이자 실존적 체험의 몸짓을 강조하는 것으로 개개인의 특수성을 자신들만의 움직임에 담아내고 있다. 실존은 논리적 본성을 가지고 있지 않기에 증명될 수 있는 것이 아니라 오직 체험으로만 가능하다는 것을 각자의 움직이는 몸짓으로 보고하는 것이었다.

예로 미국 현대무용가 레스터 호튼(Lester Horton)은 해부학과 움직임의 다양성을 연구하고 적용해 자신만의 독창적인 몸짓으로 시대 속 자신을 이야기했다. 정태적인 카테고리에서의 움직임을 벗어나 역동적이고 개성적인 몸짓을 보여주었다. 뻣뻣하게 곧추세운 허리와 상체에 변칙적인 몸짓이 혼재되었으며 공간을 사용할 때도 틀어지고 기울어진 방향감으로 새로움을 전달했다. 미국 현대 여성무용가 마사 그레이엄도 마찬가지였다. 그녀는 생동하고 변하는 움직임 자체가 현존의 역할을 하는 것으로 인식하고 발레라는 시간을 초월한 것처럼 보이는 절대적인 미의 규범에 대적하기 위해 시간의 제한을 받고 있는 '상대적인 미'를 선보였다. 이를 통해 새로운 시대의 자기 경험과 자기 이해를 표현한 것이었다. 자기가 자기를 원하는 대로 움직임을 실행했기에 인간은 굳어버린 존재가 아닌 열려 있는 존재임을 확인시켰다. 그레이엄의 움직임은 내면의 모습과 실존의 고통을 발산하고 있다. 발레에서 추구하는 직선과 곡선의 길고 부드러운 선(線)이 아니라 매섭고 강력한 움직임이었다.[26] 이것은 발레에서 지향하는 선이 아니었음은 물론 신체 전신의 숨겨진 일부분으

25 표재명(1992). 『키에르케고어의 단독자 개념』(서울: 서광사), p.106.

26 http://www.legalaffairs.org/issues/January-February-2004/exhibit_janfeb04.msp〈2014.1.18.〉

로서 골반과 가슴의 고정적 움직임과 기능을 부정하는 것이었다.

에른스트 블로흐(Ernst Bloch, 1885-1979)는 더 나은 미래로 향할 수 있다는 열려진 개념으로서의 존재성을 강조했다. 그는 아직 완성되지 않은 가능성에 대한 희망과 함께 객관적 현실의 내적인 근본 규정으로 인간 의식을 바라보았다. 그의 아님의 의미는 어떤 공허하고 아직 미규정적이고 미결정적인 것으로 보고 있다. 어떤 것이 있고 없고의 대상적이고 공간적인 것의 부정이 아니라 동시에 아직 아님으로써 시간적이기도 하다. 아님은 결여의 의미를 포함하고 있는 것으로 인간이 근본적으로 결핍되어 있는 존재임을 내세워 아직 완성되지 않은 가능성에 대한 희망, 기대, 지향을 인간 의식의 특징으로 본 것으로 현대무용가들이 각자 자신의 움직임으로 자신의 존재를 말하고 있음을 해석한 것이라 접근할 수 있다.

3. 독일 현대 춤에 나타난 인간의 유한성, 파토스, 주체성에 관한 논의

1) 마리 뷔그만

가. 생애와 작품

마리 뷔그만(Mary Wigman)은 1886년 독일 하노버에서 출생해 1910년 유토피아적으로 설계된 헬레라우(Hellerau)에 있는 에밀 자크 달크로즈(Emile Jaques-Dalcroze)의 유리드믹스(Eurythmics) 남녀 공학 교육기관에 입학했다. 그의 지도로 음악의 동작 훈련을 받았고 교사 자격증을 수여받았다. 보고 듣는 것에 대한 율동적인 경험과 움직이는 방법이 조화를 이뤘던 그리스적인 인간 개념의 현대화를 경험했다. 이후 음악의 구속에서 벗어나고자 고민하던 중 즉흥춤을 본 친구 에밀 놀데(Emil Nolde)의 권유로 루돌프 폰 라반의 문하에서 공부했다.

그녀는 달크로즈의 유리드믹스와 함께 라반의 즉흥성과 움직임 분석을 기반으로 두 스승의 스타일을 접합시켰다. 그들의 이론과 움직임을 통해 자신만의 움직임 스타일을 완성했다. 반주 없이, 때로는 타악기의 소리만으로 안무했는데 이러한 스타일을 앱솔루트 댄스(absolute dance)라 칭했다. 1920년 드레스덴에서 처음 자신의 무용학교를 개설해 후학들을 가르쳤고 1928년에는 런던에서 공연해 최고의 창의적 안무가("the newest form of the oldest art in the world")[27]라는 평가를 받았다. 1931년에는 뉴욕에 분교를 개설해 독일식 표현주의의 정수라는 호평을 받았으며 1930년대 초반에만 미국에서 3번의 순회 공연을 이뤘다. 그녀의 제자는 하랄트 크로이츠베르크(Harald Kreutzberg), 이본 게오르기(Yvonne Geogi), 마르가레테 발만(Margarethe Wallmann, 1904-1992), 한야 홈(Hanya Holm)을 비롯해 수천 명에 이른다. 뷔그만은 독무에서 빛을 발했지만 나치 하에서 작업은 선동적인 군무가 주를 이루게 된다. 그럼에도 불구하고 뷔그만의 활동은 나치 시기 동안 중단되었고 학교는 폐쇄되었다. 제2차 세계대전 중에는 나치에게 쫓겨 고국을 떠났으나 1949년 서베를린으로 돌아왔고 1953년에는 독일연방공화국 훈공십자상을 수여받았다.

그녀의 작품은 노년, 죽음, 여성의 삶, 전쟁의 파괴상을 비롯해 어렵거나 금기시된 소재들을 포함하며 엄청난 파장을 일으켰다. 대표작으로는 「죽음의 소리(Death Call)」, 「삶에 대한 7가지 춤(The Seven Dances of Life)」(1918), 「죽음의 춤(Dance of Death)」, 「토텐말(Totenmal)」, 「숙명의

27 Jiyun Jung(2013). Mary Wigman and German Modern Dance: A Modernist Witch? 〈http://fmls.oxfordjournals.org〉

노래(Song of Fate)」, 「공간의 형상(Space Shape)」, 「흔들거리는 풍경(Swinging Landscape)」 등이 있다. 저서는 『무용의 언어(*Die Sprache des Tanzes*)』(1963)가 있다.

나. 마리 뷔그만의 작품에 나타난 실존적 의미와 해석

마리 뷔그만의 「마녀의 춤」은 1914년 2월 11일 그녀의 첫 번째 솔로 작인 「렌토(Lento)」와 함께 공연되었다.[28] 1914년 라반의 조교가 되어 첫 안무를 발표한 것인데 이는 아시아의 이미지에서 착안한 것으로 넓은 의상이 날개처럼 뻗어지고 큰 모자를 쓰며 뛰어오르는 동작을 포함하고 있다. 이후 1926년 「마녀의 춤 II」는 인간 본래의 실존을 자각하고 회복할 수 있는 방안을 모색하는 것으로서 본래의 자기를 찾으려는 실존적 관점을 포함하고 있었다. 충격적인 움직임과 의상 그리고 가면이 더해져 압도적인 실존에 관한 그녀의 고백은 매력적으로 표출되었다. 그녀는 마녀라는 주제를 반복적으로 다루고 있는데 샐리 베인스(Sally Banes)는 그녀의 작품에 관해 "으스스하고 강하게 비틀린 불규칙한 타악기 리듬과 각이 진 제스처를 가지고 도취된 것을 리드미컬하게 묘사하고 있다"고 설명한다.[29]

> 그녀의 이미지는 어둡고 골똘히 생각하는 신비스러운 성격, 그리고 죽음, 마녀, 전쟁 등과 연관되어 있었다. 땅에 붙어 앉아 무겁고 긴장된 분위기를 연출하며 인간의 입지에 대해 비관적이고 추상적인 전망을 표현했다.[30]

---

28 앞의 글.

29 샐리 베인스(2012), p. 223.

30 조앤 카스(1993). 『역사 속의 춤』. 김말복 옮김(서울: 이화여자대학교출판부, 1998), pp.322-323.

그녀의 구부러지고 웅크러진 사지는 마녀로 국한된 모습이 아니다. 당시의 고뇌 속 인간의 몸부림을 보여준다. 흑백의 낡은 느낌이 오랜 시간을 말하고 날카로운 둔탁한 움직임이 화면의 중심에서 운동감을 형성하기에 갈급함과 동시에 존재성을 발현하고 있다. 반복되는 움직임과 굽어지는 손 움직임을 통해 화면의 밀도를 더해 주고 긴장감을 더한다. 잔뜩 긴장한 채 웅크리고 뒤틀어진 포즈는 나약한 인간 존재의 고뇌를 전달한다. 그녀의 몸짓은 인간 존재에 대한 절망과 불안 그리고 고립된 인간의 소외를 제시하기에 이 사회에서의 개인의 존재와 그 가능성에 대한 문제를 떠오르게 한다.

> 마녀는 공허하고 미친 듯 보인다. 그녀는 우리를 잡으려 한다. 우리는 그녀를 통해 바라본다. 그녀는 우리를 가질 수 없다. 그러나 거의 만약 우리가 나가길 원하지 않는다면, 그녀는 우리를 가졌을 것이다. 갑작스럽게 말이다. 그것은 광기였다. 날카로운 웃음 그것은 절망이었고 비참함이고 불명예스러운 공허함이었다.[31]

구덩이에 빠진 동물과 같이 인간이 처한 상황을 어두운 흑백의 색감과 기하학적 움직임으로 선보이고 현재 시간의 동결을 말하기 위해 공간까지 결빙시킨 듯하다. 당혹감과 긴장감을 비판적인 사색으로 제시하고 밀폐된 공간에서 인간이 어떻게 존재하는가를 춤을 통해 확인시켰다. 이것은 바라보는 방관자가 아니라 자연 속에서 인간 존재의 문제를 환기시키려는 또 다른 인간의 모습이었다. 인간은 인공적 환경에 갇힌 동물과도 같은 것이기에 환경의 구속된 마녀의 실존, 혹은 인간의 실존

31 Anonymous review, Hannoverscher Kurrier, 20 January 1929. Cited by S. Manning (1993). *Ecstasy and the Demon: Feminism and Nationalism in the Dances of Mary Wigman*(Berkeley: University of California Press), p.129. Translation by Manning.

적 경험을 자신만의 독창적인 움직임을 통해 구현한 것이었다.

> 춤을 추는 중 떨리기 시작했다. 그리고 나는 죽음이 나에게 무언가를 말하려는 것을 알았다.[32]

또한 그녀는 인간의 실존적 부조리를 몸으로 표현했다. 고독, 죽음, 격리라는 유쾌하지 않은 정서를 표현하기 위해 과장과 왜곡을 몸에 입었고, 죽음의 지향점을 말하기 위해 바닥에 몸을 가까이했다. 땅과 밀착해 쭈그려 웅크리기, 몸을 끌어 이동하기, 발바닥으로 바닥을 두드리기 등과 같은 몸짓을 포함했다. 마리 뷔그만은 자신의 저서에서 "죽음은 그 오만한 태도와 음산하고 마치 안달이 난 듯한 위협적인 몸짓으로 내게 찾아올 때마다 늘 장엄함 정도의 초연함을 지니고 있으며 우리가 고통으로 괴로워하던 순간조차도 죽음은 우리의 한계로는 깊이를 헤아릴 수 없는 침묵으로 우리를 압도하여 경의를 표한다"[33]고 초월적인 사고를 전한 바 있다. 그녀는 죽음을 자신의 작품을 통해 표현했다. 홀로 있음, 고독, 그리고 격리 등의 상태는 실존주의에서 보편적이고 영원하며 불변적인 인간의 운명이자 인간 조건의 일반[34]인데 마리 뷔그만은 이러한 인간의 모습을 움직임을 통해 그려냈다. 실존의 가장 중요한 키워드라 할 수 있는 단독성, 개별성[35]의 문제를 그녀는 단독적인 심경의 고백을 통해 표현한 것이었다.

그녀의 또 다른 작품 「토템말」(1930)[36]에서도 인간 실존의 부조리함

---

32 조앤 카스(1993), p.323.

33 마리 뷔그만(1963). 『무용의 언어』. 윤계정 옮김(서울: 현대미학사, 1994), p.18.

34 아놀드 하우저(1983). 『예술의 사회학』. 최성만 옮김(서울: 한길사), p.354.

35 O.F. 볼노브(2006), p.78.

36 당시 예술문화는 종말론적인 절망과 전쟁 및 그 후유증에서 오는 독일의 고통에서 벗어나고자 혁신적인 열정을 보여주고 있었다. 공산주의를 숭배하거나 국가적 사회주의를 지지하는

과 존재에 관한 한계를 죽음의 이미지로 표출했다. 제1차 세계대전에서 희생당한 독일 병사들에게 바치는 헌사로 여성 합창단이 그들의 죽은 혈육에 오열하는 모습을 포함하고 있으며, 가면을 착용해 인간성의 어두운 측면, 전쟁의 참화, 죽음이라는 지점을 몸으로 말하는 것이었다.[37] 에르바르트 뭉크(Edvard Munch)의 작품 속 「절규」(1923)와 같이 광기 어린 격정을 거칠고 이교도적인 충동으로 표현하며 인간 감정의 탄식과 절망을 쏟아냈다. 일본의 노(能) 가면을 인용한 무용수들의 가면은 과거의 불가사의한 분위기에서 등장하는 망령된 존재처럼 보인다. 마치 에밀 놀데의 그림 속에 등장하는 마스크와 유사한데, 인간의 괴기스러움과 원시적인 면모를 강조한 것이었다. 거칠고 미개한 광기는 유럽 계몽주의적 가치 및 합리주의에 관한 비판이자 예술적 발견으로 이름지어진 양식에 관한 도전이었다. 작품 속 움직임은 현대가 품지 못하는 태고의 생명력과 강렬한 그로테스크적인 풍모를 발산했다. 정제되지 못한 혹은 세대적 취향을 묵과하는 것이었다. 작품 속에 인간의 모습은 비극적이고 고독한 내면의 감정을 표현하고 있다. 가면으로 새겨진 극도로 얇은 두 눈과 처진 입은 순수한 절대 고독의 상징 그 자체였다. 그녀는 존재의 본질을 응시하고 끊임없이 흔들리는 내적 불안을 통해 그것을 찾기 위한 여정을 작품에 담아냈다.

그녀가 생각한 실존적 인간은 정의되는 획일적인 존재가 아니라 정의내려지는 존재였다. 마녀, 죽음, 노화 등의 주제를 자신의 해석으로, 움직임으로, 표현으로 구체화한 것이었다. 지금까지 '무엇인가?'라는 질문은 실증주의적 탐구 방식으로 인간을 대상화했지만, 더 이상 인간의 실존은 설명할 수 없는 것이었다. 그녀는 세계와 분리되지 않는 그리고

것에 대해 정치적으로 완전히 무관심한 것과는 다르게 그 당시 세대 구성원들은 개인적인 해답을 추구했다. 샐리 베인스(2012), p.222.

37 수잔 오(1986). 『서양 춤 예술의 역사』. 김채현 옮김(서울: 이론과실천, 1990), p.102.

분리될 수도 없는 자신의 실존을 주관적이고 주체적인 해석으로 설명했다. 설명할 수 없는 비합리적이고 부조리와 우연성이 가득한 존재에 관한 이유 없는 불안을 작품의 주제로 삼았고 사르트르와 마찬가지로 주어진 자유를 움직임 창안으로 끄집어냈다. 그녀는 새로운 움직임에 관한 참된 용기를 가지고 숙명적 아름다움에 도전을 가했고, 인간의 부조리에 관한 죽음을 자신의 의지를 통해 관철해 표현했다. "인간의 실존에는 이유 없는 불안이 있다"고 하이데거는 언급했는데 마리 뷔그만은 인간이 암울한 이미지를 고독하게 사계(四季)를 마주하고 나아가는 창조적인 존재로 그리고 있다고 해석할 수 있겠다.

2) 쿠르트 요스

가. 생애와 작품

쿠르트 요스(Kurt Jooss)는 1901년 독일에서 출생해 1979년 사망할 때까지 춤 역사 속 위대한 발걸음을 남긴 무용가였다. 특별히 탄츠테아터(Tanzetheater, Dance Theater)라는 형식을 창안해 에센을 중심으로 피나 바우쉬(Pina Bausch, 1940-2009)와 같은 걸출한 작가들을 배출했다. 음악과 드라마 그리고 시각예술에 애정을 가지고 있었던 그가 루돌프 폰 라반을 만난 것은 1920년이었다. 4년 동안 그와 함께 춤을 추었고 이후 라반이 무보 체계를 창안하는 데 도움을 주었다. 그의 첫 작품은 오랫동안 춤을 함께 한 동료 리더(Sigurd Leeder)와의 「두 명의 남성 무용수(Two Male Dancers)」였다.[38] 이후에는 라반과 결별해 자신의 발레단(Die Neue Tanzbühne)을 만들어 활동했고 작곡가 프리츠 코헨(Fritz A. Cohen)을 만나 여러 작업을 함께했다. 그의 안무에서는 음악적 영감

---

38 http://www.dance-teacher.com/2011/08/kurt-jooss/〈2014.1.21.〉

과 함께 드라마틱한 아이디어가 통합적인 형식으로 표출되었는데 독일 여러 도시에서 무용감독으로 활약하기도 했다. 특별히 그의 움직임은 아카데미 발레 테크닉과 함께 표현주의 성향의 움직임이 조화로움을 이뤘다.

1927년도 「죽음의 춤」이 무대화되었고 이는 아방가르드의 효시로 여겨졌다. 그는 스토리나 주제가 있는 작품을 선호했고, 1929년부터 구상된 「녹색 테이블(Grüne Tisch)」과 연결했다. 중세의 죽음의 춤이 주는 이미지에서 착상된 이 작품은 의인화된 죽음의 등장을 통해 전쟁에서 희생된 다양한 인간 군상을 그리며 전쟁의 참혹함을 고발했다. 그리하여 1932년에는 「녹색 테이블」이 프랑스에서 개최된 세계 무용 콩쿠르에서 최고상을 수상했다. 당시 정치적 현실을 반영한 반전(反戰)의 메시지를 포함한 진정한 현대 작품이었다.

이러한 날카로운 주제 의식으로 인해 1933년 그는 나치를 피해 네덜란드를 거쳐 영국으로 몸을 피했다. 그리고 유럽과 미국을 순회 공연하며 데본(Devon)의 달링톤 홀에 학교를 설립했다. 1944년에는 인간 재앙과 비극에 관한 이야기를 다룬 「판도라(Pandora)」를 안무했다.

1949년은 영국을 떠나 독일 에센으로 되돌아왔다. 이곳에서 그는 1968년 은퇴하기 전까지 19년간 학생들을 가르쳤다. 은퇴 후 그는 1971년 조프리발레단(Joffrey Ballet)에 「녹색 테이블」을 전수했는데 그의 경이롭던 움직임 훈련 과정이 무용수인 홀더(Christian Holder)에 의해 회자되기도 했다. 그러나 애석하게도 8년 후 자동차 사고와 이후 상처가 회복되지 못해 생을 마감하게 되었다. 그러나 그의 작품은 그의 딸 안나(Anna Markard)가 무용단의 수퍼바이저로 활약하는 동안 지속적으로 공연되었고 세계인으로부터 사랑받는 작품으로 사람들의 가슴 속 깊이 남아 있다.

나. 쿠르트 요스의 작품에 나타난 실존적 의미와 해석

독일 춤에 현대적인 것을 가미해 형식적인 몸짓의 개혁을 감행했던 쿠르트 요스는 연극적인 움직임과 표현적 영화, 무대의 재구성을 통해 영역 간의 통합을 시도했다. 1932년 「녹색 테이블」은 파리에서 열린 안무가 콩쿠르에서 최고상을 받은 작품으로 시대성과 사회적 공간이 일치하는 작품이었다. 제1차 세계대전의 참혹함을 반영하며 인간의 삶과 죽음에 대해 깊은 번뇌와 회의를 포함하고 있다. 점차 비인간화되어가는 세상에서 인간 존재에 대한 이미지를 무거운 몸짓으로 형상화시켰고 인간 주체의 불안감을 표현했다.

과학의 발달은 기계문명과 함께 산업화를 가지고 왔고 인류 사회에 풍요로움을 선사했다. 그러나 결과적으로 물질문화에 종속되었고 제1차, 제2차 세계대전이라는 재앙을 가져왔다. 과학문명의 발달은 인간을 주체가 아닌 객체로 이끌었고 혼란을 통한 불안으로 공포를 불러일으켰다. 이러한 혼란의 도가니를 쿠르트 요스는 몸짓을 통해 표출했다. 인간의 상실된 삶의 의미와 자아의 정체성마저 손상되는 불안 의식을 반영했다. 실존주의에서는 이런 현상을 자기 소외(self alienation)라고 한다. 생존의 불안과 삶의 허무 의식에서 진정한 자기의 모습을 찾으려는 몸부림을 말하는데, 이 작품은 이러한 실존주의적 해석에 기저를 이뤘다고 하겠다.

쿠르트 요스는 인간 실존의 모습을 각각의 캐릭터를 통해 작품 속에 담아냈다. 현실적 아픔과 슬픔 그리고 실존적 불안을 온몸으로 표현했다. 무대라는 밀폐된 공간에서 비틀어져 아우성치는 군상들의 모습을 담아냈다. 녹색 테이블 위에 마스크를 쓰고 클라식 피아노 반주에 맞춰 가식적인 동작을 일삼는 정치인들과는 대조적으로 가공할 만한 허무감을 전시 상태의 군인들과 민간인들의 이중적 모습으로 대비시킨다. 여기서 그는 현대인의 실존적인 딜레마의 핵심을 표현했다. 늙은 노모의 처절한 몸짓, 전시(戰時) 속 군인들의 좌절과 절규, 죽음 캐릭터의 압도적 카리스마, 여기에는 인간의 죽음, 탄식, 사랑이 녹아 있다.

쿠르트 요스는 기존 전통과는 위배되는 발레와 현대 춤의 움직임 어법을 통합해 그만의 몸짓을 창안했다. 인체를 과장하고 뭉툭한 모습으로 등장시킴으로써 비극적이고 고독한 내면의 감정을 표현했고, 발레 어법의 뒤틀어짐과 생략의 과정을 통해 형태의 단순함을 부가했다. 여기에는 미학적 어법의 새로운 상징성을 지닌다. 인간 형상의 축소를 통해 조형적 차원을 넘어 사회 속 인간의 문제를 부각함으로써 메시지를 극단적으로 전달하려 했다. 「녹색 테이블」은 인간의 절망과 죽음에 관한 문제를 극적인 형태로 나타냈다. 도입부 인트로(intro)는 마치 게오르게 그로츠(George Grosz, 1893-1959)의 「일식」(1926)을 연상시키는데 「녹색 테이블」은 우스꽝스러운 관료들의 탁상공론의 장소로 보이며 암울한 시대적 상황을 반영하고 있다. 특별히 죽음이라는 캐릭터는 그로츠의 그림 속 해골과 죽음이라는 캐릭터의 의상과 일치하고 있다.[39] 이것은 이전 재현의 틀을 깨는 충격적인 몸짓의 이미지였다. "단 하나의 움직임도 단 하나의 스텝도 요스의 탄츠 드라마에서는 의도되지 않은 채로 표현되는 경우는 없었으며 단 하나의 단일 동작도 내용에 부합되는 의미 있는 동작이 포함된다"[40]는 그의 진술처럼 부패된 인체들의 기이한 상황과 죽음의 몸짓은 인간의 부조리함과 한계성을 반영한 것이었다.

죽음에 관한 아무 이유가 없다. 그런데도 죽음을 맞이할 수밖에 없는 인간의 운명은 궁극적 부조리가 아닐 수 없다. 이 작품에는 참 실존의 모습은 결코 죽음을 주저하거나 회피하거나 지연시키려 하지 않고 과감히 들춰 직면하도록 말하는 안무가의 의지가 포함된 것이었다. 세계대

39 이지원(2013). 『춤 테마로 읽다』(서울: 두솔), pp.223-224.

40 수잔네 슐리허(2006). 『탄츠테아터』. 박균 옮김(서울: 범우사), p.111.

표 1 독일 현대 춤에 나타난 실존주의 철학의 적용과 해석

<table>
<tr><th colspan="2" rowspan="3">철학적 논의</th><th rowspan="3">현대춤의 적용</th><th colspan="3">독일 현대 춤의 유한성, 파토스, 주체성의 표현</th></tr>
<tr><th>마리 뷔그만의 「마녀의 춤」</th><th>쿠르트 요스의 「녹색 테이블」</th><th rowspan="2">작품 해석</th></tr>
<tr><th colspan="2">몸짓 및 표현</th></tr>
<tr><td>죽음을 향한 현존재</td><td rowspan="3">키에르케고르
니체
야스퍼스
하이데거
사르트르</td><td>인간의 유한성에 관한 목도</td><td>죽음의 지향점을 표현하기 위해 바닥에 몸을 밀착, 구덩이 속 절규, 흑백의 색감으로 격리를 표현</td><td>부패된 인체들의 기이한 상황과 죽음을 충격적인 몸짓과 이미지로 표현</td><td>인간의 반성적 주제 포함/
죽음에 직면한 부조리한 현재적 이미지 강조</td></tr>
<tr><td>소외와 불완전한 존재</td><td>고독과 불안의 파토스로의 귀환</td><td>가면을 통해 소통의 절단과 순수한 절대 고독을 상징</td><td>밀폐된 공간을 통해 아우성치고 비틀어진 고독한 인간들의 모습을 상징</td><td>객관화된 미가 아닌 개별화된 감성에 주목/
안정적 포즈가 아닌 불안한 움직임 과정 포착</td></tr>
<tr><td>주체적인 존재</td><td>주체적 체험을 통한 기존 가치의 거부</td><td>비극적이고 고독한 내면의 감정을 과장과 왜곡을 통한 주체적 몸짓으로 표현</td><td>발레 어법의 뒤틀어짐과 생략의 과정을 통해 형태를 단순함으로써 내면성 강조</td><td>주체적 행위자로서의 움직임 구성 및 전개/
기승전결 거부로 열린 결말</td></tr>
</table>

전 이후 아무런 이유 없이 군인보다 민간인이 대량 학살을 당해야 했던 처참한 현실을 춤의 몸짓으로 그리고 있다. 전쟁의 아픔은 죽은 시체들을 보고 무감각해져 가는, 숭배의 대상이 아닌 고깃덩어리로 전락한 모습을 바라봐야 하는 것이었다. 실존의 개념에 의하면 모든 인간은 항상 구체적인 상황 속에 처한 존재다. 인간은 세계와 분리되지 않고 분리될 수도 없다. 인간은 자체에 근거가 없으므로 늘 바깥을 향하고 상황에 따라 끊임없이 달라질 수밖에 없는 운명을 지니고 있다.[41] 이러한 인간의 실존적 모습을 쿠르트 요스는 자신의 작품을 통해 질문하고 있다. 인간

41 남경태(2006). 『개념어사전』(서울: 들녘), pp.244-245.

은 이성으로 정의되지 않는 비합리적이고 부조리와 우연성이 가득한 존재라는 것을 말하는 것이다.

종합적으로 살펴보자면, 앞선 현대무용가들은 인간의 궁극적인 실존적 문제에 대해 생각하기 시작했고 인간 본질에 대한 고민을 다루기 시작했다. 인간의 실체에 대한 의미 부여와 자아 개념, 그리고 획일화되어 가는 인간형에 대한 의문을 제기한 것이다. 강조점을 둘 수 있는 것은 절망과 인간에 관한 깊은 통찰로 가득 찬 주제와 움직임이었다. 무용수들의 몸짓은 공감을 거부하며 자신의 움직임을 창조하며 자신을 말하고 있었다. 현대무용가들은 인간을 물질적이고 인간 본질의 아름다움을 제거한 상태를 반영해 마치 살바도르 달리(Salvador Dali)나 아일랜드 화가 프랜시스 베이컨(Francis Bacon)의 그림처럼 인체가 갈기갈기 찢겨 있는 것과 같은 모습으로 자신을 혹은 작품을 표현하고 있다. 이것은 인간은 무엇이냐 하는 끊임없는 반성으로부터 기인한다. 인간은 무엇을 할 수 있으며 또 무엇을 할 수 있느냐 하는 당위(moral)의 문제를 가지는 것이다. 이들은 인간 소외, 인간 상실의 시대 가운데 인간 구제의 사명을 감당하고 있다. 획일화된 춤의 움직임에서 상실한 자기 모습을 되찾고 본래의 자기에게 환귀하고자 한다. 동시에 창조적 행위자로서 인간의 모습을 제시하는 것이었다. 인간의 허무성을 들춰내어 그 한계와 동시에 극복을 몸으로 표현하고 제시했다.

사실 시대마다 획일적 움직임은 나타났다. 선사 시대에는 생식 본능인 다산(多産)을 상징하는 주술적인 의미와 동일시되었고, 고대 그리스에서는 신화 속 인물과 같은 이상미와 조화를 추구하는 움직임이 두드러졌으며, 중세에는 종교적 색채로 인간의 의미는 간과되었다. 르네상스 시기에는 해부학의 영향으로 사실적 비례를 지향하는 조화의 성격이 컸었다. 따라서 발레의 움직임은 2차원적 확장된 선과 구도를 지향하는 디자인으로 강조되었다. 그러나 20세기 현대무용가들은 메시지를 직접적으로 전달하는 수단이자 인간 본질이라는 개념적 문제를 말하는 고뇌하는 모습을 보인다. 사회와 세계를 말하고 현실을 맞이하는 인간의 모습인 것이다. 인간의 본질적 모순과 갈등을 그대로 응시한 듯이 예술 작품은 주관적이고 극적인 표현 감각, 내면세계를 직접적으로 전달하기 위한 색과 선을 암시적으로 보여주고 있다.

흥미로운 것은 시간을 인식하는 주체이자 시간 흐름의 한 단면에 불과한 인간의 존재 가치를 표현하기 위해 발레에서 연출하는 순간의 포즈가 아닌 움직임의 과정을 중시했다. 미래, 과거, 현재에 관한 시간을 중첩하는 방법으로 현재적 이미지를 의도한 것이다. 반복되는 움직임은 축적된 시간의 흔적을 담아내고 있다. 반복적 행위와 시간의 축적을 통해 형상에 접근하고 이러한 과정은 자아 내부의 나약함을 극복하며 주체적 자아로 성장해 나가기 위한 수단이 되는 것이다. 다시 말해 인간 존재에 대한 해답을 찾아가는 과정을 담는 것이었다.

따라서 주어진 삶에 열정적인 결과보다 과정에 관한 중요성은 완결되지 않는 현대 춤의 성격과도 상통한다. 언제 죽음을 맞이할지 모르는 인간의 부조리한 죽음에 관한 인정을 작품에 담을 때 결과가 없는, 결말을 전제할 수 없는 열린 형태로 무대화된다. 이것은 발레의 기승전결과는 달리 결말이 없는 것 자체가 실존의 조건이라 할 수 있다는 발상에서 나온 것이라 하겠다. 따라서 현대 춤은 인과 관계를 제시하지 않는다. 마치 카프카의 『변신』에서 왜 갑충류로 변하게 되었는지 알 수 없는 것처럼 말이다.[42] 이는 미메시스(mimésis)적 전통에 입각한 서술 관점이 무너져 버린 것이라 하겠다. 이러한 열린 종결은 미래의 불확실성이라는 또 다른 실존적 상황을 반영하는 것이라 해석할 수 있다. 실존은 종

42 장진경(1993). 카프카의 변신에 나타난 인간 소외의 문제. 이화여자대학교 석사학위 논문, p.29.

결이 아닌 지속적인 투쟁과 형성의 상태로 이뤄진다. 이렇게 열린 결말은 불확실한 미래를 살아가는 인간 실존의 운명을 움직임으로 반영하는 것이라 하겠다.

◆ ◆ ◆

실존주의 철학은 실증주의와 합리주의에 반동한 사상으로 20세기를 관통하는 사회적 불안과 허무, 부조리한 현실의 문제로 태동되었다. 키에르케고르에서부터 니체, 하이데거, 사르트르로 이어지면서 상대주의적 신념 속에서 실망하고 의심하게 된 인간이 자기 자신의 내면으로 돌아가 진정한 인간상을 확립하고 자아로 돌아가야 한다는 핵심을 담고 있다. '인간의 죽음에 관한 유한성'과, '고독과 소외의 불완전한 존재', 마지막으로 '주체적인 인간'이라는 논점에 초점을 두고 실존주의의 의미를 살펴보았다.

대표적으로 독일의 무용가 뷔그만과 요스는 작품을 통해 행동하는 인간의 모습을 보였다. 어떤 고정 관념이나 가치 체계에 의해서가 아니라 스스로 행한 경험의 산물로 스스로의 모습을 구성하고 있다. 뷔그만은 실존적 인물로 스스로의 운명을 스스로의 힘으로 구현하는 마녀를 통해 소외와 고독의 문제를 제기하며 동시에 불완전한 존재로서 전통적 체계를 거부하는 자기 구원의 원천을 몸으로 말했다. 또한 요스는 죽음에 관한 다양한 해석과 캐릭터의 창출을 통해 체험적 고백과 주체적 움직임을 이뤄 나갔다. 이들의 표현은 주체적인 사고와 진리, 내면적 성찰과 행동에서 발단한 것으로 실존주의의 한계와 극복에 관한 고백이었다. 우리 인간이 자신이 가진 삶의 성질을 알고 스스로 자신의 삶의 문제를 선택하고 이에 관해 책임을 이루는 실천적 움직임에서 현대무용가들의 예술과 움직임 그리고 현대 사회에 관한 고민을 조우하게 된다.

이들의 춤은 먼저 생존의 불안과 삶의 허무 의식에서 발단한 몸부림으로 진정한 자기 모습을 찾으려는 인간 실존의 부조리함을 죽음이라는 문제로 표현했다. 죽음에 관한 다양한 해석과 전개는 직면한 현실에 절망하지 않고 안간힘을 보이는 인간의 초월적 모습이기도 했다. 두 번째로는 개인의 실체 고유성, 의지, 감성을 무시하는 합리주의에 강력히 반발해 이성적 논리의 잣대로 인간 개개인의 구체적 특성을 통합하는 획일적 미의 개념화에 반대하며 자신들만의 새로운 아름다움을 창출했다는 것이다. 이것은 선택에 관한 문제이자 감성적 표현이었다. 개개인의 춤은 감정을 통해 분출된 불완전한 인간에 관한 고백이었다. 한 방향으로 치우쳐 무리지어지는 것이 아닌, 나만이 말하고 담을 수 있는 감성적 외침이었다. 세 번째는 주체적인 체험을 반영한 인간 실존에 관한 표현이었다. 구성과 공간 시간에 관한 열린 개념으로의 재창조라 하겠다. 실존주의적 초월자의 모습은 작품 속에서 시공간의 사고나 색채의 이미지에서도 독특한 자기 가치를 반영하는 것이었으며 열린 결말로서 한계나 고정적 틀을 거부하는 주체적 형식의 창안이었다.

현대 사회는 개성, 창의성, 독창성을 외치기는 하나 각각의 인간의 자아와 실존에 관한 고민은 온데간데없고 어느덧 획일화된 공공의 미와 목표를 추구하는 현실이 되어버렸다. 미의 지향점을 향해 성형이 난립하고 학벌 사회에서 대학교육과 취업이라는 같은 길을 걷지 못하면 왕따가 되는 것이 자연스러운 이 시대에 실존주의에 관한 의미를 다시 한 번 돌아보게 하는 계기가 된다 하겠다. 모두 다 맞이하는 죽음에서 인간은 태어남(birth)과 죽음(death) 사이에 선택(choice)이라고 언급한 사르트르처럼 현대무용가들의 춤은 자신에게 주어진 자유와 책임을 스스로 사고해서 형성해 갈 수 있다면 자아 상실이나 고독, 소외와 불안, 허무 등의 문제를 현명하고 적극적으로 극복할 수 있다는 메시지를 준다. 이 글에서는 초기 현대 춤을 중심으로 간략하게 다뤄 살펴봤지만 지금도 지배적으로 나타나는 실존적 인간이라는 주제를 포괄하지 못한 아쉬움을 지닌다. 앞으로도 실존주의라는 개념적 특성을 중심으로 좀 더 다양한 춤 해석이 이뤄지길 희망하는 바다.

제3장

춤의 현대성과 기호학적 해석

이지선

20세기 초 등장한 현대 춤은 당대의 예술 흐름과 함께 예술의 의미란 무엇인가에 대한 진지한 반성에서 출발한 것이었다. 즉, 발레의 무의미한 몸짓에서 벗어나 현대인들의 삶과 세계에 대한 이해를 반영하는 예술로서 현대성을 지니고자 했다. 진지하고 심각한 의미에 대한 추구는 표현주의 예술이론의 등장과 함께 감정이나 정서, 심리와 같은 인간 내면의 표현으로 집중되었다.

기호학은 경제사회의 변화를 읽고자 한 마르크스 사상과 인간 심리를 밝힌 프로이트의 무의식 연구와 함께 인간 인식과 문화의 기초가 되는 언어에 관한 과학적 탐구로서 20세기 패러다임의 핵심을 이룬다. 20세기를 "언어의 감옥(the Prison-House of Language)"[1]이라고 규정지을

1 문화비평가 프레드릭 제임슨(Fredric Jameson, 1934-)은 주저 『언어의 감옥(*The Prison-House of Language*)』(1972)에서 구조주의의 이점과 그 안에 내재된 모순을 변증법적 비평을 통해 제안한다. 그는 서문에서 "우리가 언어의 감옥에서 생각하기를 거부한다면 우리는 생각하기를 그만두어야 한다."라는 니체(F. W. Nietzsche)의 선언을 인용하면서 인간 인식의 기초가 언어학적 모델의 역사로 구축되어 왔음을 지적하고 현대 구조주의 사상 형성의 언어학적 토대를 지적하고 있다. 프레드릭 제임슨(1972). 『언어의 감옥』. 윤지관 옮김(서울: 도서출판 까치,

만큼 현대 철학의 기초는 언어학적 연구 방법 위에 놓여 있다. 또한 기호학은 언어학적 모델을 좀 더 광범위한 사회 현상들에 적용시킨 구조주의 방법론으로 이어졌으며, 이 구조주의는 다시 후기구조주의 사상의 토대가 된다. 기호학이 1950년대에 가장 영향력 있는 학문이었음에도 불구하고 이것이 의미에 대한 연구와 의미 전달에 가장 절대적인 수단으로 여겨졌던 언어에 대한 연구방법론의 집약이라 할 때, 춤 표현과 의미에 대한 체계적인 연구 방법으로 적절하다.

무용미학에서 기호학적 관점에 의한 논의는 기호학 용어의 적용과 해석을 단일 작품에 적용해 그 구조를 분석하는 미시 연구의 도구적 활용에 집중[2]되어 있다. 한편 20세기 중반 이후 집약적으로 발전해 온 무용미학의 논의는 무용예술의 정체성과 독자성을 밝히는 데 주력해 왔다고 사료된다. 따라서 20세기 전반의 사상적 특성을 기호학의 주요 개념으로 요약하고, 이를 미학 논의로 연계시키는 작업은 당대의 무용미학의 구축과 이해에 선행되어야 할 과제라 하겠다.

따라서 이 글에서는 20세기 현대무용이 갖게 된 현대성의 의미를 동시대 철학, 미학 사상 속에서 관계론적으로 해석함으로써 현대 무용미학의 공시적 고찰과 작품 해석 단계에서 제시되는 개념들의 함의를 논

1985), 서문.

2 무용학 논의에서 기호학적 관점의 선행 연구로는,

김말복 외(2000). 처용무의 동선과 형상에 대한 기호체계 연구. 『무용예술학연구』, 5, pp.1-67.

이지선(2002). 무용예술이 지니는 기호학적 의미구조: 처용무를 중심으로. 『무용예술학연구』, 9, pp.175-196.

김지원(2006). 그레마스 기호학의 무용분석적 적용에 관한 논의: 살풀이춤을 중심으로. 『대한무용학회논문집』, 54, pp.93-111.

김지원(2008). 퍼스 기호이론의 무용기호학적 적용 연구. 『대한무용학회논문집』, 49, pp.15-28.

등이 있으며, 주로 기호학 주요 개념을 무용 작품 분석의 도구로 적용한 연구가 주를 이룬다.

의해 보고자 한다. 이러한 논의는 20세기 예술 표현과 감정을 중심으로 전개되어온 무용미학의 사상적 흐름을 짚어내고 포스트모더니즘 미학 이후의 해체 전략을 이해하는 이론적 토대가 될 것이다. 또한 20세기 전반 춤과 안무이론이 추구한 움직임 의미와 표현에 대한 입장을 고찰함으로써 현대 춤 형성기 작품과 안무론에 형성되기 시작한 기호학적 인식을 드러낼 수 있을 것이다.

이 논의를 위해 먼저 기호학과 구조주의 사상의 창시자이자 기호학 형성의 두 축이 되는 소쉬르(Ferdinand de Saussure, 1857-1913)와 퍼스(Charles Sanders Pierce, 1839-1914)의 문헌 고찰과 더불어 기호 의미 연구에서 현대적 사상 전환을 제시한 비트겐슈타인(Ludwig Josef Johann Wittgenstein, 1889-1951)의 철학적 주장, 그리고 이를 예술에 적용해 예술기호론을 펼친 굿맨(Nelson Goodman, 1906-1998)의 주요 개념들을 살펴본다. 그리고 이어 앞서 마련한 기호학적 연구 관점을 무용예술에 적용해 표현주의 무용이론에서 서술되어온 대표적인 현대무용 이론가들(델사르트, 라반, 달크로즈, 풀러, 덩컨, 포킨, 그레이엄, 험프리)의 사상을 재조명할 것이다. 이는 무용미학 내 예술론의 역사적 고찰이 아닌 공시적 관점에서의 무용예술의 기호학적 구조의 의미 체계를 밝히고자 하는 시도다. 따라서 언어학 연구 관점인 통사론(syntax), 의미론(semantics), 화용론(pragmatics)적 시각[3]에 따라 춤 의미 표현을 논의하고자 한다.

3 언어학 연구에서 '통사론'은 단어가 구(句)와 문장을 형성하는 규칙과 구조에 관한 연구로 기호 결합의 원리와 문법을 다루며, '의미론'은 기호가 지시된 의미를 획득하는 원리와 구조를 밝히는 영역이며, '화용론'은 구조주의 언어학에서 결여된 화자나 언술행위의 문맥 등을 고려함으로써 의미론이 진리적 조건의 측면만을 다룬다면 화용론은 의사소통에서 드러나지 않는 암시의 영역을 포괄한다. 질 시우피·단 반 람돈크(2005). 『언어학 이해를 위한 주제 100선』(서울: 동문선), pp.91-103.

1. 기호학의 형성과 주요 개념

프랑스 현대 철학의 한 흐름으로서 실존주의를 전복하고 등장한 '구조주의(structuralism)'[4]는 페르디낭 드 소쉬르의 언어학으로부터 출발해 인류학, 문학비평, 정치경제학적 역사분석, 정신분석학 등 문화 전반을 비평하고 해석하는 방법론으로 발전했다. 구조주의의 핵심은 인문사회적 현상들을 논의할 때 언어(기호)를 매개로 하며, 그 현상들을 텍스트로 간주해 텍스트의 의미를 지배하는 구조(형식)를 밝히고자 한다. 따라서 구조주의자들의 관심은 내용보다는 형식, 즉 텍스트의 구조에 있으며 구조의 역사적인 변화보다 변하지 않는 공시적인 구조를 구명(究明)하고자 한다.[5]

구조주의 운동의 토대가 되는 기호학은 인간이 의사소통을 위해 사용하는 기호의 법칙과 기호 사이의 관계를 밝히고, 이를 통해 의미를 생산하고 해석하며 공유하는 행위와 과정을 연구하는 학문이다. 기호를 통한 의미의 생성과 해석이라는 커뮤니케이션에 대한 관심은 고대 플라톤에서부터 지속되어 왔지만[6] 하나의 학으로 독립된 것은 20세기 초엽 미국과 프랑스에서 동시적으로 시작되었다. 프랑스를 중심으로 한 기호

---

4 구조주의는 소쉬르의 언어학적 모델을 문화인류학 연구 방법에 적용한 레비 스트로스(Claude Lévi-Strauss)로부터 구별되기 시작한 사상이다. 레비 스트로스는 신화, 친족 관계, 음식을 만드는 문화적 형태 등과 같은 문화적 현상의 공통 구조를 밝히고자 한다. 그를 비롯한 다양한 분야의 구조주의자들은 문화 속 여러 현상을 하나의 기호 의미의 결합체(signifying structure)로 파악하며 언어기호학의 논의 체계를 적용해 나아갔다. 심철웅(1996). 시각예술문화의 텍스트에 대한 기호학적 소고. 『同大論叢』, 26(1), pp.687-688.

5 김상환(1996). 『해체론 시대의 철학』(서울: 문학과지성사), pp.23-27.

6 기호의 본질을 다룬 학문적 철학적 최초의 문헌은 BC 388년의 것으로 추정되는 플라톤의 대화 『크라틸로스(*Kratylos*)』다. 플라톤은 여기서 기호의 의미는 해당 기호가 표시하는 대상의 성질에 의해 결정되는지, 아니면 관습에서 비롯된 것인지를 논의하며 도구로서의 언어 기호관을 피력한다. 루디 캘러(2000). 『기호와 해석』. 이기숙 옮김(서울: 인간사랑), p.30.

론(semiology)으로 근대 유럽 언어학의 원리를 근거로 소쉬르의 연구를 기반으로 한 것이고, 미국을 중심으로 전개된 기호학(semiotics)은 철학 내에서 계승되어 왔던 기호에 관한 관심을 구체화한 퍼스의 업적을 기반으로 확산된 흐름이다. 언어학적 연구에 바탕을 둔 기호론은 19세기에 생성된 사회학적 관점과 결탁해 인간의 문화사회적 활동을 분석하는 데 관심을 두고 있는 반면, 철학적 연구에 바탕을 둔 기호학은 기호를 통해 인지된 것의 전달과 표현에 대한 연구로 기호를 인식의 도구로 파악한다. 오늘날 두 연구의 흐름은 그 방법론적 차이에도 불구하고 언어와 철학의 영역으로부터 기호 현상 일반에 대한 연구로 확장되어 인간의 문화 전반에 대한 관심으로 발전되었으며, 기호 자체의 분석뿐만 아니라 문화적·예술적 생산 속에 발견되는 의미들에 그 초점을 맞추는 기호학으로 구별 없이 사용되고 있다.[7]

소쉬르 기호론의 핵심이 되는 『일반언어학 강의(*Cours de Linguistique Générale*)』(1916)에서 제시한 기호학적 접근의 핵심은 언어를 '랑그(langue)'와 '파롤(parole)'이라는 두 가지의 체계로 구조화하는 데에서 출발한다. '랑그'는 규칙과 절차로 이뤄진 '언어 체계'를 지칭하고, '파롤'은 '언어 행위' 즉 발화(發話)의 집합으로서의 언어를 의미한다. 여기서 그의 관심은 "변하지 않는 언어 체계인 랑그의 본질을 규명"[8]하는 데 있

---

7 두 연구의 상이한 축은 소쉬르로부터 시작되어 예름슬레우(Louis Trolle Hjelmslew), 그레이머스(Algirdas Julius Greimas)로 이어지는 '구조주의 기호학', 그리고 퍼스(Charles Sanders Peirce)로부터 모리스(Charles Morris)로 미국 기호학계의 주류를 이루는 '역동적 기호학'으로 이뤄져 있다. 이 양 진영은 야콥슨(Roman Jakobson), 레비 스트로스에 의해 연결 통로가 마련되고 예름슬레우의 구조주의와 퍼스의 기호학을 접목한 에코(Umberto Eco)에 의해 하나로 만나게 된다. 이후 기호학은 바르트(Roland Barthes), 라캉(Jacques Lacan), 데리다(Jacques Derrida), 푸코(Michel Foucault), 크리스테바(Julia Kristeva) 등에 의해 후기구조주의로 이어진다. 미학대계간행회(2007b). 『미학대계 제2권: 미학의 문제와 방법』(서울: 서울대학교출판부), p.668.

8 페르디낭 드 소쉬르(1990). 『일반언어학 강의』. 최승언 옮김(서울: 민음사), p.271.

다. 소쉬르는 언어 기호의 구조는 지각할 수 있는 기표(記標, signifer)와 드러나 있지 않은 기의(記意, signifié)로 구성되어 있으며, 기표와 기의를 결합시키는 작용을 의미 작용(signification)이라 했다. 의미 작용은 기호를 만들 때와 기호를 해석할 때 일어나게 되므로 기호 제작자와 기호 해석자 간의 의미의 불일치 가능성을 내포한다. 또한 "기표와 기호의 결합 원리는 자의성을 특징"[9]으로 하는데, 기호 형식과 기호 의미의 연결이 자연스러운 것이 아니라 다른 기호들과의 관계 속에서 가치와 의미를 획득한다고 설명한다. 소쉬르가 설명한 기호의 체계에서 가장 중요한 점은 기호의 구조와 의미 획득의 논리를 이분법과 변증법적 합성이라는 대립된 두 가지 조작으로 보았다는 점이다. 즉, 기호의 의미는 상대적으로 결정되기 때문에 하나의 독립된 기호는 무의미하며 의미를 이해할 수 없게 된다는 논리다. 이렇게 어떠한 구조 속에 공존하면서도 상쇄될 수 없는 두 가지 실체 혹은 개념을 '이항대립쌍(binary opposite) 또는 이원항'이라 부른다. 나아가 그는 이처럼 확고한 체계 속에서 변증법적 변화와 발전을 꾀하는 언어의 본성을 자족적이고 체계적인 체스 게임[10]에 비유해 설명했다.

퍼스는 『퍼스의 기호 사상(*A System of Logic, Considered as Semiotic*)』(1902)에서 기호를 대상과의 관계에 따라 표상체(representamen/sign), 해석체(interpretant/refenrence), 대상체(object/refenent)의 삼원론적 구조로 파악한다. 하나의 기호(표상체)가 만들어지면 그 기호는 자연스레 어떤 대상을 지시하게 되며(대상체), 그 지시하는 대상은 특정 의미(해석

---

9 앞의 책, p.85.

10 체스는 상이한 맥락(페르시아, 유럽)에서 나타나면서도 그 동일성을 유지하는 체계를 가진다. 한편으로 체스 말을 다른 종류의 것으로 대체한다고 해서 말의 기능이 달라지지 않는 변형 가능성도 지니고 있다. 체스 게임은 특수한 문법과 규칙을 지니며 게임 중에 벌어지는 일을 제한한다는 점에서 자기 규정적이다. 규칙이 수정되더라도 해당 규칙 내에서 가능하는 점에서 언어의 본성과 비교될 수 있다. 미학대계간행회(2007b), p.669 참조.

체)를 담아내기 위한 수단이 된다. 또한 퍼스는 기호를 도상(icon), 지표(index), 상징(symbol)의 세 가지 유형으로 구분한다. 도상은 지시하는 대상과 유사성 관계에 있는 기호이며, 지표는 지시하는 대상과의 인접성, 즉 인과 관계이거나 공간적으로 인접하거나 지시 대상의 일부를 이루는 관계의 기호를, 상징은 임의적으로 만들어진 기호를 의미한다. 퍼스의 관점은 기본적으로 역동적인 기호 과정(semiosis)을 강조한다. 이는 기호 생산과 해석을 모두 포함한다.[11] 따라서 퍼스의 역동기호학의 논의는 통사론적 영역으로 제한되었던 소쉬르의 기호 논의를 의미론적 영역으로 확대시킨다.

한편 비트겐슈타인은 철학의 문제를 언어의 차원으로 전환함으로써 소쉬르와 퍼스의 기호의미론적 고찰과 만나고 있다.[12] 그는 주저 『철학적 탐구(*Philosophische Untersuchungen*)』(1953)에서 구조주의자들이 과학적 구조를 밝히기 위해 간과해 왔던 랑그 반대편의 언어 실천의 장을 '언어게임(language game)' 이론으로 보완해 나간다. 그는 언어의 규칙이 게임의 규칙처럼 사용자들 간의 약속과도 같으며 놀이 참여자의 다양한 맥락과 상황에서 이뤄지는 가변적인 것으로 파악한다. 따라서 언어 행동과 비언어적 행동의 총체로서 언어게임이 우리 삶의 토대를 두고 있으며, 여기에서의 실천적 행동, 즉 '언어의 사용'이 논리의 기초가 된다고 봤다.[13] 소쉬르가 고정된 대상으로서 랑그에 주목해 전체 언어 현상에 대한 문법과 규칙을 찾아내고자 한 구조주의의 틀은 퍼스와 비트겐슈타인의 논의를 통해 화용론적 영역까지 아우를 수 있다.

---

11 찰스 샌더스 퍼스(2006). 『퍼스의 기호사상』(서울: 민음사), pp.136-141.

12 소쉬르와 비트겐슈타인이 각자 매우 다른 방식으로 20세기 언어사상을 지배하게 된 지적 흐름의 주창자임에도 불구하고 언어가 작용하는 방식을 하나의 놀이(language game)로 봤다는 점에서 둘 간의 유사성이 발견된다. 로이 해리스(1995). 『소쉬르와 비트겐슈타인의 언어』(서울: 보고사), pp.11-14.

13 루드비히 비트겐슈타인(1994). 『철학적 탐구』(서울: 서광사), pp.23, 43, 83.

퍼스와 소쉬르를 축으로 발전된 기호학과 구조주의적 사고는 예술 논의의 방법론으로 적용되어 1930~50년대 다양한 형태의 예술기호론으로 발전되었다. 그중 넬슨 굿맨(Nelson Goodman, 1906-1998)은 예술이 의미를 전달하는 방식에 관심을 갖는다. 굿맨은 무용 움직임이 문자적 그리고 비문자적 의미를 전달한다고 했다. 그는 일상 움직임이 무용 창작은 물론 무용 해석에 중심적인 역할을 한다는 것을 인식했고, 신체, 감각, 일상 움직임, 무용 움직임을 통합적으로 상호작용해 의미를 만들어낸다고 지적한다. 테크닉이란 예술가의 특정한 묘사 혹은 표현 스타일을 그 문화적 배경의 맥락에서 이해하고 전달할 수 있도록 훈련시켜 주는 것과 같다. 굿맨은 무용 공연 중의 예술 경험은 분리할 수 없는 경험이며 주어진 배경에서 창작되고 공연되는 하나의 전체로서 받아들여져야 한다고 주장한다. 예술의 전체성에 대한 개념은 수잔 랭거(Sussane K. Langer)의 상징이론에서 논의되는 게슈탈트 반응과도 같은 것인데, 단지 랭거의 개념은 이러한 해석을 관객의 관점에서만 고려하는 반면, 굿맨은 창작자, 공연자, 관객의 관점들을 연결시키고 있다.[14]

이러한 견지에서 굿맨은 전통적인 회화의 미적 사명이었던 유사성이나 닮음(resemblance) 개념을 벗어나 예술 작품을 지시(reference)로 설명한다. 즉, 기호가 기의를 대표한다는 기호학적 사고를 예술 표현과 의미의 문제에 적용하고 있다. 따라서 예술 작품이 표현(expression)하는 것은 감정의 표현이 아닌 감정의 지시다. 표현은 정서의 영역에 국한된 것이 아닌 비정서적 속성도 포함할 수 있다. 지시는 지칭(denotation)과 예시(exemplification)의 두 유형으로 구분된다. 여기서 지칭이란 기호가 기호 대상을 가리키는 것으로 구체적인 묘사가 이뤄진 미술적 재현

14 주디스 B. 알터(1997). 『무용: 그 실제와 이론 — 18명의 무용이론에 대한 비판적 분석』. 김말복 옮김(서울: 예전사), pp.176-178.

(representation)이나 사실주의 회화 등이 그 예다. 회화는 특정 세계를 유사하게 또는 정확하게 모방하는 것이 아닌 기호 체계의 친밀함을 지닌 지칭이다. 지칭은 재현의 핵심을 구성하며 유사성과는 독립적인 것이다. 반면 비구상 미술은 주로 예시를 한다. 예시는 지칭하는 대상의 속성을 강조하거나 전시함으로써 그 속성에 대한 인식적 접근을 가능하게 한다.[15] 굿맨의 예술기호론의 이점은 감정표현론이 갖는 추상적 성격으로부터 해방될 수 있다는 데에 있다. 어떤 감정이 촉발되든 간에 그것이 표현된 감정인 경우는 극히 드물다. 즉, 표현된 것은 느낌이나 감정과는 다른 어떤 것일 수 있다. 기호학적 입장에서 예술 표현을 기호의 지시로 이해할 때 무용론의 논의는 춤의 의미 구조와 기호적 특성에 집중될 수 있다.

주요 인물을 중심으로 살펴본 기호학의 의미에 대한 접근의 기본 관점들은 다음과 같이 요약될 수 있다. 첫째, 언어 기호는 기표-기의의 구조로 이뤄져 있다. 기호학적 관점은 예술을 기호로 보고 예술 작품의 의미 생성을 기호 제작 문법과 기호 해석의 유형에 따라 구분한다. 둘째, 기호의 의미는 기표와 자의적인 관계에 있으며, 이분법적 차이에 의해 구별되며, 따라서 사용이 곧 의미다. 기호의 의미는 축적된 것으로 규약에 의해 고정된 법칙을 지니지만 이것은 최종적으로 사용되는 과정에서 변증법적 의미의 발전을 이루며 그 맥락에 의해 의미를 완성하게 된다. 셋째, 예술 기호는 세계 내 대상을 지시한다. 예술 작품은 그 자체로서 의미를 지니는 것이 아니라 작품 외적 세계의 기의를 뜻(stand for)한다. 이러한 지시의 유형으로 지칭과 예시가 있다.

---

15 넬슨 굿맨(1976). 『예술의 언어들』. 김혜숙·김혜련 옮김(서울: 이화여자대학교출판부), pp.3-6.

2. 무용예술기호론

1) 20세기 초 현대 춤의 기호 의미와 표현

현대 예술이 재현된 이미지가 모방을 벗어나 예술가의 감정 표현이나 예술 상징으로 해석되는 흐름으로 전개될 때, 동시대 무용이론 역시 표현주의 경향을 따랐다. 1898년 톨스토이(Lev Nikolaevich Tolstoy)가 『예술이란 무엇인가』에서 "예술이란 예술가가 경험한 감정을 전달하는 행위"라고 주장한 이래 미학자들은 예술의 본질인 '표현'이 무엇인가에 질문을 던져왔다. 이러한 흐름은 모두 예술을 정의내리고자 하는 예술철학자들의 일관된 시도의 결과다. 그러나 앞서 살펴본 기호학의 주요 논제들은 감정표현론으로 일관되어 왔던 현대 춤의 표현과 의미 해석에 새로운 접근을 제시한다. 기호학은 예술이 무엇인가를 정의내리기보다 예술 기호의 구조와 특성을 밝히고 그 기호 작용의 의미론적 해석을 밝히고자 한다.

현대 예술 일반에서 현대성이란 '예술의 자율성 혹은 독립성(autonomy of art)'을 뜻한다. 그런데 현대 춤의 의미는 "스펙터클의 전시가 아니라 안무자의 감정적 경험과 직관적 인식 혹은 포착하기 어려운 진실 등에 대한 그의 생각과 아이디어, 세계관의 표현"에 놓여 있다. 20세기 새로운 춤의 현대성은 선구자 이사도라 덩컨과 루스 세인트 데니스(Ruth Saint Denis, 1879-1968)의 무용사상에서 주장했듯이 사지말단의 허우적거림이나 여성 신체의 탐닉이 아닌 '정신성 발현'으로써 춤을 바라보고자 한 데 있다. 따라서 춤은 발레의 인위적 기교를 버리고 인간이 경험하는 삶의 표현으로서 그 현대성을 확립하고자 했다.[16]

---

16 김말복(2003). 『무용 예술의 이해』(서울: 이화여자대학교출판부), p.169.

또한 춤의 현대성은 대본이나 이야기의 모방적 재현으로부터 벗어나는 것에 있었다. 본래 극적인 춤의 구조를 지닌 발레는 시적인 형태로 나아갔으며, 마임적 움직임에 의존하던 무용 움직임의 이야기 방식이 시적인 움직임이나 추상적인 움직임으로 변화했다. 따라서 춤의 중심은 기교가 아닌 움직임에서 발견되는 정조적 의미에 놓이게 되었다. 이러한 현대 춤의 아이디어에 따라 춤의 의미를 설명하는 데 '상징(symbol)'이나 '추상(abstract)'이라는 용어가 사용되기 시작했다.[17]

그러나 현대 춤이 이야기를 완전히 포기한 것은 아니었다. 오히려 진지하고 심각한 주제들을 춤의 아이디어로 적극 도입한다. 현대무용 비평가 존 마틴(John Martin, 1893-1985)은 새로운 무용으로서 현대 춤의 의무가 의사소통(communication)에 있으며, 따라서 구성과 안무의 과정이 가장 중요한 것으로 부각되었다고 지적한다.[18] 즉, 관객을 의식하지 않는 자아도취의 무아경 춤이 아닌 관객에게 호소하는 어휘와 문법을 지닌 의미 작용의 일환이 현대 춤의 핵심이라 설명한다. 이에 초기 현대무용가들은 '표현'이라는 새로운 예술 목표 아래 '무엇을' '어떻게' 표현할 수 있는가에 대한 원리를 확립해 나아가는 데 주력했다. 그들이 구축한 원리는 움직임이 의미를 표방하는 방식에 대한 체계를 마련한 것으로 기호학적 논리에서 기호의 원리와 의미 해석 방식을 탐구한 것에 다름없었다. 대표적인 무용 이론가와 안무가의 사상에서 그 시각을 살펴보자.

현대 춤을 논의하는 데 가장 먼저 언급되어야 할 무용가는 로이 풀러(Loie Fuller, 1862-1928)다. '스커트 댄스(skirt dance)'라 불리는 풀러의 춤에 대한 아이디어는 스커트 자락을 길고 그리고 겹겹이 겹쳐지게 함으로써 기존 버라이어티쇼 속 쇼걸들의 선정적인 몸짓 대신 상징적인 형상을

---

17 앞의 책.

18 존 마틴(2003). 미국의 현대무용. 김태원 엮음, 『현대무용의 미학과 비평』(서울: 현대미학사), p.28.

춤을 통해 드러내고자 했다는 데 있다. 즉, 몸을 드러내고 사지말단의 기교를 과시하는 것 대신 몸을 감추고 신체가 발휘하는 움직임 에너지를 통한 상징 이미지를 만들어내는 것이 그녀의 춤 아이디어의 핵심이다. 그녀는 무용 움직임의 의미를 여성의 성적 전시가 아닌 "빛과 투사에 새로운 형태와 운동을 부여하는 것"[19]으로 바꿔 놓았다. 풀러는 '구상(figurative)'에서 '추상(abstract)'[20]에 이르는 새로운 춤 표현 가능성을 제시했고, 무용수의 신체 대신 나비, 뱀, 불타오르는 형태를 창조해냈다.

풀러의 새로운 시도에 뒤이어 춤의 의미 표현적 가능성은 이사도라 덩컨(Isadora Duncan, 1878-1927)에 의해 춤이 가진 최고의 예술적 가치로 자리 잡게 되었다. 이사도라 덩컨은 무용이란 "인간 영혼의 가장 고귀하며 깊은 감정들의 표현"이라고 주장했고, 이는 곧바로 미첼 포킨(Michel Fokine, 1880-1942)의 새로운 표현성에 입각한 발레 정신 '다섯 가지 새로운 원칙들'로 이어지게 되었다. 이들의 주장한 춤의 표현은 이전 발레에서 옹호되었던 발레극(ballet d'action)의 묘사적 재현을 위한 발레리나의 아름다운 움직임과 마임을 거부하고 움직임 그 자체를 통한 표현을 주장한 것이었다.

한편 표현주의의 논리 아래 예술은 그 자체가 목적이 되지 못하고 수단이 되었다.[21] 또한 모방론에 비해 더 넓은 예술 개념들을 포용할 수 있음에도 불구하고 표현론은 다음과 같은 비판을 받게 된다. 첫째, 감정이 표현되기만 하면 모두 예술인가, 둘째 작가 내에 있다는 감정은 과연

19 샐리 R. 솜머(2003). 무대의 도제(徒弟), 로이 풀러. 김태원 엮음. 『현대무용의 미학과 비평』(서울: 현대미학사), p.108.

20 미술에서 구상은 현실 세계에 존재해 눈에 보이는 외부 대상을 사실대로 묘사하고자 하는 의지로 20세기 이후 추상 개념의 등장과 함께 대비되는 개념으로서 형성되었다. 재현이나 모방 관점의 사실주의와는 구분되는 개념이다. 구상에 대립되는 개념으로서 추상은 20세기 칸딘스키의 작품을 기점으로 대상을 분석적·구성적·기하학적으로 파악하고자 한 것이다.

21 김말복(1987). 『무용예술론』(서울: 금광), p.40.

작가 자신이 관객에게 전달할 만큼 명료하게 자각 가능한 것인가, 셋째 예술가의 감정이 반드시 예술 작품에 선행해야 하는가 등의 문제가 지적되었다. 이러한 미결 문제들을 풀기 위해 표현이란 무엇인가에 대해 미학자들은 "직관(intuition), 상상력(imagination), 경험(experience), 상징 형식(symbolic form)과 같은 다양한 설명들을 제시"[22]했음에도 표현론이 갖는 창작자와 해석자 간의 의견의 불일치 혹은 논리적인 의미 해석의 근거를 찾는 어려움은 여전히 남아 있었다.

이에 대해 움직임 기호와 의미 표현의 원리에 과학적인 접근을 함으로써 춤 표현에 대한 신비적인 혹은 비과학적인 귀결을 벗어나고자 한 주장들이 움직임 이론가들에 의해 제기되었다. 이들은 20세기 전반 출현한 현대무용 안무가들의 움직임 이해와 안무에 대한 논리를 확립하는 데 결정적인 영향을 미친 이론가들로 춤을 의미 표현을 위한 기호로 인식하고 그 구조를 논리적으로 파악하고자 한다.

먼저 프랑수아 델사르트(François Delsarte, 1811-1871)는 인간의 내적 세계를 동작으로 표현하는 기초 원리를 세웠다. 미국과 독일 현대무용은 델사르트에게 영향을 받아 덩컨은 물론 세인트 데니스와 테드 숀, 마사 그레이엄의 미국 현대무용의 주요 인물과 라반, 뷔그만, 요스 등 독일 현대무용의 거장들에게 영향을 끼쳤으며,[23] 그의 움직임 생성과 표현 원리는 20세기 새로운 춤 예술 사상의 근간을 이룬다 하겠다. 델사르트의 움직임 원리와 창작에 대한 이론은 "인체 동작의 기술적인 곡예사의 재주만을 나열시켜 '춤춘다'는 행위가 그저 음악 반주에 틀리지 않게 반복하는 정도 수준에 그친 발레"로 대표되었던 춤 예술을 현대 예술의 반열에 오르도록 했다.[24]

---

22 앞의 책, p 28.

23 테드 쇼운(1979). 『프랑소와 델사르트의 예술세계』(서울: 교육과학사), pp.120-133.

24 앞의 책, p.124.

그는 신체를 '머리', '몸통', '사지'의 세 영역으로 구조화했다. 그리고 이 신체 부위를 둘러싼 공간을 '이심(離心); 중심에서 멀어지는', '중심(中心)', '동심(同心); 중심을 향하는'의 세 범주로 나눴다. 이 세 영역이 다시 각각 이심, 중심, 동심을 가짐으로써 총 9개의 공간으로 구분된다. 바닥으로부터 다리와 몸통 하단을 둘러싸고 있는 곳이 공간의 이심으로 활력과 육체의 지대를 의미하고, 몸통 주위가 중심으로 감정과 도덕, 정신의 지대를 의미하며, 머리 높이 정도의 공간이 동심으로 정신과 지성을 의미하는 공간으로 분류한다. 나아가 이 공간들은 우리 앞의 공간, 옆의 공간, 뒤의 공간으로 다시 세분화된다. 앞 공간은 시각적으로 잘 노출되는 곳으로 이해와 파악이 용이해 두려움이 적고 활력을 지닌 공간이다. 한편 옆 공간은 좀 더 감정적이고 암시적인 명시가 된다. 뒤에서 끝맺는 움직임은 부정이나 두려움, 또는 무의식이나 잠재적인 표현을 의미할 수 있다.[25]

[그림 1]에서 보는 바와 같이 델사르트는 아홉 가지의 구조화된 공간 개념을 각 신체 부위에 적용해 머리, 손, 다리의 아홉 가지 동작과 그에 따른 의미를 제시해 준다. 델사르트 이론은 인간의 신체를 구조화하고 각 부분의 움직임 의미 체계의 문법을 만듦으로써 움직임을 하나의 의미 기호로 인식하고 그 기호 작용의 체계를 구축해낸 것으로 볼 수 있다. 이를 통해 신체적인 것과 정신적인 것, 즉 움직임과 의미의 일치를 밝혀내고자 했다. 이러한 신체에 대한 구조적 법칙 연구에 의해 확립된 그의 움직임 기호론은 '인간 신체 안의 영혼의 중심을 표현'할 뿐만 아니라 '조각상과 같은 포즈 취하기(statue-posing)'를 통해 신체의 의미를 표현하는 것에 있었다.[26]

한편 루돌프 폰 라반(Rudolf von Laban, 1879-1958)은 무용 표현의

---

25 앞의 책, pp.52-54.

26 C. J. Preston(2009). Posing Modernism: Delsartism in Modern Dance and Silent Film. *Theatre Journal*, 61, p.215.

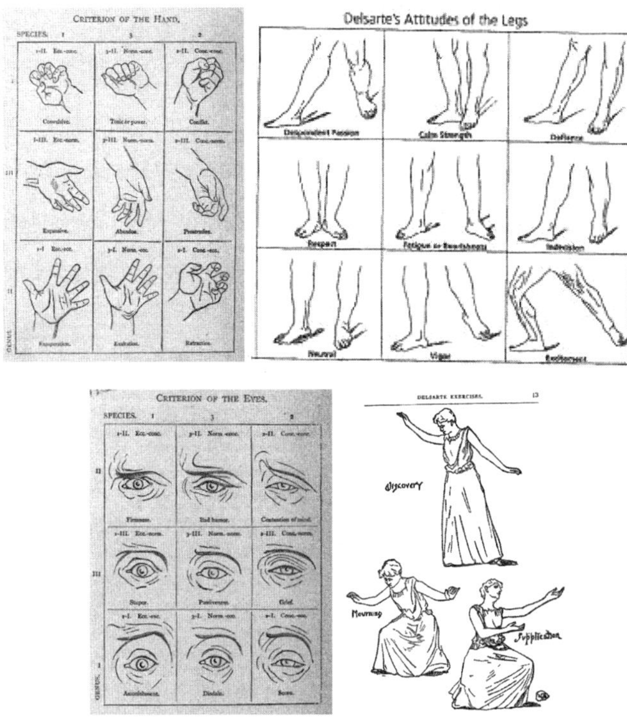

그림 1 델사르트의 신체 구획과 움직임 의미 체계
(https://archive.org/details/delsartesystemof00delarich)

매체인 움직임의 원리를 밝히고자 한다. 그는 1902년~3년에 걸쳐 발레 수업을 듣게 되고 거기서 델사르트의 움직임 표현에 대한 원리를 접했다. 특히 델사르트의 '시간(time)-공간(space)-동작(motion)의 삼위일체 존재론'에 영감을 받아 '춤(dance), 소리(sound), 단어(word)의 삼일치론'을 주장했다.[27]

그는 춤 움직임을 정교하게 기록할 수 있다고 보고, 그 기록을 위한 움직임 분석과 어휘를 개발해 그 체계를 『키네토그래피·라반(*Kinetography*·

27 I. Partsch-Bergsohn(1994). *Modern dance in Germany and the United States: cross currents and influences*(Switzerland: Harwood Academic Publishers), p.13.

Laban)』(1928)으로 발간했다. 라반의 연구는 단순히 춤을 기록하는 법칙을 연구한 데에 그친 것이 아니라 현대 춤이 지녔던 움직임 창작과 의미 표현의 원리를 밝혀내고자 한 것이었다. 움직임에 관한 라반의 연구의 주요한 대부분은 1910년부터 제2차 세계대전 기간 동안 형성되었고, 그 시기는 유럽의 현대 춤이 성장하던 때와 일치한다. 마리 뷔그만이나 쿠르트 요스도 라반의 제자였으며 그가 개발한 움직임 문법들이 상당수 그 제자들의 안무에서 실현되었다.

라반이 찾아낸 움직임의 원리는 몸(body), 에포트(effort), 셰이프(shape), 공간(space)의 네 가지[28]로 나뉜다. 그는 '움직임의 근원인 인간의 몸을 상체(머리, 목, 가슴, 척추 윗부분, 어깨 관절, 견갑골, 팔, 팔뚝, 손목, 손, 손가락)와 하체(등, 배 아랫 부분, 골반, 엉덩이, 허벅지, 종아리, 다리, 발, 발가락)로 구분하고, 몸 중심인 척추를 기준으로 오른쪽과 왼쪽으로 나누며, 몸의 단위들을 몸통과 사지로 구분함으로써'[29] 신체 움직임 구성요소의 하위 체계를 마련했다. 또한 라반은 인간의 신체 구조가 방향과 동작을 이루는 신체의 능력과 상호 관계를 맺고 있다는 점에 주목하고 움직임의 질적 요인인 에포트[30]를 분석해낸다. 에포트 분석은 미리 동작과 자세가 정해져 있는 발레와는 달리 현대 춤이 지닌 공간의 리듬에 따라 자신을 밖으로 표출해내도록 자극하는 자연스럽고 역동적인 '동작으로의 욕구(urge-to-motion)'를 강조한 것이다.[31] 셰이프는

---

28 몸에 대한 연구는 라바노테이션(Labanotaion) 이론으로, 에포트와 셰이프는 함께 유키네틱스(Eukinetics) 이론으로, 공간에 대한 연구는 공간조화(Choreutics) 이론으로 확립되었다.

29 나일화·이지선(2014). 스피노자의 사유를 통해 본 라반의 심신평행론적 신체. 『무용예술학연구』, 46(1), pp.12-13.

30 그가 밝힌 움직임의 핵심 원리인 에포트(effort; Eukinetics의 영어식 표기)는 인간이 동작을 행할 때 그 움직임은 모두 인간의 내적 욕구, 즉 에포트가 밖으로 표출된 것으로 인간의 경험과 정서의 상징적 의미를 내포하고 있는 것이다. 앞의 글, pp.10-11.

31 아르투르 미헬(2003). 새로운 독일무용의 발달. 김태원 엮음. 『현대무용의 미학과 비평』(서울: 현대미학사), pp.139-140.

움직임이 공간상에 드러나는 형태로 공간과의 관계성에 따라 몸에서만 일어나는 '셰이프 흐름(shape flow)', 외부 방향성을 향하는 '방향 지향적 셰이프(directional)', 공간 안에 움직임이 새겨지는 '셰이프 새기기(carving)'의 세 가지로 구분했다. 이 세 가지 동작 형태의 측면들은 다시 그 공간의 세 층위인 수직면, 시상면, 수평면 상에서 '자라나거나(growing)' '줄어드는(shrinking)' 이분법적인 특징으로 세분화된다.[32] 또한 라반은 공간 연구를 통해 그 속에 이뤄지는 움직임의 조화로운 형식을 찾아내고자 한다. 크게 무게 중심의 이동 없이 최대한 자신의 팔이 뻗어 닿을 수 있는 개인공간(kinesphere)과 중심 이동으로 이뤄지는 역동공간(dynamosphere)으로 이분하고 움직임의 방향과 높낮이, 움직임 공간의 몸과 가까운 정도, 움직임이 공간을 지나가는 경로, 움직임이 공간을 지나갈 때 나타나는 긴장을 세분화했다.

자크 달크로즈(Émile Jaques-Dalcroze, 1865-1950)가 고안한 '유리드믹스(Eurhythmics)'는 음악을 동작으로 바꾸는 훈련법이다. 이는 신체 리듬감을 향상시키는 이론으로 음악에 맞춰 춤을 추는 춤이 아닌 춤 움직임의 내적 리듬을 자각하도록 하여 현대 춤 움직임 구성법에 하나의 문법을 제공했다. 그의 원리는 신체를 통한 리듬의 인식이 음악 작곡에나 움직임 표현에나 적절한 훈련법이 된다는 것에서 출발한다. 달크로즈는 동시대 무용가인 풀러와 덩컨의 작품에서 영감을 얻어, 걷고 달리고 뛰는 등의 기초적인 움직임으로 자신의 움직임 어휘를 구성했다. 1910~1914년 독일 헬레라우(Hellerau)에 설립된 달크로즈대학에는 세

---

32 R. Konie(2011). A Brief Overview of Laban Movement Analysis, pp.2-3. http://movementhasmeaning.com/wp-content/uploads/2010/09/LMA-Workshop-Sheet.pdf. 신체가 가진 공간의 수직면, 시상면, 수평면을 따라 위로(upward)/아래로(downward), 혹은 앞으로(foreward)/ 뒤로(backward), 또는 옆으로 교차하거나(sideway cross)/옆으로 열리는(sideway open) 직선(spoke-like) 또는 원호 같은(arc-like) 움직임 형태가 구분될 수 있다.

인트 데니스를 비롯해 디아길레프(Sergey Pavlovich Diaghilev), 니진스키(Vaslav Nijinsky), 파블로바(Anna Pavlova), 뷔그만(Mary Wigman), 험프리(Doris Humphrey) 등 현대무용계의 주요 인사들이 방문해 그의 무용언어 구성법에 기초한 자신만의 움직임 어휘를 발전시켜 나아갔다.[33]

20세기 전반 춤이 확립한 현대성은 이처럼 춤의 의미에 대한 집요한 분석과 그 논리 체계를 확립하고자 함으로써 춤 외적 수단에 의한 의미의 표현이 아닌 움직임 그 자체로써 표현해 가고자 한 데 있다. 이는 예술 일반에서 모방론의 재현을 포기함으로써 현대 예술을 추구한 흐름과 같다. 춤은 하나의 의미 기호로서 고유한 문법과 체계를 지니고 있으며, 영감에 사로잡혀 움직여지는 행위가 아닌 지적인 정신성의 발현으로서의 현대 예술이 된 것이다.

2) 현대 춤의 기호 구조와 해석

가. 통사론: 춤 기호의 구조

언어학 연구에서 통사론이 단어가 결합해 어구나 절, 문장으로 성립되는 구조나 원리를 연구하는 영역이라 할 때, 무용에서의 통사론 논의는 움직임 기호의 구조와 원리의 논의에서 출발해야 한다. 따라서 소쉬르의 관점을 춤에 적용해 기호학적 구조를 이분법적으로 볼 때 춤 창작에서의 움직임 어휘와 관련된 안무의 체계가 '랑그'에 해당되고, 무용수가 이를 춤 움직임으로 행하는 춤추기 과정을 '파롤'에 대입해 볼 수 있다. 현대 춤의 표현주의적 관점에서 춤이 예술가의 정서, 내면, 감정 등을 표현한다고 할 때, 랑그는 그 정서 의미를 어떻게 움직임으로 끌어내

33 김말복(2011). 『무용예술코드』(경기도: 한길아트), pp.379-383.

는가 하는 움직임 구성의 원리에 해당된다. 또한 파롤은 움직임 실행 과정, 즉 무용수가 안무가의 문법대로 구성된 어휘를 춤으로 구사하는 행위다. 따라서 무용기호론의 구조 체계의 근간은 안무가의 움직임 어휘 구성의 논리에서 출발해야 한다.

랑그로서 춤 움직임의 기호는 기표와 기의로 구조화되어 있다. 안무가가 만들어낸 하나의 움직임 기호는 무용수의 신체에 근거한 움직임 기표와 그에 내재된 움직임 의미인 기의로 구성된다. 이 기호 구조를 바탕으로 춤의 의미 작용은 예술가가 움직임을 나열해 춤을 구성할 때와 춤이 무용수에 의해 추어지며 관객에게 보여질 때 실행된다. 즉, 소쉬르의 논리에서처럼 기호 제작과 기호 해석의 두 단계에서 춤 기호의 의미 작용이 완성된다. 따라서 춤 창작과 의미 해석에서 일어나는 의미의 불일치는 기호 제작과 기호 풀이에서 일어나는 일반적인 오류에 다름없다.

춤을 기호로 인식하고 이원적 체계로 구조화했다면, 그러한 의미 구조를 통해 생산되는 춤 기호의 유형은 무엇인가. 퍼스가 제안한 기호의 세 유형 도상, 지표, 상징에서 볼 때 발레는 도상 기호, 즉 춤 외적 대상을 표상할 때 유사성에 근거한 기호가 집약적인 춤이었다. 춤이 현대성을 획득하고 표현주의라는 미학을 추구할 때 춤 움직임 기호는 외형적 재현이라는 도상 기호에서 벗어나 시적이고 추상적인 상징 기호를 추구하게 된다. 현대 춤 초기 안무가인 풀러, 덩컨, 포킨 등이 추구했던 '표현'의 의미는 이러한 상징 기호적 특성에 입각한 의미의 표현을 뜻하는 것이다.

앞서 논의했다시피 춤이 재현을 포기하고 임의적 약속에 의한 상징 기호가 되었을 때 무용이 갖는 의미 해석의 어려움은 덩컨의 춤에서처럼 인간 내면의 영혼을 표현함으로써 드러나는 표상 대상의 추상성에 있다. 랭거가 상징으로서 춤 표현의 의미를 '가상적(virtual)'이라고 한 것은 춤 지시 의미의 심오함을 지적함과 동시에 그 의미 표현의 모호함에 대한 반증이다. 현대 춤을 감정표현론 혹은 전달표현론 관점에서 춤 안에 일어나는 의미의 불일치를 해결하기 위한 무용학자들의 논의는 춤의 의미를 표현주의의 관점으로만 축소시킨 데에서 일어나는 한계점이라 하겠다.

따라서 예술가의 감정을 관객에게 전달한다는 일방적 의사전달 이론에 대해 굿맨은 예술 현상을 기호학적 관점으로 이원화하고 예술 작품은 작품 내적 요소를 외부로 표현하는 것이 아닌 외적 대상물을 지시(대표)하는 것이며 감상자는 감상자의 맥락에 따라 지시 대상 또는 전혀 다른 자신의 내적 의미를 획득할 수 있다고 지적한다. 또한 예술가의 문법이 정교화되고 축적되며 감상자의 시대 문화적 코드에 근거했을 때에 지시 대상과 의미 내용 간의 일치가 더욱 확고해질 수 있는 것이다.

지금까지 무용 기호의 일반론적인 이분법적 구조를 논의했다면 움직임에 좀 더 집중해 움직임 기호 단위와 그것의 조합, 의미 획득에 대한 통사론적 이해의 방식을 살펴보자. 움직임 기표가 기의와 결합하는 원리, 즉 특정 움직임이 특정 의미와 연결이 될 때 기호학의 입장대로 자의적인 결합이 이뤄지고, 이 자의성은 문화적인 축적에 의해 규약으로 자리 잡게 된다고 할 때, 라반의 움직임분석 이론(Laban Movement Analysis: LMA)은 이러한 규약의 법칙들을 이해하기 위해 중요한 근거를 제시해 준다.

앞에서 개괄한 라반의 움직임분석 이론은 크게 라바노테이션, 에포트-셰이프 이론, 공간조화 이론으로 구성된다. 이 이론들에서 움직임 구조와 어휘들은 춤 움직임 기호의 통사론적 문법을 과학적으로 제시해 주고 있다. 먼저 라바노테이션에서는 동작의 구조, 즉 전 신체로 드러나는 하나의 움직임 기호의 구성 요소들을 델사르트의 관점에서처럼 신체를 부분화해 '동작소(動作素, move/pose)'와 '움직임 구/절(movement phrase)', '움직임 의미소(dance movement)'의 영역으로 구별한다. 동작소는 언어의 자음, 모음 같은 언어의 최소 단위인 음소(音素, phoneme)와도 같이 춤의 기표를 구성하는 최소의 형식이 된다. 이 동작소가 모여 움직임 구와 절이 되어 하나의 의미 있는 춤 기호가 완성된다. 기호학의 입장에서처럼 하나의 춤 단위 기호의 의미는 다른 동작소와 차이로 변별이 될 때 여하한 의미를 지시할 수 있다. 델사르트는 이러한 차이를 움직임 의미 생성의 신체 부위에 따라 이분법적으로 구별해 놓은 것이다.

그리고 에포트-셰이프 이론에서 에포트는 움직임의 질, 움직임의 수행 방법과 움직임의 형용사적 어휘를 제공해 준다. 즉, 무게의 측면에서 가볍거나/무겁거나, 공간의 측면에서 직선적이거나/곡선적이거나, 시간의 측면에서 지속적이거나/갑작스럽거나, 흐름의 측면에서 자유롭거나/억제되거나 하는 등의 움직임 형용사적 특질의 근원을 이분법적으로 분류한다. 에포트는 언어의 '운소(韻素, prosodeme)'가 발화(發話)의 길이, 높낮이, 강약 등을 의미하는 것과 같이 움직임 기호가 회화처럼 정지된 기표에 그치는 것이 아닌 역동적이고 과정 지향적인 독특한 춤만의 기호임을 변별시켜 준다.

셰이프는 기호가 드러나는 형태나 디자인을 지시하는 것이 아니라 공간적 형태라든가 신체상의 실루엣을 창조하는 방식을 지시한다. 라반의 움직임 형태 분석은 관객이 바라보는 춤 움직임이 단순한 시각적 이미지 또는 형상에 머무는 것이 아니라 예술가가 의도적으로 소통을 위해 조작한 기의로 향하도록 하고 있다. 공간조화 이론에서 라반의 목표는 공간과 특정 정서 간의 상호 관계를 발견하고 이러한 일치를 나타내는 기호 체계를 완성하는 것이었다. 따라서 사실주의적 재현으로서 표현이 아닌 추상, 상징 또는 더 일반적인 지시로서 표현되는 움직임이 어떻게 감상자에게 특정 정서나 감정을 불러일으킬 수 있는가의 원리를 밝혀내고 있는 것이다.

이와 같은 고찰을 통해 회화 같은 시각예술이 시각적 형태와 질감, 색채를 통해 기호 작용이 완성되는 것과 달리 시공간 예술로서 춤은 델사르트와 라반, 달크로즈의 이론에서처럼 움직임의 양과 질, 무용수의 신체 부위와 수행 방식, 호흡, 공간과의 관계를 통해 기표와 기의의 결합에 의한 의미 작용이 이뤄지는 것을 알 수 있다.

나. 의미론: 춤 기호 표현의 지시성

의미론적 언어 연구가 언어 기호의 의미 획득의 원리를 밝히는 것이라 할 때, 무용에서의 의미론 논의는 움직임 기호와 의미의 관계를 밝히는 데에 있다. 굿맨의 주장에 따라 예술을 기호 작용으로 보고 예술 작품의 표현을 지시의 관계로 이해할 때 이에 따른 춤 기호의 지시 유형과 의미 해석을 논의해 보자.

먼저 표현주의 무용이론을 주장한 덩컨의 춤은 지나치게 영혼의 표현 혹은 감정의 표현이라는 것에 집중되어 왔지만 그 의미 구조의 부재로 인해 표현 내용을 해석하는 데 어려움이 있었다. 덩컨의 춤은 외형적으로 그리스 여신의 조각상과 유사하다. 그러나 그녀의 춤은 그리스 여신의 외형이나 감정 등을 표현한 것이 아니라 자신 내부에 있는 정신의 진지함을 그리스 조각상 형태의 재현을 통해 지칭한 것이다. 따라서 표현은 감정을 유발하게 하는 것이기보다 감정을 지시한다.

이러한 논의를 통해 감정의 전달표현 이론에 따라 의사소통으로서 무용예술은 인간 외적 세계를 파악하기 위한 기호 행위로 인식할 수 있다. 굿맨이 지적했듯, 대상을 그대로 모방하고자 하는 사실주의조차도 "주어진 시기에 주어진 문화나 사람에게 표준적인 재현 체계에 의해 결정되는 상대적인 것이며, 따라서 반복적 단련에 의해 파악되는 것"[34]이

34 넬슨 굿맨(2002), p.53.

기 때문에 절대적 재현이란 있을 수 없으며 지시 대상과 그로부터 발생되는 의미 해석의 불일치는 기호 과정에서 일어날 수 있는 기호 해석에서 부차적인 것으로 다뤄질 수 있다.

춤 움직임 기호와 의미의 관계를 지시라 할 때, 움직임이 작품 외적 대상을 지시하는 방식에는 세 가지의 경우가 있을 수 있다. 서술적 지시, 표현적/묘사적 지시, 비주제적/형식적 지시로 구분된다.[35]

먼저 '서술적(narrative) 지시'는 구체적인 내러티브를 가진 춤의 지시를 의미한다. 즉, 무용수가 극적 인물을 가장하거나 흉내내는 것이 이에 해당된다. 따라서 포킨의 새로운 발레 원칙에서 주장된 '사실주의(realism)의 혁신적 단행'은 유사성과 닮음을 기준으로 하는 모방적 재현이 아닌 예술 기호를 통한 대상의 서술적 지시로 해석할 수 있다. 「불새(Fire Bird)」(1910)에서 포킨은 고전 발레가 지닌 움직임 표현과 의미의 단절을 극복하고 움직임을 통한 이야기의 지속적인 표현을 시도했다. 작품에서 하늘을 날아가는 새의 움직임은 그 자체로서 사실적 표현이지만 유사성을 통한 극적 줄거리의 모방이나 재현이 아닌 '의미론적 통사론적 조밀함(density)'[36]을 가진 지시의 한 형태로서 '재현적인 지칭(denotation)'으로 해석된다.

한편 표현적/묘사적(expressive/depictive) 지시는 그 기능이 세계의 어떤 측면을 그리거나 표현하는 것을 말한다. 현대 춤의 많은 사례가 이

---

35 철학자 존스톤(Albert A. Johnstone)은 「무용의 언어와 비언어(Languages and Non-Languages of Dance)」라는 논문에서 춤을 언어 기호로 보고 움직임의 세 가지 표현 양상을 서술적(narrative), 표현적 혹은 묘사적(expressive or depictive), 비주제적 혹은 형식적(nonthematic or formal)으로 구분하고 있다. 필자는 그의 구분을 차용해 춤 기호의 지시적 유형에 대입했다. 맥신 쉬츠 존스톤(1992). 『무용철학』. 장정윤 옮김(서울: 교학연구사), pp.199-225.

36 어떤 면의 가장 미세한 차이가 기호 간의 차이를 이루게 되는 것을 '통사론적 조밀', 어떤 면의 가장 미세한 차이가 구분하는 사물들에 대해 기호들을 마련하는 것을 '의미론적 조밀'이라 한다. 이들 조밀 징후는 '유한 차별(finite differentiation)'과 대립한다.

표현적 지시에 해당될 수 있다.

먼저 마사 그레이엄은 구부러진 사지와 뒤틀린 몸통, 온몸을 비틀어 올리는 도약이나 회전이 현대인의 고통과 불안을 표현하는 데 적절한 수단이라고 생각했다. 그녀는 "현대 예술의 역할이란 일반적으로 받아들여지고 있는 상징들 뒤에 숨어 있는 좀 더 내밀한 실체를 다시금 명백하게 드러내는 일"이라 지적한다. 이러한 견해는 그녀가 춤을 단순한 감정 표현이 아닌 현대 사회의 정서와 사건들을 지시하는 하나의 소통 기호로 인식하고 있었음을 입증해 준다. 그녀에 따르면 춤에서 보이는 자발적 행위란 진행되는 그 순간의 정서에 의지하는 것이 아니라 전적으로 객관화된 감정 상태에서 비롯되는 것이다. 따라서 춤의 움직임은 근본적으로 감정적인 것이라기보다 "신경에 의한 반응 작용"에 가까운 것으로 해석된다.[37]

그레이엄은 초기 대표작 「비탄(Lamentation)」(1930)에서 여인의 슬픔을 표현한다. 작품 속에서 그레이엄은 구부러진 등과 각진 팔, 뒤틀리고 몸부림치는 자세를 취하고 있다. 여기서 춤추는 그레이엄은 자기 자신의 슬픈 감정을 움직임으로 드러내는 것이 아니라 세계 내 존재하는 여성 일반의 슬픔을 '지시'해 준다. 또한 그레이엄은 실제로 슬픈 것을 표현하는 것이 아닐 뿐만 아니라 어떤 특정한 하나의 슬픔을 표현하는 것도 아니다. 이는 슬픔이라는 포괄적 개념 중 하나의 예를 보여주는 것이기에 '은유적인 예시'가 된다.

마찬가지로 「밤의 여행(Night Journey)」(1947)에서 자신이 사랑한 남자가 친아들임을 안 이오카스테(Iocaste)의 고통을 표현한 움직임 구는 근친상간이라는 패륜을 범한 여성의 죄의 근원으로서 '자궁의 절규

37 마사 그레이엄(2003). 마사 그레이엄의 현대무용론. 김태원 엮음, 『현대무용의 미학과 비평』(서울: 현대미학사), pp.284-287.

(vaginal cry)'를 지시한다. 이 춤의 무용수들이 단지 그리스 비극의 캐릭터들을 춤춘다는 점에만 집중한다면 이는 서술적 지시에 그칠 것이다. 여기서 알 수 있는 것은 움직임 기호의 지시에 여러 층위가 있을 수 있다는 점이다. 이오카스테가 보여주는 춤 움직임 기호들은 고통의 사실적인 지시에 그치는 것이 아닌 묘사적 지시로 나아간다. 고통의 표현은 단지 발차기와 움푹 파인 등 이외에도 주저앉거나 다른 방식의 움직임 기호로 대치가 가능하기 때문이다. 따라서 움푹 파인 몸통과 위로 치켜올려진 팔다리와 대비되는 몸의 무게 중심의 떨어짐은 아이러니한 이오카스테의 상황을 은유적으로 예시해 주는 것이다.

동시대 안무가 도리스 험프리(Doris Humphrey)는 1920~1930년대 혁신적인 사상들을 반영하는 실질적인 움직임 어휘를 만들어냈다. 그녀는 "화가들은 비구상적인 형태나 선을 그려낼 수 있지만 무용수의 신체란 결코 완전한 추상이 될 수 없다"[38]고 생각했다. 그녀가 "완전한 추상이 될 수 없다"고 한 것은 춤 기호의 형식적 지시의 불가능성을 주장한 것이다. 이에 험프리는 움직임이 공간에 드러나며 얻게 되는 기호 의미를 [그림 2]와 같이 이분법적으로 분류해 추상적 춤의 의미 체계를 명시하고 있다. 여기서 그녀는 한 무용수의 신체가 드러낼 수 있는 의미를 '대립적 디자인(opposition)'과 '연속적 디자인(succession)'으로 구분하고, 각각의 영역에서 '대칭(symmetry)'과 '비대칭(asymmetry)'의 의미를 나타낼 수 있는 동작의 경우를 예로 들고 있다. 정지된 자세(pose), 즉 회화의 정적 이미지와도 같은 신체 디자인이 기호로서 만들어지는 의미를 분류해 놓은 것이다.

그녀의 작품 「후프 댄스(Scherzo Waltz)」(1924)에서는 데니숀무용학

38 도리스 험프리(1958). 『현대무용입문』. 김옥규·김말복 옮김(서울: 도서출판 청하, 1985), p.239.

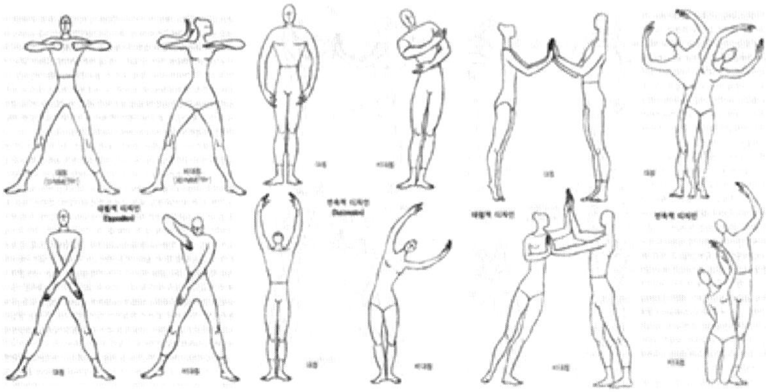

그림 2 험프리가 예시한 동작소의 기호 의미

교(Denishawn School of Dancing and Related Arts)의 공연 투어 도중에 우연히 2미터가량의 후프를 가지고 움직임을 이리저리 추어보게 되면서 신체 움직임 공간의 확장과 그 가능성을 실험해 작품화된 것이다. 이 작품에서는 거의 나체에 가까운 의상 혹은 아예 나체로 후프를 활용해 걷고 뛰고 서는 자연스러운 움직임이 시도되었다고 한다.[39] 시각적으로는 매우 추상적이고 비주제적인 지시로 드러날 수도 있겠으나 험프리 자신은 움직임 기호가 아무리 추상적이라도 그 움직임의 신체성에서 비롯되는 의미의 지시가 있다고 주장했기 때문이 신체의 활력과 조화를 강조하는 표현적·묘사적 지시로 구분해야 할 것이다. 여기서 기호 지시성의 유형 구분은 기호 제작의 문법과 관련된 것이므로 안무가의 기호 제작 논리에 따라 구별해야 함이 주지된다.

특히 험프리는 '움직임 구 이론(phrase theory)'을 통해 안무에서 움직임 구의 체계적 사용에 대한 중요성을 강조했는데,[40] 이는 단위 움직임

---

39 M. B. Siegel(1993). *Days on Earth: The Dance of Doris Humphrey*(North Carolina: Duke University Press), p.40.

40 도리스 험프리(1958), pp.84-91.

기호인 동작소의 연속적 나열로서 움직임의 시간성이 만들어내는 기호 의미에 주목한 결과다. 여기서 그녀는 움직임 단일 기호의 반복과 변형적 구성을 통해 관객으로 하여금 작품 내에서 주지되는 기호 의미 구조 체계를 인식시키고자 한다. 이와 같은 그녀의 생각은 작품「파도 연구(Water Study)」(1928)에 잘 드러나고 있다.

델사르트 이론이 덩컨과 세인트 데니스의 움직임 원리에 근거가 되었고, 이것이 다시 데니숀무용학교에서 험프리에게 교수되었던 점을 고려해 봤을 때, 데니숀무용학교에서 나온 지 얼마 되지 않아 만들어진 이 작품에 델사르트식 움직임 구조화와 구성이 가장 잘 담겨져 있다 하겠다. 작품은 무음악으로 무대장치도 없이 최소한의 조명 변화만 있고 의상 역시 살색의 유니타드(unitard)를 입었을 뿐 오로지 움직임에만 집중하도록 구성되어 있다. 무용수의 움직임은 아주 미세한 단일 동작소들을 반복하는 것으로 드러나는데, 표면적으로는 하나의 동작소가 반복적으로 행해져 움직임 구를 이루는 것 같지만 실제로는 기표-기의-기호(기표)-기의-기호(기표)……의 변증법적 기호 제작과 의미 생산의 과정이라 볼 수 있다.

이 작품은 구체적인 줄거리를 재현하지 않는다는 점에서 서술적 지시가 될 수 없지만, 파도의 외형을 그려내고자 한다는 점에서 묘사적 지시다. 무용수들의 뒤섞인 움직임은 물의 움직임, 물의 멈춤과 끊임없는 흐름, 조용한 굽이침의 움직임들을 묘사적으로 지시하고 있다. 또한 신체 움직임의 형상을 통해 파도의 속성을 지칭하고 있다.

포킨과 니진스키의 가르침으로 자신만의 안무관을 정립해 간 브로니슬라바 니진스카(Bronislava Nijinska, 1891-1972)는 당대의 모더니즘 회화를 이끌어온 바실리 칸딘스키(Wassily Kandinsky)의 예술정신에 많은 영향을 받았다. 칸딘스키는 새로운 무용, 미래의 무용에 대해 다음과 같이 선언한다.

무용의 주요소인 운동의 내적 의미를 무제한적으로 충분히 활용한다는 법칙은 여기에도 작용할 것이며 목표로 될 것이다. 운동의 인습적인 미는 포기되어야 하며 문학적인 요소는 불필요하며 방해가 된다 했다. 음악이나 회화에 있어서 각각의 음향과 협화음이 내적 필연성에 근거를 두고 있을 때 아름다운 것처럼, 무용에 있어서도 각 운동의 내적 가치는 즉시 느껴지며, 그것은 내적인 미를 외적인 미로 대치시킬 것이다. '비미적인' 운동들은 이제 갑자기 아름답게 될 것이며, 그 운동에서부터 곧 예측할 수 없는 위력과 생동적인 힘이 솟아날 것이다. 이러한 순간에서부터 미래의 무용이 시작된다.[41]

현대 예술로서 무용에 대한 칸딘스키의 이 같은 선언은 니진스카로 하여금 추상적인 움직임과 그 구성을 통한 표현적 가능성을 일깨워 주었으며, 주제적 전달에서 벗어나 인간 본연의 내적 성찰과 춤 움직임의 역동적 표현 가능성에 집중할 수 있도록 했다. 니진스카는 "같은 음계라도 바흐, 스트라빈스키 중 누가 사용하느냐에 따라 그 음악적 의미가 달라지듯 아라베스크를 연출하는 데도 다양한 방법이 있으며, 색다른 표현을 가져올 수 있다"[42]고 생각했다. 그녀는 춤 기호의 나열을 치밀하게 계산했으며 전형화되지 않은 방식으로 움직임 어법을 구성해 나아갔다.

그녀의 대표작 「결혼(Les Noces)」(1923)은 러시아 농가 결혼식을 묘사한 작품이다. 작품은 "경건한 성례의 경외심과 성장, 재건의 자연적 순환을 전달하는 불후의 건축적인 군무로 가득 차 있다"[43]는 평가를 이끌

---

41 바실리 칸딘스키(1979). 『예술에 있어서 정신적인 것에 대하여』. 권영필 옮김(서울: 열화당), p.107.

42 이덕희(2000). 『불멸의 무용가들』(서울: 작가정신), pp.209-210.

43 J. Anderson(1986). *Ballet and Modern Dance*(New Jersey: Princeton Book Company), p.110.

어냈다. 표면적으로 줄거리는 결혼에 대한 묘사에 머물러 있지만 작품의 의미는 결혼이 공동체의 생명을 지속시키는 수단으로 여겨지는 세계에 대한 묘사를 뜻하고 있다. 여기서 신랑, 신부, 양가 부모 등 주어진 캐릭터가 등장해 서술적인 지시로 바라볼 수도 있겠으나 이들은 어떤 개인이 아니라 결혼이라는 사회적 제의의 참여자들을 예시한다. 춤은 웅크러진 몸통, 높이 들린 팔, 길게 엮어 땋은 머리, 주먹으로 입을 가리거나 이마나 가슴, 볼에 손을 올리는 제스처 등이 상징적으로 나타나는데 모두가 정략 결혼의 제물로 바쳐지는 여인들의 고통과 슬픔을 은유적으로 예시하고 있다.

마지막으로 비주제적/형식적(nonthematic or formal) 지시는 움직임 기호의 단순한 나열을 의미한다. 동작의 우아함이나 가벼움, 그리고 동작의 패턴 그 자체로써 충족된다. 엄밀한 의미에서 예술의 현대성으로서 자족성·독자성의 확립은 형식적 지시로 인해 완성되는 것이다. 형식적 지시는 춤 기호의 기의는 사라지고 기표 그 자체의 생산과 유희만 남게 되는 것으로 후기구조주의의 해체로 이어지는 근거가 된다.

조지 발란신(George Balanchine)의 움직임 문법이 형식적 지시의 가장 대표적인 예다. 발란신은 움직임 기호 그 자체의 가치에 주목하며 다음과 같이 자신의 안무철학을 이야기한다.

> 춤은 꽃과 같다. 꽃은 어떤 문자적인 의미 없이도 자란다. 그것은 그저 아름다울 따름이다. … 더 크고 날씬하고 훌륭한 몸이 준비되었다. 그리고 그걸 더 빠르게 사용한다. 이제 사람들은 무용수를 보지 이야기를 따라가지 않는다… 나는 시간과 공간 속 움직임에 흥미를 가지려 한다. 음악이 시간이다. 멜로디가 중요한 것이 아니라 시간이 부여되는 것이다. 정해진 스텝은 없다. 이미 만들어진 조합(ready-made combination)이란 존재하지 않는다. … 나는 별로 생각하지 않는다. 그저 조작할 뿐이다.[44]

앞의 인용문에서처럼 그는 움직임 기표와 무용수 신체의 기표 그 자체가 여하한 기의 없이도 예술 기호로서 족하다는 주장을 펼치고 있다. 그는 작품세계에서 선, 패턴, 역동적인 흐름으로 만들어진 움직임 기표를 나열하며 일관되게 자신의 춤기호론을 강조한다. 춤 기호 나열의 구조가 춤 표현의 내용이 된다.[45]

그의 대표작인 「콘체르토 바로코(Concerto Barocco)」(1941)에서 무용수의 신체는 기의 전달의 수단으로서의 기표가 아닌 신체 기표 그 자체로 나열된다. 신체의 결합에 의한 조형적인 형태들 역시 특정 의미를 전달하거나 지시하고자 하는 의도가 없다. 오직 기표들의 나열만 있을 뿐이다. 여기서 드러나는 기표들은 여전히 고전적인 문법, 즉 아카데믹 발레의 기본에 근거하고 있음에도 불구하고 기교 그 자체의 목적이 아닌 움직임의 양적 축적, 에포트와 셰이프의 다양한 조작, 공간과의 관계의 시도들 그 자체일 뿐이다.

이러한 형식적 지시는 머스 커닝엄(Merce Cunningham)에서도 살펴볼 수 있다. 커닝엄의 춤은 쉬츠 존스톤(Maxine Sheets-Johnstone)이 지적했듯이 "춤을 춘다는 것은… 의미의 단편들이 그것들이 닿을 수 있는 곳에서 나타나도록 내버려 두는 것이며, 움직임으로 어떤 생각을 옮기는 것이 아니라 그 자체를 위한 것"이었다.[46] 따라서 커닝엄의 주장은 발란신과 같은 입장에 있으며 단지 그 움직임 기표의 형식을 달리 선택했을 뿐이다.

커닝엄은 춤이 의미를 만나는 방식을 내버려두기 위해 우연성(chance) 기법을 사용했다. 우연성 기법을 통해 통사론에서 규정된 움직

---

44 R. Gottlieb(2004). *George Balanchine*(New York: HarperCollins Publishers Inc.), pp.203-205.

45 D. M. Levin(1973). Balanchine's Formalism. *Dance Perspectives*, 55, p.224.

46 맥신 쉬츠 존스톤(1992), pp.222-223.

임 기호 문법은 철저하게 해체된다. 그 첫 번째 시도였던 작품 「우연 조곡(Suite by Chance)」(1953)에서는 종이 차트에 네 가지 움직임과 시간, 공간(플로어 패턴), 그리고 우연성 유발을 위한 조건들이 그려졌고 동전을 던져 그에 따른 많은 경우의 움직임 조합의 수가 결정되었다. 작품에서 무용수들은 앉거나 서거나 움직이는 등 특정 움직임 의미소를 찾아보기 힘든 형태로 보여진다. 작품에서는 통사론적·의미론적 기표와 기의의 결합과 기호의 구성을 통한 의미 작용이 완전히 파괴되고 오로지 화용론적 관점에서만 의미가 발휘될 수 있는 커닝엄만의 철학이 시도되고 있다.

극장의 추상주의자였던 얼윈 니콜라이(Alwin Nikolais)의 움직임 지시 논리도 비주제적이며 형식적인 특성으로 설명될 수 있다. 그는 조명과 기능적인 무대장치, 가면, 다양한 소품, 전자음악 등을 지극히 비개인적인 개념에 따라 융합시키고자 했다.[47] 대표작 「인장(引張) 관계(Tensile Involvement)」(1953)에서 니콜라이는 긴 리본과 무용수의 신체를 결합시켜 복잡한 선과 도형들을 움직임을 통해 만들어냈다. 여기서 춤은 하나의 움직임이라기보다 동작(motion)이며 동작소와 움직임 구의 연결은 비문법적인 조합으로 제시되고 있다. 비주제적 지시로서 움직임의 표현은 커닝엄의 춤에서처럼 예술가에 의해 의도된 기의의 결합이 부재하며 오직 동작 기표로서 그 역동성과 에너지를 확인할 수 있을 따름이다.

다. 화용론: 춤 기호의 의미 해석

앞의 통사론과 의미론이 각각 안무에서의 움직임 기호의 문법과 이에 의미를 연결짓는 방식에 관한 논의였다면, 화용론은 관객이 춤 작품

47 존 마틴(2003). 미국의 현대무용. 김태원 엮음, 『현대무용의 미학과 비평』(서울: 현대미학사), p.36.

으로부터 의미를 해석하는 기호 풀이에 대한 것이다. 춤 창작과 감상에서 구조주의 언어학의 이분법적 관점인 랑그와 파롤은 모두 춤 기호를 제작하는 과정에만 해당되었다. 즉, 안무가가 춤을 창작하고 무용수가 이를 실행하는 과정에만 머물러 있다. 기존의 무용표현론적 관점의 난제 역시도 춤 소통의 과정을 기호 제작과 생산 측면에서 의미가 완전히 결정되고 이것이 관객의 해석에 그대로 전달되어야 한다는 데에 있었고, 이로 인한 의미의 불일치가 무용예술의 의미 소통으로서의 모호함의 원인이 되었다. 이에 비트겐슈타인의 '언어게임' 개념은 기호 작용의 의미 생산이 화용론의 측면에서 완성된다는 것을 강조해 준다.

비트겐슈타인이 기호 의미의 논의에서 '언어게임'을 주장한 것은 언어의 의미는 발화자의 문법에서가 아닌 발화 행위의 문맥과 상황에서 주어짐을 지적한 것이었다. 즉, 기호와 의미의 관계는 기호를 제작할 때와 기호를 해석할 때 두 차원에서 발생된다. 따라서 이는 기호 제작자가 기표에 의미를 결합시킬 때와 기호 소비자가 기호에서 의미를 획득할 때 두 개의 상황이 일치되지 않을 수 있음을 암시한다. 그렇다면 춤 움직임이 추어지고 그것이 예술 기호로 사용될 때(감상자에게 읽혀질 때) 그 의미는 결정된다고 볼 수 있다.

굿맨의 주장대로 춤 기호가 외부 세계의 대상물을 지시하는 것이라 할 때 관객의 의미 해독 가능성은 그 자신이 처한 '세계', 또는 '외부 세계의 대상물'을 얼마나 잘 이해하는가에 달려 있다. 예술에서 현대성이란 예술가가 움직임 기표에 기의를 결합하는 코드의 방식이 동시대인들의 관심사에서 비롯될 때 확립되기 때문인 것이다. 화용론의 맥락은 지시의 관계가 추상적일수록, 즉 '비주제적/형식적 지시'일수록 더욱 중요하게 된다. 비주제적 지시의 대표적 안무가로 언급되었던 커닝엄은 "움직임은 항시 표현적이라서 그 자체로 내버려두면(be themselves) 좀 더 깊은 표현(deeper expression)이 나올 수 있다"[48]고 주장하는데, 이는 기호-지시 대상의 관계를 해체함으로써, 환언하자면 관객의 맥락에 기표-기의 관계를 열어 놓음으로써 춤의 의미 표현이 한층 더 깊어질 수 있음을 주장하는 것이다. 1960년대 말 후기구조주의의 핵심 사상으로 논의되는 데리다의 '해체'는 이미 1950년대 초 커닝엄의 무용 창작 작업에서 나타나고 있었던 것이다.[49]

그러므로 커닝엄의 입장에서 춤 기호 의미의 해석은 기호 해석자의 상황, 곧 그가 놓인 문화사회적 맥락에 달려 있다. 따라서 현대 춤의 의미는 최종적으로 현대 춤 감상자들이 놓여 있던 20세기 신체문화, 대중문화, 두 차례에 걸친 세계대전, 자본주의, 예술의 모더니즘 등과 깊이 결부되어 있다. 더불어 미국을 발판으로 성장한 현대 춤은 이른바 미국주의(Americanism)라 요약되는 표현주의나 원시주의, 지성주의, 재즈, 인상주의 등의 맥락과 함께 그 기호 의미가 완성된다.

20세기 전반 현대 춤 안무가들의 인식적 전환은 이 같은 움직임 기호의 화용론적 맥락을 춤 예술 행위에서 중시했다는 점에 있을 것이다. 그들은 현대인에게 호소할 수 있는 새로운 언어로써 움직임 그 자체의 기호적 가치를 인식하고 그 새로운 의미 기호를 위한 문법을 확립하기 위해 혼신의 힘을 쏟았다. 춤 기호가 언어 기호처럼 의미 작용을 한다고 할 때, 체계적인 언어가 오랜 기간에 걸쳐 변화하며 그 규약이 맥락에 따라 파괴되고 수정되는 것처럼 춤 기호도 체계적인 의미 체계 속에 제작되면서도 상황에 따른 해석과 변용이 가능할 수 있는 것이다.

현대 춤 안무가들은 자의적인 약속에 의해 움직임 기표와 기의의 결합을 체계화했고, 발레의 획일적인 어법 대신 안무가 개인마다 자신만의 움직임 문법을 구축해 나아갔다. 따라서 화용론적 관점에서 볼 때 당

---

48 김말복(2003), p.196.

49 김말복(2012). 해체미학의 선구 머스 커닝엄. 『무용예술학연구』, 35(2), pp.15-16.

대의 춤을 바라보는 관객들은 스스로 자신만의 배경에서 기호 풀이를 할 수 있게 되었고, 그 원리가 안무자의 기호 제작 논리와 일치했을 때 가장 극대화된 예술의 향수를 체험할 수 있게 되었다.

존 마틴, 링컨 커스타인(Lincoln Kirstein, 1907-1996) 등과 같은 비평가들과 많은 현대무용 선구자들의 이론들은 이러한 현대 춤이 가진 기표와 의미의 논리를 구축하고 관객들에게 이를 인식시키고자 한 결과다. 그 과정의 축적을 통해 현대 춤은 현대인의 시대 정신을 가장 잘 반영하고 당대인들이 추구하고자 했던 의미의 모색을 담아낼 수 있는 사랑받는 현대 예술로 자리매김할 수 있었다. 현대 춤은 비로소 하나의 기호언어로서 상호 소통이 가능한 유용한 의미 기호로 자리 잡게 되었다.

◆ ◆ ◆

기호학은 1950년대 본격적으로 대두되고 이어지는 포스트모던 예술의 텍스트 분석에 활발히 적용되어 범(汎)언어학적 연구로 확산된 것이지만 기호학의 기본 관심인 언어의 체계와 의미 과정에 대한 관심은 20세기 전반기에 사회문화와 인문예술 연구에 이미 확산되어 있었다고 보인다. 동시대 춤은 표현론의 등장과 현대무용이라는 새로운 양식의 태동으로 혼란과 재정비의 시기를 가지고 있었으며, 안무가 스스로 무용예술의 의미와 표현의 본질에 대한 성찰이 적극적으로 일어났던 시기이기도 했다. 따라서 이 논의에서는 기호학과 현대 춤의 의미에 대한 연구가 동시대 사상과 예술로서 공감대를 형성하고 있었으며, 이에 현대 춤 안무가들의 성찰과 논리 구축에 내재한 기호학적 관점을 드러내고자 했다. 더불어 이러한 시대사상의 반영에 춤의 현대성이 있음을 밝혀보고자 했다.

앞의 논의를 요약하면 〈표 2〉와 같다. 기호학의 핵심 개념은 의미 현

표 2 현대 춤에 내재한 기호학적 의미 체계

<table>
<tr><th>사상가</th><th>방법론</th><th colspan="2">기호 구조</th><th>원리</th><th>개념</th><th colspan="2">현대 춤</th></tr>
<tr><td>F. 소쉬르
C. S. 퍼스</td><td>통사론</td><td>기호 문법</td><td rowspan="2">기호
제작</td><td>차이</td><td>랑그
파롤</td><td>안무
춤추기</td><td>동작소
움직임 구/절
움직임 의미소</td></tr>
<tr><td>N. 굿맨</td><td>의미론</td><td>기호-의미 관계</td><td>지시</td><td>서술적
묘사적
형식적</td><td colspan="2">사실적인 춤
상징적인 춤
추상적인 춤</td></tr>
<tr><td>L. 비트겐슈타인</td><td>화용론</td><td>기호-사용자 관계</td><td>기호
해석</td><td>맥락</td><td>세계
이해</td><td colspan="2">예술 감상</td></tr>
</table>

상을 기호 현상으로 파악하고 그 의미 작용의 체계를 이분법적 시각으로 구조화해 원리를 밝히고자 한 것이었다. 이러한 구조에 대한 인식은 인간의 사유와 이에 따른 의사소통의 일관된 체계를 과학적으로 밝히고 이해하고자 하는 노력의 결과다. 춤에서 역시 움직임을 통한 사유와 의사 소통의 법칙을 밝히고자 하는 노력이 20세기 전반 지속적으로 나타나고 있으며, 기호학적 방법론과 다름없이 움직임 언어를 소통 가능한 기호 체계로 인식하고 이러한 체계의 구축과 확산에 힘을 기울여 왔던 것을 살펴볼 수 있다.

20세기 전반의 현대 춤 전체를 단지 표현주의 무용론적 관점으로 해석할 때 춤은 예술적 수단으로 전락한다. 또한 모방론의 견지에서 춤이 올바른 지식 전달 수단으로 적합지 못한 불완전한 예술로 평가받은 것과 같이, 춤은 다시금 표현론의 입장이 가진 내적 한계로 인한 예술가와 관객의 의미의 불일치에서 벗어날 수 없게 된다. 이에 대해 20세기 춤이 표방하는 '표현' 개념 자체에 내재하는 많은 기호학적 의미 표현의 맥락을 구별해내고 이로부터 춤 움직임 기호 의미를 논의하는 이 글의 작업은 춤에서 예술가와 관객이라는 양 극단의 의미 주체자들의 기호 제작과 생산의 과정을 분석적으로 이해하는 유의미한 과정이 되었으리라 생각한다.

춤 기호에 대한 화용론적 강조는 움직임 기호 체계가 역동적인 의미론을 지니고 있음에 있다. 우리가 언어 기호를 사용할 때 모르는 단어를 사용하면서도 의미가 통하고, 시대에 따라 사라지는 말도 있으며 새로 생기는 신조어도 있게 마련이다. 또 기의와 기표 조합의 문법 역시 시대의 흐름과 속도에 따라 변화해 감을 체감한다. 마찬가지로 춤의 기호 또한 구조주의적 맥락 아래 의미 기호의 체계를 구축하면서도 새로운 기법과 논리를 생성해가는 유기체적인 기호 체계를 만들어 나감으로써 당대의 소통을 매개하는 의미의 기호로 자리매김할 수 있는 것이다.

이 논의는 방대한 이론과 수많은 예술 작품 속에서 기호학의 심오한 논리철학을 단순화해 매우 제한적인 예술가들의 사상에 적용함으로써 한 시대의 논리를 파악하고자 했다는 무리가 있다. 그럼에도 불구하고 현대 춤 안에 내재하는 인문학적 성찰과 인간 소통과 행위의 한 측면을 담당해 나가는 춤의 예술기호론적 가치를 조명함으로써 20세기 춤의 현대 예술성을 새롭게 해석해내고자 했다는 데 그 의의를 두고자 한다. 구조 인식 없이 구조의 해체 또는 탈구조는 이뤄질 수 없다. 구조주의적 시각을 통한 무용예술의 의미 체계 논의는 하나의 담론으로 논의할 수 없는 컨템퍼러리 댄스의 양상들을 진단하는 데 중요한 토대가 될 것이다.

제4장

예술심리학과 움직임의 표현

나일화

20세기의 시작은 어떠한 세기적 전환기와 비교할 수 없을 정도로 사회 전반에서 큰 변화를 보였다. 두 차례의 세계대전을 배경으로 인간 존재에 대한 실존적인 사유가 시작되었고, 자본주의의 급격한 성장은 열악한 노동 환경과 사회 문제를 일으켰다. 이러한 바탕에서 일어난 모더니즘 예술은 기존의 체제와 양식들을 비판하며 새롭고 다양한 사조들을 분화시켰다. 이와 같은 20세기의 시대적 변동은 춤에서도 예외는 아니었다. 당시 유일한 무용예술의 형식이었던 발레에 대항해서 새로운 움직임 표현을 가진 모던 댄스(modern dance)가 탄생했고, 오랜 역사 동안 견고한 틀을 유지하고 있던 클래식 발레 또한 정형화된 테크닉과 표현 방식을 벗어나는 작품들을 무대에 올리면서 춤의 현대화가 전개된다.[1]

1 무용학 연구에서 사용되는 '춤', '무용', '무용예술'의 어휘는 그 의미와 사용에서 명확한 개념의 차이가 존재하지는 않지만, 유사한 의미의 어휘들이 한 연구의 내용 안에서 한꺼번에 사용될 때 연구자의 의도적인 구분은 필요하다고 본다. 이 글에서는 20세기 클래식 발레에 반대해 나타난 현대무용을 모던 댄스로 표기했고, 모던 댄스와 함께 발레의 전통을 변화시키는 현

이러한 20세기의 변화 속에서 춤의 현대화 또한 당대의 시대사상과 예술적 흐름에 영향을 주고받았다. 이 시기 등장했던 모던 댄스에서는 감정과 정서를 통한 심리 표현이 본격적으로 이뤄졌으며, 이는 이전의 발레에서 나타났던 등장인물의 감정 표현과 달리 작품의 창작 주체가 되는 안무가와 무용수의 심리와 의식 상태를 반영했다. 춤에서 이와 같은 표현 방식의 변화는 곧 작품의 감상과 지각 방식의 변화, 움직임의 의미에 관한 논의들을 이끌어내면서 춤의 현대성(modernity)을 드러내는 첫걸음이 되었다. 현대 예술의 일반에서 현대성이란, 예술의 자율성 또는 독립성(autonomy of art)을 의미하는데,[2] 무용예술의 현대화가 진행되는 과정의 중심에서 인위적인 기교의 탈피와 동시에 움직임에 내재된 심리적 표현들이 발견된다.

20세기의 춤이 현대성을 내재하며 그 형식과 표현 방식을 전면적으로 변화시켰다면, 20세기의 전환점에서 발간된 프로이트(Sigmund Freud)의 『꿈의 해석(*The Interpretation of Dreams*)』(1900)은 심리학의 발전과 시대적 관심을 예고했다. 그의 연구들은 오이디푸스 콤플렉스(Oedipus complex)와 무의식의 발견으로 널리 알려졌지만, 춤의 현대화 과정을 중심에 두고 보자면 프로이트의 연구를 포함해 당대의 심리학적 연구들이 가져온 예술에 대한 접근 방식의 획기적인 변화라고 할 수 있는 예술심리학에 시선을 집중하게 된다. 20세기의 심리학은 기존의 심리학이 철학적 사유에 근본을 두고 있었던 것과 달리 과학적 태도를 취하게 되면서 독자적인 학문으로 자리 잡게 되었는데, 예술심리학 역시 심리학의 과학적 태도로부터 시작되었다.[3] 예술철학과 미학의 사유가

대 발레를 통틀어 '현대 춤'이라 칭했다. 또한 개별적인 춤 작품에 대한 지칭이나 미학, 심리학적 시각으로 논의할 때에는 '무용예술, 무용 작품'으로 언급했다.

2 김말복(2003). 『무용 예술의 이해』(서울: 이화여자대학교출판부), p.169.

3 오세진·최창호(1995). 『심리학이란 무엇인가』(서울: 학지사), pp.80-82 참고.

예술에 대해 분석적 사고를 통한 본질과 형식, 의미를 탐구하는 데 주력했다면, 예술심리학은 과학적 방법을 통해 작품의 창조와 감상의 경험들을 분석함으로써 예술이 '주의 깊은 이성적 기술'[4]임을 증명했다. 이는 과거 예술철학과 미학 일반의 논의들에서 신체와 그 움직임 표현에 대해 주목받지 못했던 무용예술의 입장에서 주목할 만하다.

1. 예술심리학, 그리고 주요한 논의들

여타의 많은 학문이 그러했듯이 심리학 또한 철학에서 분리되어 발전되었다. 철학이 논리적인 사고를 통해서 세계와 인간의 본질을 규명하고자 했다면, 심리학은 경험적이고 실증적인 방법들로 인간의 심리와 행동을 설명하고 예측하고자 했다. 심리학이 철학으로부터 분리되는 지점에서는 과학적인 사고와 방법론이 발견된다. 과거의 철학적 심리와 구분되는 현대의 과학적 심리는 1879년 심리학자 빌헬름 분트(Wilhelm Wundt, 1832-1920)가 라이프치히(Leipzig)대학에서 실행했던 심리학 실험 연구로부터 시작된다.

20세기의 전환기에 이뤄진 철학으로부터 심리학의 독립은 무용예술의 논의와 관련될 수 있는 중요한 관점의 변화를 내재하고 있었다. 철학이 오랜 역사 동안 심신이원론적 태도와 신체에 대한 차별적 사유들로 무용예술에 대해 거리를 두었다면, 심리학에서는 인간의 실제적인 감각

---

4 예술 창작에 대한 상반된 견해의 시작은 플라톤과 아리스토텔레스에게서 발견할 수 있다. 플라톤은 예술 창작의 근원이 이성적 상태가 아닌 광기의 상태에서 이뤄진다고 보았으며, 아리스토텔레스는 예술의 창작 과정에 주의 깊게 통제된 기술이 포함되어 있음을 강조했다. 이처럼 예술에 대한 상반된 두 견해는 역사적으로 반복해서 나타났으며, 오늘날에도 심리학자들을 양극화시키고 있다. 엘렌 위너(1982). 『예술심리학』. 이모영·이재준 옮김(서울: 학지사, 2004), p.31.

과 직접적인 경험을 강조함으로써 신체의 활동과 그 반응들에 주목한다. 실제로 현대 심리학의 이정표가 되었던 분트는 르네 데카르트(René Descartes, 1596-1650)의 심신이원론에서 주장하는 정신과 신체의 차별화된 상호작용을 부정하고, 인간의 마음과 신체의 과정은 평행하다는 심신평행론(psychophysical parallelism)적 입장을 취했다.[5] 이처럼 심리학적 관점에서 인간 신체의 움직임과 표현들은 정신과 인과적인 관계에 있는 것이 아니라 평등한 상호작용의 관계로 재정립된다.

20세기의 예술심리학은 이러한 심리학적 견해를 배경에 두고 그 주요한 논의 내용과 전개를 함께한다. 이는 무용 작품에서 실제적으로 지각되는 심리 표현과 신체의 움직임에 집중할 수 있다는 점에서 기존의 예술철학·미학적 접근들과 구별되며, 실험심리학·정신분석학·형태심리학의 주요한 논의들과 연결된다.

1) 예술심리학의 정의와 이해

예술심리학은 심리학의 하위 영역 중 하나로 심리학의 주요한 관점들과 그 맥락을 공유한다. 심리학이 과학적인 연구 방법들로 인간의 심리와 행동을 검증하고 예측하고자 했다면, 예술심리학은 예술에 대한 인간 고유의 의식을 분석하고 다루는 학문이라 정의할 수 있다.[6] 따라서 예술심리학에서 다루고자 하는 주된 연구 주제는 예술 현상에 참여하는 사람들의 심리가 된다. 예술가의 측면에서는 작품 창작의 동기와 작품을 제작하는 데 작용하는 인지적 기제들에 대해 연구하며, 수용자의 측면에서는 작품의 감상 동기와 작품을 이해하기 위한 인지적 내용들을

5 오세진·최창호(1995), p.82.

6 윤현섭(1995). 『예술심리학』(서울: 을유문화사), p.13.

표 3 예술심리학의 연구 주제

연구 내용 \ 연구 주제	예술가	수용자
동기	작품 창조의 동기	작품 관람의 동기
인지	예술 창조의 인지적 기제	작품 이해를 위한 인지적 기술

주로 다룬다. 이는 예술심리학 연구들에서 공통적인 주제라 할 수 있으며 간략하게 제시하면 〈표 3〉과 같다.

이러한 연구 주제들은 기존의 예술철학과 미학이 예술 작품에 대해 사용했던 직관적이고 사색적인 방법론과 본질적인 차이를 가진다. 따라서 예술심리학에 대한 이해는 예술에 관한 심리학 이전의 학문들인 예술철학, 예술사, 미학과 견줘 살펴봄으로써 좀 더 구체적으로 이뤄질 수 있다. 먼저, 예술철학과의 예술심리학을 살펴보면, 철학과 심리학의 관계가 그러하듯 학문의 목적보다는 방법론적인 면에서 차이점이 발견된다. 예술철학은 예술의 가치와 작품에 나타난 미(美)의 본질에 대한 논리적 분석을 목적으로 하며, 예술심리학의 목적 또한 이와 크게 다르지 않다. 단지 예술심리학은 동일한 목적에 이르기 위해 경험적이고 실증적인 방법들을 경유한다는 차이를 가질 뿐이다.

다음으로 예술심리학은 예술의 역사와 가까운 거리를 유지한다. 역사적인 사실들은 심리학에서 중시하는 경험적인 내용의 축적물이라 할 수 있기 때문이다. 그러나 예술사처럼 역사의 전개 과정과 흐름을 연구 대상으로 하지 않고, 모든 역사를 관통하고 있는 인간의 예술 의식에 집중한다. 이에 따라 예술심리학의 관심은 역사적으로 변하지 않는 인간의 감각, 인지, 그리고 무의식을 포함하는 의식의 전단계(全段階)와 심리에 집중한다.

마지막으로 예술심리학은 예술철학이나 예술사보다 미학이론들에 주목하면서 가장 가까운 거리를 유지한다. 미학은 '미(美)'의 본질을 분

표 4 예술심리학과 예술철학, 예술사, 미학의 비교

	비교 내용	예술심리학
예술철학	예술 작품의 가치와 의미, 미의 본질에 대한 논리적 분석	예술 작품의 가치와 미에 대한 경험적, 실증적 검증
예술사	예술의 역사적 전개와 흐름 예술 외부(사회, 문화)적 변화 주목	예술의 역사적 변화보다 인간 내부의 예술 의식 주목
미학	예술에 나타나는 미의 본질 분석, 정의 감성을 통한 인식 연구	예술에 나타나는 미를 어떻게 지각, 인지, 의식하는지 연구

석하고 정의하는 철학의 한 분야로서 근대 미학의 효시라 할 수 있는 바움가르텐(Alexander G. Baumgarten, 1714-1762)은 미학을 "감성적 인식의 학문"[7]이라 정의한다. 예술심리학은 바로 미학의 '감성적 인식'의 내용에 주목하고 있는 것이다. 그러나 미학이 '미 자체'에 주목하는 것과 달리 예술심리학은 '미에 대한 인간의 정신적 경험들'에 무게를 둔다. 〈표 4〉는 예술심리학과 예술철학, 예술사, 미학의 비교 내용을 요약한 것이다.

2) 예술심리학의 분야와 주요 논의

춤의 현대화가 전개되는 20세기 초엽에서 중반에 이르기까지 예술심리학의 주요한 연구 분야는 실험심리학, 정신분석학, 형태심리학적인 접근들로 이뤄진다. 이 연구들은 기존의 철학과 미학적 논의들을 반박하거나 수용하면서 발생했고, 서로 영향을 주고받으며 발전하는 과정에서 예술에 관한 내용을 포함한다. 이러한 심리학의 전개와 마찬가지로, 동시대 무용예술은 전통적인 클래식 발레에 대한 비판과 혁신을 통해서 현대화가 이뤄진다. 이는 발레에 전면적으로 반대했던 모던 댄스의 등장과 클래식 발레의 새로운 변화를 꾀하고자 했던 현대 발레가 주요한 변화의 갈래가 되었으며, 이들은 서로 영향을 주고받으며 무용예술의

7 오병남(2007). 『미학강의』(서울: 서울대학교출판부), p.218.

표현 영역을 넓히게 된다. 무엇보다도 예술심리학의 연구들과 현대 춤은 1920년대를 전후로 독일을 중심으로 하는 유럽과 미국에서 활발하게 이뤄짐으로써 그 시대적·공간적·문화적 배경을 함께한다는 점에서 주목된다.

예술에 대한 초기 심리학적 연구는 구스타프 페흐너(Gustav T. Fechner, 1801-1887)의 과학적인 접근으로부터 시작된다. 그는 인간의 시각, 청각, 후각, 촉각 등의 모든 감각 활동과 그것을 일으키는 자극의 관계를 밝히는 경험과학적 연구를 진행했는데, 여기에는 예술에 관한 자극-반응들이 다수 포함되었다. 페흐너는 사람들에게 단순한 시각적·청각적 자극을 주고, 그에 대한 심미적인 반응들을 수집하는 심리학 실험들을 거쳐 예술 감상의 일반화를 얻어내고자 했다. 그는 이러한 성과를 토대로 『미학입문(*Vorschule der Äesthetik*)』(1876)을 출판했으며, 이 책에서 기존의 미학을 '위로부터의 미학(top-down aesthetics)'으로, 자신의 과학적 미학을 '아래로부터의 미학(bottom-up aesthetics)'이라 불렀다. 페흐너의 심리학 연구들은 기존의 미학에 대응하는 새로운 미학의 입장과 견해를 구축했으며, 경험적이고 실증적인 예술의 이론을 정립했다.[8] 즉, 예술에 대한 인간의 경험을 통해 귀납적인 방법으로 미의 문제에 접근하고자 했던 것이다.

페흐너의 대표적인 연구는 고대 그리스의 '황금 분할율(golden section)'에 대한 증명이었다. 그의 실험적 가전제는 "인간은 직사각의 비율이 0.62:1의 비율일 때 그 형태를 가장 아름답고 상쾌하게 지각한다"는 것이었고 실험을 통해 이를 증명해냈다.[9] 그의 초기 실험심리학 연구들은 인간의 심리를 연구하는 데 정신물리학적 방법을 사용한 것으

8 이모영(2000). 예술에 대한 심리학적 접근의 비판적 고찰. 『미학예술학연구』, 11, p.170.

9 윤현섭(1995), p.21.

로, 미적 대상인 도형의 다양한 형태들을 사용해 실험 참여자가 느끼는 심리적 만족감의 정도를 분석했다.

이러한 페흐너의 실험은 예술철학과 미학에서 인간에게 쾌(快, pleasure)를 불러일으키는 참된 아름다움의 근거를 절대적 관념에 근거해 밝히고자 했던 것과 달리, 인간의 지각 대상의 특징과 지각된 경험에 주목한다는 점에서 무용예술에 의미 있는 시각을 제시해 준다. 무용 작품에 나타나는 신체와 그 움직임은 사실, 그것이 지닌 근원적인 의미를 먼저 상정해 두고 이를 논리적인 분석과 추론에 의해 분석하는 것보다 감상자의 감각을 통한 경험에 무게를 두어야 할 필요가 있다. 춤에서의 의미는 움직임 이전에 먼저 존재하는 것이 아니라 움직임의 구성과 표현에 내재되어 관객에게 지각되는 것이기 때문이다.

페흐너의 실험심리학적인 연구는 이후 전개되는 정신분석학과 형태심리학의 연구들과 상호 보완적인 발전을 보인다. 실험심리학이 겉으로 보이는 지각의 측면에 집중했다면 정신분석학은 보이지 않는 마음의 갈등을 발견하고자 했다. 프로이트는 그의 신경학적 의료 행위에서 인간의 무의식을 발견하고, 무의식에 관한 연구들을 진행하면서 정신분석학을 탄생시켰다. 그는 인간의 정신세계가 의식과 전의식, 무의식의 구조로 되어 있으며, 인간을 지배한다고 생각했던 의식은 물 위에 떠 있는 빙산의 일각이며 오히려 보이지 않는 거대한 무의식이 인간을 움직이는 힘과 원인이라고 설명했다.[10] 그리고 이러한 무의식은 인간의 의식이 멈춰 있는 상태, 즉 꿈이나 일상에서의 실언, 실수, 방심했을 때의 행동 등으로 드러나며, 사회문화적으로는 신화, 종교, 예술로 나타난다.

이러한 프로이트의 연구들은 '예술가들이 왜 작품을 창조하는가'에 대한 설명을 제공함으로써 예술의 이해에 기여했다. 고대로부터 예술가

10 오세진·최창호(1995), p.153.

의 창작은 뮤즈에게 홀린 상태, 또는 낭만 시대의 천재적인 예술가의 영감에 따르는 행위로 설명되었으며, 여기에서 예술의 근원은 초월적인 외부에 있었다. 그러나 프로이트에 이르러 예술의 창조 행위는 외부적 영향에 의한 반응이 아닌 예술가의 심층적인 내부로부터 시작된 것임을 말하게 된다. 그에게 예술은 무의식의 표현이며, 예술적 행위는 무의식적으로 억압된 욕구를 사회적으로 승인된 방식으로 표출하는 것으로 이해되었기 때문이다.[11] 이에 따라 프로이트의 정신분석학은 예술가 개인의 삶과 환경에 주목해서 예술 작품에 나타난 무의식의 상징들을 해석하거나 분석하는 근거가 되었다.

물론, 이러한 프로이트의 심리학을 예술 작품의 해석을 위해 적용하는 것에 대한 비판들을 간과할 수 없다. 성적 억압과 본능을 담고 있는 무의식을 통해 예술 작품을 설명하다보면, 필연적으로 예술 창조의 근원적인 정신을 성애적 본능으로 볼 수밖에 없기 때문이다. 프로이트는 20세기의 시작과 함께 새로운 심리학의 세계를 열었음에도 불구하고 무의식을 오로지 성적인 문제로 환원시킴으로써 당대 학계의 거센 비난을 받았다. 그러나 무용예술의 입장에서 그의 이론에 주의를 기울일 수 있는 부분은 프로이트가 예술가와 정신분석가의 작업을 본질적으로 동일한 것으로 보고 있다는 점이다.[12] 그는 작가나 예술가는 인간의 무의식적 정신의 활동을 잘 알고 있으며, 그것을 원천으로 창조 활동을 하는 것으로 생각했다. 정신분석가가 무의식적 정신의 움직임을 관찰하고,

---

11 이모영(2000), p.177.

12 「빌헬름의 옌젠의 『그라디바』에 나타난 망상과 꿈」(1906)이라는 글에서 프로이트는 "오히려 인간의 정신적 움직임을 묘사하는 것이야말로 작가의 고유한 영역이다. 작가는 어느 시대를 막론하고 과학의 선구자였고, 과학적 심리학의 분야에서도 예외가 아니다"라고 언급하고 있다. S. Frued(1925-1931). Der Wahn die Träume in W. Jensen Gradiva. *Gesammelt Werke*, 7, pp.32-33. 이유경(1999). 프로이트 미학: 예술에 관한 심층심리학적 접근의 의의와 문제점. 『한국미학예술학회지』, p.122 재인용.

치료의 과정을 묘사함으로써 무의식적 활동을 정신분석적 용어로 바꿔 설명한다면, 예술가는 심미적인 가치를 고려해 인간의 무의식적 활동을 작품에 나타내는 것으로 말할 수 있다. 작가가 글을 통해 인간의 심리와 정서의 내면을 간파하고, 이를 미적으로 표현한다면, 안무가는 실재하는 인간의 신체와 움직임을 통해 무대 위에 무의식의 세계를 드러낸다고 할 수 있다. 프로이트는 비록 예술가가 무의식의 영역 자체를 알고 묘사하는 것은 아니지만 무의식을 효과적으로 다루고 있음을 인정함으로써 현대 춤에 나타나는 심리적인 표현들이 인간 정신의 내면을 여실하게 표현하고 있음을 뒷받침해 준다.

프로이트의 정신분석학은 이후, 제자인 알프레드 아들러(Alfred Adler, 1870-1937)와 카를 융(Carl G. Jung, 1875-1961)에 의해 발전적인 변화를 가진다. 아들러는 무의식의 영역을 성에 한정지었던 프로이트와 반대로 인간의 행동과 발달에서 자아(ego)의 동기를 강조했으며, 융은 무의식의 영역을 개인에서 집단으로 확장시킨 원형(archetype) 개념을 통해 인간의 사회성, 문화성, 역사성에 대해 말하고자 했다. 프로이트와 아들러, 융은 서로 다른 정신분석학적 견해를 가지고는 있었지만, 공통적으로 무의식의 존재를 인정하고, 예술을 인간의 무의식을 표현하는 상징으로 보는 견해를 가지고 있었다. 이들에게 예술 작품은 주제의 인식이나 미적 논의의 대상이 아니라 인간의 본능과 충동, 욕구를 나타내는 하나의 형식으로 생각되었으며, 이들의 이론을 근거로 예술 작품의 창조와 해석에 대한 정신분석학과 분석심리학의 연구들이 이뤄졌다.

정신분석학이 보이지 않는 인간의 내면세계, 즉 무의식에 주목했다면, 형태심리학적 미학(Gestalt aesthetics)은 실험심리학이 다뤘던 지각(perception)의 문제를 중점적으로 다룬다.[13] 그러나 실험심리학이 미적

13 이모영(2000), p.182.

대상이 지니는 쾌-불쾌(hedonic value)의 측면에 초점을 맞춰 예술 현상을 분석한 것과 달리, 형태심리학적 연구들은 대상의 전체적인 형태와 의미를 파악하는 지각의 인지적인 경험에 주목하면서, 현상학적 입장에서 예술의 감상과 창조에 관련된 예술 현상의 문제들을 밝힌다.[14] 형태심리학에서 예술이 인간의 정신적 산물이라는 전통적인 입장과 반대로 '지각 경험'을 강조하는 이유는 그들에게 예술 작품은 단순히 미적 즐거움을 목적으로 하는 것이 아니라 예술가들이 창조하는 세계를 지각 경험을 통해 인식하는 것이기 때문이다.

형태심리학이 예술에 기여한 부분은 인간이 세계를 어떻게 지각하는지에 대해 연구함으로써 예술 작품의 지각과 이해를 심리학적으로 설명했다는 것이다. 형태심리학의 창시자 중 한 사람인 쿠르트 코프카(Kurt Koffka, 1885-1941)는 자연 또는 대상을 모방했던 춤들의 창조 과정을 설명할 만한 인상학(physiognomy)적 연구를 실행했다. 이는 인간의 행동이 지각되는 물체의 물상에 따라 반응한다는 근육운동설을 통해 형태심리학을 설명하는 이론이다.[15] 인상학은 예를 들어, 능수버들이 흔들리는 것을 보면 춤을 추고 싶어지는 욕구를 느끼는 현상 따위를 다룬다. 이는 이사도라 덩컨을 비롯한 초기 현대무용가들이 자연의 움직임에 주목하고 관찰함으로써 이를 춤 움직임으로 표현하고자 했던 안무가들의 창작 과정과 관련될 수 있다.[16] 또한 무용 작품에 대한 관객의 감상 과정에도 적용이 가능한데, 클래식 발레의 관객들이 발레의 테크닉과 무대의 볼거리에 대한 시각적 경험이 주를 이뤘다면, 현대무용 작품의 감

---

14 이모영(2008). 예술에 대한 심리학적 접근: 시지각의 문제. 『미학예술학연구』, 27, p.286.

15 엄기홍(1997). 실험미학과 현대미술에서의 소통의 문제. 『청예논총』, 14, p.85.

16 현대 춤의 선구자 중 한 사람인 이사도라 덩컨은 자신의 춤의 근원이 인체 에너지의 중심이라 할 수 있는 태양신경총(solar plexus)에 있고, 자연은 그녀에게 작품 창작의 영감과 움직임 표현의 원리를 제공해 주었다고 말한다. 그녀는 자연에 대립되는 모든 것을 배척하고 자연스럽고 기초적인 움직임들로 작품을 안무했다.

상에서는 신체의 움직임에 대한 공감을 불러일으키는 운동적 공감(kinetic empathy)을 경험하게 되는 것을 심리학적으로 설명 가능하게 되는 것이다.

형태심리학적 연구들 또한 이러한 인간의 지각 경험이 단지 감상자 개인의 주관적인 상태에 머무르는 것이 아니라 객관성을 가지는 일련의 지각체계화 법칙에 따라 이뤄진다는 것을 증명하고자 했다. 형태심리학자 루돌프 아른하임(Rudolf Arnheim, 1904-2007)은 '시각의 역동성'을 전제로 예술 작품에는 수용자들이 공통적으로 볼 수 있는 어느 정도의 객관적인 구조와 패턴이 있음을 설명한다.

> 한 인간 또는 동물이 지각하는 것은 단순히 대상들, 형과 색, 이동과 크기의 집합이 아니다. 그것은 방향성을 갖는 긴장들의 상호작용이다. 이들 긴장은 관찰자들이 주관적으로 정지된 상에 임의적으로 부여한 것이 아니다. 이들은 크기, 형태, 위치 또는 색상과 같이 모든 지각 대상에 불가분적으로 속해 있다. 이들 긴장은 강도와 방향을 가지고 있기 때문에 심리적 힘으로 기술되고 있다.[17]

아른하임이 여기에서 언급하고 있는 심리적 힘은 시각 경험의 주체가 주관적으로 갖는 것이 아니며, 어떠한 대상에 의미를 부여하거나 해석함으로써 지각되는 것이 아니다. 따라서 예술에서의 표현 또한 인지적 의식 과정을 거치지 않고 대상을 지각하는 경험과 동시에 파악되는 것이라 할 수 있다. 그의 저서 『예술심리학』에는 사라 로렌스(Sarah Lawrence) 대학의 무용부 학생들을 대상으로 한 실험이 소개된다. 그는 학생 다섯 명에게 각각 슬픔, 힘, 밤의 세 가지 주제를 즉흥적으로 연기하도록 요

17 이모영(2000), p.183.

표 5 아른하임의 즉흥춤에 대한 무용 동작 분석

	슬픔	힘	밤
속도	5: 천천히	2:느린 1:매우 빠른 1: 중간 정도 1: 차츰 약하게	5: 느린
범위	5: 작은, 닫힌	5: 크게, 퍼진다	3:작은 2: 큰
형	3: 둥근 2: 모난	5: 매우 곧은	5: 둥근
긴장	4: 거의 없다 1: 일관성이 없다	5: 강한 긴장	4: 거의 없다 1: 차츰 약하게
방향	5: 일정하지 않고, 변화해서 움직인다	5: 정확한, 거의가 앞쪽을 향한 날카로운	3: 일정하지 않고, 변화하는 2: 거의가 아래쪽으로
중심	5: 아래쪽으로 늘어지면서, 수동적으로	5: 육체에 집중해서, 능동적으로	3: 수동적 2: 능동적에서 수동적으로

구했고, 춤 움직임에 나타난 지각적인 내용들을 〈표 5〉[18]와 같이 분석하고 있다.

이 실험을 통해 아른하임이 증명해내고자 했던 것은 소설이나 일상 언어에서처럼 움직임의 양식에도 거기에 대응하는 심리학적 과정들이 존재한다는 것이다. 비록 그것이 언어처럼 정확하게 읽혀지기 어렵다고 할지라도 표현적인 행동의 역동적인 양식들은 속도, 범위, 형(形)과 같은 것에 의해 비교적 구체적으로 정확한 서술을 허용한다.[19] 이 실험은 무용 작품의 감상과 이해의 과정에서 의미 있는 주제를 제공하는데, 무

---

18 표에 표기된 숫자는 해당 내용을 실행한 학생들의 인원 수를 의미한다. 아른하임은 이러한 실험이 너무 수가 제한된 사례, 명제를 증명하기 위해 행해진 몇 가지 안 되는 사례, 자료의 기록 및 평가가 주관적인 것에 흐르고 있음은 인정하지만, 그럼에도 불구하고 의미 있는 연구 결과들을 제시해 줄 수 있는 예로 사라 로렌스 대학의 실험을 소개하고 있다. 루돌프 아른하임(1967). 『예술심리학』. 김재은 옮김(서울: 이화여자대학교출판부, 1984), p.106.

19 앞의 책, p.107.

용 작품에 나타나는 신체의 움직임 표현들은 감상자의 지각 행위를 통해 즉각적으로 그 의미가 파악된다는 것이다. 여기에서 실험에 참여한 무용수들이 무엇을 표현하려고 했느냐는 그들의 움직임이 나타내는 내적인 의미들보다는 관찰자들에게 지각되는 속도, 범위, 형(形), 긴장, 방향, 중심의 움직임의 요소들을 통해 이해된다. 형태심리학에서 중요한 것은 예술 작품이 무엇을 표현하려고 했는가가 아니라 어느 대상을 어떻게 묘사하는가에 있으며, 매체가 지니고 있는 역동적인 속성이 감상자의 지각에 어떻게 작용하는가에 중점을 둔다. 이는 현대 춤에 나타난 심리적인 표현들이 신체를 어떻게 배치하고, 어떠한 움직임들로 주제를 표현하고 있는지에 대해 주목할 수 있는 근거가 된다.

2. 20세기 현대 춤의 심리 표현

20세기에 이르러 예술철학에 대한 비판을 배경으로 예술에 대한 과학적이고 실증적인 접근을 통해 예술심리학이 전개되었다면, 춤에서는 클래식 발레에 대한 한계를 지적하고 움직임 표현에 대한 새로운 가능성들을 제시하며 모던 댄스와 현대 발레가 등장하게 된다. 이러한 예술심리학과 현대 춤의 배경에는 모더니즘과 실존주의라는 사상적 흐름이 자리하고 있었다. 20세기 모더니즘의 특징은 크게 '기존 체제와 전통에 대한 비판', 그리고 '주관적 경험과 개인주의'로 요약될 수 있다. 따라서 예술심리학과 현대 춤의 탄생과 전개는 이러한 시대적 흐름과 그 방향을 함께하는 것이라 볼 수 있다.

당대의 모더니스트들은 전통과 단절하고 규정적인 인습으로부터 탈피하고자 하는 양상을 보였으며, 단순히 과거에 대한 비판에서 그치는 것이 아니라 새로운 변화와 진보를 향해서 나아가는 공통적인 특성을 드러냈다. 이는 기존의 질서를 무너뜨리기보다는 새로운 질서들로 대치하는 변화로 나타났으며, 예술에서는 전통적이고 상식적인 재현(representation)을 포기하고 비재현적이고 비구상적인 상징과 추상의 표현들이 그 자리를 대신했다. 또한 프리드리히 니체(Friedrich W. Nietzsche, 1884-1900)로 대변되는 실존주의 사상은 개인의 주관과 경험에 대한 시대적 관심에 영향을 미쳤다. 니체는 기존의 합리주의와 틀에 박힌 사고를 넘어서는 인간의 창조력, 삶에의 힘을 가지는 개인의 실천적인 의지를 주장함으로써 예술가들의 창조에 특별한 가치를 부여했다.[20] 실존주의는 인간의 감각과 경험을 검증하고자 하는 심리학적 태도와 안무가 개개인의 사상과 감정을 표현하는 현대 춤의 개성적이고 자유로운 움직임의 시대적인 힘이 되었다.

현대 춤과 예술심리학은 당대의 모더니즘과 실존주의의 사상적 흐름을 공통분모로 가진다. 동시에 현대 춤의 심리 표현들은 실험심리학, 정신분석학, 형태심리학의 주요한 논의들은 서로 연결된다. 여기에서 주목하는 현대 춤의 심리 표현이란, 심리학의 내용들과 대응하는 것으로, 단순히 안무가의 감정 표현에 한정되는 것이 아니라 정서와 의식의 내용을 포함한다.

1) 페흐너의 실험심리학과 '아래로부터의 움직임'

20세기에 새로운 춤으로서 모던 댄스가 등장하기 전까지 클래식 발

20 예술의 본질을 잘 드러내는 니체의 표현은 '예술가-철학자'인데, 그는 예술이 전통문명의 요소들(기존의 종교, 도덕, 철학 및 예술)과 대립하면서 합리주의 체계를 해체할 것을 주장한다. 이와 관련해 강영계는 니체의 사상을 '실험미학과 문명비판'으로서의 예술철학이라 논한 바 있다. 강영계(2006). 니체의 예술철학: 실험미학과 문명비판으로서의 예술철학. 『한국니체학회연구』, 10, pp.7-35 참고.

레로 대변되는 무용예술의 견고하고 체계적인 체제는 발레리나의 아름다운 신체와 기술적인 테크닉의 발달, 화려하고 정교한 스펙터클을 중심에 두고, 극적인 전개와 마리우스 프티파(Marius Petipa, 1822-1910)의 고전주의적 형식들을 반복하고 있었다. 모던 댄스의 등장은 바로 이러한 발레의 체제를 전면적으로 비판하고 그 움직임 표현들에 대한 혁신을 꾀하면서 이뤄졌다. 이것은 동시대의 심리학이 전통 철학의 사유 방식 대신 인간의 경험에 대한 과학적이고 실증적인 연구를 주장하며 등장한 것과 마찬가지로 새로운 움직임의 방법론을 가지고 있었다.

초기 페흐너의 실험심리학이 인간의 지각 경험을 강조하며 '아래로부터의 미학'을 강조했다면, 초기 모던 댄스의 움직임들은 발레의 인위적인 동작들과 차별화되는 '아래로부터의 움직임'으로 안무가의 생각과 감정들을 구성함으로써 무용예술의 아름다움을 새롭게 변모시켰다. 이사도라 덩컨(Isadora Duncan, 1877-1927)은 20세기의 시작점이었던 1901년과 1902년에 독일과 헝가리 공연에서 맨발과 튜닉, 풀어 헤친 머리카락을 흩날리는 자유로운 춤으로 열광적인 인기를 끌었다. 그녀의 춤은 기초적이고 단순한 동작들을 경험하는 움직임의 자유를 강조함으로써 모던 댄스의 정신을 규정했다. 비평가 존 마틴(John Martin)은 이러한 춤의 새로운 양식에 대해 "내적 충동의 표현이라는 목적을 달성하기 위해 현대무용은 기존의 모든 것을 던져버리고 처음부터 다시 시작한다"[21]고 설명했다.

덩컨이 자연으로부터의 내적 충동을 표현하고자 했다면, 로이 풀러(Loie Fuller, 1862-1928)는 자신이 고안한 스커트와 무대 조명의 색채 변화를 무대에서 표현하고자 했다. 그녀의 작품들에는 전기 조명, 채색 셀

21 루이 호스트·캐롤 러셀(1961). 『현대춤 형태론』. 김태원·윤영희 옮김(서울: 현대미학사, 1994), p.15.

룰로이드, 환등기, 특수 거울 등이 등장했고, 그녀 스스로 조명 장치를 고안하고 영화를 촬영하는 전문성을 보임으로써 무용예술의 영역에서 최초로 과학적이고 실험적인 면모를 드러냈다.

또 다른 현대무용의 선구자 루스 세인트 데니스(Ruth Saint Denis, 1879-1968)는 자신의 작품에서 종교와 인간의 영적인 부분들을 표현했다. 이사도라 덩컨의 표현들이 고대 그리스를 향하고 있었다면, 그녀의 이상은 이집트와 인도, 일본 등의 아시아에 사로잡혀 있었다. 세인트 데니스의 공연들은 동양적인 의상과 분장, 소품들이 구성하는 동양적인 춤 이미지들이 표현하는 강렬한 인상을 남겼다.

이사도라 덩컨과 로이 풀러, 루스 세인트 데니스의 작품은 모두 그들이 추구하는 무용예술의 아름다움을 표현하고 있으며, 걷거나 달리고, 뛰고, 돌고 하는 단순한 동작들로 구성된다. 이러한 움직임들은 '위로부터의 움직임' 즉 고도로 체계화되어 이미 규정되어 있는 아카데미즘의 전통을 벗어남으로써 오히려 더 풍부한 표현의 가능성들로 확장되었다. 모던 댄스 이전의 클래식 발레의 감상에서 중요한 것은 작품의 줄거리에 따른 인물의 역할을 무용수가 얼마나 잘 표현하느냐에 있었다. 예컨대, 「백조의 호수」에 출연하는 발레리나는 오데트와 오딜의 성격 유형과 그 감정의 극명한 대비를 효과적으로 표현할수록 관객들의 호응을 받을 수 있었고, 여기에서 무용수의 기술적인 테크닉은 그 표현의 핵심적인 부분을 차지했다. 그러나 모던 댄스 작품에서 관객들은 대단한 기교 대신에 안무가가 의도하는 것이 무엇인가에 주목하게 된다. 즉, 발레의 감상에서 필요로 했던 표상적인 지각을 넘어서서 움직임과 그 표현의 의미를 파악하고자 하는 인지적이고 미학적인 지각을 경험하게 되는 것이다.

모던 댄스의 이러한 변화는 동시대의 발레 뤼스(Ballets Russes)의 작품들에 영향을 미친다. 발레 뤼스의 초대 안무가인 미첼 포킨(Michel

Fokine, 1880-1942)은 아카데미 발레의 테크닉들을 완전히 파기하지는 않았지만, 그 변화를 충분히 감지할 수 있을 정도로 현대화된 안무를 보여준다. 그의 안무 이념에서는 기존의 발레가 과도한 테크닉의 과시와 시각적인 자극들로 이뤄졌던 것을 비판하고, 무용수들의 전신(全身)을 통한 생각과 감정의 표현으로 작품의 주제를 나타내야 한다는 주장을 발견할 수 있다.[22] 또한 기존의 마임 대신 연속적인 움직임 표현을 사용하고, 군무 무용수들이 작품의 장식적인 존재에서 벗어나 작품의 주제를 표현해야 함을 주장하기도 했다.

2) 정신분석학과 '심리의 상징'

프로이트의 정신분석학은 움직임 형식에 내재된 심리 표현의 상징과 가장 가까이에 있다. 앞서 밝힌 바와 같이 20세기 현대화 과정에서 춤은 안무가의 의식과 생각을 포함한 미학적 지각의 대상으로 인식되는데, 이는 무용의 본질적 매체인 움직임에 대한 진지한 고찰을 통해 인간의 내면을 체현하는 상징적인 표현들이 이뤄졌기 때문이다.

프로이트가 인간의 무의식을 분석하기 위해 신화와 상징적인 시의 이야기들을 활용했다면, 마사 그레이엄(Martha Graham, 1894-1991)은 신화적인 내용들을 채택하면서 그녀가 표현하고자 하는 주제들을 새롭게 재구성한다. 예술의 역사적인 흐름에서 신화적 주제의 사용은 낭만주의와 사실주의에서도 발견되지만, 모더니즘 예술에서는 신화적 메시지 자체를 사용하기보다는 오히려 메시지를 전달하기 위한 수단으로 이용하게 되는데,[23] 그레이엄의 신화를 소재로 한 작품들 또한 당대의 모

22 김말복(2003), pp.250-251 참고.

23 김욱동(1992), p.103.

더니즘적 용도를 갖는다.

그레이엄은 「밤의 여행(Night Journey)」(1947)에서 프로이트의 정신분석학의 핵심이 되었던 오이디푸스 콤플렉스 이야기를 다룬다. 이 작품에는 무용의 움직임뿐 아니라 등장인물의 의상, 이사무 노구치(野口勇, 1904-1988)의 무대 장치, 소품, 그리고 군무인 코러스의 움직임까지도 신화적 줄거리의 상징을 나타낸다. 그러나 중요한 것은 그레이엄의 오이디푸스 이야기에서 주인공은 그녀 자신이 연기하는 이오카스테(Iocaste)로 전환되었다는 점이다. 그녀는 이오카스테가 아들의 어머니이자 아내로서 살게 되는 비극적인 운명을 '자궁의 절규(vagina cry)'라 불렀던 복부의 수축과 이완 동작으로 상징화했다.

또한 그리스 신화 메디아의 이야기를 다룬 「마음의 동굴(Cave of the Heart)」(1946)에서는 삼각 관계에서 질투와 분노를 이기지 못하고 살인을 저지르는 심리 표현에 초점을 맞춘다. 이는 뱀이 똬리를 틀면서 꼬이는 모양과 구불구불한 속성들이 춤 움직임으로 나타나며, 바닥에 배를 대고 뱀처럼 기어가는 메디아의 동작은 복수심에 굴복함으로써 인간 이하의 존재임을 은유적으로 표현한다.

프로이트가 인간의 행동과 정서가 심리적 동기로 인해 일어남을 주장하고, 그러한 근저에는 무의식이 존재하고 있음을 밝히고자 했다면, 그레이엄의 춤은 움직임의 상징과 은유를 통해 예술적 행동과 정서를 표현하고 관객으로 하여금 그 근원에 있는 인간의 심리들을 읽어내도록 했다. 그레이엄의 작품은 성적인 욕망과 억압에 근거한 프로이트 예술분석의 한계를 넘어서 무용 작품의 움직임을 통해 인간의 심층적인 근원에 있는 심리들을 의식적인 영역으로 끌어내고 있었던 것이다.[24]

---

24 1930년대에서 40년대 사이 신화를 주제로 한 그레이엄의 작품들은 최근의 해외 연구들에서 심리학과 인류학, 모더니즘의 영향들을 지도로 제작한 것과 같은 미국 춤의 발생에 기여했다는 점에서 주목되고 있다. Nurit Yaari(2003). Myth into Dance: Martha Graham's

현대 발레 안무가 앤터니 튜더(Antony Tudor, 1908-1987)는 자신의 작품을 '심리학적 발레(psychological ballet)'로 칭하면서 프로이트의 영향력을 암시한다. 그는 프로이트의 정신분석학이 무의식을 인식함으로써 인간 행동의 동기를 밝혀낸다는 점에 주목했다. 기존의 발레가 작품의 극적 줄거리에 따라 구체적인 등장인물을 설정하고, 마임을 중심으로 하는 심리 표현을 했던 것과 달리, 그의 작품에서는 실제적인 인물의 상황과 심리 상태의 분석을 토대로 무용수들의 움직임과 심리 표현이 이뤄졌다. 예를 들어, 「불의 기둥(Pillar of Fire)」(1942)에서 노처녀가 불안하게 옷깃을 당기는 동작들이 그것이다. 그의 작품에 대해 제롬 로빈스(Jerome Robbins, 1918-1998)는 "튜더는 발레에 심리학적 동기를 도입했고, 말로 표현할 수 없는 감정들을 동작으로 전달했다"[25]고 말하고 있다.

프로이트의 정신분석학이 보이지 않는 무의식의 세계를 설명하고, 인간의 의식적인 행동들이 이러한 무의식에 근거하는 것임을 밝혀내고자 했다면, 현대 춤 안무가들은 무용수의 움직임의 근원을 무의식과 관련되는 인간 심리의 이해를 통해 찾고자 했던 것이다.

3) 형태심리학과 '움직임 지각의 역동성'

형태심리학적 지각 경험과 그 내용들은 현대 춤의 움직임이 지닌 지각의 역동성과 비교해 볼 수 있다. 철학적 사유가 감각적 경험들을 이성적인 능력의 결여로 판단하고 예술에서의 표현과 그 의미들을 파악하는 것에 인식적 사고를 요청했다면, 형태심리학은 실제 인간의 지각 작용

Interpretation of the Classical Tradition. *International Journal of the Classical Tradition*, 10(2), p.224.

25 조앤 카스(1993). 『역사 속의 춤』, 김말복 옮김(서울: 이화여자대학교출판부, 1998), pp.261-266.

을 토대로 예술 작품의 지각과 이해를 설명한다.

형태심리학이 인간이 세계를 어떻게 지각하는지에 주목했다면, 루돌프 폰 라반(Rudolf von Laban, 1879-1958)은 인간의 움직임이 어떻게 일어나는 것인가를 주목하고, 이를 어떻게 지각하고 분석할 것인지에 대한 체계를 구축한다. 이러한 라반의 연구들은 '지각의 역동성'을 주장했던 아른하임의 실험들과 어깨를 나란히 한다. 아른하임이 자신의 연구를 통해 인간의 지각 경험이 감상자 개인의 주관적 상태에 머물지 않고, 객관성을 가지는 지각체계화 법칙을 증명해냈다면, 라반은 힘·시간·공간·흐름의 네 가지 에포트 요소로 인간의 움직임에 대한 객관적인 체계를 분석하고 있기 때문이다.

또한 인간의 신체를 지각하는 데 있어 라반은 음악에서 가수들을 소프라노, 테너, 베이스로 구분하는 것처럼 신체의 유형들을 분류하고, 그로부터 신체적 움직임(kinesis)과 가상의 정신 작용(metakinesis)의 관계를 증명해낸다.[26] 그는 키가 크고 마른 사람들을 하이 댄서(high dancer), 키가 작고 땅딸막한 사람들을 로우 댄서(low dancer), 그리고 그들 사이의 신체를 미들 댄서(middle dancer)라고 불렀다. 그러나 여기에서 라반이 강조하는 것은 어떤 이가 특정한 방식으로 움직이는 이유는 그들이 특정한 키와 체형을 가졌기 때문이 아니라 어떤 개인적이고 정신적이며 심리학적인 특성들을 포함한다는 점이다. 이는 아른하임이 사라 로렌스 대학에서 했던 즉흥춤에 대한 무용 동작 분석의 결과와 정확하게 일치하며, '움직임 지각의 역동성'을 설명할 수 있는 바탕이 된다.

형태심리학의 핵심 용어인 형태(Gestalt)는 지각 대상의 전체 구조나 배열 및 부분들 간의 관계와 같은 것이다.[27] 쉽게 말해서 인간이 어떠한

26 존 마틴((1933). 『현대춤의 인식』. 김채현 옮김(서울: 현대미학사, 1993), pp.39-42.

27 박일호(1997). 예술심리학의 현황 및 미학과의 관계. 『예술문화연구』, 9, p.58.

대상을 지각할 때는 대상을 이루는 점, 선, 면, 색 등의 요소들을 부분적으로 인식하는 것이 아니라 그것들 전체의 구조나 배열을 본다는 것이다. 예컨대, 우리가 누군가의 얼굴을 보고 그가 누구인가를 알아보는 것은 그 사람의 얼굴을 구성하는 외적 형태 전체를 바라보는 것이지 눈, 코, 입, 또는 더 작은 단위의 요소들을 하나씩 지각한 후, 그것들의 총합을 통해 인식하는 것은 아니다. 형태심리학은 이처럼 지각 경험에서 부분과 전체가 서로 상호작용에 의해 조직되는 특정한 원칙이 있음을 전제한다.

그렇다면 현대 춤의 표현들은 어떻게 지각되는가. 클래식 발레가 구조적인 움직임들로 구성된 신체를 무대 위에 원근법적으로 배치하고, 음악, 조명, 의상, 무대 장치들의 완벽한 조화를 통해 작품의 시각적 스펙터클을 극대화시킨다면, 현대 춤의 무대는 안무가의 생각과 정서의 표현에 무게를 둠으로써 무용 요소들의 완벽한 구성을 거부한다.

바로 이 지점에서 아른하임이 언급했던 지각적 인식 능력이 발현된다. 지각적 인식 능력은 예술 작품을 구성하는 조형적인 요소들을 균형 잡힌 구도로 통합하려는 능력을 말하는데, 우리의 지각은 눈앞에 비균형적인 도형들을 마주했을 때, 이를 균형적인 상태로 인식하려 한다는 것이다. 이에 따라 예술가들은 작품에 생명감과 생동감을 표현하기 위해 균형적인 구도를 거의 사용하지 않는다. 익숙하지 않은 형태의 작품을 제작했을 때, 수용자는 이를 익숙한 형태로 인식하려는 과정에서 작품에 주목하게 되는 것이다.

이것은 라반의 제자이자 독일 표현주의의 선구자로 불리는 마리 뷔그만(Mary Wigman, 1886-1973)의 표현이 우리에게 주는 강렬한 지각의 경험들과 서로 맞닿아 있다. 그녀의 유명한 작품 「마녀의 춤(Witch Dance)」(1926)은 기존의 미적 기준에 반대되는 그로테스크한 신체의 이미지와 불규칙적인 타악 반주, 원시적인 움직임 표현을 통해 감상자로 하여금 익숙하지 않은 지각 경험을 이끌어낸다. 이는 뷔그만이 춤을 통해 신체의 조화로운 움직임을 표현하기보다 내적 에너지와 내부 경험의 의미를 표현하기 위해 관객들에게 강한 충격을 줄 수 있는 신체의 형태와 움직임을 보여주었기 때문이다.[28]

형태심리학적 지각 경험과 무용의 움직임 표현은 그것이 인식적인 과정을 거치지 않고, 즉각적으로 이뤄진다는 점에서 공통점을 가진다. 이는 기존의 철학과 미학이 무용예술의 일시적이고 순간적인 특성들을 비판했던 것과 달리 춤에서 지각되는 신체의 형태와 움직임에 대한 실증적인 해석의 가능성을 보여준다.

◆ ◆ ◆

무용예술에서 20세기는 체계적인 발전을 거듭하며 최고조의 완성에 이른 클래식 발레와 이에 반대해 등장한 모던 댄스, 그리고 클래식 발레의 새로운 변화를 담은 현대 발레가 공존하는 시대였다. 따라서 이 시기 춤의 변화와 전개에 나타난 무용 작품과 움직임 표현은 오늘날 컨템퍼러리 댄스를 이해하고 전망할 수 있는 의미 있는 근거가 된다. 특히, 현대 춤에서 두드러지게 나타났던 심리 표현은 희로애락으로 말할 수 있는 감정의 표현을 넘어서, 감정을 일으키는 내적 충동을 포함한다. 즉, 무용 작품에 나타나는 심리 표현이란, 안무가의 감정을 고스란히 표현하는 것이 아니라 미적 의도를 가진 정서와 작품을 위해 조직된 감정 상태의 표현이라 할 수 있다.

모든 시대의 예술은 그 자체로 동떨어져 있는 것이 아니라 당대의 사회를 구성하는 모든 요소와 함께 연결되어 영향을 주고받는다. 따라서

28 정의숙·반주은(2000). 『현대무용 인물론』(서울: 성균관대학교출판부), pp.32-33.

20세기 춤의 현대화에 나타난 표현들을 동시대의 예술심리학적 관점과 함께 고려하는 것은 당대의 춤이 위치하고 있는 시대적·예술적 지점을 짐작할 수 있는 한 방법이 된다.

제5장

사회주의 리얼리즘과 무용

나일화

예술의 흐름에서 리얼리즘(realism)[1]은 19세기 문학과 미술을 중심으로 나타났다. 리얼리즘 소설과 회화들이 당대의 사회와 일상적 환경을 여실히 묘사하며 현실 세계를 향해 나아가고 있을 때, 동시대의 낭만 발레는 요정과 마법, 환상적인 볼거리들로 무대를 가득 메우며 전례 없는 인기를 구가하고 있었다. 테오필 고티에(Théophile Gautier, 1811-1872)와 같은 낭만주의자들의 극찬을 받았던 낭만 발레의 열기가 19세기 후반까지 지속되는 동안 동시대의 리얼리즘 예술들은 이전의 예술세계에서 다루지 않았던 '평범하고 시시한' 영역과 '있는 그대로의 사물들'에 주목함으로써 예술의 주제와 표현 방법의 다양성을 가지게 된다. 또한 그것이 속해 있던 정치, 경제, 문화 등 실재하는 현실에 공명하면서 당대의 현실을 반영했다.

---

1 리얼리즘(realism)이라는 용어는 reality라는 어원에서 시작된 것으로 우리말 번역에서 실재론, 현실주의, 사실주의 등으로 다양하게 번역되어 왔다. 이 글에서는 예술 사조의 흐름에서 지칭하는 사실주의를 의미하지만, 용어의 해석으로부터 발생되는 개념의 혼란을 막기 위해 '리얼리즘'의 원어를 그대로 사용하도록 한다.

그렇다면 리얼리즘 무용은 언제 나타났으며, 어떠한 표현 특성을 가지고 있었을까? 아직까지 무용에서의 리얼리즘은 명확한 개념으로 이론화되지 않았고, 리얼리즘적 관점에서 특정 안무가나 무용 작품을 분석한 연구들 또한 찾아보기 어렵다. 실제로 무용은 예술로서 시작하는 첫걸음부터 현실과 동떨어진 신화와 상상의 세계에 발을 담고 있었다. 최초의 무용 작품이라 할 수 있는 「왕비의 코믹발레(Ballet Comique de la Reine)」(1581)는 마녀 키르케의 이야기로 인어, 바다의 신, 주피터, 요정들이 대거 등장했고, 루이 14세의 「밤의 발레(La Ballet de la Nuit)」(1653)에는 태양신을 비롯해 침묵, 명예, 우아함, 사랑, 부(富), 승리, 명성, 평화를 상징하는 정령들과 마녀가 출연했다.[2] 궁정 발레가 귀족들의 사교, 정치적 권력과 국가의 권위를 내세우기 위한 지극히 현실적인 목적으로 기획되었음에도 발레의 무대는 오히려 신화적 상징과 화려한 볼거리들로 채워진 것이다. 이후, 전제군주주의가 막을 내리며 시작된 낭만 발레는 평범한 삶의 모습들이 그 배경이 되었지만, 그보다도 요정과 초현실적인 인물들이 강조되는 시적 환상의 세계가 주요한 주제였다. 그리고 이러한 판타지는 러시아로 중심지를 옮긴 고전 발레에서도 변함없이 지속된다.

무용이 가진 환상적인 세계는 20세기에 이르러 그 견고한 기둥을 무너뜨리기 시작한다. 발레에 반대하며 새롭게 등장한 현대무용은 안무가의 진지한 예술적 사고를 표현하면서 자연스럽게 동시대의 사상과 사회 상황들을 내포했으며, 발레 또한 당대를 반영하는 움직임을 표현하기 시작했다. 무용의 역사상 가장 괄목할 만한 변화가 이뤄진 20세기의 무용은 그 자체적으로 예술적 변화의 원동력을 내재하기도 했지만, 당시

2 조앤 카스(1993). 『역사 속의 춤』. 김말복 옮김(서울: 이화여자대학교출판부), pp.100-102, 112-113.

일어난 두 차례의 세계대전과 경제공황, 각국의 정치적 입장과 시대적 이데올로기에 영향을 주고받으며 새로운 전개를 보여주었던 것이다.

1. 리얼리즘과 예술

1) 리얼리즘은 무엇인가?

리얼리즘의 사전적 의미를 찾아보면 "예술 제작상의 이상주의적 여러 경향 즉 낭만주의, 고전주의, 예술지상주의, 형식주의에 대립해 현실의 재현 묘사에 중심을 두는 경향을 총칭"[3]하는 것으로 간략히 정의할 수 있다. 전통 철학에서 '리얼(real)'의 의미는 '참된 것, 본질, 실재'를 의미하는 것이었다. 이에 따라 초기 예술 작품에 대한 리얼리즘 또한 '얼마나 실재에 가깝게 재현했는가' 하는 유사성의 문제, 즉 모방(mimesis)의 차원에서 이야기될 수밖에 없었다. 플라톤의 모방론으로부터 시작되는 초기 리얼리즘은 '단순한 겉모습'에 반대해 '진실한 리얼리티'를 추구하는 것으로 실제로 존재하지 않는 추상적인 개념 또는 관념에 가까운 것이었다. 그러나 17~18세기 순수예술 체계의 성립에 이르러 모방론에서의 리얼리즘은 '자연에 대한 충실한 모방'을 표방하며 서서히 실제 세계와 가까워지기 시작했다. 이후, 18세기 말에 이르러 예술에서의 리얼리즘은 철학적 리얼리즘과 완전히 구별된다. 철학적 실재론에서 '인식 대상의 실질적인 존재 여부'를 중심에 두었다면, 예술의 리얼리즘에서는 '대상을 인식하는 주체의 주관적 정신성과 그 표현'이 중요한 주제가 된 것이다. 이에 따라 19세기의 리얼리즘은 예술의 내부에서 일어난 변화,

3 학원사편집국 엮음(1963). 『철학대사전』(서울: 학원사), p.481.

즉 실재하는 세계에 대한 예술가의 시각과 해석을 포함하게 되었다.[4]

예술에서 리얼리즘이라는 용어를 가장 먼저 사용한 것은 18세기 말 독일 낭만주의 심미학자들이었는데, 실러(Friedrich Schiller, 1759-1801)는 1793년 그의 친구 괴테(Johan W. von Goethe, 1749-1832)에게 보낸 편지에서 프랑스 사람들을 '리얼리스트들'이라고 지칭하면서 "리얼리즘은 시인을 탄생시킬 수 없다"고 적고 있다. 회화에서는 1835년 화가 렘브란트(Harmensz van Rijn Rembrandt)의 작품에 대한 평론에서 '레알리슴(réalisme)'이라는 용어가 처음 사용되었다. 단편적으로 사용되던 리얼리즘의 용어가 본격적으로 특정한 예술운동과 관련해서 사용된 것은 화가 귀스타브 쿠르베(Gustave Courbet, 1819-1877)로부터다. 1855년 쿠르베는 파리 만국전람회에 출품했다가 낙선한 자신의 작품들을 따로 전시하면서 기존의 전통적인 작품들과 자신의 작품의 차이점을 가리키기 위해 전시장 문 위에 '뒤 레알리슴(du réalisme)'이라는 문구를 게시한다.[5] 이후, 1856년 프랑스의 비평가 루이 에드몽 뒤랑티(Louis Edmond Duranty, 1833-1880)가 『레알리슴(*Réalisme*)』이라는 잡지를 창간하면서 리얼리즘은 "대상을 정확하고 생생하게 묘사하는(말하려는) 기법"이자 "당대의 일상을 재생"함을 의미하는 예술비평 용어가 되었다.

리얼리즘에 대한 이해는 예술 내부에서의 의미도 중요하지만, 그 배경이 되는 정치, 경제, 과학, 철학의 변화를 살펴보는 것으로 그 이해의 폭을 넓힐 수 있다. 리얼리즘에 가장 큰 영향을 미친 것은 1789년 프랑스 대혁명과 1760년에 시작된 영국의 산업혁명이었다. 프랑스 대혁명

---

4 이에 대해 문학비평가 와트(Ian Watt)는 철학적 실재론에서 따온 리얼리즘이라는 말과 문학에서의 리얼리즘 사이의 관계가 구체적이지 않다고 설명하고 있다. Ian Watt(1957). *The Rise of the Novel: Studies in Defoe, Richardson and Fielding*(Harmondsworth: Cambridge University Press), pp.10-13.

5 김욱동(1980). 『리얼리즘과 그 불판』(서울: 청하), pp.19-23.

을 거쳐 전제군주 시대의 왕족들은 단두대의 이슬로 사라졌고, 민주주의 의식을 가진 시민사회가 시작되었다. 이러한 정치 의식은 이후, 자본주의 사회가 가져온 새로운 계급사회를 비판할 수 있는 밑거름이 된다. 산업혁명은 경제뿐 아니라 사회 전반의 변화에 영향을 미쳤다. 산업혁명으로 인해 과거 농업과 상업 위주의 경제 체계는 공업화로 전환되어 물질적인 풍요로움을 낳았고, 이는 곧 자본을 축적한 중산층, 즉 부르주아를 독자적인 사회계층으로 부상시켰다. 당시 낭만 발레의 적극적인 후원자이기도 했던 부르주아들은 높은 교육 수준과 여유로운 자본, 잉여 시간을 가지고 있었다. 그들의 삶은 세계를 기계적이고 유물론적인 관점으로 바라볼 수 있었고, 이는 리얼리즘 소설을 탄생시키는 가장 중요한 촉매제가 되었다.

19세기 철학의 흐름 또한 리얼리즘의 생성과 발전에 뒷받침이 되었다. 당시의 철학은 과학적 합리주의에 입각해 칸트의 관념철학과 헤겔의 합리주의 철학에 반기를 들었다. 실존철학의 선구자인 키에르케고르(S. Kierkegaard)는 관념과 추상으로 이뤄진 기존의 사유가 실제적인 삶을 이해할 수 없음을 비판하면서 인간의 실존 그 자체를 강조했고, 니체(W. F. Nietzsche)의 실존철학은 실재하는 삶의 영역에 눈을 돌리고, 경험과 실천을 강조하면서 서양 사상의 대변혁을 이끌었다. 또한, 실존철학과 함께 등장한 콩트(A. Comte)의 실증주의는 경험을 바탕으로 한 지식과 과학적 방법에 의한 사유를 강조하면서 리얼리즘에 영향을 미쳤다. 실증주의적 사고는 "본질에서 실존으로, 절대성에서 유동성으로, 연역에서 귀납으로의 변화를 가져왔고,"[6] 철학자이자 문학가인 이폴리트 텐느(Hippolyte A. Taine, 1828-1893)는 이러한 실증주의를 문학에 적용시

6 George J. Becker(1963). *Realism in modern literature*(Princeton: Princeton University Press), p.24. 김욱동(1980), p.27 재인용.

켜 역사와 경험된 사실의 관계를 강조하는 예술사회학의 시작을 열었다.

리얼리즘의 예술은 그 이전 시기의 어떤 예술보다도 실재하는 현실과 사회, 일상적인 삶을 그대로 투영해냈다. 리얼리스트들은 사물에 대한 감각적 인식을 보이는 그대로 여실하게 드러내는 것을 중요하게 생각했고, 그러한 예술적 표현에 어떠한 선입견이나 주관적 상상력이 작용해 현실을 변형하거나 왜곡하는 것을 반대했던 것이다. 이는 필연적으로 한 세기 전부터 시작된 낭만주의적 전통에 대한 비판으로 이어졌는데, 그들은 낭만주의자들이 구축했던 환상과 전설, 비현실적인 예술의 세계 대신에 작품에 나타나는 구체적이고 현실적인 삶을 강조했다.

문학평론가 이언 와트(Ian Watt)는 이러한 예술에서의 리얼리즘을 철학적 리얼리즘과 비교해 설명한다. 그가 요약하는 리얼리즘의 정신은 필자가 무용에서 발견하고자 하는 핵심적인 내용을 가리키고 있다. 와트는 리얼리즘 예술의 정신은 '반(反)전통주의'이며, 문학에서 이것은 기존의 장르적 관습을 거부하는 양상으로 드러난다고 본다. 그리고 그 거부의 방향은 단지 기존의 것에 대한 반대가 아니라 '현실' 혹은 '삶'과 더욱 일상적이고 밀착된 관계를 가지는 방향으로 나아간다고 언급한다.[7] 무용에서의 리얼리즘 또한 리얼리즘 예술의 일반과 동일한 내용을 보이는데, 이에 대해서는 제2절 '20세기 무용의 리얼리즘 경향과 표현 특성'에서 상세하게 다루도록 하겠다.

2) 20세기 예술에서의 리얼리즘

19세기에 시작된 예술에서의 리얼리즘은 현실에 대한 실제적인 반영

---

7 성은애(1999). 세기말 문예사조의 전환: 리얼리즘, 자연주의, 모더니즘. *Athenaeum*, 5, p.178.

을 주된 목적으로 둔다. 이는 앞서 언급한 바와 같이 이전 시대를 풍미했던 낭만주의의 정신성, 상상력, 숭고함(sublime)에 대한 비판, 그리고 동시에 고전주의의 이상에 대한 배척을 드러내는 것이었다. 따라서 작품에 등장하는 인물들은 귀족 계급, 영웅 등 유명인이 아니라 누구나 거리에서 마주칠 만한 소시민, 민중, 혹은 중산 계급에 속하는 사람들이었다. 특히 1848년 이탈리아, 프랑스, 독일, 오스트리아 등 전 유럽에 걸쳐 이뤄진 민중혁명 이후, 예술에서의 사실적인 경향은 더 짙어졌다. 사회적 변화와 함께 리얼리즘은 점차적으로 사회와 정치, 일상적인 삶에 더 가까워졌고, 20세기를 지나면서 비판적 리얼리즘과 사회주의 리얼리즘으로 전개된다. 특히 문학과 회화 분야에서는 리얼리즘의 경향이 가장 뚜렷하게 나타났으며, 그 대표적인 작품들에서는 리얼리즘 예술의 주제와 표현 특성이 명확하게 발견된다.

가. 19세기 리얼리즘: 현실에 대한 사실적 묘사

19세기 중반을 전후로 나타난 리얼리즘의 특징은 시각적 표현 매체를 갖는 회화들에서 명확하게 드러난다. 리얼리즘 회화의 선구자라 할 수 있는 쿠르베는 1861년에 다음과 같이 선언한다.

> 그림은 본질적으로 구체적인 예술이다. 그러므로 그림은 현실적으로 존재하는 것을 표현할 수밖에 없다. 그것은 완전히 물리적인 언어이며 눈에 보이는 모든 사물로 만들어진 말들이다. 추상적인 것, 보이지 않는 것, 존재하지 않는 것은 그림의 영역에 놓을 수 없다.[8]

쿠르베의 작품들에는 낭만주의적 감정이나 고전주의의 이상 대신에 일반 시민과 하층 계급의 생활, 노동의 모습들이 꾸밈없이 드러나게 된

---

8 린다 노클린(1970). 『리얼리즘』. 권원순 옮김(서울: 미진사, 1986), p.27.

다. 그의 대표작인 「오르낭의 매장(A Burial at Ornans)」(1850)은 폭이 6미터가 넘는 화폭에 50여 명의 민중이 묘사되어 있는데, 이 작품이 당시 논란이 되었던 이유는 그림의 주제와 표현 방식이 기존의 작품들과 확연히 달랐기 때문이다. 「오르낭의 매장」은 시골마을에서 치러지는 이름 모를 사람의 장례식 풍경을 담고 있는데, 당시 역사화나 장르화에서 보여주던 인물의 보편성이 없이 개개인의 인물들에 대한 사실적인 묘사를 하고 있다. 실제로 쿠르베는 자신의 고향 오르낭에 머물면서 그 지역의 성직자와 부모, 여동생 등을 모델로 작업실에 초대해 이 작품을 완성했다. 또한 이 작품은 그림의 구도에서 드러나는 인물의 중심성이나 운동의 방향성, 공간의 깊이감이 전혀 없이 동일한 평면 안에 수많은 인물을 배치한다. 이러한 배치는 등장인물들 간의 평등한 관계를 시각적 구도로 표현함으로써 당대의 비평가들에게 비난의 대상이 되었다.

「오르낭의 매장」과 같은 해에 그린 「돌 깨는 사람들(Les Casseurs de Pierre)」(1950)에서 쿠르베는 노동에 대한 사실적인 모습을 표현한다. 그는 회화 속 신체가 지닌 관습적인 자세들을 거부하고 석공들의 움직임을 매우 사실적으로 묘사한다. 같은 해에 제작된 밀레(J. F. Millet)의 「씨뿌리는 사람(Wikimedia Commons)」(1950) 또한 평범한 농부의 노동을 캔버스에 영웅처럼 표현함으로써 당대에 큰 반향을 가져왔다. 이처럼 리얼리즘 화가들은 "자기 시대에 속해야 한다(Il faut étre de son temps)"[9]는 리얼리스트들의 강령에 따라 노동자, 농민, 세탁부, 매춘부, 중산 계층과 노동자들이 즐겨 찾는 카페와 무도장 등을 찾아다니며 영감을 얻었고, 사회적으로 배척되고 저속하며 평범한 것들을 묘사하는 데 긍정적인 가치를 두었다.

리얼리즘 회화가 '현실을 그대로 직시한 사실적인 묘사'를 했다면, 리

---

9 앞의 책, p.29.

얼리즘 소설들 또한 일상적 경험에 대한 허구적인 사실을 즐겨 다뤘다. 가상의 이야기인 소설이 리얼리즘 문학의 중심을 이룬다는 것이 자칫 이상하게 여겨질지 모르지만, 소설 속의 인물은 실존하는 특정 인물이 아니므로, 오히려 더욱 현실을 반영하는 전형적인 인물이 될 수 있다는 것이 리얼리즘 소설의 핵심이었다.[10] 대표적 작가인 플로베르(Gustave Flaubert), 디킨스(Charles Dickens) 등의 작품에는 소시민, 민중, 중산 계급 등 도시를 살아가는 다양한 삶의 군상들이 등장했다. 플로베르는 『보바리 부인(*Madame Bovary*)』(1857)에서 정숙하고 우아한 시골 부인 엠마가 지루한 의사 남편과의 생활에 불만족하고 헛된 욕망을 좇다가 도덕적 타락과 간통, 파산에 이어 결국 자살에 이르게 되는 이야기를 담고 있다. 여기에서 플로베르가 드러내고자 했던 것은 사회적 결혼의 이상이 결코 개인의 행복을 보장하지 않는다는 것이었다. 디킨스의 『올리버 트위스트(*Oliver Twist*)』(1838)는 빈민 구제소에서 태어난 주인공 소년 올리버의 고아원 생활, 장의사의 도제, 도둑 소굴의 소매치기 등 도시의 빈민으로 살아가는 처참한 삶을 그린다. 이는 당대 영국 사회가 지닌 산업화의 폐해와 불평등한 계층 관계를 비판적인 시각으로 묘사함으로써 당시 독자들에게 공감을 이끌어냈다.

이처럼 리얼리즘 소설에서는 낭만주의 문학에서 금기시되어 온 주제가 본격적으로 다뤄진다. 빈민가의 도둑, 범죄자, 창녀와 같은 사회 최하층의 인물들이 등장하고 그들의 어두운 삶이 적나라하게 묘사되면서, 독자로 하여금 현시대와 사회의 결코 아름답지 않은 현실을 목도하게 하는 것이다. 대다수의 리얼리즘 소설가들은 당대의 현실을 사실적이고 자연스럽게 표현하기 위해 기존의 인습적인 사고와 표현 방식에서 벗어나고자 했고, 낭만주의 소설들이 작가의 상상력을 통해 삶의 비현실적

10 성은애(1999), p.179.

인 면들을 강조했던 것과 대조적으로 작가의 경험을 고스란히 드러낸 삶의 구체적인 면들을 강조하게 되었다.

나. 20세기 비판적 리얼리즘과 사회주의 리얼리즘: 현실 비판에서 개혁적 실천으로

19세기 리얼리즘 예술의 사실적 묘사들은 20세기 전환기의 비판적 리얼리즘과 사회주의 리얼리즘으로 이어진다. 그 직접적인 원인은 19세기 후반, 유럽의 경제적 팽창주의로 인해 국가 간, 지배·피지배 계층 간의 갈등 구조가 적나라하게 드러나기 시작한 데에 있었다. 19세기 말 마르크스(Karl Marx)와 엥겔스(Friedrich Engels)의 유물론은 자본주의 사회에서의 빈부 격차와 노동자 계급의 열악한 생활, 도시화에 따른 사회적 모순을 날카롭게 비판했다.[11] 이로부터 영향을 받은 예술가와 사상가들은 사회의 모순에 적극적인 극복의 길을 모색하게 된다. 20세기의 리얼리즘 예술은 더 이상 사회와 현실에 대해 민감한 시선을 표현하는 데 그치지 않고, 그 모순을 비판하고 나아가 극복하고자 하는 강한 의지를 가진다.

비판적 리얼리즘의 경향은 19세기의 몇몇 리얼리즘 작가가 자본주의 사회의 모순과 병폐를 폭로하면서부터 시작되었다. 스탕달(Stendhal)은 그의 작품 『적과 흑(*Le Rouge et le Noir*)』(1830)에서 가난한 서민으로 태어났지만 신분 상승을 위해 신부를 꿈꾸는 줄리앙의 불륜, 귀족 처녀 마틸드와의 사랑, 그리고 불륜의 상대인 레나르 부인을 살해하려다가 처형당하는 비극적인 이야기를 다룬다. 이 소설은 복고왕정 말기의 사회적 불안과 귀족과 서민 사이의 계층적인 갈등을 비판적으로 나타냈다. 이어 발자크(Honoré de Balzac)는 셰익스피어의 고전 『리어왕(*King*

11 전혜란(2009). 비판적 리얼리즘 미술의 전개 양상과 그 정치·사회적 문제에 관한 연구. 한국교원대학교 석사학위 논문, p.32.

Lear)』(1608)을 19세기 파리를 배경으로 되살려낸 작품 『고리오 영감(*Pere Goriot*)』(1834)을 출판한다. 이 작품에서는 고리오 영감의 탐욕스러운 딸들이 상류사회로 진출하기 위한 거짓된 노력과 배신, 살인, 헛된 야망에 대한 세밀한 심리적 묘사가 나타난다. 그의 소설은 자본주의 사회의 부르주아적 속물 근성을 통렬히 비판함으로써 엥겔스에게 "자신의 계급적 상황과 정치적 편견에 반대해 사랑하는 귀족들의 필연적인 몰락을 인정하는 리얼리즘의 가장 위대한 승리"라는 평가를 받게 된다.

미술에서의 비판적 리얼리즘의 경향은 일찍이 도미에(Honoré Daumier)로부터 발견된다. 쿠르베와 밀레가 시각적 사실성을 바탕으로 치열하게 리얼리즘의 정신을 표현하는 동안 동시대의 또 다른 리얼리즘 화가 도미에는 좀 더 적극적으로 사회에 대한 비판과 풍자의 시선을 그려냈다. 그는 프랑스 최초의 풍자 주간지인 『라 실루에트(*La Silhouette*)』를 비롯해 『라 카리카튀르(*La Caricature*)』, 『라 트리뷴(*La Tribune*)』 등의 사회비판 잡지에 필진이자 편집진으로 참여하면서, 당시 개발된 새로운 석판화 기법을 사용한 판화 작품과 시사 만화를 실었다. 도미에의 대표적인 작품 「트랑 스노냉 거리(Rue Tran Snonatioa)」(1834)는 노동자의 폭동을 진압하는 과정에서 이뤄진 민간인 살해의 현장을 담고 있다. 그러나 이 작품은 실제 사건의 현장을 그대로 모사(模寫)한 것이 아니라 기사를 읽은 도미에의 상상으로 제작된 것이며, 그림에 보이는 아이와 여성 피해자는 실제 사건에서는 없었다. 쿠르베가 현실에 대한 사실적 표현으로 자신의 리얼리즘 예술을 표현하고자 했다면, 도미에는 '허구적 현실'을 강조하는 예술적 허구의 핍진성(逼眞性, verisimilitude)을 보여준다. 다시 말해서, 도미에는 사진을 찍어낸 듯한 실제적인 사실 묘사에 머무르지 않고, '노동자 계층과 무고한 시민들이 강압적인 권력에 희생되는 시대적 상황'을 리얼하게 표현하고 있는 것이다.

비판적 리얼리즘이라는 용어가 본격적으로 사용되기 시작한 것은 러시아 소설가 고리키(Maxim Gorky, 1868-1936)[12]가 1934년 제1차 전 소비에트 작가대회의 연설에서 19세기 리얼리즘 문학을 부르주아 리얼리즘과 비판적 리얼리즘으로 구별하면서부터다. 그는 부르주아의 삶을 묘사하거나 재현했던 부르주아 리얼리즘을 보잘것없는 예술적 가치를 지닌 것으로 평가했다. 반면, 부르주아의 계층적 울타리를 박차고 나온 비판적 리얼리즘은 부르주아적 세계에 대한 개혁적인 태도를 취하고 있다는 점에서 비판적 리얼리즘으로 칭하면서 문학적 기교와 예술적 가치를 갖는 것으로 평가했다. 고리키는 다시, 비판적인 리얼리즘과 사회주의 리얼리즘을 구별하는데, 비판적 리얼리즘은 부르주아적 세계에 대해 개혁적인 태도를 보여주는 한편, 사회주의 리얼리즘은 그것에 대해 좀 더 급진적인 입장을 취한다. 고리키의 리얼리즘 문학에 대한 구분은 〈표 6〉과 같이 정리해 볼 수 있겠다. 그에게 사회주의 리얼리즘은 구세계(부르주아 계급과 자본주의)의 잔재와 그것의 유해한 영향에 대항하려는 투쟁을 지향하고 있었고, 그러한 정신에서 예술은 혁명적 세계의 감각을

표 6 고리키의 리얼리즘 문학 구분

리얼리즘의 전개	부르주아 리얼리즘	비판적 리얼리즘	사회주의 리얼리즘
표현 시기	19세기 초~중반	19세기 중반~20세기 초	20세기 초~20세기 중반
표현 특성	부르주아 계층과 사회 묘사	자본주의 사회 비판 부르주아 세계의 개혁	구세계 잔재 비판, 급진적 투쟁, 혁명적 감각, 사고 증진

12 막심 고리키는 비판적 리얼리즘에 핵심적 역할을 했던 인물로, 제1차 러시아 혁명 이전에 즈나니예(знáние, 지식)출판사와 문집 『즈나니예(*Znaniye*)』를 출판해 러시아 전 계층의 생활상, 러일전쟁의 참상, 혁명의 예감과 진행 상황을 리얼리즘의 원칙에 따라 광범위하게 그려냈다. 오진곤(2014). 1930년대 사회주의 리얼리즘과 영화의 역사적 배경에 관한 고찰. 『서울여자대학교 사회과학논총』, 21, p.422. 그는 러시아 사회의 갈등 구조에서 노동자 편에 서서 사회주의 혁명을 위해 활발한 정치 활동을 전개했으며 레닌, 볼셰비키 당과 긴밀한 관계에 있었다. 장편 소설 『어머니(*The mother*)』(1906)는 1902년에 현존했던 인물 볼셰비키 노동자 안드레이비치와 그의 어머니 잘로모바의 실제 노동혁명을 다뤄 사회주의 리얼리즘 문학의 시작을 연 작품으로 평가된다.

증진시키는 데 있었다.[13]

사회주의 리얼리즘의 정신은 1917년 10월혁명 직후, 볼셰비키 당 지도자 레닌(Vadmir Illich Lenin)이 마르크스의 변증법적 유물론을 근거로 예술의 사회적 기능에 대한 적극적인 표현을 목표로 하면서 시작되었다. 레닌은 문화 발전을 도모해 대중의 문화적 소양을 높이고 노동 계급의 혁명 의식과 정치 의식을 고취시키고자 했다. 1922년에는 사회주의 리얼리즘의 이념적 토대가 된 '러시아 예술가연맹'이 결성되어 예술과 민중의 일상 생활을 연결하기 위해 노력했으며, 1925년에는 프롤레타리아 작가동맹이 결성된다. 사회주의 리얼리즘은 1932년 5월 『문학신문』에 최초로 표기된 이후, 1934년 제1차 소비에트 작가동맹 회의에서 스탈린(Joseph Stalin)의 적극적인 지지 아래 공식적으로 채택되어 예술에 대한 강력한 조절, 통제 수단이 된다. 레닌 사후 새롭게 당 서기장이 된 스탈린은 예술에서 자본주의에 대한 철저한 투쟁 의식과 혁명의 미래, 탈개인화된 공동체 의식 등의 표현만을 허용했다. 스탈린 정권의 예술고문 즈다노프(Andrey Zhdanov)는 당과 정부를 대신해 사회주의 리얼리즘을 다음과 같이 정의한다.

> 사회주의 리얼리즘은 소비에트 문예비평의 기본 방법으로서 예술가에게 혁명적 발전을 진실하고 역사적으로 묘사하도록 요구한다. 그리고 예술 묘사의 진실성과 역사적 구체성은 반드시 사회주의 정신 사상으로 노동 인민을 개조하고 교육하는 임무와 결합되어야 한다. 사회주의 리얼리즘은 각양각색의 형식, 수법, 체제를 선택할 수 있고 창작에서 창조성을 표현할 수 있는 특별한 기회를 보장한다.[14]

---

13 김욱동(1980), p.66.

14 이러한 정의는 소련 표준 교과서에서 발견된다. *Russkaia sovetskaia literatura*(Moskva: Uchpedgiz. 권철근(1987). 사회주의 리얼리즘의 이론과 실제. 『슬라브연구』, 3, p.78 재인용.

이처럼 사회주의 리얼리즘 예술은 일반 대중의 예술에 대한 접근이 광범위하고 자유롭게 이뤄지는 데 기여했지만, 반대로 예술이 그 본연의 모습을 잃고 국가가 원하는 방향으로 조절되는 통치의 도구로 전락하는 문제를 가지고 있었다. 1939년 제2차 세계대전 이후 소비에트 이데올로기의 영향 하에 있던 모든 국가는 사회주의 리얼리즘을 예술 생산의 토대로 삼게 되면서 양극화된 세계의 절반을 차지하게 되었던 것이다.

헝가리 문학이론가 죄르지 루카치(György Lukács, 1885-1971)는 이러한 사회주의 리얼리즘에 반대한다. 그는 사회주의 리얼리즘이 당의 명령에 의해 생산되고 즉각적인 선동 효과에만 집착함으로써 진정한 리얼리즘에 도달하지 못하고 오히려 문학의 황폐화와 빈곤화를 초래했을 뿐이라며 비판했다. 그러나 명확히 하자면, 루카치가 비판한 것은 사회주의 리얼리즘이 아니라 스탈린의 사회주의 리얼리즘이었다. 『우리 시대의 리얼리즘(*Realism in Our Time*)』(1964)에서 루카치는 '관점(perspective)'을 기준으로 사회주의 리얼리즘과 비판적 리얼리즘의 차이를 좀 더 자세히 설명한다. 사회주의 리얼리즘은 프롤레타리아 계급의 세계관에 기반을 두고 사회주의를 향해 '안으로부터' 작용하고 있는 프롤레타리아의 힘을 그려내는데, 비판적 리얼리즘은 외부적으로 특히 개인의 심리적·도덕적 문제로 간접화하면서 사회주의적 관점을 결여한다. 따라서 사회주의 리얼리즘은 더 높은 차원의 리얼리즘 문학의 가능성을 가지게 된다. 그에게 예술의 가치는 현실을 반영함으로써 올바른 현실의 인식을 가능하게 하는 데 있었는데, 스탈린의 사회주의 리얼리즘은 '관점'만을 과도하게 주장하는 교조주의(dogmatism)로 변질되어 문학을 정치적 선동에 종속시키는 결과를 낳았다.[15]

루카치는 예술에 대해 사회적 현실을 '총체성(totality)'으로 반영할 것

15 남상욱(1990). 루카치의 리얼리즘과 사회주의 리얼리즘. 『고황논집』, 6, pp.136-137.

을 주장했다. 여기에서 총체성이란 총체예술(Gemsamtkuns)의 의미가 아닌, 예술이 개별적인 사실과 현실의 의미를 드러내는 방법을 의미한다. 개별적인 사실들의 의미는 오직 전체와의 관계에서만 드러나기 때문에 예술에서 현실의 부분적인 사실의 의미를 파악하기 위해서는 부분과 전체의 연관성을 발견할 수 있어야 한다. 또한 그는 리얼리즘 문학이 현실을 반영하는 중요한 방법으로 '서사(敍事)'의 필요성을 주장한다. 단순한 묘사를 통한 리얼리즘은 개별적 사실들을 총체적으로 관련시킬 수 없고, 대중들에게 일어난 실제적인 사건과 현실을 가진 '서사'야말로 진정한 리얼리즘 예술이라 할 수 있었기 때문이다.

교조주의적 예술을 강조했던 소련의 사회주의 리얼리즘은 1970년대 이후, 일반적인 리얼리즘처럼 어떤 특별한 형식에 구애받지 않고, 진실한 생활 모습, 낭만적 또는 조건적인 형식, 환상, 그로테스크 또는 다른 종류의 변형도 허용하기 시작했다. 그리고 1986년 고르바초프(Mikhail Gorbachev)가 선언한 문화계 페레스트로이카(perestroyka, 개혁)의 공식화와 함께 비로소 그 막을 내린다.

2. 20세기 무용의 리얼리즘 경향과 표현 특성

20세기에 이르러 무용에서는 발레와 현대무용의 장르적인 구분이 생겼고, 이전 시대의 표현 방식을 전복시킬 만한 움직임에서의 혁신이 이뤄졌다. 이러한 변화는 리얼리즘 예술들이 그 전 시대의 낭만주의적 환상을 비판하고, '현실과 일상적인 삶'을 표현하고자 했던 것과 같은 방향의 흐름이라 할 수 있다. 19세기 중반부터 20세기에 이르는 동안 예술에 나타난 리얼리즘은 '현실에 대한 사실적 묘사'에서 '사회, 정치에 대한 비판적 시각의 표현', 그리고 '급진적인 개혁과 혁명 사상을 가진 표현'

으로 전개되는데, 무용 또한 사실적 묘사, 사회 비판적인 주제와 움직임, 정치적 성향이 드러나는 리얼리즘의 경향과 표현 특성들을 드러낸다.

1) 무용에서의 리얼리즘과 그 경향

무용에서의 리얼리즘은 언제 나타났는가? 그리고 그 경향과 특성은 어떠한가? 무용의 역사를 살펴볼 때, 19세기 문학과 회화가 지닌 리얼리즘적 표현들은 20세기에 이르러서야 본격적으로 무용에 나타나기 시작한다. 따라서 20세기에 미국과 독일을 중심으로 유럽에 등장한 현대무용, 그리고 이와 동시에 시작된 발레의 혁신적인 변화에 주목해 볼 필요가 있다. 그러나 이에 앞서 20세기 이전의 무용에 나타난 리얼리즘의 징후들에 대해서도 생각해 봐야 한다. 무용에서의 리얼리즘은 20세기에 본격적으로 발견되지만, 19세기의 문학과 회화가 리얼리즘 예술의 경향을 보이는 동안 무용에서 유사한 변화들이 감지되기 때문이다.

가. 20세기 이전 리얼리즘 무용의 징후들

19세기에 가장 먼저 리얼리즘이 시작된 문학에서 낭만주의와 리얼리즘은 각각 '환상'과 '현실'로 대비되는 정반대의 대척점에 위치하고 있었는데, 당시 이들 사이의 극명한 간극은 예술에 대한 고티에(T. Gautier)와 발자크(H. Balzac)의 인식에서 확연히 드러난다. 베스트셀러 작가였던 발자크는 자신의 리얼리즘 소설에서 당시 사회상을 상세하게 반영함으로써 '개인은 오직 사회와의 관련 속에서만 존재함'을 강조했다. 반면 낭만주의 시인이자 최초의 무용비평가로 인정받는 고티에는 '예술을 위한 예술(art for art's sake)'[16]을 주장하면서 낭만 발레가 지닌 비합리주의

16 '예술을 위한 예술'의 기치는 칸트(I. Kant)의 체계를 토대로 하여, 다른 가치들과는 완전히 무

적인 예술 형식과 발레리나의 이상적인 신체 표현을 찬미했다. "만일 예술이 현실 그 자체의 재생이라면 예술은 사라질 것"[17]이라고 주장했던 그에게 발레는 비현실적인 환상을 시각화하는 가장 완벽한 예술 형식이 되었다.

낭만 발레에서 고티에가 남긴 업적은 무엇보다도 「지젤(Giselle)」(1841)의 기획과 대본을 완성한 것이라 할 수 있다. 널리 알려져 있듯이 「지젤」의 줄거리는 시골 처녀 지젤과 그 마을에 어느 날 갑자기 찾아온 귀족 청년 알브레히트의 사랑 이야기다. 고티에는 하이네(Heinrich Heine)의 문학에서 발견한 처녀 귀신 윌리들(willis)의 이야기와 춤추는 것을 좋아하는 아가씨가 무도회에서 돌아오다가 새벽 공기의 감기에 걸려 죽는다는 위고(Victor Marie Hugo)의 시를 각색해 「지젤」의 대본을 기획했다.[18] 여기에서 고티에가 기대한 것은 격정적인 사랑의 감정에 휩싸여 죽어가는 가련한 여성이 초현실적인 인물로 되살아나 완성하는 이상적인 사랑이었다. 그런데 흥미롭게도 낭만 발레의 정수라 할 수 있는 이 작품에서 우리는 리얼리즘의 징후를 발견할 수 있다. 지젤은 환상 속의 피조물인 요정을 벗어난 실제적인 인물이었고, 이 작품의 중심적인 사건이라 할 수 있는 그녀에게 닥친 기만적인 사랑은 귀족과 농민 사이의 연결될 수 없는 사회적 계층의 간격에서 비롯된 현실적인

관한 미적 경험의 내재적 가치를 확보하기 위한 19세기 초 예술의 자율성 선언 및 예술가의 미적 독립 선언이었다. 이는 예술을 도덕적 목적을 위한 수단적 가치로부터 해방시키려는 것과 같은 맥락이다. 이와 같은 순수 예술론은 예술 활동의 목적을 예술적 가치 외부에서 찾지 않는다. 백승영(2006). 『니체 우상의 황혼』(서울: 도서출판 관악), p.96.

17 월터 소렐(1986). 『서양무용사상사』. 신길수 옮김(서울: 예전사, 1999), p.287 참고.

18 하인리히 하이네는 독일의 고전주의 전통과 낭만주의를 잇는 작가이며, 빅토르 위고는 프랑스의 대표적인 낭만주의 문학가다. 고티에는 낭만적 주제와 요소들에서 「지젤」을 기획했으며, 극작가 생 조르주(Jules-Henri Vernoy de Saint-George, 1799-1875)와 함께 3일 만에 대본을 완성했다. 19세기 낭만 발레 작품들에는 이처럼 당대 낭만주의 문학의 영향력이 가장 크게 발견된다. 조앤 카스(1993), p.171 참고.

문제[19]를 담고 있다.

「지젤」 이전의 「라 실피드」 역시 평범한 스코틀랜드의 농가를 배경으로 주인공 제임스와 에피의 인간적인 이야기를 담고 있다고 볼 수 있지만, 붙잡을 수 없는 실피드에 대한 열망으로 가득 찬 제임스와 요정의 사랑 이야기는 지젤이 맞닥뜨리는 사건과 전혀 다른 차원에 있다. 즉, 「지젤」에서는 윌리의 등장에 앞서 철저한 리얼리즘의 요소인 현실적 삶의 묘사, 일상적인 인물들 간의 관계에 집중함으로써 낭만주의와 리얼리즘의 요소를 한 작품에 병치시키고 있으며, 나아가 계층 간의 불평등한 관계를 지젤과 알브레히트, 그리고 그의 약혼녀 마틸드를 통해 구체적으로 드러내고 있다. 그러나 「지젤」의 주제는 사회 비판적인 시선을 표현하거나 의식의 개혁을 요청하는 수준까지 발전되지 않고, 지고지순한 사랑의 승리로 아름답게 막을 내림으로써 낭만 발레의 경계 안에 머물게 되었다.

「지젤」이 낭만 발레의 걸작이면서도 리얼리즘의 요소를 담고 있었다면, 한 세기 전 공연된 「고집쟁이 딸(La Fille Mal Gardée)」(1789)은 서민 농가의 삶을 그려낸 첫 번째 발레 작품으로 무용의 리얼리즘적 징후를 최초로 보여준 작품이라 할 수 있다. 안무가 장 도베르발(Jean Dauverval, 1742-1806)은 프랑스 어느 시골 마을의 과부 시몬느가 자신의 딸 리즈를 부잣집 아들 알랭과 결혼시키려 하지만, 결국 평범한 농촌 청년 콜라스와 리즈가 결혼하게 되는 줄거리를 희극적으로 그려낸다. 특히 이 작품에서 양조장 주인 토마스가 보여주는 부자의 전형적인 거만한 모습과 어리석은 부잣집 아들 알랭, 그리고 딸을 알랭에게 시집보내면서 지참

19 월터 소렐(Walter Sorell)은 본고와 같은 이유를 근거로 고티에의 「지젤」을 최초의 '자연주의적-낭만 발레(naturalistic-romantic ballet)'라고 칭한다. 자연주의는 일상적 현실을 그대로 묘사하는 극단적 리얼리즘의 한 형식이다. Walter Sorell(1986). *Dance in Its Time*(New York: Colombia University Press), p.284.

금을 받는 시몬느의 모습은 부르주아 계급에 대한 풍자와 서민들의 삶을 희극적으로 풍자한다는 점에서 「지젤」보다 더 리얼리즘적인 면모를 가진다. 특히, 이 작품은 프랑스혁명 2주 전에 공연되었다는 점에서 리얼리즘 예술로서 언급될 의미를 충분히 갖고 있으며, 1793년 최초로 '리얼리즘'의 용어를 사용했다고 기록되는 실러(F. Schiller)의 편지글보다 더 먼저 리얼리즘의 구체적인 요소들을 예술적으로 표현했음을 알 수 있다. 그동안 예술 사조의 일반적 흐름에서 무용의 예술적 변화는 가장 늦게 나타나는 것처럼 서술되었지만, 이러한 19세기 무용에서의 리얼리즘적 징후들은 화려한 스펙터클과 매력적인 신체가 표현하는 실제적 의미들이 예술 사조의 흐름과 함께하거나 변화의 시작점에 있었음을 보여주는 일례가 된다.

나. 20세기 러시아 현대 발레의 현실 묘사와 사회 반영

20세기의 전환기 러시아에서는 극심한 공황과 실업자의 증가, 임금 저하 등으로 노동자들의 반정부운동과 자유주의자들의 입헌운동이 일어났고, 1901년 사회혁명당이 조직되었다. 또한, 1904년부터 1905년까지 일어난 러일전쟁의 패배는 제1차 러시아혁명으로 이어지면서 변화와 격동의 시대를 지속했다. 이러한 사회적 변화만큼이나 러시아에서 꽃을 피웠던 고전 발레 또한 변화와 혁신을 거듭하게 된다. 프랑스 낭만 발레에서부터 지속해 오던 환상과 마법의 세계, 고난이도 테크닉의 과시, 남녀 주인공 무용수 중심의 무대 구성은 급격하게 현실적인 세계와 시대상을 반영하는 리얼리즘의 경향을 향하기 시작한 것이다.

그동안 무용의 역사에서 발레의 현대화는 1909년 디아길레프(Sergei P. Diagilev, 1872-1929)가 조직한 '발레 뤼스(Ballets Russe)'의 활동과 대표작들을 중심에 두고, 20세기 모더니즘과 인상주의로 향하는 발레의 변화를 주목했다. 그러나 발레 뤼스의 첫 번째 안무가 미첼 포킨(Michel

Fokine)의 작품에서 가장 먼저 발견할 수 있는 변화는 리얼리즘에 대한 것이다. 그는 「새로운 발레의 다섯 가지 원칙」이라는 글에서 첫 번째 원칙으로 "발레의 움직임이 주제와 시대, 사회에 맞는 새로운 형태로 창작되어야 한다"[20]고 주장했는데, 이것은 쿠르베가 "리얼리스트의 목표는 자신이 살고 있는 시대의 풍속, 이상, 모습 등을 예술로 변형시키는 것"[21]이라고 주장했던 것과 정확하게 일치하는 것으로 고전 발레에 대응하는 포킨의 새로운 발레가 환상에서 현실로 방향을 전환하고 있음을 보여준다.

그러나 이러한 포킨의 새로운 발레보다 몇 년 더 앞서 스스로 자신의 작품을 '리얼리즘 발레'라고 칭하며 발레의 변화를 꾀한 안무가가 있었는데, 그가 바로 알렉산드르 고르스키(Aleksandr A. Gorsky, 1871-1924)다. 그는 일찍이 마리우스 프티파(Marius Petipa, 1822-1910)의 영광이 사라진 시대에 발레가 당대의 지성인들을 비롯한 일반 관객들로부터 외면당하고 있는 사실을 직시하고[22] 발레의 부흥을 위해 역사상 최초로 리얼리즘적 발레의 표현을 시도했다. 20세기가 시작되는 1900년 모스크바 볼쇼이발레단의 무대감독으로 임명된 그에게 주어졌던 첫 번째 작업은 프티파의 「돈키호테(Don Quixote)」를 새롭게 개작하는 것이었다. 고전 발레를 새롭게 재구성하면서 고르스키의 주안점은 당대의 시대와 사회를 반영하고, 비논리적인 시각적 볼거리와 테크닉의 과시를 축

20 김말복(2003). 『무용 예술의 이해』(서울: 이화여자대학교출판부), p.250.

21 린다 노클린(1997), p.39.

22 당시 모스크바 볼쇼이극장은 모스크바대학의 지식인들을 비롯한 모든 대중에게 공개되었고, 모든 분야의 예술을 접할 수 있다. 여기에서 문학은 진보적인 주제로 가장 직접적인 반응을 일으켜 토론의 대상이 되었고, 화가들은 대담한 색채와 심오한 주제로 전시의 화제를 끌었다. 오페라 또한 볼쇼이극장의 진부하고 판에 박힌 형태를 벗어나 새로운 노랫가락을 제작했다. 그러나 볼쇼이극장에 발레가 공연될 때면 관객석은 1/3밖에 차지 않았다. Natalia Roslavleva(1979). *Era of the Russian Ballet*(New York: Da Capo Press), p.158 참고.

약하는 대신 원인과 결과를 분명하게 드러내는 등장인물들의 논리적인 연기를 삽입하는 것이었다. 그는 1901년부터 「백조의 호수」를 평생에 걸쳐 다섯 번이나 재구성했는데, 이러한 작업을 통해 그는 고난이도의 테크닉이나 미적으로 아름다운 표현보다 신체를 통해 논리적인 행위를 연기하는 무언극(mimed drama)과도 같은 새로운 발레의 표현을 보여주었다.

1902년에 공식적으로 모스크바 볼쇼이극장의 발레 마스터로 임명된 그는 더 이상 고전 작품의 개작에 머무르지 않고, 자산만의 새로운 발레를 창작하기 시작한다. 빅토르 위고의 『파리의 노트르담(*Notre-Dame de Paris*)』(1831)을 발레화한 「구둘의 딸(Gudule's Daughter)」에서는 사실적인 고문 장면과 에스메랄다의 비극적인 죽음을 담아냈는데, 이러한 표현은 당대 비평가들에게 거센 비난과 반발을 불러일으켰다.

> 이것이야말로 스타니슬랍스키의 아류다. ― 이것은 바로 발레의 기초를 뒤흔드는 작품이다. 즐거운 예술인 발레는 인간 고통의 연대기로 변해버렸다. 에스메랄다의 죽음의 장면은 안무 예술의 믿음직한 법칙을 뒤집어 버렸다.[23]

비평가들의 신랄한 비난에도 불구하고 그의 모든 작품은 모두 대단한 성공과 대중적 인기를 거뒀다. 그는 이 작품에서 리얼리즘적인 표현, 즉 무언의 극을 보는 듯한 사실적인 표현과 함께 발레의 의상과 장치에서도 사실적인 변화를 주었다. 사실주의 작가 귀스타브 플로베르(Gustave Flaubert, 1821-1880)의 작품을 발레화한 「살람보(Salammbo)」(1862)에서 그는 발레의 전통 의상인 튀튀(tutu)를 완전히 배제하고 무용수들에게

23 이덕희(1989). 『불멸의 무용가들』(서울: 문예출판사), pp.132-133.

긴 치마를 입혔으며, 토슈즈 대신 샌들을 착용시킴으로써 소설 속의 인물들과 장면을 사실적으로 재현해냈다. 이러한 고르스키의 리얼리즘적 표현은 당시 침체되어 있던 발레를 부흥시켰고, 오늘날 볼쇼이발레단을 통해 그 표현적 특징들을 전하고 있다.

1914년 제1차 세계대전으로 러시아의 사회상은 극도로 악화되었고, 결국 1917년 레닌의 볼셰비키 혁명으로 사회주의 이념을 가진 소비에트 체제가 구축된다. 혁명 직후, 전제 왕정과 부르주아의 후원으로 제작되었던 발레를 없애자는 주장도 제기되었으나, 당 지도자인 레닌은 "극장은 노동자들에게 휴식을 제공한다"고 주장하며 인민의 문화적 개화정책을 전개했다.[24] 당시 노동자들의 교육 수준은 평균 3년 이하의 학교교육에 해당하는 문맹에 가까운 상태였고, 혁명 이후의 예술은 인민을 교육하고 혁명과 정치 의식을 가질 수 있도록 선동하는 가장 효과적인 방식이었다. 그리하여 발레는 부르주아적인 성향 대신 혁명에 기여할 수 있는 사회주의 리얼리즘의 성격으로 새롭게 변화한다.

1918년에 발레는 군대, 노동자 클럽 등으로 방문 공연을 시작했고, 발레 분야의 젊은이들이 구성한 단체 '말라도이 발레(젊은 발레)'에서는 공장의 기계 작업, 질주하는 자동차, 군중의 행진, 스포츠 등을 통해 투쟁, 정열, 승리 등의 의미를 가진 사회주의 리얼리즘 예술로 향하는 실험들을 주도적으로 진행했다.[25] 당대 소련의 사회적 변화와 사회주의 리얼리즘의 사상을 따르는 발레는 스스로 선전 및 선동적인 주제를 채택해 인민을 교육하는 중요한 역할을 담당하게 되었고, 소비에트 발레

---

24 볼셰비키 혁명과 함께 국제적인 활동을 벌이고 있던 발레 뤼스는 러시아를 떠나 그 근거지를 서유럽으로 옮겨간다. 그 이후 러시아에서 전개되는 소비에트 발레와 발레 뤼스 작품들은 확연히 다른 주제와 내용, 표현 방식을 가지게 된다.

25 강시원(2003). 소비에트 발레에 관한 연구: 러시아 혁명 이후~1930년대. 충남대학교 석사학위 논문, pp.18-22 참고.

라는 명칭으로 불리게 된다. 소비에트 발레의 등장인물은 왕자와 공주, 요정과 악마 대신에 공장의 노동자들, 가난한 농민들, 소수민족의 피지배자, 거리의 무희 등으로 변화했고, 혁명적인 내용들이 주요한 주제가 되었는데, 그 최초의 작품 「붉은 양귀비(The Red Poppy)」(1927)는 악덕 자본가에게 희생당한 여주인공이 혁명 지도자를 구하기 위해 스스로 목숨을 바쳐 사회주의 혁명의 초석이 된다는 줄거리를 가진다. 이 작품은 근대 혁명을 주제로 한 소비에트 리얼리즘 발레의 표본이 되었으며 정치 선전과 이상적인 혁명 사상을 포함하고 있었다. 이 작품에는 실제 항구의 모습과 소비에트 선원들의 춤, 노동자들의 군무, 사교춤 폭스트롯, 보스턴 왈츠, 찰스턴, 중국 기예의 춤 등 다양한 사회 대중 춤들을 등장시킨다.

소비에트 발레 작품들은 1930년대 사회주의 리얼리즘 선언과 함께 더욱 분명한 주제와 사상, 감동의 전달을 강조하면서 혁명 의식을 고취시키는 데 주력하는데, 그러한 대표적인 방식은 당대를 살아가는 평범한 사람들의 감정과 행동, 삶의 지극히 일상적인 모습들을 무대에 표현하는 것으로 이뤄졌다. 프랑스혁명을 배경으로 한 「파리의 불꽃(The Flames of Paris)」(1930)에는 서민적인 춤들의 비중이 매우 컸으며, 혁명으로 인한 국민들의 아픔을 표현했다는 이유로 스탈린에 의해 최고 등급의 예술 작품으로 인정받게 된다.

20세기 러시아에는 그 어떤 시대보다도 다양한 발레의 장르와 변화가 전개된다. 그리고 그것은 고리키가 정의했던 리얼리즘 문학의 내용과 매우 유사한 내용과 전개를 가진다.

20세기 러시아는 비판적 리얼리즘과 사회주의 리얼리즘 사상의 중심지로서 사회·정치적인 변화와 내용들을 당대의 예술에 사실적으로 반영했다. 발레 또한 리얼리즘의 형식과 표현들을 수용하면서 고전 발레의 전통을 혁신했고, 이어 사회주의 리얼리즘에서는 정치적인 선동에

표 7 고리키의 리얼리즘 구분과 20세기 러시아 발레의 전개 비교

	리얼리즘의 전개	부르주아 리얼리즘	비판적 리얼리즘	사회주의 리얼리즘
리얼리즘 문학	표현 시기	19세기 초~중반	19세기 중반~ 20세기 초	20세기 초~20세기 중반
	표현 특성	부르주아 계층과 사회 묘사	자본주의 사회 비판 부르주아 세계의 개혁	구세계 잔재 비판, 급진적 투쟁, 혁명적 감각, 사고 증진
리얼리즘 발레	발레의 표현 내용	19세기 프랑스 낭만 발레의 유입과 고전 발레의 발전	고르스키의 리얼리즘 발레/포킨의 리얼리즘 표현	사회주의 리얼리즘 발레 (소비에트 발레)

교육적인 예술의 효력을 발휘함으로써 당대의 리얼리즘 문학, 연극 등의 예술과 동일한 내용과 방향을 향해 전개되었다.

다. 20세기 미국과 독일 현대무용의 사회 비판과 정치적 성향

세계대전 이후의 냉전 체제처럼 20세기 미국과 독일에서의 리얼리즘은 러시아의 발레와 매우 반대적인 양상으로 발전된다. 다시 말해서, 러시아의 발레가 고전 발레의 무대에 사실적인 대본과 의상, 장치, 움직임 등을 포섭하면서 당대의 시대상을 시각화했다면, 현대무용에서는 과거 부르주아 예술의 발레적 움직임들을 거부하고 새로운 움직임 표현 방법을 사용한다. 또한 사회주의 리얼리즘 발레가 소비에트 전역에 퍼져나가면서 인민의 교육과 혁명 의식, 선동에 힘썼다면 미국과 독일의 현대무용은 부당한 현실과 사회적 문제들을 비판하고, 나치 시대의 선동과 전쟁을 반대하는 각각의 안무가들의 정치적 신념을 드러낸다. 리얼리즘 예술의 측면에서 설명하자면, 20세기 '자유' 정신에 입각한 현대무용은 정치적 프로파간다를 위한 예술의 도구적인 기능보다 당시 미국과 독일 사회를 여실히 반영하면서 현실에 대한 비판적 시각을 표현하는 비판적 리얼리즘의 경향이 강하게 나타난다.

현대무용이 전개되던 시기의 미국 사회상을 살펴보면, 1914년에서

1918년까지의 제1차 세계대전을 거치면서 러시아에 등장했던 사회주의가 미국 내의 좌익 세력을 대두시킨다. 제1차 세계대전 이후 미국은 경제적 성장과 부흥기를 맞았지만, 머지않아 정부의 부정부패와 빈부의 격차 증가, 실업률 증가 등의 사회 문제가 대두되었다. 결국 1929년에 이르러 주식시장이 붕괴되면서 대공황에 직면하게 되는데, 이러한 사회 상황은 마르크스주의를 기반으로 계급 간의 평등을 강조하는 미국 내 좌익 세력들의 성장과 노동자 계층의 대중 의식 고취, 프롤레타리아 계층의 자유와 평등을 표방하기에 이른다.

'맨발의 이사도라'라는 별칭으로 알려진 현대무용의 선구자 이사도라 덩컨의 춤은 이러한 사회적 상황과 공명하며 등장한다. 발레의 인위적인 표현과 코르셋, 토슈즈를 벗어던지고 그리스풍의 튜닉과 헝클어진 머리, 맨발로 춤추는 그녀의 자유로운 몸짓은 단순히 공연 무대에서의 변화가 아닌, 실제적인 삶의 연장이었다. 결혼과 이혼을 반복하며 누렸던 자유로운 연애와 어디서나 당당했던 그녀의 태도는 1920년대 여성 참정권의 보장과 사회 활동의 확대로 이어지는 여성 해방 의식의 상징이 되었다. 자연주의적 성향과 개성에 대한 존중 등 다양한 방면에서 전통적인 인습에 반대했던 덩컨의 춤은 계층 간 평등을 주장하는 사회주의 사상과도 맞닿아 있었다. 1905년 1월 러시아를 방문한 그녀는 불평등을 호소하는 노동자들을 무차별적으로 학살했던 '피의 일요일' 사건의 희생자들이 관에 담겨 실려 나가는 행렬을 목격하고 충격에 휩싸였다. 그리고 그처럼 짓밟힌 이들을 위해 일할 것을 맹세한다.[26]

실제로 파산한 자본가(덩컨 은행장)의 딸로 태어난 이사도라에게 이러한 정신은 당연한 것이었을지도 모른다. 덩컨은 사회 각 계급 간의 평등을 강조하는 작품 「마르세예즈(Marseillaise)」(1915), 억압된 노동자들의

26 Franklin Rosemont(1984). *Isadora Speaks*(Chicago: Chales H. Kerr), p.61 참고.

해방을 다룬 「슬라브 행진곡(March Slave)」(1916) 등을 안무했다. 그러나 당대 미국에서는 자본주의 이데올로기와 정반대되는 볼셰비키 사회주의 정신을 지지하는 것은 허용되지 않았다. 1923년 덩컨은 러시아 사회주의 리얼리즘 시인 세르게이 에세닌(Sergei Esenin, 1895-1925)과의 결혼과 동시에 공산주의자로 낙인찍혀 미국에서 추방당하기에 이른다.

덩컨의 춤에 감동을 받고 무용을 시작한 에디트 시걸(Edith Segal)은 덩컨의 상징적인 움직임 표현들과 달리 실제 노동자들과 함께 무용단을 조직하면서 좀 더 현실적인 무용 주제들을 표현했고, 이러한 공연들은 러시아의 소비에트 발레보다 훨씬 더 사회주의 리얼리즘의 혁명 의식과 개혁적 사고를 명확하게 드러냈다. 1920년대 초, 시걸은 레닌을 추모하는 공산당원 모임에서 급진적인 주제들로 통일된 무용을 창작했고, 1928년 '좌익 무용수들(Red Dancers)'을 조직해 혁명적 그룹의 움직임을 시작했다.[27] 시걸의 무용단은 전문 훈련을 받지 않는 노동자들이었고, 그들의 신체에서 표현되는 움직임은 당대의 혁명적 주류가 되었다.

당시에는 시걸의 무용단뿐 아니라 안나 소콜로(Anna Sokolow)의 '극연합 댄스 그룹(Theatre Union Dance Group)', '댄스연합(Dance Union)', 제인 더들리(Jane Dudley), 소피 머슬로(Sophie Maslow), 윌리엄 베일스(William Bales) 등이 활약한 '뉴 댄스 그룹(New Dance Group)' 등이 사회주의 리얼리즘의 강령이었던 예술을 통한 급진적 투쟁과 혁명적 감각을 고취시켰다. 1932년 결성된 뉴 댄스 그룹에서 이뤄진 '무용 시위(dance protest)'는 널리 전개되었다. "무용은 계층 투쟁의 무기다"라는 말은 공장과 연합 홀부터 뉴욕의 주요 극장 무대에까지 널리 움직임의 슬로건이 되었고, 정치적인 실천의 목적을 달성해 갔다. 당시 '노동자

---

27 Stacey Prickett(1989). From Worker's Dance to New Dance. *The Journal of the Society for Dance Research*, 7(1), p.47.

춤 연맹' 같은 좌익 단체의 대표작들은 제인 더들리의 「시간은 돈이다(Time is Money)」(1934), 「중산 계급의 초상화(Middle Class Portrait)」(1935), 안나 소콜로의 「연극식과 낭만적 무용(Histrionics and Romantic Dance)」(1934), 헬렌 타미리스(Helen Tamiris)의 「불안의 순환(Cycle of Unrest)」(1935) 등 노동 계급과 무산 계급의 묘사를 주제로 하고 있었다.[28]

이러한 혁명적 주제를 가진 무용의 구성은 당대 미국에서 수많은 아마추어 안무가는 물론 마사 그레이엄(Martha Graham), 도리스 험프리(Doris Humphrey), 그리고 찰스 와이드만(Charles Weidman)과 같은 현대무용의 주요한 안무가들에게도 매력적인 것이 되었다. 그리고 혁명적인 춤들의 제목은 기생충(Parasite), 노숙자 소녀(Homeless Girl), 광부의 무용 노래(Miner's Dance Song), 굶주림(Hunger), 검정과 하양(Black and White)과 같이 전형적으로 무용수들과 관련된 것들이었다.[29] 미국에서의 리얼리즘 무용은 처음 덩컨의 사회 비판적인 시각으로 시작했고, 1930년대에는 이처럼 노동자 계층이 직접 출연해 그들의 이야기를 주제로 하는 사회주의 리얼리즘의 급진적인 경향으로 이어졌다.

20세기 현대무용의 또 다른 중심지 독일에서는 나치를 중심으로 하는 국가 사회주의적 움직임이 일어나고 있었다. 1918년 혁명으로 독일 제국이 붕괴된 후 1919년 사회민주당이 이끄는 바이마르공화국(Weimar Republic)이 출범했지만, 피폐한 경제 상태와 미래에 대한 암담함은 1932년 히틀러(Adolf Hitler)가 이끄는 나치당의 집권을 성공시킨다. 당시 독일 국민들은 나치당의 선전 활동과 실제적인 경제 부흥에 대한 기대감을 가지고 있었고, 나치는 국회 선거의 최다 득표를 얻는 등 국민의 폭넓은 지지 기반을 확보하게 되었기 때문이다. 1933년 독일에서는 국

28 김태희(1998). 미국 현대무용계에 나타난 정치적 성향에 관한 연구. 『무용예술학연구』, 1, p.133.

29 Stacey Prickett(1989), p.48.

가사회주의[30]가 구체화되기 시작했고, 러시아의 사회주의 리얼리즘 예술이 그러했듯이 독일에서도 예술은 공인된 문화의 역할을 했다. 히틀러 집권 시절 당시 선전 장관(propaganda minister)으로 임명된 괴벨스(Joseph P. Göbbels)는 예술이 갖는 사회·정치적인 힘과 선전의 효과를 잘 알고 있었다.

괴벨스는 1934년 "새로운 독일 무용"을 관객들에게 소개하고자 베를린에서 '독일 무용축제(Deutsche Tanzfestspiele)'[31]를 기획한다. 무용이 없는 나라로 일컬어지던 독일에서 발달한 모던 댄스는 제1차 대전의 폐허에서 일어난 신생 독일의 상징이었다.[32] 이 행사는 예술적이고, 동시에 공연자와 관객이 신화적인 민족 공동체와 관련된 국가적 정체성 의식을 공유하기 위해 무용을 사용한 정치적인 의도를 가지고 있었다.[33] 그러나 독일에서 집권당의 정치적 목적을 위한 선전 무용은 당대의 안무가들과 협조적인 관계를 가지고 새로운 무용 형식으로 발전하지 못했다. 현대무용의 대표적 안무가이자 이론가인 라반(Rudolf von Laban)이 1936년 뮌헨올림픽의 개막 공연을 위해 안무한 작품 「봄바람과 새로운 즐거움(The Spring Wind and the New Joy)」은 그 일례가 될 수 있는데, 이 작품의 공연 직전 리허설에서 괴벨스는 라반의 작품이 나치의 선전과 관련이 적다는 이유로 공연을 금지시켰다. 이 일로 라반은 무용단 단장직을 해고당하면서 독일을 떠나 프랑스로 그 활동지를 옮기게 된다.

---

30 국가사회주의는 나치즘이라고도 일컬어지며, 국가를 초계급적으로 생각하고 국가를 통해 사회주의를 실현하려고 하는 사상 및 운동을 의미한다. 독일의 국가사회주의는 러시아의 사회주의와는 전혀 다른 성격과 내용을 지닌다. 그러나 여기에서는 무용예술에서의 리얼리즘에 초점을 맞추고 있기 때문에, 정치적인 개념에 대해서는 자세히 다루지 않겠다.

31 1934년 독일 무용축제에 관해서는 David J. Buch & Hanna Worthen(2007). Ideology in Movement and a Movement in Ideology: The Deutsche Tanzfestspiele 1934 (9-16 December, Berlin). *Theatre Journal*, 59(2), pp.215-239 참고.

32 가미자와 카즈오(1990). 『20세기 무용사』. 국수호 옮김(서울: 현대미학사, 2000), p.49.

33 David J. Buch & Hanna Worthen(2007), pp.215-216.

독일 현대무용의 선구자인 라반은 1937년 프랑스로 망명 후 고안한 무용 기록 체계 '라바노테이션(Labanotation)'이라는 위대한 업적을 무용계에 남겼다. 그는 무용의 안무와 함께 인간의 움직임 자체에 관심을 가졌는데, 그것은 신체 구조와 심리적인 내용 모두를 통합하는 과학적인 이론이었다. 라반의 이론은 무용의 안무뿐 아니라 노동자들의 노동력을 높일 수 있는 효율적인 움직임 교육에 사용되기도 했고, 리얼리즘 발레에 영향을 준 러시아 연출가 스타니슬랍스키(Konstantin Stanislavsky, 1863-1938)의 연기법에 적용되기도 했다. 라반은 전문 무용수뿐 아니라 노동자들로 이뤄진 무용단을 구성해서 안무를 하고 있었는데, 「봄바람과 새로운 즐거움」 같은 작품은 500여 명의 노동자가 출연하는 대규모 공연이었다. 그가 이처럼 전문 무용수가 아닌 이들을 함께 모아 군무를 안무한 것은 니체의 실천철학의 영향에서 비롯되었다. 니체는 『비극의 탄생(*The Birth of Tragedy*)』(1872)에서 아폴론과 디오니소스로 대표되는 철학적 사유를 설명한다.[34] 여기에서 라반은 외형적 형태를 강조하는 아폴론적 무용보다 무의식적으로 열광하면서 '내면적인 리얼리티(inner reality)'를 갖는 디오니소스적인 무용의 가치를 깨닫게 되었고, '움직임 합창대(Movement Choirs)'라 일컬어지는 아마추어 무용단의 구성과 '축제 안무(Festkultur)'로 발전된다.

독일 표현주의 무용을 대표하는 라반과 마리 뷔그만(Mary Wigman)의 춤은 이후, 탄츠테아터(Tanztheater) 형식의 선구자 쿠르트 요스(Kurt Jooss)에게로 계승된다. 「녹색 테이블(Der Grüne Tisch)」(1932)에서 요스는 당시 정치적·사회적 상황을 과감하게 묘사하면서 전쟁에 반대하는 명확한 의식을 드러냈다. 「대도시(The Big City)」(1932)에서는 타이피스

---

34 Carole Kew(1999). From Weimar Movement Choir to Nazi Community Dance: The Rise and Fall of Rudolf Laban's "Festkultur." *The Journal of the Society for Dance Research*, 17(2), pp.74-75.

트, 점원, 신문팔이 소년, 창녀들, 공장의 여공과 노동자 등 당대의 현실적인 인물들이 무대에 등장하고, 「크로니카(Chronica)」(1939)에서는 정치에 대한 요스의 입장이 나타난다. 라반에서 뷔그만, 요스에 이르기까지 일련의 독일 현대무용 작품들은 루카치가 '관점'을 기준으로 구별했던 사회주의 리얼리즘과 비판적 리얼리즘의 두 양상이 효과적으로 결합되어 나타난다. 루카치는 사회주의 리얼리즘의 관점은 프롤레타리아의 세계관에 근거한 '안으로부터'의 방향을 가지고, 비판적 리얼리즘의 경우 개인의 심리와 도덕적 문제로 간접화하는 외부적인 관점을 갖는다고 설명한 바 있다. 그런데 독일의 현대무용은 프롤레타리아의 세계관에 근거한 노동자들의 춤과 안무가의 정치적 의식의 반영함으로써 사회주의 리얼리즘의 관점을 가지면서도 현실에 대한 비판적인 세계관을 외부적으로 간접화하는 비판적 리얼리즘의 관점 또한 가지고 있는 것이다.

2) 20세기 무용예술의 리얼리즘적 표현 특성

다른 장르의 예술보다 조금 뒤늦게 리얼리즘적인 표현이 나타나기는 했지만, 20세기를 전후로 하는 기간 동안 무용의 리얼리즘은 '신체'와 '움직임'이라는 가장 현실적인 매체를 통해 효과적으로 드러났다. 20세기 다른 장르에서의 리얼리즘의 전개와 무용에 나타난 리얼리즘의 경향을 신체의 움직임과 그 의미들에 초점을 맞춰 비교해 보면, 무용예술이 갖는 리얼리즘적인 표현 특성을 발견하게 된다.

가. 당대를 반영한 사실적인 표현: 환상에서 현실로

초기 문학과 회화에서 가장 강조되었던 리얼리즘적 표현은 이전 시대의 낭만주의적 환상과 꿈을 버리고 사실적인 현실 세계를 표현하는 것이었다. 20세기 무용에서 나타나는 가장 큰 변화 또한 '환상에서 현실로' 향하는 무용의 주제와 움직임들이라 할 수 있다. 이러한 변화는 20세기 발레의 현대화 과정에서 좀 더 상세하게 발견된다.

20세기 리얼리즘 발레와 발레 뤼스의 새로운 변화를 통해 오랜 역사 동안 견고하게 유지되어 오던 발레의 낭만주의적 환상과 상상의 세계가 허물어지기 시작한다. 낭만 발레와 리얼리즘이 가진 '환상과 현실'의 차이는 당대 화가들의 그림에 나타난 발레리나들의 신체 이미지에서도 발견할 수 있다. 낭만 발레의 인기는 당대의 발레리나들을 석판화로 제작해 대중적인 관심과 발레리나 이미지의 소비를 이끌었는데, 같은 스페인 무용 댄서를 소재로 삼고 있음에도 낭만 발레 관객을 위한 석판화와 동시대 리얼리즘 화가들의 작품에 나타난 발레리나들의 신체 이미지들은 뚜렷한 차이를 보이는 것이다.

[그림 3]은 낭만 발레의 대표적인 발레리나 패니 엘슬러(Fanny Elssler, 1810-1884)의 「카츄샤(La Cachucha)」(1836) 석판화인데, 여기에서 스페

그림 3 「카츄샤」의 엘슬러

그림 4 쿠르베의 「스페니쉬 무용수 제노라 아델라 구에레로」

인 댄스를 추는 엘슬러의 신체는 고티에가 "봉긋한 가슴, 둥근 어깨, 날씬한 다리와 작은 발, 예쁜 외모"[35]로 묘사했던 발레리나의 이상적인 신체 이미지를 완벽하게 재현하고 있다. 반면, "눈에 보이는 것만을 그릴 수 있다"는 리얼리즘 화가들의 그림에서는 이러한 발레리나들의 특징을 찾아보기 어렵다. [그림 4] 쿠르베의 「스페니쉬 무용수 제노라 아델라 구에레로(Senora Adela Guerrero, Spanish Dancer)」(1851)에 나타나는 무용수의 신체는 엘슬러와 유사한 자세를 취하고 있음에도 좀 더 현실적인 신체 이미지를 보여준다.

물론 이들 회화에 나타난 발레리나들의 신체가 당대의 발레리나들 전부를 대표하는 것은 아니지만, 낭만주의 석판화에 등장하는 발레리나들의 신체가 모두 엘슬러의 그림과 매우 유사한 이상적인 신체를 보여주고 있고, 리얼리즘 화가들의 작품에 나타난 무용수들은 모두 비교적 우람한 체격을 가지고 있다는 점에서 '환상적인 신체'와 '현실적인 신체'의 예시를 보여준다고 할 수 있다.

리얼리즘 예술의 중점은 당대의 현실과 일상적인 삶의 차원들을 얼마나 생생하게 포착하고 묘사하는가에 있었고, 여기에서 '시각성'은 변화를 나타내는 매우 중요한 부분이 된다. 리얼리즘 문학은 현실에 존재하는 듯한 인물들과 동시대의 사회상, 실제적인 장소 등을 세세하게 묘사했고, 리얼리즘 회화는 아카데미의 이상적인 표현 방식 대신에 화가의 눈에 보이는 현실적 세계를 캔버스에 투사했다. 그리고 20세기 발레에서의 리얼리즘을 보여주는 고르스키와 포킨의 작품들은 눈에 보이는 의상, 장치뿐 아니라 주제와 움직임 표현에 이르는 모든 요소가 '환상에서 현실로' 변화하는 모습을 보여준다.

---

35 고티에는 여성에게 아름다워야 함이 엄격하게 요구된다면 그것은 분명 무용수임을 주장하며, 발레리나의 신체에 대한 아름다움을 비평의 주된 주제로 다뤘다. Ivor Guest(ed.)(1986). *Gautier on dance*(London: Dance Book), p.6.

고르스키가 개작한 프티파의 고전 발레들은 당대의 의상과 풍경을 반영하며 새롭게 재해석되었는데, 예컨대 고르스키 버전의 「지젤」에 출연한 미하일 모르드킨(Mikhai Mordkin, 1881-1944)처럼 남성 발레리노들은 타이츠와 화려한 상의 대신에 당대의 일상적인 의상을 착용했다. 포킨의 대표적인 작품 「페트루슈카(Petrushuka)」(1911)에서도 주인공 페트루슈카를 비롯한 세 인형들을 제외하고 주변 인물들은 러시아 민속 의상과 일상적인 옷차림을 보인다.

고르스키는 고전 발레의 작품들을 수차례 개작하는 동안 동시대의 현실을 더 잘 나타낼 수 있도록 작품이 공연되는 시대를 지속적으로 반영했고, 자신의 창작적인 작업에서도 기존의 문학 작품들을 당대의 현실과 시대에 맞게 재현해냈다. 그의 발레는 리얼리즘 예술이 주력했던 '얼마나 생생하고 실제적으로' 사실을 묘사할 수 있는가를 무용의 영역에서 실현했다. 리얼리즘 발레의 표현은 연기에 가까운 사실적이고 쉬운 형태로 변화했고, 당대의 사실적인 의상과 무대장치는 프티파의 은퇴 이후 쇠락하기 시작했던 발레에 대한 대중들의 관심과 인기를 끌어냈다.

고르스키와 포킨의 발레는 당시 기교의 정점에 올라 있던 전통적인 발레의 테크닉에서 벗어나 걷고, 뛰고, 서성이는 일상적인 스텝과 자연스러운 마임들의 연속성을 통해 작품의 전개를 이끌어간다. 그들이 리얼리즘적인 발레를 표현하는 방식은 조금의 차이를 보이는데, 고르스키는 테크닉 대신 대사 없는 팬터마임 형식의 연기들을 삽입했고, 포킨은 과거 노베르(Jean-Goeoges Noverre, 1727-1810)가 주장했던 표현주의를 기반에 두고 사실적인 당대의 모습과 일상적인 마임들을 결합해 작품의 논리적인 흐름과 움직임 표현의 당위적인 의미들을 드러냈다. 그는 3막에 이르는 고전 발레의 형식에서 주제와 상관없는 수식적인 춤들을 모두 제거한 1막의 작품들을 창작했고, 고전 발레의 정형화된 마임들을 자연스러운 제스처로 대체함으로써 무용수의 신체 전체를 통한 표현을 보여주었다. 고르스키와 포킨은 전통적으로 발레의 상징이었던 토슈즈를 고집하지 않고, 등장인물들의 역할에 맞는 구두와 샌들 등 현실적인 복장을 수용했으며, 다양한 국가의 민속춤들을 발레화시킨 고전 발레의 캐릭터 댄스 대신 실제 추어지는 민속춤들을 작품에 포함시켰다. 20세기의 발레에서 춤추는 신체는 더 이상 환상과 마법의 세계를 구성하는 데 머무르지 않고, 사실적인 배경과 주제, 행위의 논리성이 발견되는 움직임 표현들로 현실을 향해 나아갔다.

나. 현실 비판과 사회 참여적 표현: 실천적 움직임

20세기의 발레가 당대의 현실과 사실적인 표현들로 변화했다면, 발레에 대응해 등장한 현대무용에서는 좀 더 적극적으로 현실을 묘사함으로써 현실 비판적이고 사회 참여적인 실천적 움직임들로 나타났다. 다시 말해서, 춤을 추는 무용수의 신체가 어떠한 역할을 연기하는 발레적 표현에서 벗어나 자신의 사상과 감정을 스스로의 신체를 통해 의미화할 수 있게 되었고, 이러한 현대무용의 표현은 춤을 추는 주체가 속해 있는 사회상과 문화, 정치적인 배경들을 예술적으로 체현(體現)했다. 그리고 이들의 표현은 필연적으로 사회에 대한 주관적 시각과 현실 비판을 포함하게 된다.

현대무용의 대표적 선구자들인 이사도라 덩컨, 루돌프 라반에 이어 마사 그레이엄, 도리스 험프리, 마리 뷔그만 등의 주요 안무가들은 독창적인 테크닉의 개발과 신체 움직임의 표현 방식을 통해 당대의 사회 문제, 계층의 불평등, 성 해방, 노동자 계층의 요구들을 작품에 담아냈다. 그러나 이들의 작품은 동시대 발레의 변화처럼 유사하게 나타난 것이 아니라 각각의 움직임 표현에 따라 서로 다른 표현 방식들로 나타났다. 특히 그들이 활동하고 있던 국가적인 상황과 흐름은 이들의 작품에 큰 영향을 주었는데, 미국의 현대무용가들이 자유로운 사상의 표현을 기반으로 좀 더 적극적으로 정치적인 입장들을 표명했던 반면, 독일의 현대무용가들은 나치당의 선전 도구와 예술의 표현 방식에 대한 규제[36]로 인해 표현주의적(Ausdruckstanz)인 성향을 띠거나, 일반 노동자들도 참여할 수 있는 체조 수준의 대중무용을 이끌어가는 식의 무용 활동으로 전개되었다.

마리 뷔그만이 전자를 대표하는 경우인데, 그녀는 자신의 주관적이고 사실적인 감정들을 신체의 원시적이고 강렬한 동작들로 왜곡하고 변형해 표현함으로써 독일 표현주의의 새로운 장을 열었다. 그녀의 작품들은 극히 원시적이거나 강렬한 움직임 이미지를 드러내면서 무용을 둘러싼 문명과 문화의 연결 지점을 발견하기 어렵도록 했고,[37] 1931년에 뉴욕에 지부를 만들어 한야 홈(Hanya Holm)을 책임자로 두면서 나치 정권과의 관계를 미묘하게 만들었다.

일반 노동자들을 대상으로 한 라반의 무용교육과 안무 활동은 독일의 무용이 니체의 디오니소스적 축제의 성격에 근거해야 한다는 생각에서 비롯되었다. 라반은 이러한 생각을 자신의 '움직임 합창대'를 통해 실현하고자 했고, 당시 세계 체조의 중심지였던 베를린에서 라반의 무용은 신체 운동을 통해 스스로를 표현하는 독일 모던 댄스의 표현을 이끌었다. 노동자들의 무용 참여는 사회 참여적인 역할을 했고, 공동체 의식과 사회 문제에 대해 이성적인 의식이 아닌 온 신체를 사용한 움직임으로 표현함으로써 매우 효과적인 사회적 기능을 했다. 물론, 나치 정권의

36 앞서 살펴본 것처럼 나치당이 집권한 제3제국 시대 이후, 무용은 다른 예술들과 함께 정치적 선동을 위한 효과적인 도구로 이용되었고, 1930년 제3회 독일 무용가회의 이후 독일에서는 40명의 발레 감독, 24명의 남녀 솔리스트, 그리고 92명의 군무진이 반유대인 정책에 의해 축출되었다. 예술에 대한 나치의 통제는 수많은 예술가가 타국으로 활동의 근거지를 옮기는 직접적인 계기가 된다.

37 가미자와 카즈오(1990), p.53.

독일에서 대중 무용은 노동자 교육과 민족 정신을 일깨우는 역할이 중심이 되었지만, 그만큼 신체의 움직임을 통한 시대 정신의 발현은 그 효력을 인정받았다고 할 수 있다.

독일 현대무용 계보를 잇는 요스는 뷔그만과 라반의 무용보다 훨씬 더 적극적으로 현실에 대한 비판과 사회 문제 의식을 표명했다. 1932년 파리에서 열린 국제무용경연대회에서 최고상을 수상한 「녹색 테이블」로 요스는 무용이 현대를 비평하는 힘을 가지고 있음을 증명했다. 이 작품에서 그는 독일 정치가들의 탁상공론을 묘사해서 화제가 되었고, '죽음의 춤'이라는 부제는 두 차례의 세계대전 사이에 창작된 이 작품에서 일종의 반전(反戰) 사상을 연극적 몸짓으로 표현해냈다. 이후, 1933년 요스는 나치당의 압력으로 무용단의 멤버들과 함께 국제적인 순회 공연 활동을 하며 독일을 떠난다.

현실 비판과 사회 참여적인 경향을 갖는 현대무용의 비판적 리얼리즘은 추상과 상징적인 모더니즘의 표현과 달리 사실적이고 단순한 일상의 움직임으로 나타난다. 그것은 사회 비판에 대한 무용의 예술적 표현이 극단적인 왜곡과 변형 또는 극적 표현들을 드러내며 나타났고, 무용을 전공하지 않은 노동자들의 움직임을 작품에 포섭했기 때문이다. 노동자 무용수들의 실천적인 움직임은 미국의 좌익 무용단들의 활동에서 좀 더 활발하게 이뤄진다.

에디스 시걸(Edith Segal, 1902-1997)은 무용을 통한 정치성의 표출을 위해 힘썼고, 『뉴 시어터(*New Theater*)』(1933)의 사설에서 "춤을 노동자들의 사회적 보호의 도구 및 혁명적인 표현으로 만들어내길 요구한다"고 밝히고 있다.[38] 노동 계층인 무산 계층의 어려움과 불평등한 사회 구조를 담아낸 그들의 작품에서 무용수들의 신체는 단순히 작품을 구성하

38 김태희(1998), p.133.

는 중심적인 요소를 넘어서서 노동자의 삶과 현실을 그대로 반영하는 역사를 의미했다. 그들의 무용 움직임은 숙련된 전문 무용수들보다 덜 기술적이었고, 예술적인 완성도에서는 부족하게 비춰질 수 있을지는 모르지만 프롤레타리아 계급의 상황을 표현하기에 더할 나위 없이 효과적이었다. 그들의 신체는 무대 위에 그저 서 있거나 일상적인 제스처만으로도 작품의 주제를 표현할 수 있었기 때문이다. 미국에서 공연된 '뉴 댄스 그룹'의 「파업(Strike)」(1933)의 일부분인 "장애물들 위에서(on the barricades)"나 같은 해에 촬영된 제목을 알 수 없는 춤에서의 뉴 댄스 그룹 멤버들 사진은 존재 그 자체로써 비판적 정신을 드러내는 노동자들의 신체와 사회 변혁을 꿈꾸는 무용수들의 개혁 의지를 담고 있다.

다. 새로움을 향한 창조적 표현: 변화의 원동력 '새로움(new)'

20세기에 이르러 리얼리즘적인 표현 경향을 보이는 무용에서는 한 가지 공통점이 발견되는데, 그것은 그들 스스로가 자신들의 춤에 '새로움(new)'이라는 수식어를 사용하고 있다는 것이다. 물론, 그것은 20세기의 사상과 문화, 예술의 흐름이 전통과 전(前) 시대에 대한 비판에 근거하고 있기 때문이기도 하고, 또 모든 시대의 예술이 끊임없이 과거의 예술과 스스로를 구별짓는 새로움을 추구했기 때문이기도 하다. 그러나 여기에서는 그러한 일반적인 의미의 새로움이 아니라 무용의 리얼리즘적 표현이 갖는 새로운 특성들을 생각해 보는 것이다.

20세기의 발레와 현대무용에서 '새로움'의 의미는 각각 조금씩 다른 기준과 내용들을 가지고 있었다. 고르스키가 강조한 발레의 새로운 창작 원리와 포킨이 제시한 새로운 발레의 원칙에서의 '새로움'은 무용예술의 공간적 차원의 변화를 의미한다. 즉, 낭만 발레의 환상과 이미지가 차지했던 작품은 동시대의 사회적 배경과 현실적인 인물들, 일상적인 움직임 등으로 공간적인 변화를 가져온 것이라 할 수 있다. 따라서 이러한 발레의 공간적 새로움은 작품의 의미와 내용면에서의 변화보다는 시감각(視感覺) 차원에서의 새로움을 제시했다. 이러한 발레에서의 새로움은 이후 소비에트 발레에서도 역시 지속되는데, 발레의 배경과 사회적인 상황, 등장인물들의 현실적인 역할 등은 20세기 초 발레의 변화와 동일한 특성을 보인다.

반면, 현대무용에서의 '새로움'은 시간적인 의미를 포함한다. 현대무용의 등장은 당시 유일한 무용 형식이었던 발레의 시간적 중단을 의미했다. 발레의 테크닉과 표현들은 거부되었고, 그 지점에서 완전히 다른 무용으로서 현대무용의 새로운 시작이 전개되는 것이다. 현대무용에서는 발레보다 훨씬 더 구체적이고 적극적인 리얼리즘적 표현이 이뤄지는데, 이것은 표현 방식과 주제, 신체의 움직임의 모든 방면에서 절대적인 발레의 원칙이 사라지고 안무가 개개인의 개별적 주체와 주관적 사상이 반영되기 시작했기 때문이다.

현대무용의 등장과 전개에서 나타나는 리얼리즘의 표현들은 동시대의 사상을 포함하고, 즉각적이고 직접적으로 무용수의 신체를 통해 표현되며, 허위와 과장, 멜로드라마의 과장된 요소들을 단절시킨다. 이것은 시간적인 차원에서의 새로움으로 진실한 현실의 반영과 비판적 시각, 개혁의 의지 등을 다양하게 내포함으로써 20세기에 등장한 전혀 다른 무용 양식의 힘을 보여준다. 미국에서의 새로운 리얼리즘이 "정치에 대한 무용의 입장을 표명할 수 있게 되는 현실적 사회 개혁의 의지의 시작"이라면, 독일에서의 리얼리즘은 나치당의 집권 이전, 바이마르 공화국 시기의 무용과 차별화를 두기 위한 '새로움'으로 나타난다. 즉, 초기 독일 현대무용의 표현주의적인 내용보다 대중들의 신체 움직임 참여에 의한 공동체 무용, 그리고 나치당의 예술 규제에 반대하는 안무가들의 사회 비판과 개혁 의식이 리얼리즘의 주요한 핵심을 이뤘다.

20세기 현대 발레와 현대무용에서 공통적으로 발견되는 움직임 표현의 특성은 신체의 움직임 표현에 연극적 성향을 포함한다는 것이다. 고르스키의 발레는 무언극 또는 팬터마임 형식의 일상적인 움직임을 포함했고, 포킨의 발레 역시 무용수의 전신(全身)을 통한 아이디어와 감정의 표현을 강조하면서 무용수들의 연기력 향상을 요구했다. 현대무용에서는 쿠르트 요스가 극적인 성격을 띠는 탄츠테아터의 표현을 시작했고, 라반의 움직임 합창대와 미국 좌익 무용단체들은 노동자들과 같은 일반인의 신체를 작품에 등장시키면서 일상적인 움직임을 보여주었다. 이러한 20세기 무용의 변화는 당대의 연극연출가인 콘스탄틴 스타니슬랍스키, 베르톨트 브레히트(Bertolt Brecht, 1898-1956) 등과의 예술적 교류에 근거하기도 하지만, 연극이라는 다른 장르의 융합이라기보다 실제적인 삶을 반영하기 위한 무용의 리얼리즘적인 표현 특성이라 봐야 할 것이다.

◆ ◆ ◆

무용에서의 리얼리즘과 그 표현에 대한 미학적 논의는 현재까지도 구체적으로 논의되지 않았다. 그러한 이유는 무용에 나타난 리얼리즘이 19세기의 낭만주의와 20세기의 모더니즘의 전개에서 중첩적으로 나타났기 때문이라 생각한다. 이제까지 고찰한 무용에서의 리얼리즘 경향은 이미 19세기의 낭만 발레 전성기부터 그 태동을 시작했고, 전통과 관습에 대한 비판, 새로운 변화를 향한 20세기의 모더니즘과 같은 방향의 변화를 보여준다.

20세기에 적극적으로 전개되는 무용의 리얼리즘적 표현은 문학과 회화에서 발견되는 비판적인 리얼리즘과 사회주의 리얼리즘의 경향과 마찬가지로 사회와 현실에 대한 통찰, 정치적인 비판 의식, 그리고 행동과 실천을 요구하는 개혁적인 표현들을 모두 포함하고 있었다. 20세기의 리얼리즘 발레, 발레 뤼스의 혁신, 미국의 자유로운 현대무용과 독일의 표현적이고 대중적인 현대무용, 그리고 사회 개혁적이고 정치적 사상을 포함한 소비에트 발레와 미국 좌파 무용단의 활동에 이르기까지 무용에서의 리얼리즘은 매우 구체적이고 사실적으로 이뤄져 왔다.

무용예술이 갖는 리얼리즘은 인간의 신체와 움직임을 통해 표현되고 전달받는다는 점에서 문학의 리얼리즘 소설이 구축하는 허구적 실재의 세계나 회화의 리얼리즘이 보여주는 캔버스 평면의 사실적 묘사들보다 훨씬 더 구체적이고 직접적으로 당대의 현실을 생생하게 포함하고 있다고 생각한다. 그동안 주목되지 않았던 리얼리즘 예술로서 무용의 가치는 현실과 가장 가까운 위치에서 사회 변화의 원동력이 되는 실천의 의미를 찾을 수 있을 것이다.

제2부

해체 시대의 춤

제6장

니체와 20세기 현대 춤

김말복

독일 철학자 니체(Friedrich Wilhelm Nietzsche, 1844-1900)는 몸으로서의 인간을 처음 주장했으며, 동시에 자신의 철학적 사상의 정점에다 몸과 춤추는 자를 위치시킴으로써 인간의 가장 근원적이고도 위대한 정신의 춤의 비전을 그려내며 무용의 예술적 가능성을 설파한 최초의 무용철학자였다고 할 수 있다. 이 글에서는 비록 니체가 자신의 철학을 체계적으로 정립하고자 하지는 않았지만 그의 사상을 그의 핵심 개념들과 몸과 춤을 중심으로 소개한 뒤 20세기 무용예술에 나타나는 그의 사상적 영향을 지적하고자 한다.

니체는 오늘날 표현주의와 실존주의 그리고 포스트모더니즘과 후기구조주의의 선구자로 평가되고 있으며, 20세기 초부터 그의 사상이 전 세계에 미친 지적·정치적 영향력은 가히 "시대의 지진"[1]이라 불릴 정도로 혁명적이며 그 여파는 21세기 전반까지 지속적으로 이어지고 있다.

---

1 Klaus Podak(2000). 『쥐트도이체 차이퉁』. 이진우(2009). 『니체, 실험적 사유와 극단의 사상』(서울: 책세상), p.326 재인용.

하이데거(Martin Heidegger), 데리다(Jacques Derrida), 들뢰즈(Gilles Deleuze), 푸코(Michel P. Foucault) 등 수많은 철학자가 니체의 생각에 대한 코멘트나 이로부터 자신의 철학적 출발점을 삼았을 정도로 그의 사상이 지니는 파괴력은 폭발적이며 그 여파는 최근까지 지속적으로 새로운 사상에 영향을 미치고 있는 현재진행형이다. 그의 사상의 혁명성은 그가 서양 철학의 이성중심주의를 비판한 데 있다. 니체는 이성 비판을 통해 서양 철학을 해체시켰고 이성의 대안으로 몸을 제시한다.

자신이 살던 19세기 유럽 문화가 끊임없는 의미 추구에 대한 반복적인 좌절의 결과 허무주의에 이르렀다고 진단한 니체는 "신은 죽었다"고 선언한다. 이제 신이 없는 이 세계에서 그는 자신의 철학적 소설 『차라투스트라는 이렇게 말했다(*Also Sprach Zarathustra*)』(1883-1885)에서 춤추는 자, 무용수 차라투스트라를 내세워 사람들에게 춤출 것을 권고한다. 그의 책은 '차라투스트라는 이렇게 춤추었다'라고 해야 할 만큼 다양한 춤이 언급되고 있으며 그 자신 철학의 전개에서 춤과 몸은 중요한 핵심 개념이 되고 있다. 니체의 관점에서 차라투스트라는 건강한 미래의 인간상이자 몸(Leib)으로 대변되는 새로운 인간 이해다. 따라서 이 글에서는 20세기 현대 춤에서 발견되는 니체적 영향과 그의 사상에 동조한 것으로 읽힐 수 있는 반이성적 몸의 등장과 자유 정신으로 '넘치는 몸'의 다양한 양상들을 설명하고자 한다.

20세기의 가장 혁신적인 무용 사상을 셋 뽑으라면 아마도 이사도라 덩컨(Isadora Duncan, 1877-1927), 머스 커닝엄(Merce Cunningham, 1919-2009), 윌리엄 포사이드(William Forsythe, 1949-)가 아닐까 싶다. 덩컨은 니체를 자신의 스승으로 삼아 그녀의 무용 사상과 많은 책에서 니체의 사상을 그대로 인용하고 있다. 이사도라의 춤은 니체가 말한 "디오니소스적 도취"로서의 춤의 전형이다. 커닝엄의 「우연성 안무」는 인간 실존을 둘러싸고 있는 우연적 조건들로부터 새로운 가치를 창조하고자 한 '우연성의 사유'의 한 사례로 설명할 수 있으며, 그 결과 전통적인 무용 "가치의 탈가치화"를 실행한 것으로 볼 수 있다. 커닝엄의 '이벤트'는 무대 위의 '주체'와 '중심'을 문제시해 춤의 근원과 통일성을 분쇄한 '망치를 든 철학자' 같은 작품 양식이다. 커닝엄의 작업은 니체가 전통적 이성을 비판한 방식처럼 무용에서 하나의 안무로 통일된 전통적인 양식에서 사건의 다양성이 표출되는 것으로의 이행을 실천한 반이성적 사건이다. 포사이드의 최근 작업에서는 니체가 인간에게 권고하는 '자유로운 정신'으로 저마다의 중심에서 펼쳐지는 몸짓 혹은 '자기 규정의 쾌락과 힘'으로서의 춤을 발견할 수 있다. 포사이드의 춤에서 니체가 그리도 바랐던 '스스로를 창조하는 미적 실존으로서의 예술 혹은 몸'을 실천하는 인간을 만날 수 있음을 설명하고자 한다. 이들은 각기 20세기 초엽과 20세기 중반 그리고 20세기 말에서 21세기 전반기에 활발한 활동을 한 안무자라는 점에서 반 세기의 간격으로 다양한 니체적 사고의 점진적인 전개 혹은 반이성적이고 감성으로 넘쳐나는 몸의 연속적인 전개라는 가전제 하에 한 번에 묶어서 고찰해 보는 것이 흥미로울 것이라 판단했다. 한 안무자를 다루는 것보다 힘들고 또 결과적으로 내용적으로 깊이를 결여하는 것이 될 수도 있지만 한 세기에 걸쳐 나타나는 니체적 반향과 무용에서의 반이성적 사고의 전개를 연속적으로 파악하는 장점 역시 간과할 수 없어 이런 구성을 택했다.

무용 분야에서 니체와 관련된 국내 연구로는 니체의 예술 사상이나 니체 미학과 관련지어 특정 무용 장르 전체를 논의한 것들이 주류를 이룬다.[2] 미국 신학자 라모스(Kimerer L. LaMothe)는 종교학자로서 덩컨

---

2 정완경·박미영(2010). 니체의 예술사상에서 본 현대적 무용의 해석. 『움직임의 철학』, 18, pp.215-228.
박미영(2011). 니체의 '디오니소스적인 것'과 한국무용. 『움직임의 철학』, 19, pp.217-234.
이승건(2010). 니체미학 속 무용예술. 『움직임의 철학』, 18, pp.197-213.

무용에 나타나는 니체의 모성적 수사를 그녀의 무용사상과 작품 「어머니(Mother)」(1923)에서 논의했다는 점에서 가장 구체적이고도 흥미로운 연구였다.[3] 그러나 니체 철학의 정수인 이성 비판을 논의의 대상으로 삼은 연구는 발견할 수 없었고 또한 20세기 무용사상 전체를 관통해 특정 안무자들의 무용사상과 안무 철학을 분석해 니체 사상과의 상관 관계를 대응해 설명하는 것은 처음이라는 점에서 이 글의 독창성과 신선함을 찾을 수 있다.

1. 니체의 사상과 이성 비판

19세기 말에 자신의 사상을 발전시켜 나간 니체가 자신이 살던 시대를 허무주의라 진단한 것은 우리가 이제까지 믿었던 존재가 하나의 허구라는 사실을 폭로하고 있는 것이다. 니체가 자신이 살던 시대의 독과 병으로 진단하며 "모든 손님들 중에서 가장 무시무시한 손님"[4]이라 명명한 허무주의는 이제까지 삶에서 절대적 타당성을 지녔던 가치들이 무가치하게 되고 무의미하다는 진단이자 서양의 전통 철학의 토대를 이루는 이성중심주의에 대한 전복이다. 그는 앞으로 다가올 "다

장정윤(2003). 무용예술을 통한 니힐리즘의 완성. 『대한무용학회지』, 36, pp.71-81.
장정윤(2013). 마사 그레이엄과 니체의 미학. 『한국무용기록학회지』, 31, pp.191-208.
박미영(2008). 니체사상에서의 한국무용의 의미. 『움직임의 철학』, 16, pp.63-179.

3 Kimerer L. LaMothe(2003). Giving Birth to a Dancing Star: Reading F. Nietzsche's Maternal Rhetoric via Isadora Duncan's Dance. *Soundings: an Interdisciplinary Journal*, 86, pp.351-373.
Kimerer L. LaMothe(2005). "A God Dances through Me": Isadora Duncan on F. Nietzsche's Revaluation of Values. *The Journal of Religion*, 85, pp.241-266.

4 Friedrich Nietzsche. 『니체전집』, 19, p.154. 이진우(2009), p.301 재인용.

음 두 세기의 역사도 허무주의가 지배"[5]할 것이라 예언했다. 그의 예언처럼 "20세기 전반부의 실존주의와 후반부의 포스트모더니즘은 모두 무의미성을 인간 실존의 필연적 양태로 포용하려는 시도들"[6]이라고 할 수 있다.

그의 이런 시대 진단은 인간 이성과 역사의 점진적인 발전에 대한 기존의 전통적인 믿음에 엄청난 충격을 주었다. 헤겔(Georg W. F. Hegel, 1770-1831)이 서양의 역사를 이성이 발전하는 과정으로 서술했다면 니체는 서양 형이상학이 전제하고 있는 진리에의 의지가 자기 모순에 의해 해체되는 과정으로 본다. 흔히 철학적으로 이성이라 불린 것을 니체는 진리에의 의지(Wille zur Wahrheit)라 했다. 니체는 서양 형이상학에서 당연한 것으로 여겨왔던 이성과 의식의 자명성을 회의한다. 니체는 현대인들이 이성을 과대평가하고 있으며 근대성의 토대에 이성에 대한 과대평가가 있다고 본다. 따라서 이런 이성중심주의의 원천으로서 소크라테스와 플라톤 철학을 비판하고 있으며 이성의 기능으로서 의식과 이성의 추론 수단인 언어, 논리, 개념 등을 비판한다. 서양의 이성중심주의는 "스스로의 논리에 휘감겨 결국은 자기 자신의 꼬리를 무는"[7] 지경에 처해 있다고 진단하는 니체는 이성 중심적인 철학의 독단론을 해체하고자 한다. 그는 서양 형이상학이 전제하고 있는 '진리에의 의지'를 허무주의의 근원으로 판단한다. 그리하여 이성과 감성, 진리와 거짓, 언어와 행위, 현실과 가상, 선과 악, 이성과 육체 등 기존의 이분법을 해체하며 이성의 지배에 반기를 들고 논리적 사유와 결별한다.

니체의 이성 비판은 이성의 기반이 되는 초감성적인 것 즉 신, 이성의 권위, 진보, 인륜 법칙 등의 비판을 향하며 감성과 몸의 복원으로 이

---

5 Friedrich Nietzsche. 『니체전집』, 20. p.335.

6 이진우(2009), p.300.

7 이진우(1996). 니체의 반역적 사유. 『철학』, 48, p.190.

뤄진다. 소크라테스 이후 근대 철학에 이르기까지 이성중심주의적 사고는 지속적으로 이어졌으며 이성의 강화는 상대적으로 몸과 감각에 대한 경시로 이어졌다. 인간의 감성과 몸은 니체에 의해 처음으로 진지한 철학적 주제와 문제로 다뤄지게 된다. 서양의 전통 철학은 이성에 기초한 삶의 설계였다. "철학에서 이성은 현실 인식의 척도이자 행위 규범의 척도로 기능했다. 반대로 철학은 감각을 통해서는 올바른 인식에 도달할 수 없다고 믿었다."[8] 감각의 불명확성과 개별적인 성향, 혼돈스러움은 모호하고 비합리적인 것이어서 이성에 의해 지배되고 조종되어야 하는 것으로 생각되었다. "감각의 무정부주의적 성격, 개별화와 탈중심화의 경향, 혼란스러운 다의성은 감각에 대한 비판의 주된 이유였다. 기본적으로 전체 서양의 철학사는 이성의 감각에 대한 비판의 역사로 파악되고 서술될 수 있을 것이다."[9]

니체는 서양 철학의 감각에 대한 이성의 우위를 비판하며 오히려 이성이 거짓된 세계를 만든다고 한다. "감각은 전혀 거짓말을 하지 않는다. 감각의 증거를 가지고 우리가 만들어내는 것, 이것이 비로소 거짓을 집어넣는 것이다…. '이성' 이것이 바로 우리에게 감각의 증거를 변조하게 하는 원인이다."[10] 이어서 우리가 이성의 믿음 위에 이성적으로 파악한 세계를 논리적으로 설명하는 논리학의 세계는 가상의 세계라고 한다. 그는 이성과 언어의 긴밀한 연관 관계를 지적하며 형이상학과 과학을 뒷받침하고 있는 언어를 강력히 비판한다. "이성은 잿빛 개념들의 철학이다. 언어는 온갖 천진난만한 편견들 위에 형성되었다. 우리는 불화와 문제들을 사물 속에 집어넣고 읽어낸다. 왜냐하면 우리는 오직 언어

8 이상엽(2004). 이성과 이성의 타자. 『니체연구』, 6, p.150.

9 앞의 글.

10 F. Nietzsche. Die Geburt der Tragödie Unzeitgemässe Betrachtung. *KGW III*, 1, p.97. 하용삼·김준수(2009). 니체, 철학의 해체와 재구성. 『대동철학』, 48, p.219 재인용.

적 형식으로만 사유하기 때문이다."[11] 즉, 인간 이성이 세계를 개념화하고 체계화하고 논리화해 보편적으로 통용되는 언어로 바꾸는 과정에서 우리는 대상 세계를 잘못 그려낸다는 것이다. 소위 이성의 수단인 언어를 통한 이성적 사고라는 것은 우리가 세계를 있는 그대로 인식하지 못하게 한다. '주어', '목적어', '술어' 같은 언어적 도식을 사물 대상에 집어넣어 인식함으로써 마치 사물 자체에 그런 언어적 구조가 원래부터 들어 있는 것으로 잘못 착각하게 한다는 것이다.

무엇보다도 니체의 가장 강력한 이성 비판은 세계의 실제를 전통 형이상학과는 달리 경험하는데서 비롯된다. 전통 형이상학이 파르메니데스(Parmenides) 이후로 사유는 항상 존재에 대한 사유라고 생각하며 존재와 사유가 일치한다고 생각하는 '과도한 순진함'의 오류를 지적하는데서 니체의 이성 비판은 출발한다. 인간이 이성 작용을 촉발시키는 것은 자신의 삶을 유지하기 위한 실용적인 관심일 뿐인데 마치 전통 철학은 그것을 어떤 이론적 욕구나 절대 불변의 진리에의 추구로 잘못 착각했다는 것이다. 이성 인식은 단지 '가치 인식적 해석'일 뿐이기에 모든 해석 작용의 결과 그 내용은 절대적이거나 객관적일 수가 없는 오류에 불과하다. 그럼에도 불구하고 문제는 이성이 자기를 과대평가할 때 드러난다. "인간 이성은 자신이 해석 행위의 주체일 뿐임을 잊어버리고, 자신의 해석일 뿐인 인식 내용을 마치 실제 자체에 속하는 것으로 잘못 판단했다."[12] 이는 도구를 마치 규준인 것처럼 혼동하는 것이다. 즉, 단지 해석 주체의 관점에 따른 형이상학의 관점적 진리를 절대적 진리로 오해하는 결과에 이른다. 이성의 "과도한 순진함으로 인한 도구와 규준의 혼동, 바로 이것이 니체에 의하면 형이상학의 역사로서의 전(全) 철학의

---

11 F. Nietzsche. Nachgelassene Fragmente. *KGW VIII*, 1, 하용삼·김준수(2009), p.221 재인용.

12 *KGW VIII*, 2, 11, p.291. 김상환 외(2000). 『니체가 뒤흔든 철학 100년』(서울: 민음사), p.77 재인용.

역사에서 행해졌던 오류들 중에서 최악의 오류이자 가장 바보스러운 일이었다."[13] 니체는 철학의 혼란이 이성의 자기 과대평가에서 비롯되었다고 생각한다. 이런 의미에서 이성은 우리로 하여금 사실을 원체험하지 못하게 할 뿐 아니라 우리는 세계를 관점적으로만 인식할 뿐이다. "경험 가능한 해석의 세계가 인간 경험의 한계이고 경험의 한계가 바로 인간 자체의 한계다….이 세계는 해석 주체가 자신의 관점성에 의해, 즉 삶의 유지를 위해 창조한 의미의 세계다…. 따라서 우리는 절대로 세계에 대한 객관적 인식을 가질 수 없음을 인정해야 한다."[14] 이렇듯 니체는 전통 형이상학이 전제하고 있는 이성과 존재의 일치 가능성을 토대에서 무너뜨리며 논리적 사유의 허구성을 폭로한다.

니체는 '신이 죽은' 자신의 시대에 새로운 인식의 주체로, 새로운 인간 정체성의 모색을 위해 이성의 대안으로 몸(Leib)을 제시한다. 여기서 니체의 '신이 죽었다'는 것은 종교적으로 신이 없다는 무신론적 의미가 아니라 신이 그동안 인간에게 지녔던 권위의 상실을 뜻한다. 그동안 신의 존재 위에 군림하던 모든 종류의 초월적인 가치와 이념들이 더 이상 인간을 구속하는 힘을 상실하게 되었다는 것이다. 『차라투스트라는 이렇게 말했다』에서 니체는 "나는 몸이며 영혼이다"[15]라고 말하며 전통적으로 내려오던 이성과 몸의 이분법을 제거한다. 니체는 전통 철학에서 의식적 사유의 주체로서 이성을 세계를 파악하는 하나의 수단일 뿐이라는 점에서 몸에 비해 상대적으로 '작은 이성'이라 부르고 몸을 '큰 이성'이라고 부른다. "나는 전적으로 몸이며 그 밖의 아무것도 아니다. 그리고 영혼은 몸에 속하는 그 어떤 것을 표현하는 말에 지나지 않는다. 몸

---

13 김상환 외(2000), p.77.

14 앞의 책, p.130.

15 프리드리히 니체(1883-1885). 『차라투스트라는 이렇게 말했다』. 장희창 옮김(서울: 민음사, 2004), p.50.

은 하나의 거대한 이성이며, 하나의 의미로 꿰어진 다양성이고, 전쟁이자 평화이며, 가축의 무리이자 양치기다."[16] 이어서 정신이라 불려온 작은 이성도 큰 이성인 몸의 도구이자 장난감에 불과하다고 한다. 자아(Ich)보다 위대한 것이 몸이라고 말하며 몸은 자아를 말하지 않고 자아를 행동한다고 말한다. 즉, 자아는 어떤 실체로서 존재한다기보다 몸의 행위로 생성되고 표현될 뿐이라는 것이다. 또한 몸은 우리의 사상과 감정의 배후에 자리 잡은 강력한 명령자이자 현자로서 자기라고 불리는데 자기 역시 우리의 몸이라고 한다. "그대의 몸에는 그대의 최고의 지혜 속에 있는 것보다 더 많은 이성이 들어 있다."[17]

니체는 서양 형이상학의 중심인 주체의 허구성을 폭로하고 파괴한 뒤 그 자리에 몸을 위치시킨다. 세계를 알고 삶을 인식하는 것은 감각하는 몸의 이성임을 주장함으로써 인식을 인간의 몸적 차원으로 환원시키고자 하는 것이다. 이제까지 형이상학에서 배척되어 왔던 몸을 새로운 이성의 토대로 그리고 세계 해석의 출발점으로 삼은 것이다. 여기서 감각하는 몸의 이성은 바로 감성이다. 그러므로 니체에 의해 몸과 감성은 처음으로 중요한 철학적 주제로 주목받게 된다. 이성에 근거한 과학이 우리의 삶을 시들게 하며 현대 인간을 탈인간화시키고 기계 속의 부품으로 전락시킨다고 진단한 니체는 인간 감성의 보편성을 철학적으로 사유하고 이를 우리들 삶의 기초적 조건으로 자리매김하고자 한다. 이를 위해 이성의 대안으로 감각, 감정, 정열, 욕망, 의지를 포함하는 몸을 제시한다. 그리고 초자연적인 것의 대안으로서 대지를 강조한다. "건강한 몸, 완전하고 반듯한 몸은 정직하고 좀 더 순수하게 말한다. 그리고 바로 이러한 몸이 대지의 뜻을 전해 주는 것이다."[18] 여기서 니체가 뜻하

16 앞의 책.

17 앞의 책, p.51.

18 앞의 책, p.49.

는 바의 대지란 초월적인 세계에 대한 믿음이 용도 폐기된 다음 우리가 몸을 바탕으로 살아가는 이 현실 세계와 존재하는 모든 것을 말한다.

니체는 초기 사상에서 이성의 기반인 초자연적인 것 대신에 디오니소스(Dionysos)를 내세웠다. 니체는 디오니소스를 "개체들의 배후에 있는 근원적 일자(一者, the one)"로 일컬으며 "개체화의 고통을 몸소 체험하는 신"이라고 한다. 니체는 "'디오니소스적'이라는 내 개념이 이 작품(『차라투스트라는 이렇게 말했다』)에서 최고의 행위가 되었다"[19]라고 말한다. 이 책에서 차라투스트라의 여러 언행과 비판을 통해 디오니소스가 이성과 하늘나라에 대비되는 몸과 대지를 의미하고 있음을 알 수 있다. 디오니소스에게서 그는 인간의 삶을 고양시키는 힘을 발견하고 이성에 의해 허구적으로 구성된 세계 대신에 '욕망과 정열'로 구성된 디오니소스적인 것으로 삶을 복귀시키고자 한다. 그는 세계에 대해, 그 세계가 있는 그대로, 아무런 삭감 없이, 아무런 예외도 허용하지 않고 아무런 취사선택도 없이 그리하여 인간을 원초적인 자연의 모습으로 되돌려 삶을 긍정하는 새로운 삶의 도구로서 자신의 디오니소스적 긍정의 철학을 전개한다. 전통 형이상학의 해체를 위해 니체가 고안한 주제어 디오니소스는 그의 사상 중기에 이르러 몸으로 대체되었다.

2. 니체의 춤

니체가 활동하던 시기의 독일 철학에서 뜨거운 논의 주제는 삶의 목적성과 의미에 관한 것이었다. 이 주제에 관한 칸트, 헤겔, 쇼펜하워의 앞선 논의의 끄트머리에서 니체는 『비극의 탄생(*The Birth of Tragedy*)』

19 하용삼·김준수(2009), p.217.

(1872) 서론에서 "예술은 삶의 최고의 과제이며 진정 형이상학적인 활동이다"라고 주장한다. 니체는 예술을 인간의 삶을 정당화하는 어떤 것의 형성 또는 구성으로 주장한다. 니체는 "그리스인들이 생존의 공포와 혐오를 알고 느꼈"[20]지만 그리스 신들이 사는 올림포스 세계의 예술적 창조를 통해 자신에게 의미 있는 존재, 즉 삶의 의미를 제공한 것이라 했다. "그리스인들은 올림포스 신들을 자신의 가장 심오한 필요성에 의해, 즉 살기 위해 창조해내야 했다."[21] 서로 싸우고 뺏고 질투하며 끔찍한 괴로움과 아픔을 겪으며 사는 인간과 비슷한 신들을 창조하되 그 와중에도 삶을 찬양하는 모습으로 만들어 자신들의 삶을 정당화하고 신적인 존재와 비슷하게 신성하게 보이도록 하여 살아갈 힘을 얻었다고 본 것이다. 그럼에도 불구하고 그리스인들의 삶의 기쁨과 즐거움 그리고 활기는 의문이었다. 니체는 이에 대해 그리스인들이 자신의 존재를 예술 작품으로 생각했기 때문이라는 전제 하에 설명 가능하다고 했다. 즉, 니체는 인간의 본성을 이성이 아니라 예술에서 찾은 것이다. 그에게 예술은 본질적으로 삶에 대한 긍정이고 축복이며 삶을 신격화하는 것이기 때문이다. 니체에 의해 예술은 허무주의 극복의 수단이 되었다.

니체는 인간이 자신들의 존재를 정당화하는 예술 창조의 실현을 춤에서 발견했다. 니체 철학에서 춤은 예술적 창조의 대명사이자 핵심어가 된다. 춤을 출 때 인간은 "더 이상 예술가가 아니라 예술 작품이 되며…그 자신 신이 되는 것을 느낀다."[22] 여기서 중요한 점은 인간이 자신의 삶의 의미를 찾기 위해 자신 밖의 어느 것, 즉 기독교의 신이나 도

---

20 F. Nietzsche(1872). *The Birth of Tragedy*(W. Kaufmann trans. 1967)(New York: Random House), p.42.

21 앞의 책, p.43.

22 앞의 책, p.37.

덕적 규범을 둘러볼 것 없이 자신 안에서 '자기 정당화'를 할 수 있다는 아이디어가 그의 후기 철학에서 중요한 포인트가 된다. 여기서의 예술 창조나 신 개념은 이후 대지를 뜻하는 그의 '초인(超人, overman)' 개념으로 발전한다. 기독교의 신은 인간 삶을 정당화해 주기에는 너무 멀리 떨어져 있는 존재이기에 인간의 삶을 정당화해 주는 역할을 초인이 예술 창조를 대신해 떠맡게 된다. 이제 인간은 단지 초인의 출현을 위한 길을 준비하면 되는데 이를 위한 니체의 처방이 바로 춤(Tanz)이다. 니체는 삶의 의미는 더 이상 이성이나 천상의 신에서 찾을 것이 아니라 이 '대지' 위에서 몸으로 삶의 구체성과 의미를 실행하면 되는 것이라 한다.

니체는 『차라투스트라는 이렇게 말했다』에서 "춤추기를 멈추지 마라, 귀여운 소녀들이여!"[23]라고 말하고 있는데 이는 우리 인간에 대한 충고다. 그는 이 책에서 '춤 노래', '다른 춤 노래'라는 두 개의 춤을 주제로 하는 장을 가지고 있지만 그에 국한되지 않고 이 책 전반에서 춤에 대한 찬양과 춤추라고 선동하는 말들이 도처에 널려 있다. "내가 신을 믿게 된다면 그 신은 다만 춤출 줄 아는 신이리라", "그대는 원하고 갈망하고 사랑하며, 오직 그 때문에 그대는 삶을 찬양하는 것이다!"[24]라는 말에서 춤출 줄 아는 신이란 삶의 긍정을 상징하는 개념으로 쓰이고 있으며 두 번째 진술에서 춤이란 인간이 '큰 이성'인 몸으로서 대지를 만나 육체로 탄생하는 축복이자 삶에 대한 찬양임을 알 수 있다. 여기서 니체가 말하는 춤출 줄 아는 신이란 디오니소스, 춤추는 신이다. 이 책의 주인공이자 무용수인 차라투스트라의 권고에 따라 우리가 춤추기 시작하면 우리는 춤과 함께 육체의 주체로 탄생 가능해지는 것이며 소위 '아름다운 발목의 소녀'로 태어나게 된다. 춤을 통해 태어나는 춤추는 몸의 특징은

23 프리드리히 니체(1883-1885), p.187.

24 앞의 책, p.65, 189.

"참을 수 없을 만큼 가벼운 것이고, 스텝을 내딛는 매 순간 역동적인 생성의 시간적 지평에 놓이는 것이며, 대지 위의 삶을 구체화하는 것이다…. 분명한 것은 춤 없이 삶 없고, 삶 없이 춤 없다는 것이다."[25] 니체는 인간 존재를 무겁게 하는 것, 즉 춤을 방해하는 것들을 극복해 디오니소스 축제에서 디시람브(dithyramb) 춤처럼 자연과 합일해 영혼의 정화를 이루고 우주적 에너지로 충일하게 되기를 바란다. 그런 상태의 몸으로써 인간은 몸의 원초적이고 근원적인 에너지를 리듬으로 표현하면서 자신의 미적 실존 혹은 자기를 정당화하는 것이 된다.

그러므로 니체의 춤에 대한 관점은 근본적으로 삶의 긍정을 춤 행위를 통해 상연하는 것이다. 니체가 『비극의 탄생』에서 다루는 춤은 기원전 5세기 고대 그리스 아테네의 비극에서 추어지는 코러스(chorus)인데 그는 이를 빌려 인간이 대지, 즉 자연의 디오니소스적 에너지와 만남으로써 자신의 육체적 자아에 대한 확신을 얻게 되고 이로부터 새로운 가치들의 창조에 참여하게 되는지를 설명하고 있다. 니체에 의하면 "기독교적 가치들이 신체와 예술 그리고 대지에 대한 적개심을 표방한 반면에 아테네 비극은 삶의 긍정을 장려한다."[26] 반면 아테네 비극에서의 코러스 춤의 일차적 기능은 삶의 긍정을 관객에게 전달하는데 있다. 아테네 비극에서 춤은 비극과 관객 사이에 중재 역할을 하는데 비극에서 인간의 고통과 괴로움이 극에 달하는 순간 코러스의 노래와 움직임의 리듬으로 관객은 평정 상태를 되찾게 된다. 여기서 관객들은 춤이 아니었다면 참기 어려운 삶의 고통과 끔찍함을 극복하게 된다는 것이다. 따라서 코러스는 관객과 비극 간의 심리적 연결을 촉진하는 데 성공한다. 이 순간 니체는 주장하기를 "인간과 인간 간의 깊은 심연과 장벽이 사라지

---

25 이왕주(2008). 매체, 니체, 그리고 춤, 대한 철학회 논문집. 『철학연구』, 106, pp.226-229.

26 Kimerer L. LaMothe(2005), p.248.

고 일체감과 하나 됨을 느끼는데 이것이 자연의 품으로 데려가는 것이다."[27] 이런 일체감이 관객들에게는 '형이상학적 위안'이 된다. 즉, 사물의 외형들의 변화에도 불구하고 불멸의 삶의 기쁨이 그 근저에 자리하고 있다는 위안을 코러스의 춤을 통해 확인하게 되는 것이다. 그리하여 살아갈 힘을 갖게 된다. 니체는 이런 깨달음과 위안이 코러스의 '육화된 명료함(incarnate clarity)'에서 드러난다고 한다.

코러스가 이런 '육화된 명료함'의 효과를 거두기 위해서는 노래의 근원적인 리듬만으로는 부족하고 신체적 움직임이 이 '숭고한 순간(sublime moment)' 즉 원시적 일체감(primal unity)의 경험을 위해 필요하다. 이 순간은 자신이 해체되어 모든 자연의 징후에서 나타나는 리드믹한 일체감과 하나 되는 상태인데, 움직임 속에서 삶의 열광적인 기쁨 혹은 삶의 긍정 상태를 뜻한다. 자아가 해체되어 존재의 기쁨과 존재하고자 하는 욕구로 용해되는 기분을 포함하는 것이라 니체는 설명한다. 이 원시적 일체감의 순간에 춤이 인간으로 하여금 창조와 파괴의 리듬에 온전히 참여하는 경험을 하도록 하는 것이다. 차라투스트라는 인간이 자신을 잘 알기 위해서는 "너의 몸과 큰 이성에 믿음을 가져야 한다"고 설교한다. 차라투스트라는 『차라투스트라는 이렇게 말했다』의 서론 첫 줄에서 자신이 무용수라고 밝히고 있지만 이 책에서 차라투스트라는 코러스이자 디오니소스 숭배자의 이미지를 지닌다. 무용수로서 차라투스트라는 대지에 믿음을 가진 자이며 그의 춤은 큰 이성을 발휘하는 그런 행위다. "이 책에서 춤은 초자연적인 신에 대한 믿음을 극복하는 수단이자 표현으로 반복적으로 등장하고 있다. 춤을 추는 것은 '신은 죽었다'는 것을 배우고 아는 것이며, 춤추는 것은 대지에 대한 믿음을 갖는 행위이며, 춤추는 것은 새로운 가치를 탄생시키고 표현하

27 F. Nietzsche(1872), p.59.

는 행위다."[28] 춤추는 것은 춤이 대변하고 있는 삶의 긍정을 실현하고자 하는 니체의 기획을 위한 효과적인 수단이 된다.

니체의 후기 사상에서 "초자연적인 신과 예술 창조는 대지를 뜻하는 초인 개념으로 대체되고 이어서 초인을 대신해 운명애(amor fati) 개념으로 변한다."[29] 운명애의 태도는 차라투스트라의 춤으로 상징된다. 삶이란 살 가치가 없고 무의미하다는 회의적인 생각들, 즉 인간을 위협하는 우울증의 병을 차라투스트라는 춤으로 물리친 것이다. 이 운명을 사랑하라는 요구는 모든 사물을 추락하도록 하는 중력의 영(spirit of gravity), 즉 차라투스트라가 악마라 부르는 것과 싸워 이겨야만 성취된다. 여기서 중력(重力)의 영(靈)이란 삶의 모든 짐이라 볼 수 있는데 이의 극복은 춤의 형태를 통해서만 가능하고 니체는 중력의 영과의 싸움에서 승리한 상태를 춤추기, 날기, 웃기, 노래 부르기로 상징한다. 춤을 출 수 있을 만큼 세계가 가벼워질 때 인간 존재의 신성한 완성이 이뤄진다고 생각한다.

차라투스트라는 인간을 아직 형태를 갖지 못한 물질로 보고 자신의 임무는 인류에게 자신 위에 설 수 있도록 형태와 구조를 제공하는 일로 생각한다. 즉, 인간이 초인의 지위에 이를 수 있도록 돕는 것이고 그래서 자신의 완성을 성취하는 일이다. 이런 일은 세상의 모든 갈등과 고난에 직면해서도 이 세계를 즐길 수 있는 신과 같은 강한 인간만이 이룰 수 있는 것인데 그런 신이 니체가 생각하기에는 디오니소스다. 디오니소스는 인간이 지향해야 할 초인적인 상태의 한 상징이다. "차라투스트라는 모든 것이 반복되고 어느 것도 사라지지 않는다고 속삭인다. 이 깨달음이 차라투스트라(아마도 니체도)의 고통과 기쁨의 원천이다."[30] 차라

---

28 Kimerer L. Lamothe(2005), p.255.

29 John E. Atwell(1984). The Significance of Dance in Nietzsche's Thought. *Illuminating Dance*(Maxine Sheets-Johnstone ed.)(London: Bucknell University Press.), p.23.

30 앞의 책, p.33.

투스트라는 춤으로 존재의 기쁨을 표현하는 것이다. 삶의 모든 고통을 물리칠 수 있는 디오니소스의 그런 불멸의 영원한 즐거움은 니체에게 당연히 춤으로 표현된다. 그런 의미에서 니체에게 춤의 형이상학적 의미는 영원한 생명이다. 영원히 반복되는 삶의 고통 속에서 춤 역시 불멸하는 인류 구원의 영원한 희망이다. 이런 사상의 반향은 20세기 현대무용에서 다양한 변용을 불러일으켰고, 이들의 후예는 역사상 가장 지적인 무용가들로 평가받았다.

3. 20세기 춤에 나타난 니체적 반향

1) 이사도라 덩컨

덩컨(Isadora Duncan, 1877-1927)은 니체 사상이 유럽에서 혜성과 같이 떠오르기 시작할 즈음 첫 유럽 순회 공연을 했다. 덩컨은 니체의 책을 원어로 읽기 위해 1902년부터 독일어를 배우기 시작했고 1903년 그리스 여행 이후 베를린에서 독일 학자 칼 페드른(Karl Federn)의 도움을 받아 『차라투스트라는 이렇게 말했다』를 함께 읽고 토론했다. 그리고 1903년 각기 독일어와 영어로 펴낸 자신의 에세이 「미래의 춤(The Dance of the Future)」에서 미래의 무용수를 '자유 정신(free spirit)'이라 말하며, 이는 '가장 자유로운 신체(freest body)의 최상급 지성(the highest intelligence)의 활동'으로 설명했다. 그리고 "자신의 춤을 삶의 표현이자 종교라고 말하며 이 자유 정신을 여성"[31]이라 말했다. 나아가 자신의 춤을 여성 해방의 상징이라고도 했다. 또한 "『차라투스트라는

---

31 Isadora Duncan(1928a). *Art of the Dance*(New York: Theatre Arts Books), p.142.

이렇게 말했다』에는 춤추는 존재로서의 인간에 관한 구절들로 가득 차 있음"[32]을 발견했다. 덩컨은 자서전[33]에서 "니체 철학의 유혹(seduction of Nietzsche's philosophy)"이라는 표현을 사용하며 그녀가 니체 사상을 만났을 때의 하늘을 찌를 것 같은 기쁨을 고백하고 있다. 덩컨은 니체의 사상에서 무용철학자로서의 동료 의식을 느꼈다. 그리하여 자신을 니체의 춤추는 독자로 생각했으며 니체를 자신의 스승으로 삼았다. 덩컨은 니체 외에도 베토벤(Ludwig van Beethoven), 시인 휘트먼(Walt Whitman), 바그너(Wilhelm Richard Wagner), 다윈(Charles Darwin), 헥켈(Ernest Haeckel), 루소(Jean-Jacques Rousseau) 등을 자신의 스승으로 말했지만 그중에서도 니체를 '위대한 스승(great Master)'이라 부르며 자신이 쓴 모든 글과 책에서 니체적인 언급과 은유, 용어들로 넘쳐난다. 그녀는 춤을 설명하면서 니체의 언술들을 표절하거나 그의 주제적인 용어들 '디오니소스적 감정', '종교', '예술' 등을 니체적 태도로 다뤘다.

덩컨은 니체의 『비극의 탄생』을 "나의 성경"[34]이라 불렀으며 니체 사상에 대한 그녀의 열정은 죽을 때까지 쇠퇴할 줄을 몰랐다. 그녀가 죽었을 때는 순회 공연을 다닐 때마다 항시 가지고 다녔던 『차라투스트라는 이렇게 말했다』라는 책을 군데군데 모서리가 접힌 채 너덜너덜한 상태로 남겼을 정도였다. 그녀의 전 활동 기간 동안 그녀의 글과 말에서 니체의 영향은 뿌리가 깊어 마치 이 둘은 분리할 수 없는 한 몸인 것처럼 춤과 예술에 대한 생각이 유사하다. 니체 사상을 읽은 다른 독자들과는 달리 덩컨은 "니체의 춤 이미지를 글자 그대로 해석해서 삶의 긍정(affirmation of life)을 상연하는 니체적 춤의 비전을 실행하는 동적인 양식을 개발하고 연습하고 가르치라는 개인적 소명으로 받아들였

32 앞의 책, p.123.

33 Isadora Duncan(1928b). *My Life*(New York: Liveright), p.141.

34 Isadora Duncan(1928a), p.107.

다."[35] 덩컨은 '오락이 아닌 종교이자 삶의 긍정인 "미래의 무용"을 위한 길을 닦고자 했다. 그녀는 지난 2천 년간 서구 기독교가 잃었던 예술을 부활시키는 것을 자신의 사명으로 삼았을 뿐 아니라 무용이 종교의 '르네상스' 혹은 '부흥(renewal)'의 촉매 작용을 해야 한다"[36]고 생각했다. 여기서 그녀가 뜻하는 종교의 부흥이란 신체 일반과 그중에서도 특히 여성의 신체에 대한 기독교의 잘못된 사상과 이상적인 신체에 대한 그간의 종교, 철학계의 오류를 자신의 춤으로 바로잡고자 하는 것이다.

『비극의 탄생』에서 니체는 아테네 비극을 분석하며 자연의 디오니소스적 에너지를 만나 인간이 자신의 육체적 존재에 대한 확신을 가지게 됨과 동시에 새로운 가치, 특히 종교적 이상을 창조하는 데 참여하게 되는 과정을 해명하고 있는데, 덩컨은 자신의 춤이 니체가 설명한 그런 종류의 예술적·종교적 경험을 전달하게 하고자 작정했다. "무용이 본연의 가장 이상적인 형태인 코러스(chorus)의 지위를 되찾아야 한다! 나는 춤출 때 언제나 코러스의 춤을 추었다…. 나는 한 번도 솔로 춤을 춘 적이 없다."[37] 하지만 덩컨은 실제로는 솔로 춤을 춘 적이 있다. 이는 덩컨을 연구한 신학자 라모스도 그녀의 자서전 속 진술이 간혹 정확하지 않다고 밝힌 것처럼 덩컨의 나르시스적 예술가 기질 때문이라고 이해하자. 좌우간 기록에 있는 그녀가 춘 많은 솔로 춤을 잠시 치워둔 채 여기서 그녀의 무용 이상이 그랬다는 정도로 이해하면 되겠다. 기독교적 가치가 신체와 예술 그리고 대지에 대해 적개심을 품었음에 비해 아테네 비극은 삶의 긍정을 장려한다는 것이 니체의 생각이었다. 여기서 나아가 덩컨은 아테네 비극에서 코러스, 즉 합창무용단의 춤이 삶의 긍정을 전달 가능케 하는 직접적인 기능을 한다고 생각한다. 코러스의 춤과 노래

35 Kimerer L. LaMothe(2005), p.248.

36 Isadora Duncan(1928a), p.132.

37 앞의 책, p.96.

가 일종의 육화(肉化) 또는 대지의 신과의 합일을 촉진하는 기능을 하여 코러스 무용수가 고등 집단의 일원으로서 자신을 표현한다는 것이다. 이때 코러스의 제스처는 마법에 걸린 상태(enchantment)를 표현하는 것이고, 그들의 춤추는 이미지는 무용수가 자신 속에서 상상 가능한 신성에 가까운 모습을 자아내는 것이고 그 자신 신이 된 것처럼 느낀다. 코러스는 디오니소스의 예술이다.

이런 덩컨의 진술에서 종합되는 덩컨 춤의 모습을 라모스는 "신이 나를 통해 춤춘다(A God dances through me)"라고 표현했다. 이는 덩컨이 대지의 신인 디오니소스와 합일되어 디오니소스의 화신으로서, 무한한 쾌락과 마법에 걸린 도취적 상태에서 춤을 춘다는 것을 말한다. 니체적 설명에 따르면 디오니소스적 도취의 상태 혹은 도덕에서 해방된 초인 상태에서의 춤의 차원이라고 볼 수 있다. 좌우간 신의 사제로서의 덩컨이든, 디오니소스이든, 차라투스트라와 같은 초인으로서이든지 간에 이들의 춤은 앞에서 설명했듯이 사람들에게 형이상학적 위안을 주는데 덩컨은 "그런 형이상학적 위안을 달성하는 것이 춤의 최고의 목적이자 대상"[38]이라고 단언한다. 이 디오니소스와의 영적인 교섭을 위한 덩컨의 방식은 '영감을 받은(inspired)' 혹은 '깨어 있는 영혼(awakened soul)'에서 흘러나오는 움직임을 추는 것이다. "춤추는 것을 배우는 첫걸음은 '영혼'을 일깨우는 것이다."[39] 깨어 있는 영혼을 가진 무용수는 자신의 신체가 '투명하게' 느낀다고 덩컨은 주장한다. 이때 무용수는 신체적 존재(bodily becoming)가 되고 큰 이성인 몸으로서 그녀의 신체 움직임은 '영혼의 생각과 감정들'을 표현한다고 한다. 그녀는 자신의 무용수들에게 특정 움직임에서 영혼의 일시적인 거처인 '태양신경총(solar plexus)'

38 Kimerer L. LaMothe(2005), p.250.

39 Isadora Duncan(1928a), p.52.

에서 일어나는 움직임 충동을 느끼도록 가르쳤다. 그녀는 특정 스텝을 가르치기보다는 스튜디오에서 오랜 시간 동안 '신성한 표현'을 가능케 하는 움직임의 근원을 찾도록 학생들을 독려했다. 덩컨은 태양신경총이 동적인 힘의 분화구로서 모든 움직임의 중심적 근원이라 생각했다. 그리고 태양신경총이 우주와 교감해 자신의 영혼을 표현하는 춤으로 설명했다.

덩컨이 모든 움직임 충동의 근원으로 생각한 '태양신경총' 개념은 당시 유행하던 델사르트 엑서사이즈 시스템의 영향이다. 델사르트 이론은 모든 움직임은 신체상의 생리학적 근원과 관련된 영적인 중요성을 지닌다는 신학자 이마누엘 스웨덴보리(Emauel Swedenborg, 1688-1772)의 신비주의적 이론에 영향을 받았다. 이 이론에서 신체를 머리, 몸통, 사지로 나눈 뒤 각 부분은 또다시 세 영역으로 나눈다. 이중 덩컨은 태양신경총이 신체 중심인 몸통의 중간 영역에 위치한 것이라 하며 이는 감정의 자리인데, 그녀의 설명에 따르면 명치 근처 쯤이 된다. 미국 무용학자 달리(A. Daly)를 비롯한 일부 덩컨 연구자들은 이 태양신경총 개념을 수사학적인 표현이나 문화적 습관의 용어일 뿐이라 보기도 하지만 라모스는 무용에서의 신체적 존재로서 영혼의 의미를 새롭게 정립하고자 하는 재가치화의 시도로, 그리고 전통 형이상학의 심신이원론을 극복하는 시도로 볼 수 있다고 주장한다. 저자 역시 라모스의 분석에 충분한 근거가 있다고 본다. 자신의 학생들에게 태양신경총을 느끼라는 요구는 그녀의 책 다른 부분에서는 자신이 디오니소스라고 부르는 경험을 느끼고 열망하는 훈련을 하라는 뜻이기도 하다. 이 두 가지 방법은 모두 덩컨의 '영혼을 일깨우는' 훈련법이 된다. 이 깨어 있는 영혼의 상태는 신체 의식으로서의 영적 상태(soul state)라 볼 수 있다. 당시 덩컨의 수많은 모방자가 자신의 특정의 동작 형태만을 따라하고 있는데, 그들은 이런 영적인 상태를 결여하고 있다고 지적하며, 그런 영적 상태는 말로

그림 5 이사도라 덩컨 photo by Arnold Genthe
(출처: Kiemerer L. LaMothe(2003), p.365)

전해질 수 있는 것이 아니라 했다. 이런 깨어 있는 영혼으로 춤추는 무용수는 '종교적 영속성(divine continuity)'의 동적 이미지를 드러내는 것이며, 그녀의 움직임은 우주와 '율동적인 통일'을 이루며 연결된 자신을 표현하는 '신 같은' 상태가 된다고 한다.

2) 머스 커닝엄

니체의 이성 비판은 인간 자의식에 대한 인식 전환과 인식의 다원성에 대한 강조 그리고 '중심의 몰락'으로 얘기되는 기원과 중심에 대한 새로운 인식을 초래했다. 니체는 '나는 생각한다'의 데카르트적 명제에서

'나'라는 세계 인식의 주체를 설정한 것은 허구임을 지적했다. 생각에 선행하는 주체는 존재하지 않는다는 것이다. 대신에 니체는 신체적 해석의 주체가 있을 뿐이라고 한다. 인간의 세계 인식은 단지 자신의 힘과 삶을 위한 전략에 의해 이뤄지는 관점적 평가이자 해석에 불과하다. 그는 이성과 진리가 탄생하는 우연적 조건들을 분석해 진리에의 의지가 '힘에의 의지'임을 지적했다. 이성이라는 것도 따져보면 상당히 유치하게 비이성적인 방식으로 우연을 통해 탄생했다는 것이다. 이렇게 그는 모든 존재와 사유의 토대가 되는 이성을 근원으로 생각하던 전통 철학의 사고 구조를 해체한 것이다. 이성 중심의 변증법적 역사 철학에서는 모든 존재와 삶은 필연적인 목표를 향한 전개라 할 수 있는데 니체는 역사의 근원 역시 우연적인, 즉 '힘에의 의지'의 산물임을 밝힘으로써 전통 철학이 배제하고자 했던 우연에 방점을 찍는다.

전통 철학은 "우연을 배제하는 것 외에는 어떤 다른 의도도 가지지 않는다"[40]고 볼 수 있는데, 니체에 의해 처음으로 우연은 경시되거나 제거될 것이 아니라 새로운 미래의 질서와 가치를 창조하기 위해 적극적으로 해석되어야 할 대상이 된 것이다. 존재보다는 생성, 필연보다는 우연, 근원보다는 현재의 순간이 더 높이 평가됨으로써 현재 우리의 실존을 둘러싸고 있는 우연적 조건들로부터 새로운 가치를 창조하자는 것이다. 이런 시도는 인간의 이성 사용에 절대적 믿음을 포기하고, 즉 절대성을 포기하고 상대적 진리의 유의미성으로 허무주의를 극복하자는 처방이다. 니체는 인간 자의식을 이성이나 진리에의 의지에서 해석 주체로 변화시킴으로써 세계는 무한히 달리 인식될 수 있다는 점을 지적하며 인식의 다양성을 옹호함으로써 허무주의 극복을 시작했다. 이 해석 주체는 곧 자신을 가치의 설정자이자 창조자로 생각하는 것인데 니체

---

40 이진우(2009), p.198.

사상에서 초인(超人, Übermensch)이라 불린다. 해석하고 창조하는 것은 '몸 주체'의 이성이자 춤추는 자 초인인데 이는 넘어가는(über-) 인간 또는 '인간을 넘어감'이다.

커닝엄(Merce Cunningham, 1919-2009)은 1950년대부터 춤 창작에서 인간 실존을 둘러싸고 있는 우연적 조건들로부터 새로운 가치를 창조하는 '우연성의 사유'를 실행했다. 커닝엄은 우연성 기법을 사용함으로써 작품이 사전에 제작되어 극장무대에서 재창조되는 것이 아니라 매 공연마다 새로운 예술 경험을 만들어내는 '과정'으로서의 방식을 고안한 것이다. 그는 관객에게 의미의 전달이라는 목표를 향해 사전에 논리적으로 계획, 고안되는 전통적인 작품 제작 과정을 해체했는데, 이는 니체의 이성과 언어에 대한 비판과 같은 맥락의 실험이다. 이제까지의 무용 창작 방식은 사전에 안무자의 주제적인 생각에 따라 관객에게 전달한다는 목표를 위해 음악, 동작 등이 논리적으로 구성되고 통일된 방식으로 결합되는 방식이었다. 커닝엄은 안무자의 중심적인 아이디어에 따라 특정 음악의 구조와 동작 디자인, 그리고 이야기와 심리적 전개 간의 관계를 보도록 구조화하는 것이 아니라 각기 해체되어 개별적인 공연 요소들이 동시적인 사건으로 존재하도록 하여 '열린 장(open field)'을 만들고, 이 요소들의 우연적인 관계를 관객이 주목하도록 했다.

이는 앞선 1930년대와 1940년대에 유행하던 현대무용의 표현주의적 가치들 즉 서술체, 이야기, 상징, 감정 등을 일거에 제거한 것이다. 대신에 그는 움직임과 음악, 장치, 의상 등의 전통적인 무용 공연의 요소들이 이야기 전개나 주제 표현에 종속되지 않은 독립된 존재로 우연적인 관계에 의해 이제까지 감춰진 새로운 의미가 생성되도록 한다. 그 결과 그는 전통적인 무용 제작의 역사를 지우고 무용 가치를 무의미하게 하여 탈가치화하는 것이다. 이는 춤의 요소들을 안무자의 관점이 아니라 관객의 타자적인 관점에 의해 다양하게 해석되고 그 현장에서 새롭게 생성하도록 하는 것이며 그런 의미 창조의 순간은 공연장의 현재의 순간이 토대가 된다. 커닝엄은 작품 제작에서 신성한 간섭을 수용하고 자신의 예술적 취향으로 고정된 관습적 결정으로부터 벗어나기 위해 자기 표현 대신 우연성에 결정을 맡겨버린 것이다. 이런 우연성 방식은 예술적 책임을 회피하는 것으로 생각될 수 있지만 커닝엄은 전통적인 조합에서는 불가능한 새로운 타자적 관점에 따른 다양한 다원적 의미를 현장에서 생성시킨다는 점에서 흥미를 지녔다. 즉, 안무자의 관점으로 조작하는 움직임이 아니라 '발견된 움직임(found motion)'을 사용함으로써 기존의 특정 신체 부위와 특정 동작들의 조합이 지니는 의미를 허무는 효과를 가져옴과 동시에 예측할 수 없는 그 현장에서 탄생하는 움직임과 공간을 만들어냈다.

커닝엄은 「한 영혼을 위한 심포니(Symphonie Pour un Homme Seul)」(1952)를 처음으로 우연성 기법으로 만들면서 역사상 최초로 '해프닝'을 한 예술가가 되었는데, 그는 1960년대부터 이들 우연성을 이용한 작품들을 '이벤트(event)'라고 제목을 붙이기 시작하며 무용 전통에서의 탈중심과 해체 작업을 시작했다. 해프닝은 준비 단계에서 미완성의 계획으로 현장의 다양한 존재들의 참여와 간섭을 위한 즉흥과 우발성의 여지를 남겨두어 관객의 적극적인 참여를 유도해 이들을 공연의 일부로 만든다. 근본적으로 행위예술인 해프닝은 생활과 예술이 일체가 되는 것이 특징이다. 미리 정해진 줄거리나 대본 없이 음악, 미술, 신체적 표현 등 기법이 다양하며 방관자인 관객까지 창작 과정에 참여시켜 예술의 일부로 만들려는 의도가 들어 있다. 따라서 이는 세계의 실존은 오직 예술적 현상으로만 정당화될 수 있다는 니체 사상에 다른 인간 존재의 예술적 실천으로 생각할 여지가 있다. 그리고 우연적 계기의 개입으로 탄생하는 타자적 의미의 새로운 발견은 현재 우리의 실존을 둘러싸고 있는 우연적 조건들로부터 새로운 가치를 창조하고자 한 니체적 소망에

그림 6 「레인포레스트(Rainforest)」(1968)에서 커닝엄과 무용수들, 앤디 워홀 무대 장치의 해체적 공간 나열
[출처] http://artsmeme.com/2011/03/17/minneapolis-not-new-york-gets-merce-cunningham-dance-company-collection/

꼭 맞는 예술 실천이라 하겠다.

근본적으로 다양성과 우연적 계기를 중시하는 '이벤트' 작품들은 무대 위의 '주체'와 '중심'을 문제시해 춤의 근원과 통일성을 분쇄한 '망치를 든 철학자' 같은 작품 양식이다. 커닝엄의 작업은 니체가 전통적 이성을 비판한 방식처럼 무용에서 하나의 안무로 통일된 전통적인 양식으로부터 사건의 다양성이 표출되는 것으로의 이행을 실천해 보인다. 하나의 갇혀진 구조나 중심으로 통일된 무용의 요소들이 아니라 개별적으로 독립되고 그런 의미에서 탈가치화된 무용 공연의 요소들이 리허설 당일 처음으로 관객의 눈앞에서 동시적 사건으로 모습을 드러내면, 이것을 어떻게 보고 해석할지의 문제는 관객에게 위임되었다. 즉, 안무자

의 고정된 의미의 틀로 완결된 어떤 중심적인 의미가 있는 것이 아니라 관객이 자신만의 관점으로 다양한 의미를 읽어내고 고유한 해석의 주체로 탄생하는 것이다. 필자는 이를 '저자의 죽음'과 '독자의 탄생'으로 설명한 바 있다.[41] 작품을 바라보는 유일하고 올바른 방식이 있는 것이 아니라 그것을 바라보는 관점에 따라 무한히 많은 해석이 가능하다는 다원성의 원리를 처음으로 자신의 작품 방식으로 증명함으로써 그는 포스트모더니즘의 선구자가 된 것이다. 커닝엄의 이런 시도는 춤의 새로운 존재 방식을 제시한 것임과 동시에 무용수의 신체와 무대 공간의 중심을 해체하는 결과를 낳았다.

커닝엄의 안무 과정에서의 혁신은 춤을 바라보는 관습적인 인식 태도의 변화로 이어졌다. 전통적으로 무용 무대에서 무용수 신체의 객석을 향한 앞면과 무대 중심은 무용수의 뒷면과 움직임이 일어나지 않는 공간에 비해 더 중요하게 다뤄지고 권위를 갖는다. "서양의 극장춤 전통에서 관객들은 움직임이 일어나는 곳만을 바라보고 그것만이 실존하는 것으로 생각했으며, 그 외의 '빈' 공간은 허공으로 생각해서 바라보지 않았으며 따라서 중요하지 않았다…. 무대 위 다양한 지점에서 동시적으로 움직임이 발생한다 할지라도 하나의 중심적인 장면상의 초점이 있었다. 그런데 커닝엄은 이 모두를 파괴시켰다."[42] 커닝엄은 무용수들을 하나의 중심점이나 중요성의 서열 없이 그냥 대등하게 늘어놓았으며, 그 결과 원근법적인 공간이 평준화되어 무대 공간의 깊이가 사라지고 모든 공간의 평등화, 즉 탈중심화(decentralizing)가 이뤄졌다. 커닝엄은 무용수의 신체 역시 정면에서 바라보는 것만큼이나 다른 방향에서 바라보는 것도 중요하다고 생각했다. 이는 니체의 이성 비판이 모든 중심주의에

41 김말복(2012). 해체미학의 선구 머스 커닝엄. 『무용예술학연구』, 35(2), pp.1-18.

42 앞의 글, p.12.

대한 비판으로 이어졌던 것처럼 무용계에서 일어나는 무용 신체와 무대 공간의 중심에 대한 니체적 비판으로 볼 수 있다.

커닝엄은 전통 춤이 하나의 초점, 즉 정면에서 바라보는 것이라는 관습적인 인식 방식을 거부했다. 무대를 향한 단일 초점에 입각한 원근법적 원리에 의해 생성되는 깊이의 환영을 그는 단숨에 파괴시켰다. 스토리를 제거해 모든 무용수를 대등한 중요성을 지닌 대상으로 무대 위에 늘어놓음으로써 이들은 동시적인 사건, 즉 동작들로 관객들의 시선을 산란시켜 무대 공간의 탈중심화를 이뤘다. 따라서 커닝엄의 무용수들은 항시 정면을 향한 채로만 춤추지 않았고 다양한 방향에서 바라보는 무용수의 몸이 객석을 향해 드러나고 볼 수 있게 되었으며, 그런 모습들이 아름답지 않고 정형화되거나 다듬어진 형태는 아닐지라도 더 이상 이상한 일이 아니게 되었다. 이런 식으로 커닝엄은 무대 공간과 무용수의 신체에 대한 중심주의적 사고 방식과 관습적인 인식 태도를 부순 것이다.

이는 무용계에서 이성중심주의와 서구 형이상학이 지니는 이분법적 구조가 지니는 폭력적 서열 구조를 전복시킨 위업과 같다. 즉, 철학에서 정신과 신체, 존재와 현상, 이성과 감성 등의 이분법적 구조에서 전자가 후자에 비해 우월한 가치를 지녔던 것처럼 무용에서는 무용수 신체의 정면과 뒷면, 무대 중심과 주변, 움직임이 일어나는 곳과 아닌 곳, 주역과 군무의 서열 구조가 있었는데 이를 무너뜨리고 전복시킨 것이다. 이런 커닝엄의 춤을 바라보는 관습적 인식 태도의 타파는 니체의 인식론적 해체의 노력과 그 결과 '끝없는 다원적인 해석적 유희의 생성을 향해' 개방된 텍스트를 만든 것과 같은 열린 사유다. 춤을 하나의 초점, 즉 정면에서 바라보는 관습적 인식을 타파하고 공간에서 중심을 없애고 관객들의 시선을 산란시켜 분산을 허용하며 그는 무용을 하나의 기의로 닫힌 것이 아닌 매 순간 새롭게 재생산되는 열린 구조로 만들며 탈중심화에 성공한다. 이로써 그는 하나의 중심이나 의미의 기원 그리고 이분법적인 위계 질서를 거부하고 다원성을 용인한다. 따라서 그의 춤을 통해 드러나는 그의 정신은 자유롭고 그의 사유는 가볍다. 그리하여 커닝엄의 춤에서는 니체적인 춤추는 자의 이미지, "춤추는 사람은 우연을 즐기는 자유로운 정신이다"의 전형이 잘 드러난다.

3) 윌리엄 포사이드

니체 미학의 궁극의 목표는 '예술로서의 삶을 실천'하는 데 있다. 니체는 이 혼돈의 세계 속에서 나름의 질서를 부여하는 인간 개개인의 실존을 예술로 파악했다.그 예술 작품은 스스로를 창조하는 삶으로서의 창조 행위를 뜻하는데 그것이 니체에게는 춤으로 대변되고, 따라서 춤은 인간의 가장 근원적인 예술이 된다. 『차라투스트라는 이렇게 말했다』는 차라투스트라가 동굴에서 10년간의 고행을 끝낸 뒤 산에서 내려와 시장에서 제일 먼저 밧줄 위에서 줄 타고 있는 광대(Seiltänzer)를 목격하면서 초인(超人)에 대한 그의 설교가 시작된다. 여기서 광대란 줄 위에서 춤추는 자 무용수(tänzer)다. 차라투스트라는 인간이 지향해야 할 진정한 가치를 춤추는 광대에게서 발견하고 그의 춤과 초인에 관한 은유적 설명이 시작된다. 줄 위에서 춤추는 사람은 인간이 마땅히 따라야 할 초인의 모습을 보여준다. "인간은 짐승과 초인 사이에 놓인 밧줄이다. 심연 위에 걸쳐진 밧줄이다."[43] 밧줄은 짐승이 인간으로 인간이 초인으로 다시 태어나는 자기 승화와 자기 극복의 방향을 나타내는 길이다. 우리가 추락의 두려움 없이 밧줄 위에서 힘차게 춤출 수 있으려면, 즉 인간이 자신을 넘어 초인으로 가는 초월의 지침은 신체성과 감성의 발견에 있다. 인간은 홀로 서 있을 수밖에 없는 가는 줄 위에서 짐승

43 프리드리히 니체(1883-1885), p.19.

과 초인 사이에 '던져져' 있고 높은 곳에서 자칫 심연으로 추락할 불안한 존재로서 인간은 밧줄인 동시에 춤추는 사람이다. 그리고 그는 항시 추락과 죽음의 가능성에 노출된 불안한 자다. 인간이 추락하지 않고 밧줄 위에서 춤출 수 있는 길은 삶의 무게를 가볍게 하는 것이다. "중력의 악령을 죽일 수 있는 방법은 가벼움이다. 영혼의 가벼움은 웃음이며 신체의 가벼움은 춤"[44]으로 나타난다. 여기서 밧줄은 인간의 실존주의적 상황을 표현하고 있다. 인간이 춤추기 위해서는 우리 존재를 무겁게 하는 것, 춤을 방해하는 것, 가능성을 가로막는 것들을 극복해야 한다. "줄 위에서 펼쳐지는 춤은 한 편의 멋진 공연이며 그때 하늘과 땅은 춤추기 위한 우주의 광대한 무대가 된다. 춤은 절대적 자유를 향한 갈망의 신체적 표출이다."[45]

포사이드(William Forsythe, 1949-)의 「흩어진 군중들(Scattered Crowd)」(2002)은 초연 당시 독일의 한 쇼핑 아케이드에 5천 개의 허공에 매달리거나 떠다니는 하얀 풍선으로 중앙 공간을 가득 채운 것으로 시작해 전 세계 여러 곳에서 공연 될 때마다 장소에 따라 4천, 6천 개의 하얀 풍선으로 공간을 가득 채우는 작품이다. 우리나라에서는 로댕의 「지옥의 문」과 「칼레의 시민」이 전시되고 있는 로댕 갤러리 글래스 파빌리온에서 6천 개의 풍선으로 유리 공간을 가득 채우는 장관을 이뤘다. 어느 장소에서 공연되든지 간에 공통점은 무용수는 없고 바흐의 영적으로 고양되는 음악이 은은히 들리는 가운데 그 공간과 시간적 좌표에 들어간 관객으로 하여금 예술의 일부로서 혹은 그 자신 작품이 되는 전혀 다른 존재로서의 경험을 하게 하는 점이다. 그 장소에 들어가면 보이는 것은 온통 하얀 풍선이다. 이 풍선들은 그 장소에 참여하는 관객의 삶의 무게를

---

44 강용수(2007). 니체의 『차라투스트라는 이렇게 말했다』의 밧줄에 대한 은유적 해석. 『니체연구』, 12, p.179.

45 앞의 글, p.195.

가볍게 하는 포사이드의 장치다. 바닥에서부터 천정까지 둥둥 떠 있는 6천 개의 하얀 풍선에 둘러싸인 일반 관객들은 '그의 온몸과 삶' 자체가 예술이 되는 새로운 실존의 조건을 성취하게 된다. 그리고 바흐의 고양된 정신 상태를 향한, 고딕 천정을 향해 솟아오르는 듯한 음악은 사람들을 춤추도록 유혹하는 설정이다. 이 작품은 일반 감상자들에게 온전히 몸적인 주체로서 목적지향성이 없는 움직임과 힘들의 발현과 놀이에 눈뜨게 한다. 따라서 이 작품이 제공하는 예술적 실존 경험은 어느 예술에서도 볼 수 없는 완전히 새로운 것이었다. 이 작품의 예술적·정신적 고양됨의 수준은 웬만한 다른 예술 감상의 그것보다 월등해 솔직히 연구자도 그 장소를 떠나고 싶지 않았으며 그곳에서 예술의 효용이 이런 것이란 생각이 들게 했다.

이 작품이 사람들에게 제공하는 '예술로서의 삶을 실천'하는 기회를 제공하는 것은 사람들이 갤러리 문을 들어오면서 시작된다. 눈에 보이는 하얀 세계 속에서 풍선 사이를 걸어가는 것도, 가만히 떠 있는 풍선을 툭 쳐서 위치를 흩뜨리며 부유하게 하거나, 새로운 위치를 조정해 주는 것도, 혹은 가만히 부동의 자세로 서 있는 것도, 어슴프레 보이는 타인의 '예술 작품' 같은 모습을 훔쳐보는 것도, 춤을 추는 것도 모두 당신의 선택이다. 포사이드는 당신의 몸짓에서 무방향성과 절대적 자유를 부여한다. 무얼 하든, 안 하든 당신은 어느새 무용의 일부가 되고 예술가이자 예술 작품이 된다. 이 작품 속으로 들어간 사람은 스스로 몸과 몸짓 그리고 그 몸을 움직이는 힘과 몸짓들의 관계맺음에 눈뜨게 된다. 감상자는 행위자이자 행위가 되며, 그 시간과 공간을 온전히 창조하고 해석하는 주체로 새롭게 태어난다. 그 공간에 속한 다양한 몸들의 관계맺음은 힘들의 놀이이자 유희다. 그 작품은 그 공간에 존재하는 사람의 관점에 따라 각기 완전히 새로운 예술 작품이 된다. 갤러리를 걸어다니는 사람들의 움직임은 '방향성과 목적성이 없어'지고 그들의 영혼은 한

그림 7 2002년 프랑크푸르트 뮤지엄에서 「흩어진 군중들」 설치 모습

[출처] http://www.williamforsythe.de/installations.html?no_ache=1&detail=1&uid=22

층 고양되고 가벼워져 니체의 밧줄 위에서 춤추는 자와 유사하게 매 순간 자신을 새롭게 규정해가며 새로운 가치를 생성한다.

예술가는 행위자이고 예술 작품은 행위의 대상이다. 보통 다른 예술에서는 예술가와 예술 작품, 즉 행위자와 행위 대상이 분리되어 있다. 하지만 무용예술은 춤과 춤추는 행위자를 구분하지 못하는 이런 작품의 비독립성 때문에 예술 체계 내에서 모호한 지위에 머물러 왔다. 즉, 발레가 '여성 발레'라 불린 것은 관객들이 발레에서 작품이 아니라 아름다운 행위자 여성을 보았기 때문에 붙여진 이름이고 따라서 행위 대상으로서의 발레는 예술적 지위나 정신적 가치를 인정받기 힘들었다. 무용은 공연자의 중개 없이 전달 가능한 객체로서 작품의 존재가 성립이 불가능하기 때문에 무용존재론의 논의에 큰 장애가 되어온 것은 사실이다. 하지만 니체 사상에서는 춤과 춤추는 자의 비분리가 장점이 된다.

니체의 '밧줄 위에서 춤추는 사람(Seiltänzer)'의 비유처럼 행위와 행위 대상이 하나로 통일된 상태는 '인간은 밧줄인 동시에 춤추는 사람'과 마찬가지인데 이런 존재 경험을 「흩어진 군중들」이 관객들에게 제공하고 있는 것이다. 엄격히 얘기해서 니체의 예술 개념은 작품 및 감상자 중심이 아니라 예술가 중심의 개념이다. 이는 작품이 담고 있는 의미나 감상자의 이해가 관건인 예술이 아니라 새로운 의미를 창조하는 행위 자체가 관건인 예술 개념이다. 이런 예술가 중심의 관점과 인식적 깨우침을 이 작품이 사람들에게 제공해 준다.

갤러리 문을 열고 들어오는 순간 관객들은 그의 일상의 테두리를 제거하고 새로운 실존적 세례를 받게 된다. "인간의 삶은 전혀 알지 못하는 생소한 길을 가는 것으로, 길이 없던 곳에 새로운 길을 내는 모험(Wagins)이자 탐험"[46]이다. 그 하얀 풍선들 속의 몸의 매 순간이 모험이자 탐험이다. 몸으로서의 감상자는 각자의 중심에서 자신의 취미와 관점에 따라서 무방향성의 몸짓으로 새로운 가치를 창조하고 자신을 힘들의 발현으로 새롭게 생성해 나가는 경험을 한다. 그 결과 '나의 관점을 투사해 나의 세계를 창조하는 예술가'라는 니체가 권고하는 미적 주체로서의 인간 모습, 즉 미적 실존을 실현하고 있는 것이다. 포사이드가 '안무'한 이 작품은 우리가 어떻게 우연적인 주변 환경에 반응하고 적응하며, 영향을 주고받는지를 보여준다.

「흩어진 군중들」보다 좀 더 적극적으로 자기 창조의 예술가로서 끊임없는 순간적 삶의 생성을 요구하는 작품이 「문제의 사건(The Facts of Matter)」(2009)이다. 이 작품 역시 무용수는 없으며 수많은 링이 가득 매달린 터널이 있다. 이 작품을 감상하려면 그 터널을 지나가야 하는데 이 역시 감상자가 선택하는 힘들의 표현 방식으로 결정된다. 링들에 매달

46 강용수(2007), p.177.

그림 8 2009년 베니스 비엔날레에서 「문제의 사건」 설치 모습

[출처] http://www.williamforsythe.de/installations.html?&no_cache=1&detail=1&uid=29

려 가든지, 발에 걸어 밟고 지나가든지, 바닥에 엎드려 포복해 가든지, 벽에 붙어서 링들을 헤쳐 나가든지, 아예 그 사이로 날아가든지 다양한 방식으로 탐험해야 한다. 이는 우리에게 좀 더 적극적으로 힘을 써서 중력으로부터 벗어나려는 노력을 하라는 포사이드의 장치다. 이 작품은 「흩어진 군중들」보다 감상자들이 '중력의 악령'과 적극적으로 씨름해 보고 '그것을 뛰어넘어 춤을 추고, 또 춤을 추며 저편으로 건너가는' 그런 법을 생각해 보라는 것 같다. 그리하여 춤을 방해하는 불구대천의 원수 중력의 영(靈)과의 투쟁에서 이겨 '나는 법'을 생각하라는 설정이다. 즉, 링에 매달리거나 잡거나 하는 것은 땅에서 거리를 두라는 적극적인 권고이며, 그러기 위해서 중력의 악령과의 '투쟁' 혹은 춤을 추라는 것이다. 춤추며 터널을 빠져나온 사람들 중에 '웃지' 않는 자가 별로

없을 것이다.

밧줄 위를 힘차게 춤추는 광대처럼 '인간 유형의 고양'이라는 니체의 과제, 즉 인간의 자기 극복의 과제를 포사이드는 이 두 작품에서 다소 평이하게 풀어서 즉 몸짓의 차원에서 제공하고 있다. 이렇듯 포사이드는 니체가 인간에게 권고하는 '자유로운 정신'으로 저마다의 중심에서 펼쳐지는 몸짓 혹은 '자기 규정의 쾌락과 힘'으로서 춤의 가능성을 실현하고 있다. 그러므로 포사이드의 춤에서 니체가 그리도 바랐던 '스스로를 창조하는 미적 실존으로서의 예술 혹은 몸'을 실천하는 인간을 발견하게 되며, 니체의 '인간 실존의 미적 정당화' 기획은 완성된다.

◆ ◆ ◆

니체 사상에서 춤은 영원히 반복되는 삶의 고통 속에서 인류 구원의 희망이었고 인간이 자신들의 존재를 정당화하는 예술 창조의 대명사이자 그의 철학의 핵심어다. 인간은 춤을 출 때 '그 자신 신이 되는 것을 느낀다'며 역사상 가장 위대한 정신의 춤의 비전을 지닌 니체는 무용에 대한 가장 포괄적이고도 근원적인 철학적 해명을 한 최초의 무용철학자였다. 그의 사상이 20세기와 21세기 현재까지 영향을 미치고 있는 가운데 이 글에서는 20세기 현대 춤에서 발견되는 니체적 영향과 반향을 살펴봤다. 덩컨은 자신을 니체의 춤추는 독자로 생각하고 삶의 긍정을 상연하는 니체적 춤의 비전을 실행하는 동적인 양식을 개발하는 것을 개인적 소명으로 삼았다. 덩컨의 춤은 디오니소스의 화신으로서, 무한한 쾌락과 도취의 상태에서 추는 춤이다. 그런 춤이 사람들에게 형이상학적 위안을 준다고 생각했으며, 이 형이상학적 위안을 달성하는 것이 자신의 춤의 목표였다. 디오니소스와의 영적인 교섭을 위한 덩컨의 방식은 깨어 있는 영혼에서 흘러나오는 영적인 춤을 추는 것이었다. 이는 니체가 말하는 '디오니소스적 도취'로서 춤의 전형이다.

커닝엄은 자신의 작업에서 인간 실존을 둘러싸고 있는 우연적 조건들로부터 새로운 가치를 창조하는 '우연성의 사유'를 실행했다. 그의 우연성 안무는 전통적인 춤의 가치를 탈가치화하는 데 그치지 않고 춤을 바라보는 관습적인 인식 태도의 혁신적인 타파로 이어졌다. 춤을 하나의 초점, 즉 정면에서 바라보는 관습적 인식을 타파하고 공간에서 중심을 없애고 관객들의 시선을 산란시켜 분산을 허용하며, 그는 무용을 하나의 기의(記意)로 닫힌 것이 아닌 매 순간 새롭게 재생산되는 열린 구조로 만들며 탈중심화를 이뤘다. 이는 니체의 이성 비판처럼 춤에서의 무용수 신체와 무용 공간, 안무 등에 관련된 모든 중심주의적 인식 태도를 망치로 부셔버린 것이다. 그 결과 커닝엄은 하나의 중심이나 의미의 기원 그리고 이분법적인 위계 질서를 거부하고 다원성을 용인한다. 커닝엄의 춤에서는 니체적인 춤추는 자의 이미지, '우연을 즐기는 자유로운 정신'의 전형이 발견된다.

포사이드의 작품들 중에 2000년대부터 시작되는 '예술로서의 삶을 실천'하는 기회를 제공하는 두 작품을 통해 사람들이 자발적으로 삶의 무게를 극복하고 힘의 놀이와 몸짓에 눈뜨게 하고 그리하여 예술 작품으로 새롭게 생성되는 과정을 설명했다. 예술적 실존을 가능케 하는 시공간에서 사람들은 '방향성과 목적성이 없는 움직임'으로 매 순간 자신을 새롭게 규정해가며 춤을 추며 예술가이자 작품이 된다. 그리하여 '자유로운 정신'으로 저마다의 중심에서 펼쳐지는 몸짓 혹은 '자기 규정의 쾌락과 힘'으로써 춤의 가능성을 실현하고 있다. 포사이드의 춤에서 우리는 '스스로를 창조하는 미적 실존으로서의 예술 혹은 몸'을 실천하는 인간을 발견하게 되며, 이는 니체의 '인간 실존의 미적 정당화' 기획의 완성이다.

제7장

해체미학의 선구 머스 커닝엄

김말복

이 글에서는 머스 커닝엄(Merce Cunningham, 1919-2009)의 작업 세계에서 발견되는 해체주의적 사유의 특성을 설명하고자 한다. 이 글을 통해 후기 현대파 춤이 어떻게 후기구조주의 사상과 맞닿아 있는지를 머스 커닝엄을 중심축으로 살펴볼 수 있을 것이다. 그리고 커닝엄을 후기구조주의 사상의 탈중심화와 해체주의의 전조이자 선구로서 설명하고자 한다. 주지하다시피 커닝엄의 새로운 춤(new dance)에 대한 혁신적인 생각은 이후 후기 현대파 무용 사상의 모태가 된다. 그러므로 커닝엄의 탈구조적이고 해체적인 생각들이 후기 현대파 무용가들에게 계승되어 이들 역시 후기구조주의적인 사상의 영향을 지니게 되었다고 말할 수 있다.

이 글의 가전제는 커닝엄이 무용 움직임과 공간상에서 전통적인 초점, 즉 중심을 분산시키고 해체시키는 탈중심화를 시도했다는 것이다. 그리고 그의 이런 혁신적인 시도는 후기구조주의자들이 탈중심화나 해체미학을 형성하기 훨씬 이전의 일이었다는 점을 지적하고 싶다. 커닝엄은 1950년대부터 우연성을 이용한 안무를 시작하며 무용 전통에서의 탈중심과 해체를 위한 작업을 시작했고, 1960년대 초부터 이런 작품들을 '이벤트(event)'라고 부르며 제목을 붙이기 시작했다. 후기구조주의의 주요 이론가 중의 한 명이자 해체미학의 핵심이라 생각되는 롤랑 바르트(Roland Barthes, 1915-1980)가 '저자의 죽음'이라는 개념을 글에서 처음 소개한 것은 1968년의 일이다. 그는 「저자의 죽음」이라는 글을 1968년 『망테이아(*Manteia*)』라는 잡지에 처음 발표했고, 이후 이는 『언어의 살랑거림(*Le Bruissement de la Langue*)』(1984)에 재수록되었다.

사상가들은 예술가들의 작업에서 그 시대를 살아가는 새로운 사유의 방식을 읽어내고 이를 이론화하는 경우가 많다. 따라서 철학자들은 예술가들이 창조자의 위대한 소리를 듣는다고 칭송하며 천재라고 부르기도 했다. 이 글에서는 커닝엄이 전통적인 안무 방식을 타파한 그의 이벤트나 해프닝 같은 공연 형식과 바르트의 저자의 죽음과 독자의 탄생이라는 개념들을 관련지어 논의함으로써 이들이 천재 예술가와 이를 추후 사상가들이 이론화한 간접적인 사례의 하나로 설명하고 싶다. 물론 이들 간의 직접적인 연결고리를 찾고자 하는 것은 아니며 그런 생각은 현명치 못한 일이다. 다만 당시대를 앞선 이런 선구적인 사유 방식이 무용에서 먼저 출현했다는 사실을 조명하고자 한다. 그간 커닝엄에 대한 연구는 많았지만 커닝엄의 작업을 후기구조주의나 해체미학과 관련지은 시각은 찾아볼 수 없다. 이에 이 글의 독창성이 있다. 그러므로 이 글의 주축은 커닝엄의 작업에서 발견되는 해체미학적 사상의 특성을 지적해내는 것이고, 그 과정에서 후기구조주의 사상을 설명하면서 그중에서도 특히 롤랑 바르트의 '저자의 죽음' 개념과 커닝엄의 여러 '이벤트'와 '해프닝'의 유사점을 밝히고자 한다.

1. 후기구조주의와 해체

후기구조주의는 1960년대 프랑스 사상계를 휩쓴 현상학과 구조주의의 열풍 속에서 인간과 삶을 이해하는 데 구조주의적 접근 방식에 대한 문제 제기로 시작되었다. 구조주의는 간단히 얘기하자면 인간의 개념이나 언어, 기호 등 인간 지식이 구조에서 발견된다고 보는 입장이고, 후기구조주의는 그런 체계적 구조에서 지식을 발견하는 것이 불가능하다고 주장하는 것이다. 구조주의의 근본 원리를 제공한 페르디낭 드 소쉬르(Ferdinand de Saussure, 1857-1913)는 언어철학자인데 전통적으로 언어의 기원이나 문법, 발음법 등에 대한 신화적이고 철학적 추론에 기대는 사변적 연구 방법 대신 인간의 언어 작용 전체를 관장하는 틀의 관점에서 새롭게 접근함으로써 인식론적 전환을 이루며 20세기 사상의 한 획을 그었다. 그의 등장 이전까지 사람들은 언어를 구체적인 소리와 어느 관념의 대응 관계로 생각해 왔다. 그러나 소쉬르는 언어(랑그, langue)를 사회가 채택한 언어 활동을 가능케 하는 약정의 총체, 즉 틀로 보고 그 총체를 근거로 개인이 활용하는 구체적인 발화를 말(파롤, parole)이라고 했다.

구조주의는 겉으로 드러난 외양보다는 그 근저에 깔려 있는 공통적 체계나 틀을 찾고자 한다. 구조주의의 개념은 다른 의미와 대립되는 가치를 지니는 어떤 의미의 체계 또는 구조에서 파악된다. 이를 설명하는 과정에서 한 시대를 풍미한 소쉬르의 대표적인 개념인 기표(記標: 시니피앙, signifiant)와 기의(記意: 시니피에, signifié)가 탄생하는데 이는 소쉬르를 20세기 인문과학의 조타수로 만든 개념이다. 소쉬르에 의하면 "언어 기호는 시니피앙인 기표(기호 표현)와 시니피에인 기의(기호 의미 또는 내용)로 이뤄진다. 구조라 함은 언어 기호가 기표와 기의 체계로 되어 있음을 뜻한다."[1] 이렇게 기호는 구조의 중심 요소가 된다. 구조주의자들은 모든 것의 근본이 언어 체계로 설명될 수 있다고 믿었으며, 구조는 모든 것의 기원이나 중심이 된다. 예를 들어 랑그와 파롤, 말과 글, 심층 구조와 표면 구조, 자연과 문명 등을 이분법적으로 나눈 뒤 앞의 것에 특권적인 지위를 부여하는 경향을 지녔다.

그러나 후기구조주의는 구조주의가 등장한 지 몇 년 지나지 않은 1960년대 말 구조주의가 구축해 놓은 구조를 해체하고 이 기표와 기의의 체계를 붕괴시키며 출현한다. 후기구조주의자들은 기표와 기의, 즉 지시어와 지시 대상 사이에는 이을 수 없는 단절이 있다는 것을 지적하며 기호란 확실한 것이 아니고 의미 역시 유동적이며 일시적인 유보된 상태일 뿐이며 따라서 본질적으로 불안한 것이라고 주장한다. 이런 후기구조주의자들의 깨달음은 롤랑 바르트처럼 그 자신 구조주의자로 출발해 스스로 구조주의의 문제점을 자각함으로써 후기구조주의자로 탈바꿈한 사람들에 의해 전개되었다. 그러나 후기구조주의 사상의 근간을 이루는 해체이론의 선구자로 대표적인 사상가는 자크 데리다(Jacques Derrida, 1930-2004)다.

데리다는 자신의 독특한 '차이' 개념(차연, différance)을 제안하며 '차이의 철학'을 전개해 20세기 말 중요한 철학의 한 흐름을 이뤘고, "그의 철학적 화두이자 스타일이기도 한 '해체(déconstruction)'는 포스트모더니즘이라는 커다란 물결을 불러일으킨 주요한 동력 중의 하나였다."[2] 데리다는 구조주의뿐만 아니라 서구 형이상학의 근간에 이런 중심이나 고정된 근원, 진리, 절대에 대한 확신이 자리하고 있다고 본다. 하지만 그런 의미의 중심이 '완전하게 실존(full presence)'한다는 생각은 환상일 뿐이라고 한다. 데리다는 "말과 글이 모두 현존이 결핍된 의미화(signification)

1 피종호(2005). 『해체미학』(서울: 뿌리와이파리), p.206.

2 페넬로페 도이처(2005). 『데리다』. 변성찬 옮김(서울: 웅진지식하우스), p.212.

의 과정이라고 생각한다."[3] 기호가 현존하지 못하는 이유를 '차연(差延, différance)'[4]이라는 신조어로 설명한다. 프랑스어 différer는 '다르게 하다(to differ)'와 '지연시키다(to defer)'란 뜻을 둘 다 내포한 단어인데, 앞의 뜻은 공간적 차이 개념이고 뒤의 뜻은 시간적 차이를 지시하고 있다. 이 단어로 한 텍스트 속의 어느 기호의 의미가 다른 요소들과 상호 연결되어 있기 때문에 그 시점에 현존될 수 없으며 끝없이 의미가 유보되는 것을 설명했다. 그리하여 그는 말과 글의 서열 제도를 해체시키고 파괴했다. 수사학이나 대화를 통한 교육 방식을 채택한 서구 형이상학의 전통에서는 글보다 말을 더 선호하는 로고스 중심주의가 있어 왔는데 데리다는 이로써 형이상학의 구조를 해체한 것이다.

데리다는 중심의 현존을 주장하기 위해 서구 형이상학에서는 말과 글 외에도 선과 악, 남과 여, 자연과 문화, 서양과 동양, 정상과 광기, 저자와 독자, 의식과 무의식, 정신과 육체 등 이분법적 대립 항을 설정해 놓고, 앞의 것을 일차적이고 현존한다고 생각해 특권을 부여하고 뒤의 것을 억압해 온 '폭력적 서열 제도'가 있다고 보며 그런 서열은 전도되어야 한다고 한다. 따라서 데리다의 철학은 해체주의로 여겨지고 있지만 그는 결코 형이상학 자체를 부정하는 것이 아니라 지금까지 형이상학이 일정한 구조에서 '읽혀'졌다는 것을 강조하고 있을 뿐이며 그것이 로고스가 중심이 되는 구조였다고 한다. 그리고 그것이 앞으로는 다르게 읽혀질 수 있음을 보여주고자 하는 것이다. 데리다는 지금까지 형이상학이 로고스 중심적 사고에서 읽혀져 왔는데, 절대 이성·절대 주관을 지칭하는 이 로고스를 문제삼는 것이 아니라 로고스 중심적 사유를 해체하고자 하는 것이다. "결국 데리다는 정신적이고 추상적인 것을 감각적

---

3 윤호병 외(1992). 『후기구조주의』(서울: 고려원), p.20.

4 '차연'은 그가 '간격두기'라고 부르기도 하는, 그리고 어떤 기호도 자기폐쇄적인 동일성을 갖지 못하게 하는 그런 미분화를 가리키는 데리다의 신조어다. 페넬로페 도이처(2005), p.56.

이고 구체적인 것과 구별하고, 전자를 본질적인 것으로 우대하고 후자를 비본질적이고 부수적인 것으로 여겼던 지금까지의 서구 사상 일반을 문제삼고"[5] 있는 것이다.

데리다의 해체[6] 전략은 후자의 항들에 의한 전복이나 새로운 서열 제도의 확립에 있는 것이 아니라 이항 대립 사이의 경계를 넘나들며 서로가 서로의 보충과 대체(suppléer)가 되는 관계의 생성에 있다. 따라서 그의 해체는 전통이나 로고스중심주의의 근본을 내부로부터 해체하는 것이고 구조나 총체, 질서 속에 갇히기를 거부하고 이로부터 시간적·공간적 경계를 초월하는 열린 사회를 향한다. 그 결과는 다양성과 열림을 추구하고 심미적 복수주의를 허용하는 열린 사고를 위한 지적 탐색이 된다. 데리다는 한 대담에서 "왜 해체인가?"라는 질문에, "부정적 기반, 즉 미리 전제된 가치 평가의 기준을 넘어서는 독법을 위해서"라고 답했다. 즉, 그는 '텍스트에 대한 대안적 독해'를 갈구한 것이며 이를 위한 데리다의 '해체적 책읽기'의 전략은 텍스트의 논리와 저자의 논리가 실제 어떻게 상충되고 있는지를 밝혀내어 텍스트의 가정과 전제 속에 내재한 모순들을 드러내는 데 있다. 그는 텍스트를 예술 작품처럼 다뤄 끊임없이 새로운 해석이 일어나는 바탕으로 다룬다. 분명하고 고정된 의미를 지닌 진리를 내포하고 있는 예술 작품이 하나도 없는 것처럼 이는 또 다른 논의의 여지를 열어놓는 다원성을 허용하는 것이 된다.

---

5 H. 카멜레((1996). 『데리다』. 박상선 옮김(서울: 서광사), p.157.

6 해체는 데리다가 고안해낸 용어인데 프랑스어 'déconstruction'은 원래 20세기 독일 철학자 하이데거(Martin Heidegger)에 의해 사용된 'deconstruktion'을 데리다가 번역한 것이다. 페넬로페 도이처(2005), p.22.

2. 저자의 죽음과 독자의 탄생

롤랑 바르트의 활동 초기 작가들의 글쓰기는 개인의 독창적인 작업이라기보다는 '언제나 이미 씌어진(always already written)' 문화 체계 내에서의 작업이라는 구조주의적 관점에서 출발했다. 구조주의는 개개의 텍스트들보다는 전체적인 구조를 중시하기 때문에 작가의 개성적인 언어가 리얼리티를 반영하는 것이 아니라 언어의 구조가 리얼리티를 창조하는 것이라고 본다. 그러므로 어느 문학 작품의 의미는 작가나 독자의 개인 경험이 아니라 그 개인을 지배하는 언어 체계에 의해 결정된다고 주장한다.

그러나 바르트는 『저자의 죽음(*The Death of the Author*)』(1968), 『*S/Z*』(1970), 『텍스트의 즐거움(*The Pleasure of the Text*)』(1975)에서 확실하게 탈구조주의적 혹은 후기구조주의적 특성을 보여준다. 바르트는 "독자는 저자의 의도를 무시한 채 자유롭게 텍스트의 의미 형성에 참여할 수 있다고 주장함으로써 텍스트의 절대적인 근원이나 의미의 존재를 부인했다."[7] 여기서 텍스트라는 개념이 도입되는데, 작품에서 텍스트로의 논의의 이동은 구조주의에서 후기구조주의로의 그의 사상의 이동과 일치한다. 기존의 구조주의적 관점에서 보자면 작품은 단일하고도 안정된 기호 체계로서 하나의 기의(signifié)로 닫혀진 것이다. 이런 로고스중심주의적인 작품이라는 개념으로는 의미의 흔들림과 그 의미를 이루고 있는 다양한 층과 다름을 포착하지 못한다고 바르트는 생각한다. 그리하여 평범하게 상징적인 작품 대신에 근본적으로 '완전히 상징적인' 텍스트를 내세운다. 텍스트는 전적으로 상징적인 속성 안에서 구성되고 인

7 Roland Barthes(1977), *The Death of the Author*(New York: Hill and Wang), pp.142-48. 윤호병 외(1992), p.17에서 재인용.

지되며 수용되는 것으로 '작품이 곧 텍스트'다.

"텍스트는 그것을 이루고 있는 시니피앙의 다각적이고도 물질적·감각적인 성격에 의해 무한한 의미 생산이 가능한 열린 공간이다."[8] 바르트의 『저자의 죽음』은 고정된 의미의 근원으로서 저자의 자리를 없애고 독자의 탄생을 예고한 선구적인 글이다. "이 글은 푸코(Michel P. Foucault, 1926-1984)의 『저자란 무엇인가』(1969)와 자주 비교 연구되는 글로서 푸코가 저자의 기능에 초점을 맞추고 있다면 바르트는 텍스트에서의 저자의 배제와 독자의 탄생을 다루고 있는 점이 다르다."[9]

바르트는 독자가 그저 고정된 의미의 단순한 소비자로서 읽기만 하도록 만들어진 책을 '읽을 수 있는 텍스트(readerly text)' 그리고 독자가 적극적인 의미의 생산자로서 직접 쓰도록 유도하는 책을 '쓸 수 있는 텍스트(writerly text)'라고 한다. 이 중 후자의 것을 가치 있는 것으로 생각한다. 이렇듯 독자가 고정된 의미의 단순한 소비자에서 다원적인 의미의 적극적인 생산자가 되어 정신적인 희열을 맛볼 수 있게 된 이유는 지시어와 지시 대상 사이의 단절과 기호의 불확실성 때문이다. 이는 저자가 더 이상 글쓰기의 근원이 아니며 의미의 기원이 부재한다는 생각에서 가능해진 것이다. "독자의 탄생은 저자의 죽음이라는 대가를 치러야 한다."[10] 바르트의 저자는 우선 현대적인 인물임을 강조하고 있지만 그는 이제까지 쓰여온 남의 글을 인용하고 베끼는 필사자에 불과하다. 새롭게 탄생한 독자 역시 자신의 일시적인 충동과 욕망에 따라 텍스트에 내재한 글쓰기의 흔적들을 모아 자유로이 새로운 의미화를 이루고 비우며 해체하는 자가 된다.

바르트의 텍스트 이론에 따르면 텍스트는 곧 언어로 환원되는 것인

8 롤랑 바르트(1973). 『텍스트의 즐거움』. 김희영 옮김(서울: 동문선), p.9.

9 앞의 책.

10 앞의 책, p.35.

데 후기의 바르트는 언어란 결코 명료하지 못한 것이라 생각한다. 따라서 그는 "언어를 통해 독자가 분명한 진실이나 리얼리티에 도달할 수 없다고 믿었다. 그렇기 때문에 그에게 훌륭한 작가와 가치 있는 텍스트는, 언어의 그러한 속성을 솔직하게 인정하고 글쓰기를 통해 '유희(play)'를 할 줄 아는 작가와 텍스트를 의미했다."[11] 즉, 바르트는 텍스트가 글쓰기와 글읽기 사이에 존재하는 거리감을 파기할 것을 요구하며, 소비로써 읽기가 아니라 텍스트를 가지고 독자가 유희하고 재생산하기를 촉구한다. 이로써 저자와 독자 그리고 글쓰기와 글읽기의 경계가 파괴되었다.

3. 머스 커닝엄의 혁신적 무용사상

머스 커닝엄은 1950년대 작품 창작 과정에 우연성을 끌어들이며 미국 아방가르드 예술을 이끌었다. 그의 우연성 개념은 동양 철학에서 비롯된 것이다. 커닝엄은 존 케이지(John M. Cage, 1912-1992)와 함께 1940년대 말 선종(禪宗, zen buddhism) 강의를 들은 뒤 동양 음악과 동양 철학에 심취했다. 케이지는 "마음을 평온하게 하는 것을 음악의 이상이라 여기는 동양 사상에서 영감을 받아, 작품 제작에서 신성한 간섭을 수용하고 자신의 예술적 취향으로 음악을 산란하게 하는 일이 없도록 정화시킨다는 의미에서 『주역(周易)』에 기초한 우연적인 결정을 끌어들이게 된 것이다."[12] 케이지가 『주역』에서처럼 세 개의 동전을 여섯 번 던져서 나오는 1에서 64까지의 숫자 조합으로 모든 소리의 고저, 음색,

11 윤호병 외(1992), p.17.

12 김말복(2011). 『무용예술코드』(파주: 한길아트), p.373.

길이, 크기, 정지 등을 결정한 것처럼 커닝엄은 『주역』의 숫자표 같은 바둑판 차트에다 템포와 방향, 움직임의 종류, 실시 방식(군무, 독무, 인원), 배역들을 적어놓고, 그 위에 동전을 던져 이에 따라 움직임을 구성했다. 커닝엄은 우연성 기법을 사용함으로써 작품이 사전에 제작되어 극장 무대에서 재창조되는 것이 아니라 매 공연마다 새로운 예술 경험을 만들어내는 '과정'으로서의 방식을 고안한 것이다.

커닝엄은 우연성 안무 방식을 「솔로와 트리오를 위한 16가지 춤(Sixteen Dances for Soloist and Company of Three)」(1951)에서 처음 실험했다. 이를 위해 커닝엄은 일련의 카드 세트에다 신체 부위, 동작, 무대상 위치 등을 적어넣은 뒤 그것들을 뽑아 동작구를 조합했다. 이렇게 무작위로 움직임 구(句)를 구성하고 동작을 시행하는 신체 부위, 동작구들의 연결 순서, 무용수의 위치 등을 결정했다. 이런 방식은 직관과 습관의 한계에서 벗어나 상상력이 제공하지 못하는 가능성을 제공한다는 믿음에서 나온 것이다. 이로 인해 커닝엄은 조작하는 움직임이 아니라 '발견된 움직임(found motion)'을 처음으로 사용하게 되었다. "이런 결정은 관습을 없애고 새로운 콤비네이션을 가능하게 했으며 , 특정 부위와 순서의 조합이 내포하는 의미를 허무는 효과를 냈다. 커닝엄은 '우연성'을 적극 활용함으로써 예측할 수 없는 움직임과 공간을 만들어냈다."[13]

이런 우연성 방식은 예술적 책임을 회피하는 것으로 생각될 수 있지만, 커닝엄은 전통적인 조합에서는 불가능한 새로운 영역을 열어준다는 점에 흥미를 느꼈다. 그리고 이런 접근 방식은 춤에서 필연적인 굴레로 생각되어 오던 음악으로부터 독립적인 시간 진행 방식을 지닌 안무를 가능하게 했다. 1952년 브랜다이스대학교에서 열린 음악축제에서 지휘자 레오나드 번스타인(Leonard Bernstein, 1918-1990)으로부터 안무를

13 앞의 책, p.376.

위촉받아 「한 영혼을 위한 심포니(Symphonie Pour un Homme Seul)」(1952)를 만들었는데 이는 커닝엄과 케이지의 예술 논리에 획기적인 발전을 이루게 했다. 이 작품은 우연성 기법으로 안무되었는데, 케이지가 작곡한 이 작품의 음악은 정상적인 방식으로 비트를 셀 수 없는 음악이었다. 따라서 커닝엄은 모두 똑같은 길이의 동작으로 춤을 구성했다. 그 결과 소리와 움직임이 독립적으로 진행되었다. 이 작품은 음악이 두 번 반복되었는데 첫 번째는 커닝엄의 솔로로, 두 번째 음악은 군무로 구성되었다. 음악과 무용이 같은 시공간 상에서 각기 독립적인 리듬과 역동성을 지닌 채 공존하는 동시성은 이후 이들의 공동 작업에서 준수하는 논리적 토대가 되었다.

춤의 이런 독립적인 존재 방식은 이후 머스 커닝엄 작업의 근본 원칙이 되었다. 그는 "초기 현대무용의 표현주의적 요소들, 즉 서술체나 이야기, 상징, 개인 감정들을 제거했다. 움직임이 이야기 전달이나 주제 표현에 종속되지 않는 존재 방식은 그의 작품에서 움직임과 음악, 장치, 의상 등이 모두 서로에게 종속되지 않고 독립된 존재로서 만들어지고 공연되게"[14] 했다. 이제까지의 안무는 안무자의 생각과 음악적 구성에 따라 사전에 통일된 방식으로 결합되는 방식이었는데 커닝엄은 이런 전통적인 작품 제작 과정을 해체한 것이다. 개별적인 무용 공연의 요소들이 리허설 당일 처음 만나 관객의 눈앞에서 동시에 각자의 모습을 드러내는 '열린 장(open field)'을 만들어냈고, 이런 동시적 사건을 어떻게 받아들이고 볼 것이냐의 문제는 관객에게 위임되었다. 그리하여 사전에 안무자가 의도한 바대로 특정 음악의 구조와 동작 디자인 그리고 이야기와 심리적 전개 간의 관계를 보도록 틀에 구조화한 것이 아니라 우연적인 요소들 간의 관계를 주목하도록 하는 우연성의 안무를 혁신적으로

---

14 김말복(2003). 『무용예술의 이해』(서울: 이화여자대학교출판부), p.197.

실천했다. 커닝엄은 1950년대부터 우연성을 이용한 안무를 시작하며 무용 전통에서의 탈중심과 해체를 위한 작업을 시작했고, 1964년부터 이런 작품들을 '이벤트(event)'라고 부르며 제목을 붙이기 시작했다. 그 밖에도 그는 역사상 최초의 해프닝을 벌인 사람이기도 하다. "1952년 미국 노스캐롤라이나의 진보적인 대학 블랙마운틴 칼리지에서 역사적인 최초의 해프닝이 벌어졌다. 이 작품은 제목 없이 45분간 진행되었는데 블랙마운틴 칼리지 여름학교에 참여한 교수진이 대거 출연해 아무 구성 없이 정해진 시간 동안 하고 싶은 활동을 하는 것이었다. 존 케이지는 강연을 했고 커닝엄은 춤을 추었다. … 해프닝이란 20세기 중반 전위 예술가들의 공연 방식으로, 반쯤은 계획되고 반쯤은 자발적인 즉흥 상황에서 상황을 관찰하거나 지각 가능한 요소를 제시하며 벌이는 예술놀이다."[15] 이 블랙마운틴 해프닝은 「극장 작품 1번(Theater Piece #1)」으로 불리게 되었는데, 이는 춤, 시, 영화, 슬라이드 그리고 즉흥적인 행위의 혼합이었고 그것은 1960년대 멀티미디어 작품과 해프닝의 선구가 되어 이후 20년 동안 모든 전위예술의 모델이 되었다.

20세기 중반의 전위예술은 해프닝, 이벤트, 퍼포먼스 등으로 불리는 행위예술인데, 준비 단계에서 미완성의 계획으로 즉흥과 우발성의 여지를 남겨두어 관객의 적극적인 참여를 유도해 이들을 공연의 일부로 만든다. 근본적으로 행위예술인 해프닝은 생활과 예술이 일체가 되는 것이 특징이고, 미리 정해진 줄거리나 대본 없이 음악, 미술, 육체적 표현 등 기법이 다양하며 방관자인 관객까지도 창작 과정에 참여시키는 의도가 포함된다. 이들 해프닝이나 이벤트는 각기 모습이 다르지만 플롯이나 철학을 가지지 않고 모호한 가이드라인에 따라 즉흥적인 방식으로 구체화한다는 점, 그리고 사건이 일어나는 동안은 새롭지만 재연될 수

15 김말복(2011), pp.412-413.

없다는 점이 주요 공통점이다. 해프닝은 1950년대와 1960년대 초 뉴욕에서 빈번하게 일어났고 커닝엄은 1964년부터 작품을 '이벤트'라 부르기 시작했다. "1964년부터 거의 10여 년 이상 지속된 그의 유명한 이벤트 시리즈는 기존의 여러 레퍼토리를 부분적으로 발췌, 조합해 휴식 시간 없이 길게 이어서 공연하는 형식이다. 1964년 머스 커닝엄은 전체 무용단을 이끌고 처음 세계 순회 공연을 하는데 6개월에 걸쳐 유럽과 아시아 14개국 30개 도시에서 공연하는 전환점을 이루는 시기였다. 그러나 비엔나와 스톡홀름에서는 극장이 아닌 박물관에서 공연하게 된 관계로 기존 레퍼토리를 할 수 없었다. 따라서 새로운 공간을 위해 다른 공연 방식으로 생각해낸 것이 이벤트다."[16]

이렇듯 커닝엄은 무용계뿐만 아니라 20세기 예술계 전반에서 가장 전위적인 예술 사상의 선구로서 이제까지 존재하지 않았던 방식의 새로운 공연 방식의 창시자임을 알 수 있다. 이어지는 글에서는 이런 우연성 안무와 해프닝 그리고 이벤트 등의 구조에 나타나는 탈중심화와 해체 전략, 그리고 후기 구조주의적 사유의 전조가 되는 특성을 살펴볼 것이다.

4. 해체주의자 머스 커닝엄

커닝엄은 우연적인 결정을 작품 제작 과정에 수용함으로써 춤의 새로운 존재 방식을 제시했는데, 음악과 무용이 같은 시공간에서 각기 독립적인 리듬과 역동성을 지닌 채 공존하는 동시성을 획득한 것이다. 그러나 이런 우연적인 작업의 결과가 항시 훌륭하지는 않았다. 결과가 만족스럽지 않을 경우 커닝엄은 곧 레퍼토리에서 제외시켰다. 하지만 이

---

16 앞의 책, p.416.

런 작업의 영향은 엄청난 변화를 몰고 왔는데 그중 하나가 무대 공간의 중심이 해체되기 시작한 것이다. 전통적으로 고전 발레는 프로시니엄 아치(proscenium arch) 아래서 정면에서 보게 되고 무대의 중심이 가장 중요한 구성 초점이자 관심의 중심이었다. 그러나 커닝엄은 어느 날 알베르트 아인슈타인(Albert Einstein)의 "공간상 고정점이란 없다(There is no fixed points)"라는 문장을 접한 뒤 공간에 대한 관습적 인식을 탈피하기로 작정했다고 한다. 만약 공간에 고정점이 없다면 모든 지점은 공평하게 흥미롭고 변화하는 지점이 될 수 있다고 생각한 것이다. 무대의 모든 공간을 평등하게 생각한 커닝엄은 움직임이 일어나는 곳이든 아무것도 없는 곳이든 모든 공간을 동등하게 중요하게 다뤘다.

서양의 극장춤 전통에서는 관객들은 움직임이 일어나는 곳만을 바라보고 그것만이 실존하는 것으로 생각했으며 그 밖의 '빈' 공간은 허공으로 생각해 바라보지 않았으며 따라서 중요하지 않았다. 그리고 움직임이 일어나는 무대 위의 공간 위치는 주로 무대 정중앙이 된다. 발레 무대 위에 수십 명의 무용수가 있어도 병풍처럼 주인공 남녀에게로 시선을 몰아주는 효과적인 대칭적 배경으로 기능할 뿐이었다. 그리고 무대 위 다양한 지점에서 동시적으로 움직임이 발생한다 할지라도 하나의 중심적인 장면상의 초점이 있었다. 그런데 커닝엄은 이 모두를 파괴했다. 서양의 극장 무대는 원근법의 기초 위에 구축되어 있기 때문에 초기 발레서부터 객석 중앙에서 바라봤을 때 하나의 소실점을 중심으로 배치되는 전통이 있다. 그런데 커닝엄은 무용수들을 하나의 중심점이나 중요성의 서열 없이 그냥 대등하게 늘어놓았다. "다양한 행위들을 무대 위에 동시적으로 위치시킴으로써 이들은 관객의 시선을 사로잡기 위해 서로 경쟁하는 듯하다. 그 결과 공간을 민주화시켜 모든 지점이 중요해질 수 있게 되었다."[17] 그 결과 원근법적 공간이 평평하게 되어 무대 공간의 깊이를 사라지게 하고 탈중심화가 시작된다.

커닝엄은 무용수를 바라보는 방식에서도 무용수를 정면에서 바라보는 것만큼이나 다른 방향에서 바라보는 것도 중요하다고 생각했다. 서양 춤은 무대에서 추어지는 극장춤의 본질로 인해 정면 객석에서 바라보는 시점을 의식해서 이차원적으로 디자인되어 왔다. 따라서 신체의 뒷면을 보이지 않게 하기 위해서 턴 아웃의 기법도 개발된 것이다. 그 결과 서양 춤에서 발견되는 무용수의 앞면과 무대 중심은 무용수의 뒷면과 움직임이 일어나지 않는 공간에 비해 더 중요하게 다뤄지고 권위를 지닌다. 이런 구조는 후기구조주의 사상가들이 해체시키고자 한 로고스중심주의나 서구 형이상학이 지닌 이분법적 구조가 지니는 폭력적 서열 제도의 하나라고 볼 수 있다. 그러나 커닝엄의 무용수들은 항시 객석이 위치한 정면 방향만을 향한 채 춤추지 않았으며, 따라서 다양한 방향에서 바라보는 무용수의 몸이 객석을 향해 드러나게 되고 볼 수 있게 되었고 그것이 그리 이상한 일이 아니게 되었다. 그러므로 무용수의 몸과 무대 공간을 바라보는 방식의 변화만으로도 무한한 가능성의 여지가 열린 것이다. 커닝엄은 이런 방식으로 무대 공간과 무용수의 신체에 대한 중심적이고도 관습적인 인식의 구조를 해체한 것이다.

커닝엄은 우연성 안무를 통해 심리적 이야기나 어떤 감정적 분위기 등을 배제하고 관객이 해석해야 할 어떤 구조나 중심을 제공하지 않는다. 이는 바르트가 독자는 저자의 의도를 무시한 채 자유롭게 텍스트의 의미 형성에 참여할 수 있다고 주장함으로써 텍스트의 절대적인 근원이나 의미의 존재를 부인한 것과 같은 일이다. 그리고 바르트가 '저자의 죽음'이라고 명명한 고정된 진리 혹은 해석에 대한 제거와 같은 일이다. 작가의 의도나 초점을 제거함으로써 바라보는 사람이 무엇을 볼 것인지 그리고 어떤 연관 속에서 볼 것인지를 결정해야 한다. 이런 식으로 움직

17 Sally Banes(1994). *Writing Dancing*(Hanover and London: Wesleyan University Press), p.112.

임을 안무 의도나 종속으로부터 독립시켜 격리시킴으로써 새롭게 움직임과 다른 춤의 요소들과의 우연적인 관계를 주목하도록 했다. 그는 자신의 안무 의도나 스토리를 제거한다고 해서 그의 작품이 감정적 정조가 없다거나 비표현적인 것이 아님을 다음과 같이 말했다. "나의 작업이 비표현적이라고 생각하지 않는다. 단지 나는 다른 사람에게 이를(작품 속의 특정 표현이나 감정적 해석-필자 첨삭) 강제하고 싶지 않을 뿐이다."[18] 이런 식으로 그는 후기구조주의자들이 말하는 다양성(polyvocal)을 이미 이들보다 앞서 수용했던 것이다.

그의 작품의 여러 요소가 상호간에 종속되지 않고 독립적인 존재 방식을 유지하듯 무용수들 역시 대등한 중요성을 지닌 채 무대 위에 분산되어 있어 관객은 무엇을 바라봐야 할지 몰라 산만하게 된다. 그러므로 춤을 바라보는 사람이 각자 구조화하거나 모든 개별 독자가 새로운 개인적 목적이나 의미를 창출해내야 한다. 이것이 후기구조주의 사상과 이어지는 부분이다. 커닝엄은 관객이 특정 메시지를 이해하기 위해 표현 요소들을 시각적, 청각적 그리고 역학적으로 다양한 경험을 제공해 관객이 자유롭게 취사선택해서 해석하고 받아들이는 데 관심이 있었다.

그리고 그는 전통적으로 하나의 창의적인 아이디어의 결정체라 생각하는 작품의 '갇힌 구조'를 거부했다. 커닝엄은 1964년부터 거의 10여 년 이상 자신의 작품을 이벤트라 부르기 시작하며 이벤트 시리즈 공연을 했다. 그의 이벤트라는 작품들은 기존 작품의 부분들을 발췌하고 새롭게 조합해 휴식 시간 없이 길게 이어서 공연하는 형식이다. 기존 작품의 부분들을 짜깁기해 결합하며 재활용하는 수법은 하나의 작품이 단일하고도 안정된 완결한 기호 체계로서 하나의 기의로 닫힌 것이 아니라

---

18 Roger Copeland(2002). Merce Cunningham and the Aesthetics of Collage. *TDR*, 46, p.18에서 재인용. Jacqueline Lesschaeve(1985). *The Dancer and the Dance*(New York: Marion Boyers Inc.), p.106.

는 생각을 보여준다. 커닝엄은 이런 방식으로 관객이 작품에서 무엇을 보고 들을 것인지를 의도적으로 강조하지 않으려는 것이며 작품의 비확정성을 실험하는 것이다. "머스 커닝엄은 1963년 공연된 「필드 댄스(Field Dance)」와 「이야기(Story)」에서 비확정성을 더욱 강화시켰다. 「필드 댄스」에서 커닝엄은 무용수의 즉흥을 허용했다. 무용수는 어느 동작구를 공연할지 결정했고 세트와 의상 디자인을 맡은 로버트 라우센버그(Robert Rauschenberg, 1925-2008)는 공연 직전 극장에서 발견되는 소재로 '발견된' 의상과 장치를 만들었다. 「이야기」에서는 동작 순서를 공연 시작 전 옆 막에 붙여놓고 그것을 무대 어느 위치에서 얼마나 많이 반복할지, 어느 정도의 빠르기로 할지 등을 무용수가 결정하게 했다."[19] 「이야기」는 매 공연마다 다른 구조와 순서, 동작, 다른 길이를 가지게 되었다.

이런 식으로 작품을 새롭게 재생산되는 열린 구조로 만들려는 생각은 작가가 더 이상 작품의 의미의 원천이 아니라는 저자의 죽음이라는 생각 위에 가능한 것이고, 그 결과 새롭게 쓰는 독자의 탄생을 가능하게 해주는 예술적 결정이다. 이렇듯 커닝엄은 어느 작품이 단일한 하나의 기의로 닫혀진 것이 아니라 끊임없이 새로운 연관과 관계 속에서 새로운 의미를 창출해낼 수 있다는 후기구조주의적인 생각의 전조를 실천해 보인 것이다.

◆ ◆ ◆

커닝엄은 얼윈 니콜라이(Alwin Nikolais, 1910-1993)와 함께 무용계에서 탈중심화 이론을 실천한 선구적인 예술가다. 그는 아인슈타인의 "공간상 고정점이란 없다"라는 지적에서 전통적인 춤이 하나의 초점, 즉 정

19 김말복(2011), p.414.

면에서 바라보는 것이라는 것을 생각해냈고, 이 관습적인 인식 방식을 변화시켰다. 무대를 향한 단일 초점에 입각한 원근법적 원리에 의해 생성되는 깊이의 환영을 그는 단숨에 파괴시켰다. 스토리를 제거해 모든 무용수를 대등한 중요성을 지닌 대상으로 무대 위에 늘어놓음으로써 이들은 동시적인 사건, 즉 동작들로 관객들의 시선을 산란시켜 무대 공간의 탈중심화(decentralizing)를 이뤘다.

공간에서 중심을 없애고 분산을 허용하는 것은 그의 탈중심화의 핵심을 이루는 장치다. 공간을 향한 다양한 초점의 적용과 민주화 정신은 그대로 무용수의 몸과 동작이 일어나는 공간과 그렇지 않은 공간 개념에도 적용되었다. 이로써 그는 하나의 중심이나 의미의 기원 그리고 이분법적인 위계 질서를 거부하고 다원성을 용인한 것이다. 전통적으로 안무자의 의도에 따라 구성된 안무는 소위 '갇힌 구조'인데 그는 우연적인 사건을 끌어들이는 방식으로 항시 변화하는 열린 구조와 열린 무대를 지향했다. 커닝엄 이전까지 무용수의 동작은 관객을 향한 것이었고 그것이 존재 이유였는데 그는 이런 종속적인 구조를 해체했다. 동작을 실시하는 무용수의 몸은 어느 측면에서 봐도 중요한 것이고 무용수는 어느 동작을 꼭 무대 전면을 바라보고 하지 않아도 되는 것이었다. 이 역시 무용수를 바라보는 중심적인 시선을 해체한 것이다. 그리고 무용수의 몸이 어느 측면에서 바라봐도 무방하다는 다양한 인식 방식을 소개한 것이다.

무용수 몸에서 앞과 뒤의 위계질서를 타파한 방식은 무대 중심과 주변, 움직임이 일어나는 소위 무용수의 몸이 실존하는 공간과 그렇지 않은 공간의 민주화로 이어졌다. 움직임이 일어나는 공간이나 그렇지 않은 공간을 모두 대등하게 중요하게 다뤄 그들 간의 이분법적 가치의 차이도 없애버렸다. 작가의 의도와 초점을 제거해 춤을 바라보는 사람이 각자 의미화(signify)함으로써 모든 개별 독자가 새로운 목적과 의미를 창출해내도록 하여 다양성을 허용했다. 커닝엄의 해프닝과 이벤트 같은 열린 구조의 작품은 바르트의 '쓸 수 있는 텍스트'와 같은 것이다. 이들은 진리와 같은 안무자의 고정된 의미가 아예 배제되어 있어 관객이 적극적으로 의미화를 해야만 하는 항상 새로운 의미의 여지가 있고, 기존 작품의 일부가 또 다른 맥락에서 다른 의미로 재탄생할 수 있는 길이 열려 있는 것이다. 이것이 바르트의 '저자의 죽음' 개념의 전조다.

작가가 더 이상 작품의 의미의 원천이 아니라 새로운 텍스트의 의미를 구조화해내는 독자의 탄생으로 이어지는 것이다. 그런데 이런 스토리의 제거나 공간과 신체의 민주화를 이룬 원인이 되는 커닝엄의 우연성 기법은 이미 1950년대부터 작업해 온 것이며, 바르트의 저자의 죽음이란 생각은 1968년에야 탄생하는 것이다. 따라서 커닝엄은 이런 후기구조주의적 사상의 전조가 되는 새로운 사유 아니면 세상을 달리 바라보는 완전히 다른 인식 방식을 바르트보다 20여 년이나 전에 이미 실천해 보인 것이다. 이는 창조자의 소리를 듣는 위대한 예술가의 작업에서 당대의 사상가가 읽어낸 세계를 바라보는 새로운 사유 방식의 한 예라고 말할 수 있다. 따라서 오늘날 우리는 커닝엄이 얼마나 전위적인 생각의 소유자였는지를 알게 되고, 그의 한 시대를 앞서간 천재성을 새롭게 깨닫게 된다.

제8장

포스트모더니티와 현대 춤의 비표현

이지선

20세기 초 표현론의 등장은 춤을 불완전한 예술에서 최고의 모델예술로 바라보도록 했다. 따라서 '표현(expression)'이라는 주제는 현대 무용미학에서 그 무엇보다도 가장 핵심적인 논제가 되어 왔다. 한편 반세기에 걸친 표현에 대한 예술가와 미학자들의 강한 믿음은 1960년대 포스트모던 사상의 등장과 함께 새로운 국면을 맞이하게 되었는데, 당시 예술에서 전개되었던 실천들은 예술 본질에 대한 반성과 비판으로 이어졌다. 춤에서 역시 움직임 표현에 대한 강한 의문과 재검토가 요청되었으며, 그 결과 기존 무용 표현에 대한 거부로서 '비표현(anti-expression)'이라는 개념이 포스트모던 댄스의 핵심으로 부각되었다.

그러나 '비표현' 개념의 등장은 표현의 단순한 안티테제로서의 것으로 이해하는 것보다 훨씬 복잡한 개념과 사상이 혼재되어 있다. 포스트모더니즘 사상 연구의 선구자인 할 포스터(Hal Foster, 1955-)의 편저 『반미학(*The Anti-Aesthetic: Essays on Postmodern Culture*)』(1983)에서 그는 포스트모던이 반모던 혹은 모던의 부정이 아닌 확장과 보완으로 보고, "저항(resistance)으로서의 포스트모더니즘"과 "반동(reaction)으로서의 포스트모더니즘"이라는 두 가지 포스트모더니즘에 대한 시각을 구별할 것을 강조한다. 또한 김상환(1996)은 모더니즘에 대한 반성과 해체로 나타난 포스트모더니즘 및 그 이후 현대 철학을 이해하기 위해 모더니즘 논의에 얽혀 있는 사회적, 문예사적, 철학적 관점들을 변별적으로 인식해야 함을 주장하고 있다.

샐리 베인스(Sally Banes, 1949-)는 "춤의 진정한 모더니즘은 1960년대에 이르러서야 가능해졌다"고 이야기하는 반면, 수전 매닝(Susan Manning)은 "20세기 전반에 춤 모더니즘이 발견된다"[1]고 했다. 즉, 현대춤에서의 모더니즘에 대한 개념적 충돌이 있으며, 따라서 그에 대한 저항 혹은 반동으로서의 춤 포스트모더니즘에 대한 설정도 복잡해질 수밖에 없는 실정이다.

따라서 기존의 포스트모던 댄스 미학 및 사례 연구에 배태되어 있던 이 같은 개념적 혼재를 명료히 하고, 그 미학적 논의의 중심에 있는 '표현'이라는 문제를 둘러싼 의문들, 즉 춤은 반드시 표현적인가? 표현되는 것은 무엇인가? 표현에 얽힌 담론들은 무엇인가? 비표현은 표현과 어떻게 구분되는가에 대한 의문들을 탐색해 보고자 한다.

이를 위해 표현주의 등장 이후 무용에 나타난 표현의 주된 흐름을 마사 그레이엄과 머스 커닝엄의 '모더니스트들의 표현'과 저드슨 그룹과 이본느 레이너(Yvonne Rainer, 1934-)로 대표되는 '포스트모더니스트들의 비표현'으로 구분하고 관계론적인 논의를 이끌어낼 것이다. 시기적인 구분에서 이들 안무가의 작업이 변별적인 시기로 행해졌던 것이 아니며, 작가들이 오랜 활동 기간 속에서 기간별로 안무 스타일과 특성이 달라지기 때문에, 그 차이와 관계적 발전 혹은 대응 관계를 추적하기 위

1 Mark Franko(1995). *Dancing Modernism/Performing Politics*(Bloomington: Indiana University Press), p.39.

해 각 안무가가 처음 예술 활동을 시작해서 춤에 대한 생각과 작업 방식 등을 정립하던 초기의 안무 철학에 주목하고자 한다. 따라서 각 안무가별 논의는 1930년대를 중심으로 하는 그레이엄의 특성과 1950년대를 중심으로 하는 커닝엄의 특성, 1960년대를 중심으로 하는 레이너의 특성에 제한해서 논의한다. 이 같은 구획을 통한 비교 논의는 그간의 단일 시대 혹은 작가에 대한 공시적 연구물들에서 규명하기 어려웠던 포스트모던 댄스 대표 미학인 부정의 미학과 비표현 개념에 담긴 예술론적 의미들을 밝혀내는 데 유효하리라 생각한다.

이 논의에서 특히 주목하고자 하는 것은 '표현'이라는 주제로 20세기 전반의 무용사상을 실존주의, 기호학, 예술심리학, 리얼리즘 등의 키워드로 분석한 네 개의 선행 논의들에서 다뤄지지 않았던 예술미학적 관점에서의 무용 표현에 대한 논의에 있다. 이를 위해 동시대의 다양한 안무가 및 작품을 모두 논의해 그 이론의 방대함이나 다양성으로 인한 논의의 혼란 대신 대표적인 안무가와 그 표현미학적 특성을 도출해 비교 논의함으로써 20세기 전반 무용예술에 나타난 표현과 비표현의 특성과 변화를 조망해 보자.

1. 포스트모더니즘의 의미와 담론

포스트모더니즘(postmodernism)이라는 용어의 시작은 역사학자 아놀드 토인비(Arnold J. Toynbee, 1889-1975)가 『역사연구』(1931-64)에서 서구 역사를 암흑기, 중세기, 모던, 포스트모던으로 구분한 것에서 유래되어, 건축가 찰스 젠크스(Charles Jencks, 1939-)가 20세기 전반 널리 통용되던 바우하우스식의 기능적 실용적 건축 양식에 반대하는 것으로서 포스트모던 건축이라는 용어를 정의하며 널리 사회·문화·예술·사상 전반의 반(反)모던적·비판적 개념으로 확산되었다. 이후로부터 포스트모더니즘에 대한 의미와 해석은 그 사용과 맥락에 따라 매우 다양하게 전개되어 왔는데, 그 까닭은 두 가지로 요약된다. 첫째 그 비판의 대상이 되는 모던을 무엇으로 보고 있느냐에 따라, 그리고 둘째 포스트모던이 모던에 갖는 입장이 어떠하냐에 따라 달라진다.

그렇다면 포스트모던이 대응하는 모더니즘(modernism)은 무엇인가? 이에 대해 크게 세 가지 관점에서 논의될 수 있다. 사회사적 관점에서의 모더니즘은 막스 베버(Max Weber, 1864-1920)에 의해 주장된 19세기 이후 '서구적 합리주의'로 요약되는 기독교의 종교에서 해방된 자본주의 경제 체제와 관료주의적인 행정조직을 갖춘 사회를 지칭한다. 한편 문학예술사적 관점에서의 모더니즘은 샤를 보들레르(Charles Baudelaire, 1821-1867)에 의한 '낭만주의 반대운동'으로 19세기 말 종래의 자연미와 전통적 예술미를 예찬하는 낭만주의에 반대해 기계적 인공미를 찬미하는 흐름으로 시작되었다. 마지막으로 철학적 관점에서의 모더니즘은 17세기 중반 후기 데카르트(René Descartes, 1596-1650)의 '사유하는 주체'로부터 객관적 실재와 주관적 가상(shein)의 구분과 이에 따른 경험세계와 참된 표상의 갈등과 조정의 문제에 관한 것이다.[2] 따라서 모더니즘에 대한 이와 같은 세 가지 갈래는 따라서 각기 다른 포스트모던 사상의 갈래를 발생시킨다. 즉, 후기자본주의의 현상으로서의 사회적 포스트모더니즘과 기계적·형식적·엘리트적 모더니즘 미학을 거부하는 대중예술적 포스트모더니즘, 그리고 합리적 이성의 주체를 해체하고자 한 후기구조주의 철학으로 대표되는 철학적 포스트모더니즘으로 구별된다. 포스트모던은 그 사용되는 맥락에 따라 큰 용법상의 차이가 존재하나 "이성적 합리성, 중심과 독창성, 저자와 작품 등에 대한 고전

2 김상환(1996). 『해체론 시대의 철학』(서울: 문학과지성사), pp.357-363.

적 개념에 반대"[3]하고 "무의식, 불확실성, 모순, 단절, 차이"[4]에 초점을 맞추는 공통점이 있다.

이 연구가 무용예술에 대한 논의로 집중하고자 할 때, 문화예술적 관점에서의 모더니즘과 포스트모더니즘에 대한 좀 더 구체적인 서술이 필요하다. 예술 일반에서 추구되었던 모더니즘 운동이 시기적으로 다양한 방향으로 전개되었지만 이들의 공통점은 예술의 제1원칙 원리인 시각적 '재현(representation)'[5]의 거부라는 공통점을 갖는다. 예술 작품은 작품 바깥에 있는 대상을 모방함으로써 어떤 것의 가상이 된다는 것을 포기하고 개인의 내적인 어떤 것을 형식적으로 '표현(expression)'하고 형상화해 모방과 재현에서 점차 비재현적 '추상(abstract)'으로 나아가게 된다.[6] 시각예술에서 추상에 대한 관심은 20세기에 이르러 등장하기 시작한 벨(Clive Bell)의 형식주의 미학[7]과 함께 더욱 '예술의 자율성

---

3 앞의 책, p.345.

4 남경태(2006). 『개념어사전』(파주: 들녘), p.412.

5 이 논의에서는 김말복(1987)과 미학대계간행회(2007a)의 서구 미학 및 무용미학 논의에서 전개된 흐름에 따라 모방(재현) < 표현(내재적: 서술, 지시, 묘사, 예증, 은유/ 외재적: 형식적, 전시)으로 그 개념적 위계를 전제했다.

6 20세기 초까지 유럽을 중심으로 일어났던 예술의 모더니즘은 과거의 전통과 사회, 자율적 예술에 대한 부정에서 출발했다. 이것은 아방가르드 예술과 모더니즘 예술이라는 두 가지 특징으로 발전된다. 그러나 제2차 세계대전 전후로 이러한 전개가 미국으로 옮겨지면서 당시의 냉전 체제에 상황에서 미국적 모더니즘(그린버그식)으로 한정되고 "절대적 자율성의 추구"라는 이념으로 변형되어 추상표현주의(abstract expressionism)라는 예술을 낳게 된다. 따라서 1960년대에 이르러서는 이 같은 미국식 모더니즘에 대한 반발로서 개념 미술, 미니멀리즘 미술, 팝아트 등의 활동이 적극 일어나게 되었으며, 20세기 초 아방가르드 정신을 계승했다고 하여 네오-아방가르드(neo-avant-garde)라 구별된다. 미학대계간행회(2007c). 『미학대계 제3권: 현대의 예술과 미학』(서울: 서울대학교출판부), pp.21-26.

7 미학에서 형식에 대한 강조는 고전주의 미학에서 모방을 위한 적절한 크기와 통일성으로 이해되었고, 칸트(Immanuel Kant)는 합목적적인 순수 형식을 주장했으며, 헤겔(G. W. F. Hegel)의 진보된 형식으로서의 '철저한 형식(radical form)' 개념으로 이어지게 된다. 이후 벨(Clive Bell)의 '의미 있는 형식(significant form)'으로 현대적으로 계승되고 있다. 벨의 형식 개념은 예술에서 모방적 혹은 내러티브적 요소를 이차적인 요소로 바라보게 함으로써 추상

(autonomy of art)'을 주장하게 된다. 예술의 자율성이란 모방론 이래 서양 미술이 추구해 오던 작품 외적 대상과의 관계를 포기하고 예술 작품과 예술가의 관계에 주목하고자 한 흐름을 의미한다. 객관적 지식의 모방에서 주관적 '감정'과 '표현'으로의 이행이 그 첫걸음이었다고 하겠다.

나아가 당대의 미국 비평가 클레멘트 그린버그(Clement Greenberg)는 이마누엘 칸트(Immanuel Kant)의 '순수이성' 개념을 빌려 모더니스트 예술이 자신의 본질에 충실하기 위해 "다른 매체로부터 빌려왔거나 다른 예술의 매체가 빌려간 것으로 여겨지는 일체의 효과를 의무적으로 제거"해야 한다고 주장했다. 더불어 "비판의 수단 자체를 비판한" 칸트에게서 모더니즘의 본질인 자기성찰적 특징을 끌어냈다.[8] 회화가 작품 밖의 어떤 것을 대신하는 '환영적 사물(illusionistic reality)'이 아니라 '매체 자체(medium itself)'이며 독립된 실체(entity)로 인식될 수 있다는 것이다.[9]

포스트모더니즘 사상 연구의 선구자인 할 포스터의 편저 『반미학』(1983)에서 그는 포스트모더니즘의 특성을 '반미학'이라 칭하며 그 핵심 전략을 '부정(negation)'으로 제시한다. 그렇다면 전통 미학을 비판한 모더니즘 운동과 포스트모더니즘 운동은 부정이라는 공통 분모를 가지고 있는 셈이다. 특히 그는 서문에서 "저항으로서의 포스트모더니즘"과

미술 같은 현대적 작업에 주목하게 만들었다. 한편 그린버그(Clement Greenberg)는 형식주의적 가치들을 역사적 성과라는 맥락에 위치시켰는데, 벨이 작품의 재현적 환영주의적 측면 아래서 형식적 구조를 찾아낸 것과 달리 재현적인 측면들을 축소함으로써 얻어지는 형식에 대해 주목한 점에서 진정한 모더니즘 이론의 시작으로 평가할 수 있다. 미학대계간행회(2007b). 『미학대계 제2권: 미학의 문제와 방법』(서울: 서울대학교출판부), pp.261-263.

8 Clement Greenberg(1960/62). Modernist painting. In eds Francis Frascina & Charles Harrison. *Modern Art and Modernism: A Critical Anthology*(pp.5-19)(London: Harper & Row), 1982, pp.5-6.

9 김재관(1999). '그리드(Grid)'의 형성과 해체: 서양회화의 사적 맥락과 그 해석을 중심으로. 『조형예술학연구』, 1, p.143.

"반동으로서의 포스트모더니즘"을 구별하고 있는데, 후자는 일종의 모더니즘의 흐름에 반응적으로 대응해 나타난 하나의 대안적 미학으로서의 포스트모더니즘을 지칭하고, 전자의 경우 상호 주관적인 세계 인식과 다학문적 접근, 그리고 지금까지의 모더니티에 대한 논의를 보완하는 것이라 설명한다. 그러므로 저항으로서의 포스트모더니즘은 전통을 비판적으로 해체하는 데 관심이 있으며, 기원에 대한 비판과 의문을 추구한다.[10] 이와 같은 포스터의 관점은 포스트모던을 반모던 혹은 모던의 부정을 추구하는 하나의 예술 양식으로서 인식하는 반동적 포스트모더니즘 개념에서 나아가 모더니즘적 관점에서 추구되었던 아방가르드적 비판 정신의 확장과 보완인 저항으로서의 포스트모더니즘 관점으로 바라봐야 함을 강조하고 있다.

이 같은 포스터의 입장을 춤 포스트모더니즘에 적용해 보자.

미국 무용학자 샐리 베인스에 의해 발전되어 온 "포스트-모던 댄스(post-modern dance)"라는 개념은 지극히 "미국적 현상"[11]으로 "문학적 아이디어나 음악적 형식에 의존한 모던 댄스의 표현주의에 반대하는 것"[12]으로 정의했다. 그녀의 저서 『포스트-모던 댄스(*Terpsichore in Sneakers: Post-Modern Dance*)』(1980)는 1960년대 저드슨 댄서들에 대한 심도 깊은 연구와 포스트모던 댄스에 대한 학문적 인식을 공고히 하는 기틀이 되었고, 이러한 미국 무용사적 관점에서의 포스트모던 댄스의 의미가 규정되고 일반화되었다. 그녀는 "포스트-모던"이라고 하이픈(-)을 넣음으로써 그 이전의 '모던 댄스'[13]에 반대하는 새로운 춤의 등장

10 할 포스터(1983). 『반미학』. 윤병호 외 옮김(서울: 현대미학사), pp.18-21.

11 Sally Banes(1987). *Terpsichore in Sneakers: Post-Modern Dance* [revised 2nd edition] (Middletown, CT: Wesleyan University Press), p.xxxvi.

12 Sally Banes(1980). *Terpsichore in Sneakers: Post-Modern Dance* [1st edition](Boston, MA: Houghton Mifflin), p.15.

13 베인스는 1930년대 현대무용의 스타일로 확고하게 자리잡은 그레이엄 또는 험프리식의 표현

을 강조하고자 했다. 그러므로 포스터가 구별한 개념에 따르자면 포스트-모던 댄스는 "반동으로서의 포스트모더니즘"에 따른 무용 양식 규정에 머무른다. 이것은 또 다른 형태의 모더니즘 전략을 반복하는 것에 다름없게 된다.

당시 미국의 포스트-모던 댄스는 무용 매체의 새로운 발견과 문화 다양성의 수용이라는 두 가지 차원으로 세계 무용계의 흐름을 이끌어 나아갔다.[14] 즉, 베인스는 1960년대 춤을 읽어내기 위해 당시 예술 일반에 유행하던 그린버그식 모더니스트 회화의 '순수(pure)'함을 춤에 적용시켰다. 베인스는 다른 예술에서 모더니즘이라 불리는 이론적 특성이 모던 댄스에서는 진정 이룩되지 못했고, 포스트모던 댄스에 이르러서야 비로소 모더니스트 예술이 완성되었다고 지적했다.[15] 그녀는 무용의 역사가 '테크닉' 또는 '표현'이라는 양측 간의 대립과 반복으로 이어져 왔으며 비로소 포스트모던 댄서들에 의해 그 순환이 종결되고 춤에 대한 새로운 인식이 시도되며 모더니즘이 완성되었다고 설명했다.[16] 따라서 춤은 비로소 예술 형식, 즉 움직임 형식에서의 재현적인 의무를 벗고 미국 당대의 시대 정신인 민주주의를 예증하는 예술이 되었다[17]고 해석한다. 그리고 포스트-모던 댄스의 대표 안무가로 이본느 레이너를 꼽아 당대의 미니멀 아트의 예술 형식적 파괴와 견줘 모더니즘 특성을 공유하고 있다고 덧붙였다.[18]

베인스가 내린 이와 같은 포스트-모던 댄스와 모더니즘 미학과의 연

주의 현대무용을 '현대의 무용'과 구분하기 위해 'historical modern dance'라고 구별했다.

14 나경아(2002). 포스트 모던댄스의 '탈형식' 양상 연구. 『대한무용학회논문집』, 32, p.48.

15 Sally Banes(1987). pp.xiv-xv.

16 Sally Banes(1980). p.49.

17 Sally Banes(1993). *Greenwich Village 1963: Avant-Garde Performance and the Effervescent Body*(Durham, NC and London: Duke University Press), p.10.

18 Sally Banes(1980), p.49.

결은 이후 무용학자들의 많은 이견과 논의[19]를 불러일으켰으며, 무용 양식과 당대 철학사상 간의 시대적 불일치는 20세기에 탄생한 조지 발란신(George Balanchine, 1904-1983)의 현대 발레를 신고전주의(neo-classicism)라고 명명했을 때와 같이 무용 양식과 스타일의 특성을 무용 내적으로 고립시키고 그 예술 장르 안에서의 독특한 현상 또는 무용이 미학적 흐름을 뒤따라간다는 인식을 불러일으킨다. 따라서 이와 같은 미국 무용사적 관점에서의 포스트-모던 댄스의 개념을 확장하고 그를 위한 무용에서의 모더니즘의 완성과 포스트모더니즘으로의 확장과 전개를 되짚어봐야 하겠다.

2. 모더니즘과 춤 표현의 의미

앞의 논의에서 살펴보았듯이 20세기 전후 모더니즘과 예술표현론은 동시발생적이었다. 즉, 기존 예술에 대한 비판과 반동으로서 "예술을 위한 예술"이라는 모토 아래 예술의 미학적 독립이 이뤄진다. 따라서 표현으로서의 예술에 대한 요구는 20세기 전반의 미학적 관심이 '무엇이 표현인가'에 대해 '직관(intuition)', '상상력(imagination)', '경험(experience)', '감정의 상징적 형태(symbolic form of feelings)' 등의 것으로 설명해냈고,[20] 동시대 춤도 같은 맥락에서 표현주의 무용미학을 확립해 나아간다. 따라서 이어지는 논의는 무용미학 내에서 이뤄졌던 표현주의 미학을 모더니즘 사상의 전개와 함께 관계론적으로 살펴봄으로써 기존

19 대표적으로 Noel Carroll(1981)/(2003). Marshall Cohen(1981), Roger Copeland(1983)/(1985), Susan Manning(1998) 등과 같은 주요 무용학자들의 연구에서 베인스의 견해에 대한 확장과 반론을 찾아볼 수 있다.

20 김말복(1987). 『무용예술론』(서울: 금광), p.28.

무용미학 논의에서 표현미학으로 총칭했던 무용 논의를 재조명해 보고자 한다.

1) 움직임 형식을 통한 정서의 전달-표현

예술표현론에서 표현(Ausdruck)이란 "내적인 요인(inwardness)이 어떤 자극에 의해 외부로 드러나는 것(outwarding)"[21]을 의미한다. 그러므로 '표현'에는 내적인 어떤 것(feeling)이 자극에 의해 드러나는 것이라는 내-외적 이원론의 시각을 항시 전제하며, 현대 춤에서 표현의 문제도 같은 전제를 지닌다. 20세기 모던 댄스의 핵심 주제였던 표현의 문제는 표현론의 등장 이전부터 무용과 깊은 관련을 맺고 있다. 1463년 이탈리아 무용교사였던 구글리엘모 에브레오(Guglielmo Ebreo da Pesaro, 1420-1484)는 "내적인 느낌을 의미화하며 외재적인 움직임으로 조화롭게 움직이는 것"을 무용이라 기록했고, 17세기 프랑스 오페라 대본가이자 이론가인 기욤 콜렛(Guillaume Colletet, 1598-1659)도 춤에서 기쁨과 같은 감정의 모방은 "영혼이 본래적으로 신체에 만들어낸 감명의 결과물"[22]이라고 설명했다. 이 같은 무용 표현에 대한 전통적 믿음은 장 조르주 노베르(Jean G. Noverre)의 극적 발레(ballet d'action) 개념에서부터 미첼 포킨(Michel Fokine)의 표현적 사실주의 발레, 이사도라 덩컨(Isadora Duncan)으로까지 이어지게 된다.

한편 앞에서 베인스가 무용 모더니즘의 시작을 1960년대로 유보한 것과 달리 수전 매닝은 "모더니즘은 이미 1930년대 존 마틴(John Martin)의 모던 댄스 해석에서부터 시작된 것"[23]이라고 주장한다. 즉, 마

---

21 M. H. Abrahms(1971). *The Mirror and the Lamp: Romantic Theory and the Critical Tradition*(Oxford: Oxford University Press), p.48.

22 Mark Franko(1995), p.76 재인용.

사 그레이엄의 작업을 무용 모더니즘의 출발로 삼고 있다. 그 까닭은 모더니즘의 논제, 즉 '예술의 자율성'을 시도한 것을 근거로 한다. 클라이브 벨(Clive Bell, 1881-1964)의 형식주의 미학이 적용되기 시작한 1920~30년대 마사 그레이엄의 무용 표현과 그에 대한 마틴의 이론적 서술에서 무용 모더니즘의 출발과 영혼의 지휘 아래 있었던 춤 움직임 표현과 지식들이 비로소 춤 안으로 들어올 수 있게 된 것이다.

전통적인 무용예술의 형태인 발레에 반대하는 새로운 춤 모던 댄스를 대중과 예술가들에게 알리는 데 앞장섰던 마틴은 당대 무용예술의 움직임을 주도하던 그레이엄의 무용 원리를 바탕으로 무용의 현대예술적 인식과 해석을 구축했다. 그레이엄의 춤은 20세기 유행했던 전달-표현이론(communication-expression theory)에 의해 설명되었으며, 움직임은 "한 개인의 의식으로부터 다른 사람의 의식으로 심미적이며 감정적 개념의 전달을 위한 매개체"[24]로 파악했다. 따라서 현대 춤에서 움직임은 표현을 위한 도구가 된다.

마틴은 모던 댄스의 원칙을 1) 실체(substance)로서의 움직임, 2) 메타키네시스(metakinesis), 3) 역동성(dynamism), 4) 매 춤마다 형식의 새 원리 확립으로 설명했다. 그가 말하는 '실체로서의 움직임'이란 "예술을 위한 예술"이 의미하는 예술의 자족성 혹은 독립성을 의미한다. 즉, 모던 댄스 이전의 춤인 발레에서 움직임은 부차적인 것이고 포즈나 자세를 취하는 태도, 그리고 그간의 조합이 강조되었던 반면 모던 댄스에서는 움직임 자체가 하나의 실체로 간주되며 공간의 크기, 시간의 길이, 움직임의 질과 강도에 따라 다양한 움직임들이 만들어지게 된다. 두 번째의 원칙인 '메타키네시스'란 움직임을 통한 예술가 관객 간의 커뮤니

---

23 Susan Manning(1989). Terpsichore in combat boots. *TDR*, 33(1), p.34.

24 John Martin(1933), p.35.

케이션을 의미한다. 따라서 모던 댄스 원리의 설명에서 마틴은 '움직임=표현'이라는 개념을 전제하며, 외부 세계에 대한 모방과 재현을 벗어나 안무가 자신 내부의 것을 밖으로 끌어내어 관객과 소통한다는 점을 인식한다. 여기서 '역동성'이란 춤이 연속적이거나 지속적인 움직임으로 구성된다는 것을 의미한다. 즉, 현대 춤에서는 춤이 완전히 끝나도록 하는 물리적 정지 상태의 순간이 없이 힘과 강도의 조절을 통해 움직임의 역동적인 흐름으로 전개된다. 또한 마틴이 현대 춤의 원리를 설명할 1930년대 미국에서 지배적이었던 벨의 형식주의 모더니즘 미학 원리에 따라 네 번째 원칙인 '형식의 문제'에서 무용 형식의 중요성과 움직임의 예술미가 형식을 통해 표현되고 전달된다고 설명하고 있다.

그레이엄이 1926년 뉴욕에서 안무가로 데뷔 이후 음악 감독 루이 호스트(Louis Horst, 1884-1964)와 함께 작업을 하면서 그녀의 춤 안무에는 형식적인 구성들이 자리 잡게 된다. 호스트는 "움직임에 감정이란 없고 단지 그것의 긴장으로부터 전달될 수 있다"고 이야기한다. 즉, 그는 형식주의 음악가로서 움직임을 구성(compose)함으로써 춤에 시각적인 구조가 만들어지고, 그로부터 어떤 미나 정서가 전달된다고 했다. 예를 들어 ABA, 즉 시작, 중간, 끝으로의 구성을 가장 보편적인 패턴으로 보고 A에 주제, B에 대조되는 주제, A에 귀환으로 구성된다. 이처럼 그는 춤 움직임의 형식적 근거를 음악의 구조로부터 이끌어냈다.

마틴이 설명하고 있던 모던 댄스의 황금기, 즉 1930년대 무렵 그레이엄의 춤은 어떠했는가? 「현대 무용가를 위한 동작의 원리(A Modern Dancer's Prime for Action)」(1941)에서 그레이엄은 "신체를 통해 자아가 표현하기 위해 그것을 가능케 해주는 것이 테크닉"이므로 발레의 테크닉 그 자체를 위한 기교를 거부하면서도 표현을 위한 필수 요소로 지적하고 있다. 또한 "움직임이란 창조되는 것이 아니라 발견되는 것"으로 창작자는 신체 훈련을 통한 표현의 테크닉을 통해 움직임을 발견해 나아간다고 설명한다. 또한 "미국의 무용은 그것이 근거지로 삼아야 할 것이 바로 미국이며 화려하고 풍부하며 자연스러운 리듬에 미국다움이 있다"고 하며, 모던 댄스가 테크닉적 기교에 의해서가 아닌 리듬으로부터 비롯된 움직임의 특질로서 구분될 것이라고 지적했다.[25]

마틴과 호스트가 형식주의 미학에 입각한 움직임 표현에 대해 피력할 당시 모던 댄스를 주도하던 그레이엄 또한 표현적이지만 극적이지 않은 춤을 시도하고 있었다. 무용사에서 그레이엄은 정조주의, 무용표현주의의 대표로 다뤄짐으로써 20세기에 태동한 모던 댄스의 특징이 매우 좁은 의미의 감정표현론으로 일반화되는 경향이 있을 수 있는데, 이는 사실상 그레이엄의 안무 철학을 매우 단순한 방식으로 해석한 것이라 생각한다. 오히려 그녀는 "춤이란 절대적인 것이며, 어떤 것에 관한 지식이 아니라 춤 그 자체에 관한 것"[26]이라고 피력하며 뷔그만식의 절대무용(absolute dance)을 추구했다. 마크 프랑코(Mark Franko)는 그레이엄의 작품 경향을 1930~40년대의 경우 그레이엄만의 형식주의 스타일을 확립해 가던 시기로, 1950년대 이후를 정조주의자(emotivist)이자 드라마 지향적인 작업의 시기로 구분하고 있는데,[27] 그녀의 춤을 단순히 극단적 내러티브[28]의 춤으로 요약하기에는 다양한 스타일의 변화가 보이며, 이 논의에서는 춤 모더니즘으로서의 형식주의 미학의 시기 시작을 바로 그레이엄 초기 작업 스타일로부터 이끌어내고자 한다.

---

25 마사 그레이엄(1941). 현대무용가를 위한 동작의 원리. 김태원 엮음(2003). 『현대무용의 미학과 비평 1』(서울: 현대미학사), pp.283-312.

26 Martha Graham(1941). Dancer's Focus. In Barbra Morgan, *Martha Graham: Sixteen Dances in Photographs*(New York: Morgan and Morgan), p.11.

27 Mark Franko(1995), pp.40-41.

28 내러티브: 사건의 전개에 따른 행위 등장인물 배경 등이 등장하고, 시간의 흐름 속에서 연관된 사건이나 움직임이 의미 있게 나열되고 표현되는 것을 말한다. 이지원(2014). 현대 춤에 나타난 내러티브 재현과 의미 분석. 『대한무용학회논문집』, 72(2), p.116.

그레이엄의 초기 대표작 「비탄(Lamentation)」(1930)에서 그녀는 춤추는 내내 마스크를 쓴 것과 같은 무감정적 표정으로 일관한다. 이는 이브 알랭 보아스(Yve-Alain Bois, 1952-)가 지적했듯 1920년대 당시 시각예술 전반에 두드러지게 나타났던 "심리학적 부재(psychological absence)"의 특성과 같은 선상에 있다. 또한 '긴장(contraction)과 이완(release)의 원리'에 따른 몸통 중심으로부터 발생되는 움직임의 충격적 뒤틀림과 아래로 향하는 무게 중심, 각이 지고 충격적인 몸통의 비트 등과 같은 명시적인 그레이엄만의 형식들을 보아스는 안무가 개인적 차원에서의 심리가 배제된 것이라 해석했다. 즉, 늘어나는 천 조각을 뒤집어쓰고 울부짖는 것과 같은 몸 동작들 가운데 무표정한 그녀의 얼굴은 작품 안에 들끓어 오르는 슬픔의 감정을 움직임 그 자체의 형식적 구조 안에서 드러나도록 한 것이다.

당시 그레이엄의 춤을 직접 봤던 비평가 마거릿 로이드(Margaret Lloyd)는 그녀가 작품에서 문학적으로 복잡하게 얽힌 모든 것을 삼갔으며, 움직임 그 자체로 접근했다고 평가했다. 한때 그녀의 무용수였던 제인 더들리(Jane Dudley)도 그레이엄의 초기 무대에서 무대 위에서 그레이엄은 한 번도 연기하는 것처럼 보인 적이 없다고 진술한 바 있다.

그레이엄과 마틴은 춤의 움직임이 외부적 대상의 모방이 아닌 안무가의 감정을 표현하는 수단으로 인식하도록 했다. 또한 움직임이 1차적 내용의 전달 수단이 아닌 움직임 자체의 형태와 구성의 형식적 요소를 통해 감정 표현을 시도함으로써 춤 매체의 순수성을 통한 모더니즘의 실현을 이뤘다고 해석된다.

2) 움직임 그 자체로서의 표현

그렇다면 모더니즘 움직임에서 보여주었던 표현이 진정 움직임 그 자체로서의 표현인가? 이 같은 질문은 그 다음 세대인 모던 댄스 2세대에 의해 던져진다. 그레이엄의 제자로서 그녀의 후기 춤에서 두드러졌던 연극적이고 드라마적 성향이 강하며 형식적으로 정형적인 구조화되어 있는 이미 발레와도 같은 테크닉적 나열이 충만했던 춤에 의문을 던졌다. 그리고 그는 위와 같은 질문에 답을 구하기 위해 움직임 표현을 가장 극단으로까지 실험함으로써 소위 모더니즘식의 '표현'에 가장 저항적인 반대 세력으로 비춰지기도 했다. 그러나 오히려 커닝엄의 이러한 실험은 움직임의 표현성에 대한 모더니즘의 완성으로 바라봐야 한다.

커닝엄은 움직임을 가장 순수한 상태에서 표현적이게 하기 위해 우연성의 기법(chance method)을 사용한다. 이러한 방식을 통해 "특정 부위와 순서의 조합이 내포하는 의미를 허무는 효과"를 거부하는 추상적 성격을 표방하게 된다. 전통적인 조합에서는 불가능했던 새로운 움직임의 표현 가능성을 모색할 수 있었다.[29] 즉, 커닝엄은 그레이엄의 춤이 진정한 움직임 매체의 순수한 표현이라기보다는 호스트가 제안했던 음악적 구조 혹은 서사적 구조에서 제시된 형식을 재현하는 데 움직임이 희생되었다고 판단하며 오로지 움직임 속에 내재된 속성들이 드러날 수 있도록 우연성을 통한 일체의 재현적 요소들을 제거한 것이라 하겠다.

커닝엄의 우연성에 의한 안무는 그의 동료 존 케이지(John Cage)와의 공동 작업에서 발전되었는데, 이제까지의 춤이 음악의 영감으로부터 부여받은 정서 혹은 영적 경험을 움직임을 통해 전달한다는 전통적인 무용 표현에 대한 인식에서 벗어나 춤 움직임과 음악의 연결고리를 끊고 "두 개의 공존하는 실재(the two co-exist)"[30]로 존재하도록 했다. 따라서 우연의 법칙을 통해 커닝엄은 자신의 의지가 배제된 순수한 움직임을

---

29 김말복(2011). 『무용예술코드』(파주: 한길아트), p.373.

30 Merce Cunningham(1955). Choreography and the Dance. In Stanley Rosner & Lawrence E. Abt(ed.). *The Creative Experience*(New York: Grossman), p.311.

발견할 수 있었다.

모더니즘의 관점에서 마틴이 제시한 모던 댄스의 원리에 비춰봤을 때, 커닝엄의 춤은 두 번째 원칙인 메타키네시스를 통한 정서 전달을 부정했을 뿐 춤 움직임을 춤의 중심에 놓고 움직임의 포즈나 자세보다는 역동성에 주목했으며, 『주역(周易)』 혹은 동전 던지기를 통해서였다 할지라도 느슨한 춤 구조와 형식을 마련해 놓았다는 점에서 모더니즘을 계승한다. 그를 포스트모던 댄스의 촉발자이자 모더니즘의 미완된 임무, 즉 '예술을 위한 예술'의 완결자라고 부를 수 있는 지점이다. 모더니스트의 선구에서 그레이엄이 자신의 작품에서 형식을 통한 추상적 움직임 표현을 시도했던 것에서 여전히 남겨지게 된 작가의 의도나 심리를 우연의 법칙을 통해 전적으로 삭제해 버리고 무작위로 즉각적으로 얻어지는 형식적 조건들에 의해 '발견된 움직임(found motion)'을 획득해냈다.

커닝엄의 발견된 움직임은 액션 페인팅과 같은 자연스러운 우연, 즉 자동기술법(automatism)에 의한 즉흥적 결과물과는 다르게 인간의 간섭을 벗어난 지극히 탈인간화된 과정을 통해 얻어진다. 초기 모더니스트들이 전통 미학의 테크닉을 포기하고 새로운 테크닉의 모색과 훈련을 통해 새로운 움직임 표현을 발견해 나아갔다면, 커닝엄은 고도의 테크닉으로 연마된 몸을 가지고 그 관습적 움직임이 유도되지 않는 방식으로 움직임을 발견해 감으로써 움직임 스스로에 내제된 본래적 표현성을 춤의 주된 표현 기법으로 완성시켰다. 그레이엄이 정서 전달을 이끌어내기 위해 단련된 신체의 테크닉이 필요했다면, 커닝엄은 움직임을 풍부하게 발견해내고 실현하기 위해 단련된 신체가 필요했던 것이다.

커닝엄은 아래와 같이 춤 움직임의 내재적 표현성에 대해 설명한다.

> 무용은 무엇인가 표현해야만 하고 거기에는 우리의 의식과 무의식 깊

은 곳에 존재하는 많은 이미지들이 담겨 있어야 하지만, 굳이 억지로 그럴 필요는 없다…. 만약 당신이 진정으로 춤을 춘다면-다시 말해 마음의 강요를 받지 않고 신체를 움직인다면-몸통과 팔, 다리를 통한 정신 세계의 표현은 반드시 생명력을 지니니 형태를 취하게 될 것이다. 우리는 매 순간 우리 자신의 정체를 드러낸다. 그러니 굳이 노력할 필요가 없는 것이다.[31]

이와 같은 그의 진술에서 커닝엄은 표현 그 자체의 확장과 심오한 표현을 위해 움직임이 외적 대상의 표현 수단이 아닌 그 자체가 되도록 해방시켰다. 비평가 데버러 조윗(Deborah Jowitt)의 지적[32]에서처럼 커닝엄의 춤을 비표현적이라 해석하는 것은 단순한 일반화[33]일 것이다.

커닝엄은 「솔리스트와 세 명의 단원을 위한 16개의 춤(16 Dances for Soloist and Company of Three)」(1951)에서 처음으로 우연성을 실험했다. 이 시기를 기점으로 커닝엄은 그레이엄식 극적 스타일의 작품 경향에서 방향을 전환하기 시작했다. 이 작품은 인도 고전 춤극에서 일관되게 등장하는 아홉 가지의 정서를 그 주제로 한다. 그렇다고 각 춤이 정서를 표현하는 움직임으로 이뤄진 것은 아니다. 춤의 형식적 요소 역시 주제가 되지 않았고, 시간과 공간 속에 존재하는 오브제들이 주제가 되었다. 커닝엄은 분노, 환희, 미움 등과 같은 작품 속 정서의 나열을 특정 논리를 부여하지 않고 동전을 던져 결정했다. 작품의 마지막 결론부에서 역

31 앞의 글, pp.72-73.

32 Deborah Jowitt(1993). Expression expressionism in American modern dance. In Janet Adshead-Lansdale & June Layson(ed.). *Dance History: An Introduction*(London: Routledge), p.175.

33 수전 손탁(Susan Sontag)이 지적한 대로 "춤이 감정 표현을 해서는 안 된다는 시각이 감정 자체를 반대하는 것으로 여기면 안 된다. 발레리(Paul Valéry)가 시란 독특한 시적 감정을 창조하는 기계와 같다고 정의한 것처럼 춤도 감정을 '표현'하는 것이 아니라 감정을 창조하는 수단인 것이다." Susan Sontag(1983). For 'Available Light': a brief lexicon. *Art in America*, December, p.103.

시 개별 움직임들이 순서와 시간의 길이 그리고 각자 공간 속 방향을 동전을 던져 정했다.[34] 그는 동전 던지기를 통해 움직임 시퀀스의 나열을 탈인간적인(impersonal) 방식으로, 바꿔 말하면 객관적인 방식으로 결정했다. 이 작품은 감정이라는 모더니스트들의 주제를 춤에 끌어들임에도 불구하고 모더니스트들이 보여주었던 주관성의 개입, 즉 안무자의 내적 정서 혹은 취향에 의한 움직임 구성의 원리를 거부함으로써 움직임 그 자체의 표현 가능성을 제시해 주고 있다.

커닝엄은 그레이엄이 몸통으로부터 긴장과 이완의 원리로 강한 움직임 인상을 만들어내는 것과 달리 스텝에서부터 움직임을 만들어 나아갔다. 그는 발, 다리, 손, 몸통, 머리로 '스텝'을 한다고 하는데,[35] 이는 캐릭터나 정서 또는 형식적 구조를 전제하고 이에 움직임을 고안해 나가는 방식과 정반대로 진행된다. 움직임 그 자체가 그 다음 움직임 창작의 근거가 되는 것이다. 이렇게 덧붙여 나아가는 방식은 춤에서의 콜라주 기법을 가능케 했으며, 움직임의 조합뿐만 아니라 춤과 그 외적 요소들 즉 음악, 조명, 의상과의 관계되는 방식에도 적용될 수 있었다. 즉, 커닝엄은 춤 움직임 외적 요소인 정서조차도 거부하고 움직임의 의도를 제거함으로써 오로지 춤 '움직임 그 자체로부터의 움직임'의 비재현적 표현을 통한 모더니즘의 예술적 기획을 완성해냈다.

3. 포스트모던 댄스의 반모더니즘과 비표현 전략

1950년대 커닝엄의 표현에 대한 반성적 실험은 모더니스트들의 형

---

34 Merce Cunningham(1968). Two Questions and Five Dances. *Dance Perspectives*, 34, Summer.

35 앞의 글.

식주의적 표현미학에 비판 의식을 만들어냈고,[36] 기존의 무용 움직임 전략을 거부하는 반미학적 움직임을 자극하게 된다. 이것은 커닝엄의 안무 수업에서 조직된 저드슨 댄스 시어터(Judson Dance Theater)에 의해 주도되며 곧 포스트모던 댄스의 시발점이 되었다. 저드슨 댄스의 예술적 목적은 커닝엄이 시도했던 '움직임의 순수성'에 대한 제안을 이어받으면서도 매우 상이하고 급진적인 방식으로 실험하는 것이었다. 그것은 무용 모더니즘에서 완성했던 순수성에 대한 신화를 버리고 그 관심을 '움직임 자체'에서 '움직임을 바라보는 방식'으로 옮겨놓기 위해 무용의 예술적 전형을 부정하는 것, 즉 반무용/비무용적 시도였다. 그렇다면 베인스가 포스트모던 댄스를 규정했을 때 내렸던 해석[37]에서 나아가 포스트모던 댄스는 모던 댄스에 대한 반동적 대안(anti-modern dance)이 아닌 무용 모더니즘 기획에 대한 도전과 저항(anti-modernism)으로 바라봐야 할 것이다.

1) 부정의 미학과 움직임 비표현

후기 현대 춤의 기점이 된 저드슨 댄스 시어터의 활동은 이본느 레이너(Yvonne Rainer), 스티브 팩스톤(Steve Paxton), 트리샤 브라운(Trisha

---

36 커닝엄의 표현과 구성에 대한 새로운 접근 방식은 로버트 라우센버그(Robert Rauschenberg)와 같은 네오 다다와 미니멀리즘 미술 경향을 주도한 미술가들에 영향을 미쳤다. 라우센버그는 블랙마운틴대학에서 커닝엄과 커닝엄무용단의 음악 감독이었던 데이비드 튜더(David Tudor), 시인 찰스 올슨(Charles Olson) 등 다양한 예술가들과 함께 「연극 작품 1번(Theater Piece No.1)」(1952)과 같은 해프닝 작품을 시도했고, 그 이후 커닝엄무용단의 일원이 되어 1954년부터 1964년까지 총 22편의 작품에서 무대 장치, 소품, 조명, 의상 등의 디자인을 담당했다. 조수진(2013). 라우센버그와 모리스의 움직이는 몸: 1960년대 미국 미술과 무용의 협업. 『현대미술사연구』, 33, pp.80-84; 김현옥(2008). 머스 커닝엄과 시각 예술가들의 예술 협력에 관한 연구. 『대한무용학회논문집』, 55, pp.55-67 참조.

37 Sally Banes(1987), p.xv.

Brown) 등을 주축으로 이제까지 이룩해 왔던 무용 방식을 전위적으로 실험함으로써 시간, 공간, 신체운동에 관한 새로운 의미를 확립시켰다.[38] 포스트모던 댄스의 든든한 지원자였던 비평가 질 존스톤(Jill Johnston, 1929-2010)은 포스트모던 댄스의 특성을 아방가르드가 지닌 무정부적(anarchic)인 속성으로 규정한다.

> 모든 언더그라운드 움직임은 일체의 권위에 반발한다. 1960년대 춤 언더그라운드 역시 극악하리만치 춤 권위를 무너뜨린다. 작품 이면의 생각들은 민주적인 것을 넘어 무정부적이다. 누구도 빼어나지 않다. 어떤 몸도 다른 몸보다 더 아름다워야 할 필요가 없다. 어떤 움직임도 다른 어떤 움직임보다 더 중요하거나 아름다울 필요가 없다.[39]

존스톤이 포스트모던 대표 안무가로 손꼽았던 레이너도 이러한 저항적 성격을 「부정의 미학(No Manifesto)」(1965) 선언으로 드러냈으며, 이는 포스트모던 댄스 미학의 핵심 전략으로 적용되었다.

> 스펙터클한 것의 부정, 기교의 부정, 변형과 마술 그리고 그것을 믿게 만드는 것에 관한 부정, 스타 이미지의 황홀함과 초월성에 대한 부정, 영웅주의에 대한 부정, 반영웅주의에 대한 부정, 잡동사니 이미지의 부정, 공연자와 관객의 관여에 대한 부정, … 감동을 주거나 받는 것에 대한 부정.[40]

---

38 이지원(2005). 페미니즘적 시각으로 본 이본느 레이너의 작품 연구. 『무용예술학연구』, 16, pp.136-137.

39 Jill Johnston(1998). *Marmalade Me*(NH and London: Wesleyan University Press), p.117.

40 Yvonne Rainer(1966). No Spectacle. In Alexandra Carter(ed.)(1998). *The Routledge Dance Studies Reader*(New York: Routledge), p.35.

저드슨의 반미학적 시도는 특히 앞선 표현주의 예술가들이 강조했던 개인적 경험의 보편성에 대한 지나친 믿음에 대한 거부이며, 춤 움직임을 개인적인 영역에서 공적인 영역으로 끌어냈다. 이는 개인적 영역에서 반대라 할 수 있는 정치사회적인 예술로 전환을 의미하는 것이 아닌 좀 더 일반적인 의미의 영역으로 옮겨놓았다고 하겠다. 따라서 춤은 "개인적이고 자서전적 요소의 일체의 것을 걷어내고 중립적이고 탈인간적인 것으로"[41] 나아가기 위해 반미학의 모토가 시도되었다.

인간의 몸을 통해 추어지는 춤이 인간성을 넘어서는 것은 현상학적 춤 인식의 결과다. 전통적인 표현 담론과 내적-외적 관계를 벗어나 춤 현상 그 자체로 제시되고 나열되는 방식이라 하겠다.[42] 즉, 춤 움직임과 표현 간의 연결고리를 끊고 춤추는 신체의 물질성(materiality)을 보도록 유도함으로써 테크닉이나 형식이 아닌 춤의 현전성을 보도록 한 것이다. 이것은 고급예술에 대한 엘리트주의를 파괴하고 예술과 삶의 경계를 무너뜨릴 뿐만 아니라 "예술을 위한 예술"이란 모더니즘의 목표로 부터도 벗어나고자 한 시도였다.[43]

2) 「트리오 A」에 나타난 비표현 양상

레이너는 춤을 본다는 것은 너무 어렵다고 말하곤 했는데, 이것은 춤의 일시성으로부터 기인하는 춤이 지니는 시각(vision)의 부정을 지적한 것이다. 움직임으로 전시되고 바라보게 되는 춤의 예술적 정체를 관객

---

41 Ramsay Burt(2006). *Judson Dance Theater: Performative Traces*(New York: Routledge), p.56.

42 맥신 쉬츠 존스톤(1994). 『무용철학』. 장정윤 옮김(서울: 교학연구사), p.145.

43 Calvin Tomkins(1968). *The Bride and the Bachelors: Five Masters of the Avant-Garde*(New York: Viking Press), p.2.

의 보기와 생각하기의 방식으로 옮겨놓는다. 그녀의 작업은 이러한 춤의 시각적 난해성을 극복하기 위한 연구로 일관되어 왔다.[44] 특히 작품 「트리오 A」(1966)[45]는 이 같은 그녀의 관심이 집약되어 있는 작품으로 이어지는 15년간의 포스트모던 댄스의 지배적인 스타일이 되는 작품으로 평가된다.

레이너의 전위성은 티셔츠와 운동화 같은 의상이나 관객의 시선을 외면하고 무표정한 모습으로 춤추는 무용수의 시각적 변화도 물론이겠지만 공연자의 몸을 변화시켰다기보다는 관객이 몸을 바라보는 방식, 달리 말하면 관객의 눈에 제공되는 몸의 방식을 변화시켰다는 것에 핵심이 있다. 그러한 의미에서 그녀의 춤은 할 포스터가 변별하고자 했던 저항으로서의 포스트모더니즘의 첫 발걸음이 된다. 레이너는 1968년 공연 프로그램에서 다음과 같이 설명한다.

44 Carrie Lambert-Beatty(2008). *Being Watched: Yvonne Rainer and the 1960's* (Cambridge and London: The MIT Press), p.1.

45 「트리오 A」는 1966년 「The Mind Is a Muscle, Part One」이란 제목으로 초연되었고, 이 버전에서는 데이비드 고든, 스티브 팩스톤, 이본느 레이너 세 명이 춤을 추었다. 그리고 좀 더 확장된 버전으로 1966년 「정신은 근육이다(The Mind Is a Muscle)」라는 제목으로 공연되었는데, 여기엔 윌리엄 데이비스와 고든, 팩스톤 그리고 마지막 "Lecture"라는 섹션이 새로 추가되어 피터 사울이 발레 피루엣과 점프 움직임을 추었다고 한다. 그리고 최종 완성 버전이 1968년 「트리오 A」라는 이름으로 공연되었는데, 팩스톤, 고든, 데이비스가 출연하고 마지막 부분에서 레이너가 탭댄스 슈즈를 신고 춤을 추었다. 이 밖에도 1967년 반베트남전쟁 예술축제에서 「회복 댄스(Convalescent Dance)」라는 이름으로 큰 수술을 막 마친 레이너가 나약한 자신의 솔로춤으로 정치적인 목소리를 표방하기도 했고, 1970년 그랜드 유니언 멤버들과 함께 미국 국기 훼손이라는 이유로 체포된 사건에 항거하기 위해 기획된 "Peoples flag show"의 오프닝에 전라에 성조기만 목에 두른 채로 공연되기도 했다. 이후로도 「트리오 A」는 비전문 무용인들에게 교육되어 추어지거나 다른 예술가들에 의해 상이한 맥락으로 공연되었고, 무보와 영상으로 기록됨으로써 처음 레이너의 안무 의도와는 다르게 변형되고 발전 연구되었다. Yvonne Rainer(2009). Trio A: Genealogy, Documentation, Notation. *Dance Research Journal*, 41(2), pp.12-13.

> 대부분의 춤추기에서 드러나는 아이디어의 빈곤, 나르시시즘, 역겨운 성적 전시에 대한 나의 분노가 아마도 청교도적인 훈계로 보이겠지만 나는 몸을 사랑한다. 몸의 실제 무게와 덩어리, 그리고 강조됨이 없는 물성(physicality)을 사랑한다… TV에서 베트남 군인들이 죽어가는 것을 보며 공포와 믿을 수 없음을 느끼지만 결국엔 TV는 나쁜 서양인들에 의해 꺼질 것이다. 내 몸은 항구적 실체(enduring reality)로 남아 있다.[46]

즉, 레이너는 작품 제목 「정신은 근육이다(The Mind is a Muscle)」에서 춤추는 신체에 대한 유물론적 관점을 제시하며 반 심신이원론적 견지에서 칸트의 코기토 "나는 생각한다. 고로 존재한다"에 대항하는 "신체적 존재"를 강조하고자 했다. 앞서 모던 댄스가 '움직임 내적인 것의 외적 표출'이라는 이원론적 관점에서의 움직임 표현론을 통해 춤의 모더니즘을 주장했다면, 포스트모던 댄스는 이 같은 이원론을 해체하기 위한 비표현의 방식을 표방한다.

레이너는 당시에 대한한 주목과 논란을 불러일으켰던 자신의 작품에 대한 생각을 설명하기 위해 「과잉 가운데에서도 양적으로 극소한 무용 활동의 "미니멀리스트"적 경향에 대한 소고(Quasi Survey of some "Minimalist" Tendencies in the Quantitatively Minimal Dance Activity Midst the Plethora, or an Analysis of Trio A)」(1968)란 글을 발표한다. 그녀는 이 글에 피력한 「트리오 A」에 대한 설명과 안무 철학이 미니멀리즘 예술 정신에 기대어 있으며, 특히 1965년 잇따라 발표된 미니멀리스트 조각가 도널드 저드(Donald Judd)의 「특정 오브제(Specific objects)」, 로버트 모리스(Robert Morris)의 「조각에 관한 노트(Notes on Sculpture)」, 그

46 Yvonne Rainer(1974). *Work 1961-73*(The Press of Novia Scotia College of Art and Design), p.71.

리고 예술비평가 바바라 로즈(Babara Rose)의 「ABC 아트(ABC art)」란 에세이들에 큰 영향을 받았다고 밝히고 있다.[47] 이 예술가들은 일련의 에세이에서 당대 미국에 번역되어 막 소개되기 시작한 메를로 퐁티(Maurice Merleau-Ponty)의 현상학과 게슈탈트 심리이론을 바탕으로 자신의 새로운 예술 작업을 설명했고, 비트겐슈타인(Ludwig Wittgenstein)이나 롤랑 바르트(Roland Barthes) 같은 후기구조주의 이론을 새로운 예술 비평의 이론적 근거로 제시했다. 따라서 1960년대 미니멀리즘 예술 현상은 베인스가 지적한 것처럼 "미국 내적 현상"으로 국한시키기보다 미국의 예술 현상에 대륙의 포스트모던 사상의 적용으로 완성된 결과물이라 하겠다.

「부정의 미학」의 반모더니즘적 생각과 미니멀리즘 예술에 배태되어 있던 포스트모던 사상을 바탕으로 만들어진 「트리오 A」[48]는 약 4분 30초 정도의 길이로 진행되는 하나의 춤추기 또는 일련의 긴 동작구로 여겨질 수 있는데, 짧은 길이에 비해 그 구성은 그리 테크닉적인 움직임으로 구성되지 않았음에도 쉽게 파악되지 않는 복잡한 양상을 띤다. 움직임은 정지됨 없이 지속적으로 연결되며 특별한 강조나 부각됨이 없이 부드럽게 이어져 있다. 움직임은 편안하게 진행되는 듯 보이지만 단절됨이 없도록 고도로 집중된 상태로 진행되었을 것이다. 움직임들은 덩컨식의 자연스런 움직임(natural movement)도 아니고, 그레이엄식의 추상적으로 고안된 움직임도 아닐 뿐만 아니라 커닝엄 스타일의 발견된 움직임(found motion)도 아니다. 자연스럽지만 목적 지향적인 일상적

---

47 Yvonne Rainer(1999), p.103.

48 「트리오 A(The Mind Is a Muscle, Part I)」(1966) 작품을 1978년 레이너가 재연한 영상(https://www.youtube.com/watch?v=TDHy_nh2Cno)과 그녀의 에세이 「과잉 가운데에서도 양적으로 극소한 무용 활동의 "미니멀리스트적" 경향에 대한 소고」(1968)에서 제시한 작품 내용과 안무 철학을 작품 논의의 토대로 삼았다.

행위와는 다른 움직임들이 제시된다.

레이너가 작품에서 강조했던 "춤추는 이(oneself)"가 되지 말고, 움직이는 "어떤 것(thing)"이 되라는 주장은 이성적이고 합리적인 춤추는 주체에 대한 모더니즘의 믿음을 해체시킨다. 즉, 작품을 통해 레이너는 춤추는 무용수의 주체성을 파괴하고자 한다. 이상적으로는 무용수가 더 이상 한 개인이 아닌 "중립적인 행위자(neutral doer)"가 되어야 하며, 부정의 미학에서 지적했듯 테크닉적인 능력의 전시나 훈련된 무용수의 특별한 몸을 보여주기가 더 이상 무의미하므로 무용수는 좀 더 선택적인 맥락을 탐색하도록 내몰린다. 더욱 공연 속 신체적 존재로서의 평범한 특질을 가지게 됨으로써 레이너는 "몸을 덜 구경거리로 제시해 보고자"[49] 했다. 따라서 무용수의 주체성이 파괴되면 어떠한 내부의 것도 밖으로 끌어낼 것이 없게 된다.

춤추는 몸을 덜 구경거리로 만들기 위해 그녀가 취한 방식은 움직임을 '객관화(objectification)'시키는 것이다. 이를 위해 레이너는 어떠한 특정 움직임의 포착이나 해석이 어렵도록 움직임을 연속적으로 나열했다. 그러면서도 변주(variation)나 반복(repetition)을 사용하지 않는다. 대신 작품 안에서 각각의 움직임은 변별되는 동작으로 인식되지 않도록 앞뒤로 엇물려 실행된다. 맥신 쉬츠 존스톤은 『무용의 현상학』(1966)에서 춤의 미적 감상은 즉각적이고 전반성적인 방식으로 이뤄진다고 했는데, 레이너는 이와 정반대로 춤에서 움직임의 전반성적 인식을 지속(duration)을 통해 방해하고자 한다. 작품 「트리오 A」는 전혀 그 자체가 반복되지 않음에도 지속적이고 부단하게 움직임의 디테일을 드러냄으로써 관객에게 춤을 보는 것을 매우 어렵게 만들고 있다.

49 Yvonne Rainer(1968). A Quasi Survey of some 'Minimalist' Tendencies in the Quantitatively Minimal Dance Activity Midst the Plethora, or an Analysis of Trio A. In Roger Copland(ed.)(1983). *What is dance*(New York: Oxford University Press), p.328.

이 같은 객관적인 움직임 특성을 레이너는 "과제로서의 움직임(movement-as-task)" 혹은 "오브제로서의 움직임(movement-as-object)"이라고 일컬었다.[50] 작품 속에서 동작구(movement phrase) 간 그 어디에도 정지를 찾아볼 수 없는데, 매 동작구는 관절의 움직임이나 사지의 동작의 부분들로 이뤄져 있으나 이것들이 교묘하게 시작과 끝으로 맞물려 스며들어 그 어떤 부분도 다른 부분에 비해 더 중요시되는 부분이 없게 된다. 그녀의 에세이 제목처럼 "과잉 가운데 극소한 것"은 움직임의 나열이 프레이즈(句) 단위에서 매우 장황하게 넘쳐 있음에도 불구하고, 그것의 질과 색채를 결정짓는 그래서 표현의 여지를 제공하게 되는 일체의 요소를 최소화함으로써 미니멀리스트적 경향을 띠게 되는 것이다.

매 개별 움직임의 특질이 작품이 지속되는 4분 30초 내내 같은 무게와 동일한 강조를 통해 일관된 신체적 색채와 질을 갖게 된다는 것은 춤추는 몸은 이완되지 않고 무용수의 신체 무게만큼을 유지하고 일종의 통제된 것 같은 인상을 만들어낸다. 이는 실제 시간에 실제 체중으로 몸이 움직이기 때문인데, 예를 들어 팔을 들어 올리거나 바닥에서 일어나거나 하는 과제에 상응하는 몸의 실제 에너지가 사용되므로 안무적으로 서두르거나 의도됨이 없다. 그러므로 다소 일상적인 움직임으로 보이는 걷고 팔을 들고 물구나무를 서는 것 같은 움직임들은 일상적인 맥락에서 연상될 수 있는 어떤 행위에 대한 재현 혹은 표현으로부터 벗어나게 된다. 이러한 신체의 물체성의 드러남은 그레이엄식의 내적 감정의 형식적 표현도 커닝엄식의 움직임 그 자체의 순수한 표현과도 변별된다. 움직임들로부터 어떤 행위를 떠올리는 것이 배제되며 실제 그 행위의 그러한 특질을 실행하는 방식에 주목할 수 있다.

---

50 앞의 글, pp.329-330.

어떤 특정 스타일의 배제, 맥락으로부터의 탈피를 위해 레이너는 춤의 기초가 되는 동작구에 대한 새로운 시각을 제시했다. 동작구에서 한 움직임이 다른 움직임과 구별되는 것은 다른 신체 부위를 재구성해서 동작의 바리에이션을 만듦으로써가 아니라 에너지 투자의 차이에서 오는 것이다. 레이너는 움직임에서의 실제 에너지(real energy)와 보여지는 에너지(apparent energy)에 차이가 있으며, 이 보여지는 에너지를 어떻게 통제하느냐에 따라 그 차이를 만들어낼 수 있다고 판단했고, 작품 「트리오 A」에서는 이에 대한 실험을 담아내고자 했다.[51]

레이너는 전통적으로 일반화되어 왔던 서양식 춤추기, 즉 발레와 모던 댄스가 음직임에 대한 특정한 에너지 배분 방식으로 유형지어질 수 있으며, 그것은 무용수가 가진 최대한의 에너지를 환영적으로 쏟아내거나 ABA′ 같은 기승전결식의 에너지의 강약 조절을 통해 클라이맥스의 정점을 각인시키는 방식으로 행해져 왔다고 판단했다. 따라서 이러한 방식으로 인해 무용 움직임의 표현 가능성이 모색되며 표현주의의 신화를 만들어냈다고 본 것이다. 그러므로 레이너는 이를 저항하고 해체하기 위해 움직임을 중립적인 성격의 사물 그 자체로 만들고자 했으며, 움직임의 속도와 구성 방법에 대한 합리적 형식과 방법적 시도를 거부함으로써 춤에서의 포스트모던적 시각을 부여하고 있다.

◆ ◆ ◆

이 논의는 1960년대 혁신적인 춤이 진행되었을 당시 새로운 춤이라 변별되고 비로소 1970년대 중반 이후에 학문적으로 포스트모던 댄스라 명명되어 모던 댄스의 대응점으로서의 포스트모던 댄스라는 개념에 대

51 앞의 글, pp.326-327.

표 8 현대 춤 사상과 움직임 표현 미학의 전개

사상	안무가	미학	표현론	움직임 정체	표현 방식	의미의 주체
모더니즘	M. 그레이엄	형식주의 모더니즘	전달 표현	정서	추상	안무가
	M. 커닝엄	그린버그식 모더니즘	내재적 표현	움직임	지시	작품
포스트모더니즘	Y. 레이너	네오-아방가르드	비표현	사물	해체	관객

한 인식이 지극히 미국의 정치·예술적, 무용사적 관점에서의 이원론적 논의의 소산이며 21세기 해체론의 논의를 위한 관점에서 재구명(再究明)이 요구된다는 점에서 출발했다. 이에 대표적으로 포스모던 댄스의 개념의 일반화에 지대한 영향을 미쳐온 샐리 베인스의 견해로부터 할 포스터의 확장된 포스트모더니즘의 개념으로의 재해석을 꾀해 보고자 했다. 앞선 논의들을 종합해 보면 〈표 8〉과 같이 요약해 볼 수 있다.

1930년대 무용 표현주의를 공고히 한 그레이엄과 마틴의 예술적·이론적 확립에서 드러나는 춤 표현은 외적 대상의 직접적 모방이 아닌 안무자의 정서를 표현하는 것으로 단순한 형태적 재현에서 벗어나 작품 내적으로 고안된 안무의 형식에 따른 추상적 방식을 추구했다. 이는 당대 예술에 전개되어 왔던 형식주의 미학의 작업 방식에 따라 전통 발레의 극적 전통에서 한계로 드러났던 춤 내용과 형식의 관계의 한계를 새롭게 바라보고 움직임 매체의 순수성을 주장함으로써, 안무가가 전달하고자 하는 정서와 움직임의 자족성이라는 춤 모더니즘을 실현하고자 했다.

한편 1950년대 커닝엄의 작업은 그레이엄의 모더니즘적 시도에서 한 걸음 더 나아가 형식에 잔존할 수밖에 없는 안무자의 의도 등 작품 외적 내용에 대한 해석 가능성을 배제하고 오로지 움직임 그 자체가 지닌 순수한 형식을 고안해냈다. 이로써 움직임의 의미는 작품이 생성되는 과정 내에서만 확립될 수 있는 움직임과 내적 의미 간의 지시 관계만이 존재하게 되며, 여하한 서사적 내용이나 정서적 감정으로부터 자유롭게 되었다. 이는 그린버그식 모더니즘에서 강조되었던 매체의 절대적

자율성의 완성을 의미하며 비재현으로서의 움직임 표현을 모색하고자 한 것이었다.

1960년대 저드슨 그룹 및 레이너의 안무 실험은 기존의 모더니즘의 매체의 순수성 전략 자체를 해체하기 위해 비표현 방식을 실험하며, 움직임이 표현되는 것이 작품 내재적인 것이 아닌 관객의 바라보는 방식에 따라 규정되도록 했다. 움직임이라는 것이 표현의 수단이라는 관념 자체를 포기하고 움직임 실행 방식에서의 에너지, 프레이징, 무게 등의 조작을 통한 움직임의 물질적 속성에 주목하게 함으로써 춤추기를 하나의 오브제 또는 과제로 제시했다. 레이너의 춤 작업은 20세기 초 아방가르드 정신의 부활이라 일컬어지던 네오-아방가르드 미학의 전위적인 도전과 해체의 경향의 반영이며 움직임 표현 개념의 이분법을 해체와 확장을 시도한 것이라 하겠다.

〈표 8〉에서 주지하는 바와 같이 이본느 레이너의 작품을 통해 시도되었던 포스트모던 댄스의 의미는 반표현 혹은 비표현으로서의 표현 개념에 대한 반동으로서의 그것이 아닌 움직임 표현 그 자체에 대한 해체적 시도에서 출발해야 할 것이다. 매닝은 베인스의 포스트모던 댄스에 대한 해석이 모더니즘 도그마 또는 포스트모던 수사학을 벗어나지 못했다는 비판을 제기했다. 이는 모던 댄스 혹은 포스트모던 댄스에 대한 기존의 해석이 모두 이원론적 형이상학에 다름없는 모더니즘의 테두리 안에 머물러 있음을 지적한 것이었다.

이 논의에서 다룬 포스터에서 매닝에 이르는 포스트모던 이론가들의 주장은 포스트모던이라는 개념이 역사 속에 규정된 지나간 개념이면서도 컨템퍼러리의 논의의 사상적 원천이라는 점에서 아직도 진행형에 놓인 개념으로 바라봐야 함을 강조한다. 즉, 표현과 비표현의 이원론적 시선에서 벗어나 정신-신체 이원론, 움직임-표현 이원론에 대한 해체로의 이행으로 바라봐야 할 것이다.

포스트모던에서 강조되는 부정의 미학은 모더니즘의 출발에서 보여졌던 전통에 대한 반발과도 흡사하다. 그레이엄의 모더니즘은 발레의 전통에 대한 부정이며 움직임을 순수한 것으로 만들고자 했다. 다만 그것은 재현과 표현이라는 이원적 구조 내에서 그 의미의 근원을 춤 안으로 불러들이는 것에 머물렀다 하겠다. 나아가 커닝엄은 그레이엄이 움직임의 순수성을 음악적 서사적 형식성 아래 구조화했다는 것을 전복하고 움직임 그 자체의 표현으로 무용 모더니즘을 완성했다. 이러한 부정의 반복은 모더니즘의 두드러진 자기 비판적 성격을 드러낸다. 이 같은 일련의 부정이 기존의 춤 전형에 대한 대응안의 모색에 머물렀다면, 이본느 레이너의 급진전 실험은 무용과 표현에 대한 연결고리 자체를 끊고 무용에 대한 전통미학적 담론을 해체하는 과정으로 이해해야 할 것이다. 이 같은 레이너에 대한 해석은 미국적 모더니즘 사상에 근거한 무용 역사 구축에 대한 비판적 해석이며, '포스트(post)'를 모더니즘의 반복으로서의 '후기'에서 저항과 해체로서의 '탈(脫)'로 인식하는 과정으로 나아갈 수 있다.

제9장

데리다의 해체론과 현대 춤의 탈중심화

이지선

춤은 표현론의 미학과 함께 독립 예술의 지위를 얻어 감정 또는 정서의 표현을 예술의 제1원리로 삼았으며, 포스트모던 댄스의 부정의 미학에서 전략적으로 실험했던 비표현을 통해 춤의 본질에 대한 반성을 시도했다. 그리고 1980년대와 1990년대를 거쳐 춤은 'after-포스트모던', 'post-포스트모던'이라는 복잡한 양식 논쟁[1]을 지나 지금에 이르렀다. 그렇다면 포스트모던 댄스의 극단적인 실험 이후 춤은 어디로 향하고 있는가? 단순한 다원주의에로의 환원 또는 또 다른 형이상학의 탐구가 아닌 현재의 춤 혼재의 양상들을 어떻게 읽어낼 수 있을까? 이러한 의문들에서 이 논의는 출발한다.

자크 데리다(Jacques Derrida, 1930-2004)에 의해 시작되고 정의되는 해체론은 1980년대 프랑스에 근거지를 두고 대륙의 구조주의 철학과 독일의 관념론에 대한 비판과 재해석이 미국의 대중적 포스트모더니즘 사상과 결합되어 완성된 결과다. 데리다의 해체는 철학 사상사의 가장

1 김말복(2011). 『무용예술코드』(파주: 한길아트), p.309.

마지막 지점을 대표하는 것으로서 이제까지의 모든 관념과 사유에 관한 성찰과 재해석을 근간으로 하고 있다. 따라서 예술이 당대의 미학, 철학 사상과 조우한다는 가전제 속에서 미국의 모던 댄스 전통에서 탄생한 포스트모던 댄스가 유럽에 전파 흡수되고 그 이후의 춤 미학이 제자리 걸음 혹은 이전 미학의 반복적 양상을 드러내고 있는 것에 대해 데리다의 해체론은 새로운 해석의 계기를 마련해 줄 것이라 생각된다.

이른바 반복적 양상들이라 하면 특히 1990년 중반 이후로 현재까지 유럽 현대 춤에서 두드러지는 '움직임의 과잉 또는 부재', '극장적 또는 반극장적인 것'과 같은 모순적인 공존 현상을 지칭한다. 이런 현상들은 춤의 예술적 경계의 재설정 혹은 미학적 논란과 재검토를 요구하는 작품의 형태들로 주도된다. 포스트모던 실험의 양식 논쟁 이후 다시금 시도되고 있는 부정의 실험들, 대표적으로 농당스(non-danse) 또는 혼종 예술적인 양식 정의에 속하는 작업들에 대한 해체론적 접근과 논의는 영미 미학에서 주도하고 있는 다원주의적 관점으로부터 현대 춤을 끌어내고자 하는 시도다.

데리다가 제시한 '해체(déconstruction)'의 핵심 개념은 '차연(différance)'과 '울타리(clôture)'다. 이는 중심으로부터의 '탈(脫)구성'을 가능케 하는 작동 원리다. 따라서 이 연구에서는 현대 춤의 탈중심화 양상을 차연을 통한 '춤추기에서 춤 쓰기로의 이행'과 울타리 그리기를 통한 '춤 작품 경계의 소멸'로 구분해 제한적으로나마 해석해 보고자 한다. 또한 해체론의 전략은 형이상학의 모순적 실체를 파악하는 데에서 출발하므로, 춤의 형이상학을 형성하고 있는 춤의 정체성, 움직임, 안무, 작품에 대한 논의에 집중할 것이다.

이를 위해 먼저 해체론을 구성하는 데리다의 주요 저작과 이에 대한 해설서를 통해 해체론의 방법적 전략과 주요 개념을 이해하고, 무용미학에서 시도되고 있는 마크 프랑코(Mark Franko)와 안드레 레페키

(André Lepecki)의 해체적 접근들을 바탕으로 춤에서의 형이상학적 규정과 그로부터의 해체가 무엇인가를 가늠해 본다. 이를 토대로 현대 춤의 사례로서 제롬 벨(Jérôme Bel)의 「제롬 벨(Jérôme Bel)」(1995), 조너선 버로(Jonathan Burrows)의 「말하는 춤(Speaking Dance)」(2006), 윌리엄 포사이드(William Forsythe)의 「덧셈에 대한 역원(Additive Inverse)」(2007), 사샤 발츠(Sasha Waltz)의 「콘티누(Continu)」(2010) 등 네 작품을 통해 춤의 정체성, 움직임, 안무, 작품의 해체적 징후의 단면들을 살펴보고자 한다.

여기서 제시되는 네 개의 작품은 현대 춤을 전적으로 대변하거나 해체적 징후의 모든 양상을 내포하고 있는 작품은 아니지만, 현대 춤 미학의 양식적 논쟁과 미학적 규정의 경계 지점에 있는 작품들이라 할 수 있다. 또 해체론이라는 것이 총체적 합의를 이루는 목적에서 벗어나고자 하는 시도이기에 중심을 해체시키는 하나의 시도로서 적절한 논의의 대상이 될 수 있겠다.

춤에 관한 해체론으로의 논의는 당대의 사상과 예술을 논의한다는 점에서 선구적인 연구들이 시도[2]되고 있으나 주로 다원주의적 관점에서 해체의 의미를 혼용하고 있거나, 개별 작가 혹은 작품에 데리다의 개념을 직접 적용하는 시도들이 주류를 이루고 있다. 따라서 이 논의는 미시적 작품 해석보다는 춤 미학적 전통이 규정했던 형이상학적 전제들을 살피고 그 안에 숨겨져 있던 불안정성을 찾아냄으로써 춤 안으로부터의 해체를 모색해 본다는 데 그 차별성과 의의가 있다.

---

2 김말복(2012). 해체미학의 선구 머스 커닝엄. 『무용예술학연구』, 35(2), pp.1-18; 공혜영(2007). 컨템포러리 무용에 나타난 해체주의 경향 연구: Sasha Waltz와 William Forsythe의 작품을 중심으로. 세종대학교 대학원 박사학위 논문; 강소희(2014). 사샤 발츠(Sasha Waltz)의 작품에 나타난 해체주의 경향 연구. 한양대학교 대학원 석사학위 논문; 최재혁(2015). 해체주의적 관점에서 본 윌리엄 포사이드 작품 연구: 「Heterotopia」를 중심으로. 한양대학교 대학원 석사학위 논문.

1. 해체론의 이해

1) 데리다의 주요 개념과 방법

데리다가 제시하는 해체론은 매우 거시적인 관점을 취한다. 즉, 해체론이란 고대 그리스 이래로 '존재의 근원'에 대한 물음과 답을 찾아온 서구 형이상학 전체에 대한 종언을 고하는 것이며, 모더니즘에 대한 대항 또는 전복으로서의 포스트모더니즘보다 본래적이고 광범위한 문제에 결부되어 있다. 해체론은 '철학의 종언'을 고하는 것이며, 사유의 중심으로서 '주체의 죽음'을 선언하는 것과 같다.

전통 철학의 신념을 해체하려는 시도들은 철학사에서 지속되어 왔지만 데리다의 해체 작업은 특히 형이상학의 사유를 담고 있는 '언어'와 '존재'의 문제에 집중한다는 점을 특징이라 할 수 있으며, 니체(Friedrich W. Nietzsche)의 '계보학(Genealogie)'과 하이데거(Martin Heidegger)의 '존재론 역사의 파괴(Destruktion)' 작업으로부터 직접적인 영향[3]을 받았다. 데리다는 니체의 견지에서 단일한 근원으로 주어진 서구 형이상학 전체의 허구성을 지적하며, 하이데거의 파괴로부터 해체 작업의 기초를 마련하고 있다.

데리다의 해체론에서 특히 주목해야 할 점은 그가 해체를 하나의 구성 과정으로 해석했다는 것이다. 즉, 데리다의 해체란 "분쇄, 경감, 파멸

---

3 니체의 계보학은 『도덕의 계보학(*Zur Genealogie der Moral*)』과 같이 단일한 근원으로서 주어진 어떤 것의 탄생으로 거슬러 올라가 그것이 발생하기까지의 경로를 추적 구성함으로써, 근원으로 여겨져 온 것의 신성불가침적 가치를 벗겨내는 탈신비화 작업을 말한다. 또한 하이데거는 『존재와 시간(*Sein und Zeit*)』에서 우리로 하여금 존재의 음성을 듣지 못하도록 만드는 형이상학의 억압적 구조를 해제해야 한다는 의미에서 'Destruktion'이란 용어를 사용했는데 이는 파괴 혹은 제거의 의미보다는 해방시키기의 의미가 강하다. 미학대계간행회(2007b). 『미학대계 제2권: 미학의 문제와 방법』(서울: 서울대학교출판부), p.597.

을 의미하는 파괴와 달리 성벽의 철거, 즉 어떠한 사고나 전통 안에 건립된 것을 철거해 기초를 해체하고, 그로 인한 같거나 혹은 다른 기초들을 납득할 만한 형태로 새로이 건립할 수 있게 만드는 것이다."[4]

그는 자신의 해체론을 '이중의 제스처' 또는 '이중의 글쓰기'라고 표현한다. 해체론이 취하는 방법론이 이중적이기 때문이다. 즉, 해체란 형이상학 자체를 전적으로 부정하는 것이 아니라 형이상학의 실체를 낱낱이 밝히는 것에서 출발하며, 그 불충분성을 입증하는 순간 해체의 권리를 얻을 수 있다. 형이상학의 실체를 파악하는 것은 형이상학 안에서 일어날 수 없으며, 형이상학 밖에서 그 존재의 바라봄으로써 가능한 것이 된다.[5]

데리다는 형이상학 해체를 위해 그 바깥의 어떤 해체주의적 이론 혹은 방법론에 근거하지 않는다. 이것은 또 다른 형이상학의 구축에 다름없다. 오히려 종래의 형이상학 안에 은폐되거나 억압되거나 흔적으로 남겨져 있던 어떤 모순들을 발견해냄으로써 스스로 해체를 향해 열릴 계기를 부여한다.[6] 형이상학 안의 이중적, 상호 보충적 개념어의 실체를 간파하고 설명함으로써 어떻게 형이상학적 사고 밖에서, 즉 절대 불변의 실체 혹은 현전, 진리 등의 사고를 추구하거나 전적으로 그것의 이항대립적 반대의 것을 추구하지 않으면서 형이상학을 해체하는 것이 가능한지를 설명하고자 한다.

해체론이 서구 형이상학 전체를 해체시키기 위해 제기한 질문은 두 가지로 요약될 수 있다. 첫째는 비형이상학적 사유 혹은 삶이 가능한가", 그리고 둘째는 "우리가 벗어나야 할 형이상학이란 무엇인가"다. 이에 따라서 해체론에서 해체하고자 하는 형이상학의 본질은 두 가지다.

---

4 신승환(2013). 『포스트모더니즘에 대한 성찰』(서울: 살림), p. 64.

5 김상환(1996). 『해체론 시대의 철학』(서울: 문학과지성사), pp.169-171.

6 미학대계간행회(2007b), p.601.

첫째 언어의 원리인 이항 대립적 체계,[7] 둘째 현전적 존재의 이해다. 형이상학이라는 것은 형이하학적인 모든 것과의 대립적 차이로서 구체화될 수 있다. 또한 형이상학이란 존재하는 것이 진짜 있다는 것의 철학적 판단을 감각 특히 시각 앞에 현재적으로 드러날 가능성에 두고 있다. 이러한 전제는 고대 그리스 플라톤의 이원론과 기독교적 세계관에 의해 더욱 견고해지고 확산되었다. 심지어 반(反)형이상학을 표방했던 구조주의에서조차도 드러나고 있다고 데리다는 비판한다.[8]

그러므로 데리다는 이항 대립적 관계에 따라 변별되고 비교 우위에 놓이게 된 중심들로부터 벗어나는 것, 즉 '탈중심화(decentering)'를 해체론의 핵심으로 설명한다. 이는 곧 서양중심주의, 말중심주의, 소리중심주의, 남자중심주의, 남근중심주의, 정신주의, 물질주의, 현존중심주의로부터 벗어나는 것을 말한다. 중심이란 결국 언어의 위상과 존재의 현전(presence)을 지지하기 위해 만들어진 형이상학적 환상에 불과하며, 오히려 이러한 중심은 실체가 가진 불완전성을 감추기 위해 구축된 방어벽과 같은 지위를 갖는다.

'탈중심화'란 단순히 중심의 없음 또는 부재를 의미하는 것이 아니다. 오히려 중심이란 확정할 수 없는 것이며, 중심을 통한 구조의 총체화 또한 완결될 수 있는 것이 아니다. 그러므로 존재에 대한 논의는 중심으로부터 출발하는 것이 아니라 '중심의 부재'로부터 출발해야 한다.

데리다가 형이상학을 해체하고 그로부터 탈중심화됨을 설득하기 위해 많은 개념어를 제안하고 설명하지만,[9] 그중에서도 형이상학의 원리

---

7 구조주의를 대표하는 소쉬르(Ferdinand de Saussure)의 언어학에서 기호의 의미는 상대적으로 결정되기 때문에 하나의 독립된 기호는 무의미하며 대립되는 기호와의 관계 속에서 가치와 의미가 획득된다고 본다. 이렇게 구조 속에 공존하면서도 상쇄될 수 없는 두 가지 실체를 '이항대립쌍(binary opposite)'이라 부른다. 김말복·이지선(2014). 기호학적 관점에서 바라본 춤의 현대성과 표현. 『무용예술학연구』, 48(3), p.3.

8 김상환(1996), pp.172-173.

와 토대가 되는 이원론과 현전적 존재 이해를 해체하기 위한 가장 근본적인 개념은 '차연(différance)'과 '울타리(clôture)'다. 첫 번째 개념인 '차연'이란 차이를 의미하는 différence에서 e를 a로 대신해 읽는 발음은 같으나 그 뜻을 변형시킨 데리다의 신조어다. 프랑스어에서 차연이라는 단어는 음성의 형식적 차이만으로는 구분이 되지 않고 오직 문자로서만이 구별된다. 따라서 차연이란 개념은 음성이 본래적이며 완전한 것이고 문자/쓰기(écriture)는 불완전한 인공물이라는 서구 음성중심주의(phomocentrisme)[10]를 해체한다.

또한 차연이란 차이와 연기라는 두 의미의 조합으로 공간적 차이와 시간적 지연을 모두 내포한다. 의미란 차이와 이원적 구조에 의해 규정되는 것이 아니라, 차연에 의해 끊임없이 연기되며 유보되며 흔적만을 남길 뿐이다. 차연은 "모든 현전적 사태를 처음 파생시키는 '기원'이고, 구성적 활동인 동시에 그 사태를 넘어서는 탈현전적 사태"[11]다. 차연을 통해서 존재의 현전 또한 부재와 차이되며 연기될 뿐이다. 따라서 존재

---

9 데리다는 1967년 출판된 세 권의 주저 『그라마톨로지(*De la Grammatologie*)』, 『말과 현상(*La Voix et le Phénomène*)』, 『글쓰기와 차이(*L'Ecriture et la différence*)』에서 현상학과 구조주의 언어학, 정신분석학 등을 심도 있게 비판하며 해체론의 선구적인 작업을 단행하면서 해체 작업을 위한 주요 개념어들을 다음과 같이 새롭게 만들어 규정하고 있다. ①차연(différance): 의미의 미끄러짐과 의미 결정의 유보, ②흔적(trace): 의미의 미끄러짐의 존재론적 결과, ③울타리(clôture): 의미의 미결정 상태의 가장 바깥, ④에크리튀르(écriture): 언어의 인위적 대리물로서 결핍된 혹은 불안정한 쓰기가 아닌 언어와 대리 보충물로서의 쓰기, ⑤산종(dissémination): 차연과 흔적에 의한 의미의 흩어짐, ⑥대리보충(supplément): 이원론의 중심이 해체된 이원항들의 관계, ⑦반복(répétition): 차연은 또 다른 차연으로 반복되며 원본/복제의 이원항이 해체. 이광래(1989). 『해체주의란 무엇인가』(서울: 교보문고), pp.375-384.

10 데리다는 음성을 문자보다 우위에 두려는 사고 방식을 음성중심주의 또는 로고스중심주의(logocentrisme)라고 부른다. 서구 철학의 위계에서는 먼저 사유의 세계가 있고, 그를 전달하기 위해 언어가 있으며, 문자(글쓰기 또는 에크리튀르, écriture)는 언어의 인위적 대체물에 지나지 않는다. 로고스중심주의적 형이상학은 근본 개념들을 이항 대립으로 형성하고 그 대립항 간의 위계에 따라 가치를 부여한다.

11 김상환(1996), p.177.

에 관한 논의는 현전이라는 중심으로부터 온전히 이해될 수 없는 것이 된다.

두 번째 주요 개념으로서 '울타리'란 차연에 의에 만들어지는 모종의 구조나 경계를 말한다. 그러나 이 경계는 차연의 본성에 의해서 의미의 종결이나 멈춤, 또는 존재자의 현전을 의미하는 것이 아니다. 해체론이 그려내는 경계라는 것은 형이상학의 한계를 드러내는 지점이자 동시에 그것의 탈구성적 가능성이 처음 생산되는 출발점이기도 하다. 따라서 '울타리'라는 것은 "시작과 끝을 뜻하면서 열림이자 단힘의 경계를 의미한다."[12]

차연의 의미놀이 측면에서 보았을 때, 해체론은 의미 작용으로 쓰여지는 책(le livre)이라는 종착점 대신 열린 구조를 가진 텍스트(le texte)를 만들어낸다. 텍스트란 차연에 의한 의미의 흔적들로 짜여진 직물이라고 데리다는 설명한다. 이것은 의미의 종착점이 아니며 울타리에 포획된 의미의 흔적이다. 텍스트는 차연으로 인해 중심이 없으며, 의미의 완성자로서의 '주체가 부재'[13]하게 된다. 따라서 책의 주체로서 '저자도 부재'한다. 주체로서의 저자와 파생물로서의 텍스트의 위계도 해체된다. 텍스트는 단순한 문학적 글쓰기의 결과만이 아닌 시공간 속에 존재하는

---

12 앞의 책, p.187.

13 여기서 '주체의 부재'란 서구 형이상학 전통에서의 주체 개념, 즉 자기 동일적 주체가 부재함을 의미한다. 이른바 플라톤의 이데아, 데카르트의 코기토, 루소의 로고스, 헤겔의 절대 인식, 후설의 의식 주체, 하이데거의 존재자 등이 내포하는 주체가 해체됨으로써 부재한다는 의미다. 형이상학의 원리는 모든 존재물이 절대적 토대 또는 일차적 원인에서 파생된 이차적 파생물로서 주체와 타자라는 이원적 대립, 서열, 위계 구조를 상정하고 있다고 그는 봤는데, 차연의 논리에서 보면 주체란 타자와의 변별적 관계성 속에서 인식할 수 있으며, 따라서 차연의 파생적 결과이므로 그 토대로서의 권리를 차연에 내어주게 된다. 따라서 차연을 통해 단일 주체의 개념은 해체되고 관계성, 변별성, 타자성을 내포하는 열린 주체의 개념으로 나아갈 수 있다. 윤효녕 외(1999). 『주체 개념의 비판: 데리다, 라캉, 알튀세, 푸코』(서울: 서울대학교출판부), pp.16-19, 42.

무엇이든 데리다의 사유에서는 텍스트로 간주될 수 있다. 텍스트는 단일한 의미의 완성 또는 다의적 의미의 지향점을 가질 수 없으며, 다만 의미를 계속적으로 산종시킬 따름이다.[14]

2) 춤 존재론의 해체

그렇다면 춤에 대한 해체론적 접근은 무엇인가? 데리다의 해체론적 출발을 따르자면 이 글의 논의는 두 가지 논점으로 제시되어야 한다. 우선 첫째로 해체되어야 할 춤의 형이상학이 무엇인가를 밝혀야 하고, 둘째, 그로부터 현대 춤에 대한 탈형이학적 읽기를 시도해야 하겠다. 이에 '차연'과 '울타리'로부터 그 해체론적 계기를 마련해 보자.

해체론적 관점에서 춤의 존재에 대한 형이상학이 어떻게 구축되어 왔는지 재구성해 보겠다. 서구 형이상학은 존재의 의미를 현전(presence)으로 규정해 온 철학이라 했다. 또한 춤은 그 존재의 있음을 철학적으로 입증함으로써만이 예술적 실체로 인식될 수 있다. '춤의 정체적 본질은 움직임(movement)이다'라는 생각은 공연예술의 독립된 장르로서 춤을 논의하는 데 출발점이 되었다. 이러한 생각은 현대 무용미학의 출발점이었던 모던 댄스에서의 춤 정의로부터 완성되었다고 하겠다. 그 절대 중심이 되어 온 존 마틴(John Marin)의 모던 댄스의 정의는 다음과 같이 내려진다.

> 움직임(movement)이라는 춤의 실제적인 본질에 대한 발견…(중략)…이러한 발견으로부터 춤은 처음으로 독립된 예술이 되었다. 움직임은 현대 무용가에 의해서 어떤 통일된 실체(substance)로 드러난다. 움직임이란 공

---

14 김형효(1993). 『데리다의 해체철학』(서울: 민음사), pp.15-25.

간의 범위와 시간의 지속, 동작의 질과 강약에서 달라질 수 있지만 여전히 영속적인 것으로 남는다.[15]

마틴은 이와 같은 정의를 통해 춤에서 실재하는 것은 움직임이며 그것이 안무가의 춤에 의해서 영속적인 것으로 남는다고 확언하고 있다. 달리 말하면 움직임의 본질은 영속적인 것이 아닌데, 춤 행위를 통해서 그것의 현전이 견고해진다는 뜻으로 해석된다. 이로부터 현대무용 안무가들은 춤 움직임의 일시성(ephemerality)을 사로잡아야 하는 것을 제1의 예술 사명으로 삼게 되었다. 즉, 춤의 존재를 입증해 줄 수 있는 확실한 것은 움직임인데 그 움직임은 모호하고 일시적이므로 그것을 어떻게든 고정시키고 감각적 현상으로 드러내는 것이 미학적 과제이자 예술 작업의 목표로 자리 잡게 된 것이다.

포스트모던 댄스의 목적 역시도 모던 댄스가 시도했으나 실패했다고 간주되는 춤의 본질을 밝히고자 하는 것과 다름없었다. 모던 댄스가 구획해 놓은 존재론의 범주를 벗어나지 않는다. 다만 포스트모던 댄스는 모던 댄스가 춤의 움직임의 현전을 확보하기 위해 재현(representation)이라는 도구로 움직임을 붙잡고자 했다는 것을 깨닫는다. 따라서 인식적인 줄거리 혹은 서사의 내용에 움직임을 담보 잡혔던 것에서 벗어나 순수한 움직임 그 자체로 돌아오자는 것이 곧 반무용(anti-dance) 전략에서 추구하고자 했던 것이라 하겠다.[16] 포스트모던 댄스는 재현의 논리로부터 움직임을 해방시켰다는 점에서 모더니즘을 해체했다 할 수 있으나 여전히 움직임의 일시성에 대한 불만족으로 극장과 타협하고 줄거리를 재등장시키는 모더니즘의 도그마에 빠지게 된다.

---

15 John Martin(1972). *The Modern Dance*(New York: Dance Horizons), p.6.

16 이지선·김말복(2015). 포스트모던 댄스에 나타난 비표현(anti-expression)에 관한 논의: 이본느 레이너의 「트리오 A」(1966)를 중심으로. 『대한무용학회논문집』, 73(5).

무용학자 레페키는 위와 같은 무용미학의 대전제를 근대적인 산물로 인식해야 함을 지적한다. 그는 "춤과 움직임의 연관성이 비교적 최근에서야 역사적으로 전개된 하나의 흐름에 불과하다"[17]고 주장한다. 그에 따르면 서구적 근대성(modernity)이라는 것은 운동성에 대한 과시적 열망에 사로잡혀 있는데, 춤이 예술의 자율성을 인정받기 위해 그 안에서 가장 실재적인 것이라 할 수 있는 움직임을 내세워 스스로 근대적인 예술임을 증명하고자 했다는 것이다.

춤의 현대 예술적 발전의 역사를 지켜봐 온 관객 또는 비평가로서 마르시아 시겔(Marcia B. Siegel)은 "춤이 영구적으로 소실점에 존재하며, 창조되는 순간 사라져버리는 붙잡아두기 매우 힘든 예술"[18]이라고 춤 현전의 불안함에 대해 탄식한다. 시겔의 이 같은 춤 존재론에 대한 탄식은 결과적으로 춤이 움직임에 매달리고 또 그것의 일시적인 속성을 붙잡기 위해 재현이라는 논리에 매달려 왔던 20세기 무용미학 전반에 걸친 불안을 반증해 준다.

따라서 현대 춤의 해체는 춤 존재론이 스스로를 실체화하기 위해 '무용=움직임=재현'이라는 중심을 상정해 놓았다는 것을 깨달음으로써 가능해진다. 그리고 그 내부에 담겨진 순환론적 오류, 즉 움직임을 본질로 상정하고 그 불완전한 실체를 통해 춤의 존재를 명백히 하고자 했던 모순을 간파하는 데에서 출발할 수 있다. 전거한 무용 모더니즘과 포스트모더니즘에 대한 진술은 전통 무용미학에서 서술해 왔던 내용들에 대한 단순한 반복이 아니라 무용미학 내에 감춰져 있던 춤의 소멸성에 대한 인식을 바로잡는(해체하는) 작업이며, "춤의 본질은 실체적 움직임이 아니라 춤의 사라짐, 또는 일시적인 움직임에 있다"라는 해체적 관점에

17 안드레 레페키(2014), p.13.

18 Marcia B. Siegel(1972). *At the Vanishing point*(New York: Saturday Review Press), p.1.

서의 형이상학을 밝히는 것이다.

그렇다면 탈형이상학적 춤 존재론으로서, 사라져버리는 것으로부터 춤은 존재론적 정당성을 보장받을 수 있는가? 그것은 데리다의 '차연(différance)'과 그 놀이로서의 '흔적(trace)' 개념을 통해 지지될 수 있다. 흔적은 문자적 글쓰기 및 그 외의 흔적 일반을 포함한다. 차연의 놀이로서 흔적은 서구 형이상학의 이원론인 '있는 것 또는 없는 것', '존재하는 것 또는 사라지는 것' 사이의 이원론을 해체한다. 다만 여기서 해체적 읽기는 이원론 중심 반대의 것으로 본질을 환원하는 것이 아니므로 사라져버리는 것으로부터 존재를 증명하는 것이라기보다 사라져버리는 것이 부재를 의미하는 것은 아니라는 점을 밝히는 데에 있다 하겠다.

마크 프랑코는 데리다의 흔적 개념이 "춤 소멸로서의 일시성(ephemerality-as-disappearance)"과 동의어임을 주장한다.[19] 데리다의 입장에서 춤 움직임의 존재적 모호함은 지속적으로 유보되는 미결정의 상태로 간주될 있다. 그러므로 춤의 일시적 본질은 오히려 형이상학적 존재의 실존적 속성을 가장 잘 드러내주는 것이 될 수 있다. 데리다의 해체론에서 '쓰기(écriture)'가 의미와 존재의 현전을 밝히는 행위로 인식되었다면 춤 역시도 하나의 쓰기와 다름없다. 춤이란 존재에 대한 의미를 움직임의 일시성을 통해 드러내보이는 과정이며 그 의미들은 차이와 연기를 반복하며 춤 텍스트로 흔적을 남긴다. 텍스트는 춤의 존재론적 의미의 울타리를 그리며 차연의 놀이를 통해 의미를 창조하는 과정을 반복해 나아간다.

'소멸'에 대한 주목은 그간의 형이상학이 가졌던 눈에 보이는 것으로서의 춤 현전에 대한 부단한 강조를 해체한다. 즉, 시각중심주의에서 표

---

19 Mark Franko(1995). *Dancing Modernism/Performing Politics*(Bloomington: Indiana University Press), p.206.

명해 왔던 눈앞에 고정되어 보이는 것에 대한 철학의 존재론적 중심은 사라지게 된다. 춤의 형이상학에 대한 해체는 그러므로 무용 및 모든 공연예술이 스스로 감추고자 또는 극복하고자 했던 시각적 붙들어 매임 사명으로부터의 자유를 의미한다. 움직임의 일시성을 인정했을 때, 이것의 구조적 또는 형식적 드러남으로서의 안무 개념도 중심에서 해체된다. 안무라는 것 역시 명료히 새겨질 수 없으며 일시적인 속성을 토대로 하고 있는 것이 되기 때문이다. 춤의 예술적 가치 또는 해석적 탐구는 더 이상 눈에 보이는 결과, 즉 외재적으로 드러나는 움직임의 결과들만으로 경계지을 수 있는 것이 아니다. 같은 맥락에서 저자와 작품, 작품과 작품 간의 이원론적 관계와 위계도 순차적으로 해체될 수 있다.

2. 현대 춤의 탈중심화 논의

1) 춤추기에서 춤 쓰기로의 이행

춤에서 움직임의 일시적 현전을 인정하고 춤 행위가 흔적을 남기는 행위로 간주될 때 춤은 데리다가 제시하는 쓰기(écriture)에 다름 아닌 것이 될 수 있다. 춤 쓰기로의 이행은 이원론의 관점에서 비언어적인 춤이 언어의 의미나 진리를 재현해낸다는 위계의 중심은 해체된다. 또한 데리다의 텍스트론에서 쓰기의 주체가 해체되었듯이 춤의 주체도 사라지거나 주체의 사실성이 모호하더라도 그것만으로 그것의 부재를 입증할 수 없게 되었다.

춤이 쓰기와 관계 맺은 것은 1589년 무용학자 투아노 아르보(Thoinot Arbeau, 1519-1595)의 『오케소그래피(*Orchésographie*)』라는 책 제목으로 거슬러 올라간다. 아르보가 제시한 춤(orchesis)과 쓰기(graphie)의 결합은 추어지는 순간 사라져버리는 춤을 기록함으로써 스승 없이도 배우고 춤출 수 있도록 하기 위한 것이었다. 또한 스승은 제자의 춤추는 몸을 통해 부재의 상태에서도 존재할 수 있는 욕망에 의한 결과물이었다. 이로부터 춤=기록은 곧 안무(choreography)라는 개념이 만들어지게 된다. 아르보의 춤은 기록됨으로써 반복적인 춤 생산이 가능해진다. 제자는 춤 기록을 보며 부재하는 아르보의 춤을 그대로 반복할 수 있다. 이러한 안무의 효과는 지금 여기에 없는 스승의 춤을 다시 추어낼 수 있다는 점에서 "원거리-운반 기술"[20]을 실현해낸다.

한편 춤 쓰기에 대한 생각은 1699년을 기점으로 정반대의 중심을 향해 견고해진다. 즉, 라울 푀이에(Raoul Feuillet, 1653-1709)의 무용보가 보급된 이후에는 "무용교사들은 춤추기보다 모두 책상 앞에 앉아 쓰기 시작했으며 이것이 파리로 보내져 왕립아카데미의 검열을 통과한 후에야 실질적인 춤추기로 이어졌다"[21]고 한다. 이제 춤에 관한 쓰기의 작업은 더 이상 춤춘 것을 기록하는 것이 아니라 춤에 앞서 쓰는 것이 되므로 춤과 안무의 이원론과 위계 관계의 역전이 일어난다.

즉, 전통 철학에서는 오로지 '무대 위에 보여지는 것'에 대해서만 말할 수 있는 것이었고, 모종의 시각적 속성에 고정되기 위해 춤은 기록되어야 한다는 논리가 만들어진다. 춤에서 쓰기 또는 기록이란 일시성이라는 춤의 물질성을 은폐하며 춤에 논리적인 구조를 부여하는 행위로 간주하게 되었다.

전거한 춤과 쓰기의 관계는 결국 춤의 주체성의 문제로 연결된다. 춤을 기록하게 되고 춤 대신 기록이 춤의 존재적 본질이 되었을 때, 춤은 '춤추는 사람의 것'에서 '춤을 만드는 사람의 것'으로 옮아가게 된다. 따

20 안드레 레페키(2006). 『코레오그래피란 무엇인가』. 문지윤 옮김(서울: 현실문화), p.67.

21 Jean-Noël Laurenti(1994). Feuillet's Thinking, Laurence Louppe(ed.). *Trace of Dance: Drawings and Notations of Choreographers*(Paris: Editions Dis Voir), p.86.

라서 이러한 춤 기록과 안무 개념에 관한 역사적 기술 역시 춤 형이상학적 중심을 구성하고 있는 주요 생각들 중 하나가 된다. 결과적으로 춤 주체성에 대한 확립과 춤 움직임 본질에 대한 견고함을 확보하기 위한 근대적 프로젝트가 무용미학의 형이상학 담론을 구성하고 있음을 알 수 있다.

따라서 춤 쓰기에 대한 탈형이상학적 논의는 춤추기의 주체, 안무에 대한 의미, 쓰기로서의 춤 움직임에 대한 논의로 이어져야 한다. 해체론의 견지에서 쓰기란 춤과 마찬가지로 일시적인 본질을 갖고 있다. 데리다의 해체론에서 춤은 연극적 기호 속에서의 '글쓰기'라는 새로운 정체성을 지닌다. 의미의 놀이, 기호의 놀이로서 춤은 글쓰기이고 글쓰기는 춤추기다. 차연이라는 개념을 통해 데리다는 현전의 형이상학을 해체하고, 연기(deferment)라는 흔적의 움직임을 문자학 안에서 발견해냈다.[22]

그러므로 쓰기나 춤을 막론하고 어떠한 의미화 과정도 그저 차연 놀이의 연속일 뿐이다. 의미화 과정이란 흔적의 끊임없는 운동이다. 춤의 의미도 지연되고 보는 이의 실존적 의미도 끊임없는 자기 자신의 현전적 미끄러짐에 놓여 있을 뿐이다. 춤 쓰기로서의 해체적 인식은 춤이라는 대상도 움직이고 작가나 안무가, 그리고 관객도 전혀 한 번도 고정된 적이 없는 실체라는 것을 인식하는 것과 다름없다.

춤 쓰기는 이와 같은 존재의 현전성을 인식하는 과정이다. 안무의 주체 또는 춤의 주체는 부재하기도 하며 부재한 주체가 현전할 수도 있다. 이 같은 시도는 프랑스 안무가 제롬 벨(Jérôme Bel)의 작업에서 일관되게 드러나고 있다. 특히 작품 「제롬 벨(Jérôme Bel)」(1995)(약 47분)에서

22 André Lepecki(2004a). *Of the Presence of the Body*(Connecticut: Wesleyan University Press), p.137.

존재의 부재와 부재의 현전이라는 해체적 존재론이 춤을 통해 명료히 드러난다. 안무가는 작품 속에 부재하는 제롬 벨, 에디슨, 스트라빈스키, 스팅, 디오르를 극장적 효과를 통해 무대 위로 드러나도록 한다. 이 다섯 명은 무대 위에 없지만 춤 쓰기 행위를 통해 "부재-존재(absent-presence)"[23]로 표명된다.

이 작품은 극장적 환영 효과를 만들어내는 요소들을 최소화해서 희미한 빛, 텅 빈 무대, 벌거벗은 몸만을 포함한다. 네 명의 벌거벗은 무용수들은 스트라빈스키의 「봄의 제전」 음악을 따라 부르기도 하고, 전구로 희미하게 빛을 밝히거나 글씨로 낯익은 이름을 쓰기도 하고, 방뇨 행위 또는 드러난 피부 껍질을 연신 잡아 뜯기도 한다. 벨은 춤적 움직임이라는 것을 전적으로 배제하면서도 춤 의미의 생산이 가능하다는 것을 시도해 보이고자 한다.

그는 레이너의 '부정의 미학'에서 제기되어 왔던 것들을 또 그 이후 다원주의적인 춤들에서 반복되어 왔던 것들을 그대로 사용하면서도 그것의 가장 극단적인 방법, 즉 재현 체계 스스로가 가진 한계성의 드러남을 통해서 그 스스로의 해체를 이뤄낸다. 다시 말해서 비록 그가 안무 부재, 움직임 부재, 서사의 부재를 사용했다 하더라도, 재현 기제가 발생되고 있음을 명시화하는 것을 통해 '부정의 미학' 자체 역시 구조주의가 또 다른 구조를 만듦으로써 강화한 것과 같은 똑같은 효과를 만들어내고 있음을 보여주고 있는 것이다. 작품에서 안무가는 전통 춤에서 보여지는 포착할 만한 안무라는 구조를 삭제하면서도 여전히 춤 극장이라는 요소는 항시 재현적 담론을 재생산하고 있으며, 그것이 어떻게 주체의 부재함을 은폐하기 위해 반복적으로 재현 체계를 재생산해내는지를

23 André Lepecki(2004b). Concept and Presence: the Contemporary European Dance Scene. In Susan Leigh Foster, *Rethinking Dance History*(London & New York: Routledge), p.176.

밝히고 있다.

춤 쓰기와 움직임에 대한 생각은 영국의 안무가 조너선 버로(Jonathan Burrows)의 작업에서도 구체화될 수 있다. 제롬 벨이 소위 훈련된 움직임을 전적으로 배제함으로써 춤 쓰기의 의미를 모색해 나갔다면, 버로는 같은 목적 아래 매우 상이한 방식으로 전개해 나아간다. 전직 로열발레단 무용수 출신임에도 그의 작업은 클래식함의 색채와는 거리가 멀다. 그는 은퇴 후 1990년대부터 춤과 움직임, 소리와의 관계를 탐색하는 방향으로 모색해 왔는데 최근의 작품 「말하는 춤(Speaking Dance)」(2006)(45분)에서 특히 이러한 쓰기와 움직임에 대한 해체적인 생각들이 잘 드러나고 있다. 작품에 대한 설명에서 버로는 이 작품의 원칙이 항상 안무가들이 하는 안무 방식과 다름없지만 단지 그것을 단어(word)로 하는 것일 뿐이라 설명한다.

실제로 작품 속에서 버로와 음악가 파르기온(Matteo Fargion)은 각각 무대 위 의자에 앉아서 입으로 동작을 소리내어 말하는 것으로 주로 구성된다. 작품에 사용된 5개의 곡은 아프리카 음악, 또는 바흐의 마태 수난곡의 합창 반주의 형식이나 라반의 움직임 원리에 근거한다. 총 5개의 곡을 말 또는 움직임으로 연주하는데, 그 방식은 움직임의 강도를 표현하거나, 동작의 형태를 지칭하는 동사나 명사를 랩 하듯이 주고받거나, 가끔 버로가 춤을 추거나, 둘이 하모니카와 같은 악기를 연주하는 변주의 듀엣으로 이뤄져 있다. 다섯 악장 속에서 'love' 'big' 'small' 같은 단어의 읽음, '아~' '음~' 하며 내는 소리, 또는 어떤 음악, 아니면 팔을 휘두르거나 다리를 움직이는 움직임 등이 구분되지 않고 꼬리에 꼬리를 문다.

[그림 9]에서 보이는 안무 노트 또는 악보라 말할 수 있는 기록에서 볼 수 있듯이 커닝엄(Merce Cunningham)의 안무 차트나 포스트모던 댄스의 미니멀리즘 성향, 또는 반복적 특성, 즉흥적 요소의 흔적들을 수용하고 있는 것을 알 수 있다. 그러나 버로는 이러한 전통적인 안무의 원리

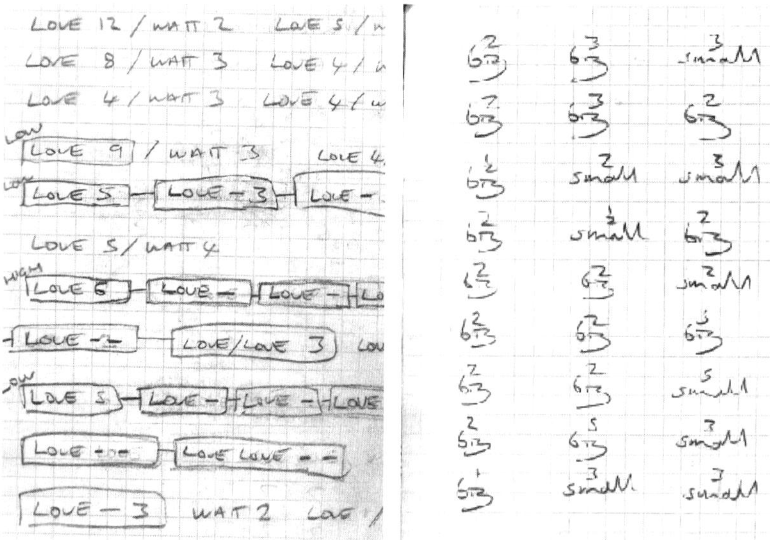

그림 9 「말하는 춤」 2장 'LOVE'와 3장 'BIG BIG SMALL'의 안무 노트(혹은 악보) 일부 발췌
© Jonathan Burrows and Matteo Fargion
http://www.jonathanburrows.info/#/score/?id=3&t=content

를 통해 춤의 본질에 놓여 있던 움직임이라는 것이 포착되어야 할 대상으로 인식되면서 얼마나 제한된 대상으로 규정되어 왔는지를 일깨워주고 있다. 버로와 파르기온의 이인무는 말이 춤추고 춤이 쓰여지며 쓰기가 춤춰지는 해체적인 춤 양상을 통해 춤과 움직임에 결부되어 왔던 형이상학적 전제들을 탈중심화하고 있는 것이다. 춤 움직임 그 자체로 돌아가기 위해 재현의 논리를 삭제해버린 것에서 나아가 춤적 움직임의 정체에 의문을 제기하고 그 경계의 흐려짐을 관객들에게 인지하도록 함으로써 춤–음악–작곡–안무–쓰기 간의 미끄러짐을 경험하도록 한다.

2) 춤 작품 경계의 소멸

"춤은 곧 쓰기와 같고 춤의 본질은 움직임의 현전에 국한된 것이 아니며 따라서 춤은 하나의 텍스트로서 그 주체의 부재로부터 출발하는 의미의 놀이와 같다"라고 할 때, 그로부터 만들어지는 예술 작품은 해체론적 관점에서 춤의 경계를 그리는 작업의 과정과 같다. 그리고 그 텍스트의 경계 밖에는 아무것도 없듯이 예술이 모방해야 할 원본은 없고 작품에 대한 단일한 해석 역시도 없게 된다. 이것은 포스트모던 예술 이후의 예술론이 스스로 예술의 종언 또는 미학의 종언을 선언하고 다원주의로서 예술의 다양성, 의미의 다양성을 인정하는 것이면서도 동시에 그 예술 작품의 해석의 적절성을 가릴 기준을 찾고 있었던 것과는 차이가 있다. 해체론의 견지에서 의미의 다양성 또는 다의성 또한 중심주의적이고 이원론적인 사고다. 해체론에서는 오직 위계 없는 결정불가능성의 차이가 있을 뿐이다.

따라서 예술 작품이란 작품 밖의 진리를 재현하는 것이 아니며 다만 그것들의 차이를 연기하는 기표 놀이에 불과하다. 데리다가 제시하는 텍스트에 다름없는 것으로서 예술 작품은 내용 또는 형식의 이분법에 의한 단일의 실체라기보다 창작 과정의 연속이다. 예술 작품의 진리는 형이상학적 이데아의 재현이 아닌 차연 유희를 통한 예술 작품의 끊임없는 미적 창조력에 위치한다. 그에게 예술 작품은 '해석 대상'이 아닌 "개념화될 수 없는 것의 보존"[24]이다.

데리다는 춤적 연극이라 할 수 있는 아르토(Antonin Artaud)의 잔혹 연극을 하나의 순수 현전을 추구하는 행위라 평가한다. 데리다가 제안하는 춤이란 니체(Friedrich W. Nietzsche)가 초인(超人, Übermensch)으로 가기 위한 행위로서 춤을 설명했던 것처럼 탈형이상학적 사고와도 같은 지위를 갖는다. 아르토에 대한 에세이 「잔혹 연극과 재현의 울타리(The Theater of Cruelty and the Closure of Representation)」에서 데리다는 아

24 진중권(2003). 『현대미학 강의』(파주: 아트북스), pp.141-142.

르토가 "순수한 차이로서의 순수 현전(pure presence as pure difference)"을 추구한다고 결론짓는다.[25]

아르토 연극에 대한 데리다의 진술을 통해 춤이 단순한 연극적 글쓰기나 그 밖의 어떤 쓰기의 작업(일체의 재현적 행위)이 아닌 차이의 유희 그 자체라 할 수 있는 울타리의 바깥[26]에 위치하는 행위임을 지적한 것으로,[27] 그의 작업을 기존의 양식적 구분에서 그저 다른 하나의 새로운 양식으로 규정짓지 말라는 뜻을 내포한다.

"기존 장르와의 탈동일시화(dis-identification)"[28]로서 춤은 더 이상 무용 작품이라는 개념에 규정되지 않는다. 이러한 이원론적 양식화의 테두리에서 벗어나고자 하는 실험은 특히 윌리엄 포사이드(William Forsythe)의 실험작들에서 잘 드러나고 있다고 하겠다. 그의 작품 「덧셈에 대한 역원(Additive Inverse)」(2007)(30분)은 비디오아티스트 부스만(Philip Bußmann)과의 공동 작업으로 갤러리 공간에 설치물과 함께 움직임이 제시되는 형태다. 갤러리 공간의 한 흰 벽에는 시침핀이 군데군데 꽂혀 있고 그 핀들 사이를 가로지르는 하얀 실, 그리고 커다란 나무 상자와 이를 가득 매운 희뿌연 연기와 그 사이로 보이는 하얀색 세 개의 겹겹의 고리 형태의 프로젝션 이미지가 투사되어 있다. 그리고 한 명의 무용수가 벽의 핀을 가로지르는 실 사이로 또는 실을 사용해 움직임을 만들어 나간다.

---

25 Jacques Derrida(1978). *Writing and Difference*(Alan Bass, Trans.) (Chicago: University of Chicago Press), p.247.

26 데리다의 아르토 해석에서처럼 잔혹 연극의 춤극은 불가능한 바깥을 차지하고 있다. 왜냐하면 데리다는 연극이 경계가 없다고 했기 때문이다. 그러나 데리다식의 이중 논리에 따르면 이미 놓여 있다는 사실 그 자체로부터 불가능성이란 상당히 가능한 바깥 공간에 놓여 있음을 뜻한다.

27 앞의 책, pp.169-174.

28 Andrée Grau & S. Jordan(eds.)(2000). *Europe Dancing*(London & New York: Routledge), p.17.

양식적 관점에서 봤을 때 이러한 형태는 조각, 드로잉, 필름, 춤 간의 경계를 흐려놓는 시도다. 세 개의 프로젝터가 만들어내는 세 개의 원형 드로잉은 미세하게 움직이는 연기의 움직임에 의해 구체화된다. 갤러리 공간에 들어온 관객들은 자신의 현전과 그로 인한 움직임에 의해 연기가 흔들리고 구체화된 형상에 영향을 미치지 않기 위해 자발적으로 움직임을 제한하게 된다. 무용수는 실을 꿰어가며 그것에 방향성을 부여하는 한편 그 선들로부터 기인하는 움직임을 즉흥적으로 추게 된다. 관객들은 보일 듯 말 듯한 실의 부재와 현전을 인식하면서 춤 움직임 자체로부터의 의미보다 공간과의 관계 맺음으로부터 생성되는 움직임의 의미들을 깨닫게 된다.

포사이드는 이 작품에서 양식적 정의 또는 안무가의 존재를 즉시하기 위한 어떠한 안무의 형식 또는 작품의 경계를 명료하게 제시하지 않는다. 움직임의 기원은 안무자가 아닌 실로부터 기인되며 관객의 조심성에도 불구하고 공간의 기류를 통해 연기의 움직임으로 원이 춤을 추게 된다. 저자의 주체, 움직임의 주체의 견고함이 흔들리면서 예술 작품이라는 실체 역시 희미하게 제시될 뿐이다.

포사이드는 이처럼 기존의 춤에 대한 전제, 또 안무에 대한 무용미학의 대전제를 해체하고 재구성할 필요가 있다고 주장한다. 이로써 춤추는 신체 없이도 '신체적 사고(physical thinking)'를 할 수 있다는 춤 경계 바깥의 춤을 안무 오브제(choreographic objects)라는 개념을 통해 설명한다. 안무 오브제는 신체의 대리물이 아니며 인간 행위의 면모를 이해하고 '안무적 사고(choreographic thinking)'를 드러내줄 수 있는 전략이다.[29] 포사이드의 안무 오브제는 춤의 양식적 구조 밖에서 예술 작품에

29 William Forsythe(2011). Choreographic Object. In S. Spier(ed.). *William Forsythe and the Practice of Choreography*(London and New York: Routledge), pp.90-92.

대한 탈중심적 인식에 의한 결과라 할 수 있다.

따라서 경계가 흐릿한 예술 작품은 하나의 고정된 실체가 아니다. 그러므로 원본과 사본, 재연과 재창조의 의미가 사라진다. 특히 연작 또는 프로젝트라 불리는 공연 시도들이 이에 대한 예로 설명될 수 있다. 사샤 발츠(Sasha Waltz)의 최근작 「콘티누(Continu)」(2010)도 그러한 예가 된다. 이 작품은 발츠가 1993년부터 26차례에 걸쳐 세계 각지의 건축물을 찾아다니며 공간과 춤과의 관계를 탐색해 온 '다이얼로그 프로젝트(Dialogue Project)'[30] 중 베를린 신박물관(Neues Museum)과 로마 국립미술관 막시(MAXXI)의 개관식 일환으로 진행되었던 2009년 두 개의 다이얼로그에 바탕을 둔다.

다이얼로그 시리즈들은 전통 양식적 관점에서 장소-특정적 혹은 건축-특정적 인터랙션 플레이(Site- and architecture-specific interaction play)라 할 수 있다. 장소-특정적 작품들에서 발츠는 건축물에 내재한 안무적 사고, 즉 공간의 역동성과 조형적 움직임, 리듬감, 또 그 안을 관람하는 관객들의 움직임 등 명백하게 환원될 수 없는 움직임들을 무용수들의 몸을 통해 현전하도록 한다. 그리고 그것들을 소재삼아 2010년 극장 버전을 만들게 된다.

외형적으로 「콘티누」(2010)는 안무적, 음악적, 시각적 흐름의 에너지 간의 긴장을 표현하고자 24명의 무용수로 장대하고 건축적인 춤 장면들로 채워져 있다. 집단적인 군무, 이인무, 솔로 등이 반복과 변주를 통해 안무로 짜여져 있다. 음악은 현대 음악 작곡가 바레즈(Edgard Varèse)의 「아르카나(Arcana)」(1927)는 음악과 과학의 결합을 시도해 점

---

30 1993년을 시작으로 발츠는 총 26회의 다이얼로그(Dialogue) 시리즈를 만들었다. 일관되게 진행되지 않고 그 횟수도 연도별로 제각각이다. 각 공연은 공연된 해와 장소를 그 이름에 포함해서 'Dialogue 연도-장소'라는 이름이 부여된다(http://www.sashawaltz.de/en/productions/# 참조).

성술을 통해 인간의 자각과 의식을 확장시키려는 르네상스 시대 신비주의자들의 정신이 담겨 있는 곡으로 극적 불협화음과 음악의 건축가적 특성을 드러내는 작품이다.

이 작품의 해체적 분기점은 이 별개의 세 작품이 하나의 안무적 사고에서 출발하며 이로부터 발생되는 위계의 혼란에서 시작된다. 이 무대 버전은 이전의 다이얼로그들로부터 존재론적으로 별개의 것이 아니다. 즉 다른 장소, 다른 춤, 다른 의미를 만들어내면서도 같은 사고의 흔적을 보존하고 있다.

발츠는 다이얼로그 프로젝트의 목적이 다양한 예술의 형식을 경험을 통해 어떠한 내용이나 형식의 제한으로부터 벗어나는 것에 있으며, 어떠한 것도 사전에 준비되는 것이 없어야 하며, 어떠한 과정 중간에 있는 것이며, 항구적인 변화(permanent transition)의 조건을 만들어내는 것이라 했다. 따라서 그녀의 작품은 스스로를 규정하는 미학적 울타리 밖으로 나가기 위해 새로운 경계들을 계속해서 그려나가고 있는 것이라 하겠다.

◆ ◆ ◆

모더니즘 미학의 전제에서 구축되어 온 춤 존재론은 춤의 현전을 움직임의 실체로부터 파악하고자 했고, 이로써 안무를 통한 의미의 재현이라는 예술적 목적을 합리화하게 되었다. 탈중심적 관점에서 이 같은 존재의 정당화는 그 내부적 모순, 즉 존재자의 현전을 부재와의 차이로부터 정당화해야 하나 그 부재를 증명할 길이 없는 이원적 모순 구조로 읽혀진다.

춤의 본질이 실체적 움직임이 아니라 춤의 사라짐, 또는 일시적인 움직임에 있다고 할 때, 이원적 의미의 해체로서 차연의 논리는 춤의 일시적 본질에 개연성을 부여하고 춤의 행위야말로 세계의 존재적 속성을 잘 드러내줄 수 있는 인식론적 방법이 될 수 있다. 데리다가 쓰기에 인식적 권한을 부여했던 것처럼 춤도 형이상학적 존재의 현전을 대리보충해 줄 수 있는 의미 작용의 하나가 된다. 춤이 추어지는 것이 아니라 세계에 관해 쓰는 것이라면 춤 쓰기는 몸을 통한 존재의 사유가 된다. 춤 쓰기로의 해체는 '훈육된 몸(disciplined/social body)'에서 '진정한 몸(authentic body)'을 발견해내는 것이다.[31]

현대 춤의 탈중심화 양상은 철학의 종언이 선언되고 미학의 시대가 도래했다는 현대 철학자들과 의견이 일치하는 지점에 놓여 있다. 이브 미쇼(Yves Michaud)는 오늘날 우리는 "미학의 승리" 시대에 살고 있으나 "예술 작품이 없는 세상 한가운데 일궈지고 전파되며 소비되는 역설적인 상황"에 처해 있다고 지적한다. 또한 "모든 물체에 스며드는 에테르와도 같이 아름다움이 기체처럼 널리 퍼지고 확산되는 반면 예술 작품이 점점 더 소멸되어간다"[32]고 설명했다. 기화되는 에테르처럼 춤의 경계의 물질성은 닫혀 있으면서 열려 있다. 현대 춤에 나타나는 반(反)무용적 양상들은 스스로를 규정짓기 거부한다. 반무용이라는 이름은 이미 무용의 형이상학적 규정 안의 정해진 틀 속으로 그들을 가둬버리기 때문이다.

31 Andrée Grau & S. Jordan(eds.)(2000), p.22.

32 이브 미쇼(2005). 『기체상태의 예술』(파주: 아트북스), p. 9.

제10장

후기 현대 춤의 마이너리티

이지원

마이너리티(minority, 소수자집단)[1]는 어떻게 정의되는가? 마이너리티라고 하면 문화적, 종족적, 또는 인종적으로 구별되는 집단으로 지배 집단과 공존하지만 종속된 집단이라 한다.[2] 또한 수적으로 열세이기에 마이너리티로 표현된 것이라고도 말한다. 왜냐하면 다수가 규범이 되는 사회에서 실질적인 힘을 가지지 못하기에 중요하지 않는 자들로 인식되기 때문이다. 개성과 존재를 인정받지 못하고 '우리'라는 다수에게 동화되어야 할 존재로 여겨온 것이다. 이들은 사회에서 비지배적인 위치를 점하며 스스로를 약자로 여겨왔다.

이것은 무대에서도 가히 다르지 않다. 마이너리티는 다수의 필요에 따라 변화되기에 자기를 드러내는 것을 꺼려했고 능동적이지 못했다.

1 1977년에는 마이너리티 보호와 차별 금지를 위한 유엔소위원회의 특별보고서에는 마이너리티에 대해 "한 국가의 인구적 측면에서 소수이며 피지배자적인 지위에 있고 그 국가의 국민이면서 다른 주민과 구별되는 종족적, 종교적 또는 이념적 특성을 보유하고 있으며 비록 암묵적이라 할지라도 자기의 문화 전통 종교 또는 언어를 보유하려는 연대 감정을 표현하고 있는 집단"이라고 정의하고 있다. 신기영(2012). 마이너리티 이론의 탐색. 『일본비평』, 8, pp.26-27.

2 앞의 글, p. 24.

따라서 이들에 관한 해석 또한 제한적이고 단편적이라 하겠다. 사실 춤추는 주체는 다수자들에 의해 구현되어 왔다. 자연스럽게 이를 지칭할 수 있는 수식어도 젊은, 일반적인, 건강한, 잘 움직일 수 있는 몸을 가진 주체였다. 그리고 이들은 춤의 역사 속에서 춤의 정체성을 대표했다.

그러나 사회의 변화에 따라 무대 위에 움직이는 몸도 과거와는 다르게 나타났다. 1960년대를 기점으로 미국은 인권에 관한 폭발적인 관심과 함께 소수자에 대한 이야기가 다양한 예술과 매체를 중심으로 변주되었다. 페미니즘에 관한 학문적 접근은 본격적으로 이뤄졌고 경계에 관한 파기는 성적 소수자를 포함한 장애인이나 인종의 문제로 확대되어 작품에 등장했다. 이들은 다수 지배 집단에 관한 정치적 관계는 동태적이라 주장하며 새로운 지배 관계와 변화를 강조했다. 춤은 사회 안정과 통합에 긍정적인 역할을 하는 매개체로 인식되었고, 누락되고 배제되어 왔던 이들의 시선은 역사 위에 복원되기 시작했다.

이러한 바탕에는 사상과 사유의 변화가 자리 잡고 있다. 탈구조주의는 이분법적 사고 방식으로부터 탈피해 불변하는 진리나 중심의 횡포를 파기하며 타자를 인정할 것을 주장했다. 결국 유일한 진리란 있을 수 없는 것이기에 서구 전통의 형이상학적 논리의 위계 방식을 거부하고 전통의 진리를 해체하자는 것이다. 또한 탈식민주의 담론의 부상도 함께 했다. 탈식민주의는 과거 식민 시대나 현재의 탈식민지 시대의 식민 현상을 분석하고 비판하는 이론이다. 서구의 제도권 문화 연구가 누리는 헤게모니와 그것을 떠받치는 지배 이데올로기를 비판했다. 그리하여 식민주의의 기억들을 억압하고 망각하려 하기보다는 그것들을 캐내어 상기시키는 작업이 중요하기에 유산들을 대면할 수 있도록 역사적 세부를 들추는 작업을 해야 한다고 강조했다.[3]

---

3 박인찬(2001). 탈식민주의의 정체성과 계보에 관한 절충주의적 접근. 『영미문학연구』, 11,

결국 이러한 담론으로 인해 '저항성'과 '개방성'이라는 예술에서의 성과로 이어질 수 있었다. 포스트모더니즘으로 인해 춤의 지형도는 변화되었고 춤의 개념뿐 아니라 움직이는 주체에 관한 논의는 더 이상 기존 체계에 편입한 해석이 아닌 개방적 의미로 창출되었다. 또한 현대 춤은 전통이라는 가치를 파기하고 실험하고자 하는 도전적 행보가 이어졌다. 이제 마이너리티는 과거의 답습이 아닌 행위의 주인으로서 나는 누구인가에 관한 고유한 정체성에 스스로 답하고 있다.

이 글에서는 새로운 주체로서 부상하는 마이너리티의 움직임에 관해 주목해 볼 것이다. 춤추는 주체의 의미를 '움직임을 실행하는 무용수'로 규정하고 이에 관한 다원적 의미를 논할 것이다. 마이너리티에 관한 정치적 지점을 '육체와 욕망 그리고 시간의 경계로부터의 탈주'라는 소제목으로 환원해 제한적이나마 이뤄낼 것이다. 1960년대 이후 춤추는 몸에는 민주적 색채가 가미되었고 몸의 존재가 전복되면서 다양한 작품들이 선보였다. 이에 따라 현장에서 보여지는 다층적 층위의 정치적 몸에 관한 연구가 뒤따랐다.[4] 따라서 이 글에서는 현대 작가들의 최근작을 중심으로 한정적이나마 살펴보도록 할 것이다. 현재에도 여전히 고착되어 있는 마이너리티에 관한 시각과 현재적 의미를 진단할 수 있을 것이다.

구성은 다음과 같다. 첫째 절에서는 마이너리티에 관한 개념과 더불어 사유의 변화 지점을 다뤄볼 것이다. 다음 절에서는 춤추는 '주체'에 관한 간략한 고찰과 함께 춤에 나타난 마이너리티의 논의로 이어나갈 것이다. 그리고 마지막 절에서는 작품을 중심으로 춤추는 주체의 의지와 표현을 살펴볼 것이다. 범주는 장애, 퀴어, 노화로 나누고 제롬 벨

---

p.289.

4 김말복(2011), 『무용예술코드』(서울: 한길아트), p.41.

(Jérôme Bel)의 「장애극단(Disabled Theater)」, 드미트리 파파이오아누(Demitris Papaioannou)의 「투(Two)」, 피핑 톰(The Peeping Tom)의 「살롱(Le Salon)」을 대상작으로 한다. 위의 작품을 선정한 것은 세계적으로 사랑받는 안무가들의 최근 작품이고 또한 마이너리티 대상에 관한 성격과 의도를 분명히 나타내기 때문이다. 물론 영상물을 확보할 수 있었던 것이 가장 중요한 이유일 것이다.

마이너리티의 범주에 관한 제한적 접근과 더불어 개괄적인 작품 해석으로 인한 연구의 한계점을 들 수 있다. 그러나 이를 통해 단편적이나마 이 시대에 춤추는 주체가 어떻게 나타나고 인식하는지 조망할 수 있는 기회가 되리라 생각한다. '일반적인 무용수'라는 익숙한 도식에서 벗어나 일반적이지 않은 것과의 경계와 틈이 무엇인지 살피고 이를 통해 사회적 관계와 모순을 감지할 수 있는 중요한 계기가 될 것이라 생각한다. 무대 위에서 행동하는 주체의 변화가 우리에게 시사하는 바와 자유로운 창작의 경계를 바라볼 수 있다는 점에서도 의미를 둘 수 있다. 사실 춤에서 보여지는 주체의 표현은 개인적인 차원에서 일어나는 것이라 할지라도 이것에 관한 경계, 개념, 범위에 관한 숙고의 기회를 가져야 하기에 각각의 작품이 지니는 가치는 차후 연구의 발단으로 제공될 수 있으리라 사료된다.

1. 마이너리티의 개념과 이해

춤에서는 마이너리티의 목소리를 담고 있는가? 먼저 마이너리티를 어떻게 규정하고 있는지 살펴보고자 한다. 마이너리티는 침묵하는 주체로 누군가에 의해 목소리가 대변되고 재현된다고 보는 망각적 주체다. 행위하는 주체가 아니라 침묵당하는 존재이자 전시되는 대상으로 읽어지기도 한다.[5] 이러한 마이너리티는 소외와 배제의 문제를 논할 때 자주 호명된다. 약자, 타자, 하위 주체라 언급하기도 하며 주변화되거나 이름 없는 자로 칭하기도 한다. 인종, 민족, 언어, 계급, 성 등에 따라 경계를 설정하며 '우리'라는 다수에서 구분되는 소수자로 치부하기도 한다.

여기에는 피부색과 민족적 특성으로 인해 자신의 역사가 은폐되고 기록되지 못했던 흑인들이 있고, 가부장적 이데올로기와 남근 중심의 편향적 시선으로 침묵할 수밖에 없었던 여성이 있다. 또한 주류에 편입될 수 없는 소외된 타자들은 성적 취향에 의해 구분되기도 하며, 육체적·정신적 결함으로 인해 사회적 관계의 중심에서 배척되고 소외당했던 장애인들도 포함된다. 이들은 배제와 억압의 대상으로 스스로의 목소리가 아닌 대변되는 소수자 혹은 타자로 위치했다.

그러나 이제 이들의 목소리는 주체적이고 유의미하게 재현되고 있다. 예술 작품은 무대의 동인적 주체로서의 그 의미를 환기시키고 지워져 왔던 이들의 역사를 기재한다. 여기에는 포스트모더니즘이라는 큰 틀이 작동하고 있다. 흔히 '차이의 정치학'으로 일컬어지는 포스트모더니즘은 모든 형태의 이질성과 다양성을 인정하고 포용했다. 거대 서사의 해체라는 의미로 자리 잡으며, 젠더, 섹슈얼리티, 계급, 인종, 민족, 종교 등을 망라한 모든 층위에 관한 해체를 강조했다. 서구 근대성의 자기 성찰을 기치로 내건 포스트모더니즘은 중심과 주변의 자리바꿈을 추구하는 바탕 위에 서 있다.

그리고 포스트모더니즘이라는 상위 개념에는 탈구조주의와 탈식민주의라는 두 축이 떠받치고 있다.[6] 탈구조주의는 유럽 중심주의인 인본

5 김경연(2012). 마이너리티는 말할 수 있는가?. 『인문연구』, 64, p.308.

6 김용락(2003). 탈식민주의와 저항적 실천. 대구문화원고(2003.7.18)〈http://cafe.daum.net/lifepoem, 2015.1.22.〉

주의와 역사주의에 대한 유럽의 자기 비판으로 서구 자체가 지닌 타자성과 이중성을 서구 내부에서 비판함으로써 서구라는 주체를 해체하고자 했다. 그리고 탈식민주의는 그러한 작업의 배경을 서구 바깥으로 확장해 중심과 주변의 인식론적 자리바꿈을 시도했다.[7]

탈구조주의는 구조주의의 한계를 극복하면서 현상에 대해 폭넓게 접근하기 위해 나타난 이론적 운동으로 해체주의와 같은 맥락을 지니지만 근본적으로 구조주의적 관심에 대한 반대 여파로서의 관점을 지닌다. 구조 개념에 대한 도전으로 해체라는 전략을 기반으로 삼는다. 공적/사적, 합리적/비합리적, 남성적/여성적, 진실의/거짓의, 중심의/주변적인, 같은/다른 등의 특권에 대한 중심, 이항 대립, 명중성, 진리, 권력 등을 해체하고자 한다. 물론 해체는 구조 자체를 부정하는 것이 아니라 구조를 다른 시각에서 본다는 것이 중요하다.[8] 그리하여 데리다는 길들여져 있는 구별과 대립들을 무너뜨려야 한다고 주장했다. 여기에는 데리다(Jacques Derrida)의 해체주의 철학을 기본으로 미셸 푸코(Michel Foucault), 자크 라캉(Jacques Lacan), 줄리아 크리스테바(Julia Kristeva) 등의 포괄적인 관점을 포용한다.

탈식민주의는 서구 중심주의에 의해 변방으로 내몰린 제3세계가 주체로 복귀하는 것을 말한다. 그리고 이러한 이론적 대상은 국가, 민족, 역사와 같은 거대 담론에서부터 개인의 정체성, 주체, 인식, 가치, 담론, 언어, 무의식 같은 소위 미세 담론에 이르기까지 모든 영역에서 다뤄지

---

7 로버트 영(Robert Young)은 『백인의 신화(*White Mythologies*)』에서 탈식민주의의 뿌리를 푸코와 데리다로 대표되는 유럽의 '고급 이론(high theory)'과의 관계에서 파악한다. 탈식민주의 이론의 학자로 에드워드 사이드(Edward W. Said), 호미 바바(Homi K. Bhabha), 가야트리 스피박(Gayatri Chakravorty Spivak)을 대표적인 학자로 꼽으며 유럽 이론을 얼마나 (부)적절하게 전유하는가에 초점을 맞추고 있다.

8 윤지현(2008). 탈구조주의적 수업설계를 통한 초등실과교육에서의 교수-학습 방법 적용 방안 연구. 『한국실과교육학회지』, 21(2), pp.56-57.

고 있다.[9] 너무 광범위한 영역 확장으로 인해 탈식민주의의 정체성에 의문을 제기하기도 하지만 탈식민주의를 식민주의에 대한 저항 담론이라고 개념화할 때, 그것은 어느 정도의 정치적 성격을 전제한다. 또한 계보와 정체성에 관한 논의가 역사성을 확보하기 위해서는 어느 정도의 '경계짓기'가 필요해 보인다.

이 시대의 마이너리티는 탈구조주의의 개방성과 탈식민주의의 저항성을 바탕으로 자신들의 역사를 새롭게 기록하고 있다. 프란츠 파농(Frantz Fanon)은 "지금껏 있으나마나한 존재로 업신여겨져 왔던 구경꾼이 휘황찬 조명을 받으며 역사의 무대에 등장하는 특권적 행위자로 변화하는 과정"[10]이라고 주장했다. 각각은 성, 계급, 인종의 범주에서 자기식의 거대 서사를 새롭게 구축하며, 그 과정에서 자신의 영역을 고하고 해석하려는 시도를 지속한다. 이러한 시각은 긍정적이고 바람직한 것으로 이해될 수 있다. 인간의 완전성을 전제로 하는 독선과 자기 과신이 아니라 남의 비판에 귀를 기울이고 잘못을 반성할 수 있는 겸허한 자세가 필요하다는 것이다. 카를 포퍼(Karl Popper)는 자아와 사회와 우주에 대해 개방성을 강조한 인물인데 그가 강조하는 삶의 태도와 방식에서도 일맥상통하는 부분이 엿보인다. 그는 개방적인 자세가 보편화될 때 합리적인 비판이 가능하고, 그러한 비판이 자연스럽게 받아들여질 때 인간은 무한성과 완전성으로 들어서게 된다고 보았다.

결국 마이너리티에 관한 논의는 서구 중심적 역사와 문화에 관한 비틀기와 그것을 수용해 나가는 과정이라 할 수 있다. 우리가 일상적이라

9 김용락(2003). 탈식민주의와 저항적 실천. 대구문화원고(2003.7.18).

10 프란츠 파농은 1927년 프랑스령 앤틸리스(서인도) 제도, 마르티니크 섬의 포르 드 프랑스에서 태어났다. 1952년『검은 피부 하얀 가면』이라는 제목으로 출판된 박사논문을 쓴 뒤 15개월 넘게 생탈방에 있는 토스켈 박사의 병원에서 '제도분석'에 참여한다. 토스켈의 제도분석이란 정신질환의 원인은 제도적 차원에 있기 때문에 치료 역시 제도적 차원에서 이뤄져야 한다는 문제 의식에서 나온 것이다.

고 여겨온 의식과 행위 속에 침투되어 왔던 생각을 뒤집어 비판하고 새롭게 서술하는 데에 중요한 쟁점이 되는 것이다. 춤에서 마이너리티로 분류되는 성, 인종, 계급적 인식은 현실에 대한 인식과 관계를 밝히는 데 중요하다. 다음 절에서는 이분법적 경계로부터의 진정한 틈을 논하며, 새로운 가능성을 제공하는 안무가의 작품을 살펴보도록 할 것이다.

2. 춤추는 주체의 마이너리티 논의

1) 주체에 관한 논의

주체에 관한 철학적 논의를 간략하게 다뤄보자. 과거의 사유라면 핵심적으로 '동일성의 사유'라고 언급할 수 있는데 이를 통해 주체는 모든 인식과 실천 과정의 중심을 차지하게 되었고 철학적 구성의 출발점이 되었다.[11] 그러나 오늘날 주체에 대한 사유는 변화되었다. 전통 철학이 주장한 전제를 뒤집는 것으로 전통 철학에서의 존재와 주체의 문제에 대한 비판적 성찰이 이뤄졌다. 다시 말해 지금까지 제외되어 왔던 요소들로 외부적 존재나 주변적 존재를 통해 사유하며 무엇이 배제되어 왔는가를 살피는 것으로의 변화라 하겠다.[12]

춤에서도 주체는 움직임을 일으키는 존재라 하겠다. 무용수라는 주어진 자기 동일성은 정상적인 신체성, 기능적인 동작이 가능한 수행성, 젊은 청년이라는 세대로의 대표성, 정상이라고 일컬어지는 성 정체성이

11 주체는 데카르트의 '생각하는 나'에서부터 헤겔의 '절대 정신'까지 모든 과정을 이끌어가는 절대적인 동력이었고 이는 철학을 구성하는 결정적인 역할을 했다.

12 서용순(2013). 이방인을 통해 본 새로운 주체성에 대한 고찰. 『한국학논집』, 50, pp.278-282.

나 윤리성을 지닌다. 그러나 이러한 주체는 과거와는 달리 변화되었다. 기존의 경계는 무너지고 새로운 주체가 등장했다. 전통의 질서는 파괴되었고 주(主)와 부(副)라는, 안과 밖의 영역은 허물어졌다. 구분의 체계들은 불분명해졌고 일대 변형의 시기로 전환되었다. 다시 말해 우리가 타자나 이방인으로 여겼던 존재는 더 이상 부수적인 가치를 내보이는 자들이 아니라는 질문을 내던지기 시작하는 것이다. 크리스테바(Julia Kristeva)는 주체를 규정하면서 '진행 중인 주체(subjectivity in process)'라고 표현했다.[13] 그리고 탈구조주의 여성학자 브라이도티(Rosi Braidotti)는 '유목적 주체'라 언급하는데 이는 새로운 존재와 사유 방식을 나타내는 개념으로 끊임없이 이동하며 경계를 파괴하는 존재라는 의미다.[14] 타자에 관한 인정과 차이에 대한 존중을 기반으로 하는 사회의 진입을 말하는 것이며 성찰을 통해 하위 주체에 관한 새로운 시각을 제시한 것이라 하겠다.

춤의 무대에 새로운 주체들은 자기 목소리를 내며 존재를 드러낸다. 여성들, 성적 소수자들, 장애인들, 피부색이 다른 인종 등 다양한 계층이 나타난다. 이들은 자유와 평등의 세대로서 자신의 이야기를 쏟아내

---

13 그녀의 이러한 개념은 지금까지 고정화되어 있는 속성과 전통의 산물에 관한 단정적 속성에 대항해 진행 중인 주체성이라 표현하는데 나는 나라는 확고한 단정이 가능하지 않다는 것이다. 이제 외부성에 개방된 주체성으로 다른 주체가 존재할 가능성으로 열어두어야 하는 존재가 등장한다. 이수자(2006). 문화연구와 페미니스트 문화이론. 『문화와 사회』, 1, p.65.

14 들뢰즈는 『차이와 반복』이라는 저서를 통해 유목적인 것에 대한 사유를 처음 언급했다. 유목이야말로 하나의 태도, 사유의 방식, 존재 양식을 지칭하는 것으로 기성 질서에서 벗어난 주체, 자기 동일적 보편성에서 벗어난 다른 주체의 가능성을 타진하려는 시도를 보여준다 하겠다. 국가에 의해 강제적으로 부여되어 따르기를 강요하는 규격화된 배치, 보편적이라는 이름으로 시도되는 획일화를 거부하고 새로운 배치, 새로운 욕망을 끊임없이 추구하는 사람을 지칭한다. 유목민은 설정된 공간 안에서 정주민으로 살아가기를 거부하며 탈주의 선을 따라 지금까지와는 다른 형태의 삶을 찾아 이동하는 사람들인 것이다. 심영의(2013). 다문화 소설의 유목민 주체성 연구. 『아시아여성연구』, 52(2), p.161.

며 움직임을 감행한다. 그러나 과거에서부터 여전히 해방을 외친다. 여기에는 분명한 이유가 있다. 민권운동으로 흑백 간 통합이 성취되고 그들에게도 동등한 정치적 권리가 보장되었다. 여성도 마찬가지다. 남성처럼 참정권이 부여되었고 과거 차별을 받았던 자들에게 차별 행위와 규제 법안들이 폐지되었다. 그러나 아무리 법적으로 평등한 권리를 보호한다고 하더라도 생활 속에서 평등에 대한 성취가 구체적으로 드러나지 않기 때문이다. 여전히 움직이는 주체들을 통해 '우리'라는 논점과 평등의 문제를 생각해 봐야 한다는 것이다. 이어서 장애, 퀴어, 노화에 관한 춤의 무대를 다룬다. 소외된 육체, 거부되었던 욕망, 퇴적된 시간으로 배척되었던 이들의 경험을 주목하고 해석해 볼 것이다. 진정한 평등과 열린 공동체로서의 운명을 재숙고하는 기회가 되리라 여겨진다. 사실 장애, 노화, 동성애로 나눠 경계를 나누고 살피는 것은 새로운 차별의 발단일지 모르나 마이너리티에 관한 논의를 통해 춤의 무대가 더 이상 다수에 의해 대변되는 역사의 장이 아님을 확인할 수 있다.

가. 장애: 소외된 육체의 경험에 주목

장애인에 관한 논의는 다양하게 확대되지 못하고 여전히 사회에서 배제되거나 부수적인 문제로 여겨지는 대표적인 사례다. 사실 동서양을 막론하고 장애는 가족의 수치로 여겨지거나 결핍으로 인해 불편함을 주는 대상으로 간주되어 왔다. 사회적 문제로 인식하기보다는 개인의 한계 내지는 병리학적 속성으로 간주하면서 장애인들은 비장애 일반인들보다 열등하고 사회 의존적인 존재라고 은연중에 낙인찍는다.[15] 우리나라만 보더라도 여전히 춤이라는 용어와 연결해 생각하는 것은 쉽지 않은 문제다. 그리하여 장애인들은 예술 작품 안에서 표현하는 주체로 해

15 양정혜·노수진(2012). 휴먼다큐멘터리가 재현하는 장애인. 『한국방송학보』, 26(3), p.376.

석되기보다는 감정적 동요를 제공하는 대상으로 인식된다. 혹은 능동적 주체라기보다는 반짝 주목의 대상거리이자 화제로 집중하는 경우가 드물지 않다. 따라서 무용수로서의 움직임보다는 단편적이고 극적인 모습에 치우치는 경우가 지배적이다. 그러나 최근 들어 예전과는 다르게 예술 무대 위에 장애인의 등장을 심심치 않게 찾아볼 수 있다.

장애인들이 무대에서 움직임을 구성하는 경우를 크게 두 가지로 나눠 볼 수 있다. 비장애인 무용단에 무용수로 장애인이 등장하는 경우와 장애인 무용단에 무용수로 선보이는 경우다. 제롬 벨과 로이드 뉴슨(Lloyed Newson)의 작품을 살펴보면 첫 번째 경우라 할 수 있고 작품성에서 인정을 받은 만큼 장애에 관한 관심은 증폭되었고 이후 큰 주목으로 이어졌다. 한 예로 로이드 뉴슨의 「삶의 대가(The Cost of Living)」(2004)는 캔두코 장애인무용단의 무용수였던 데이비드가 무용수로 출연했다. 화면 속에 데이비드는 여전히 인식하고 있는 수동성, 의존성의 측면이 강조된 장애인의 선입견을 넘어서 자신의 이야기와 삶을 발설하는 현장에서 만나는 개개인의 모습이었다. 이 작품은 장애인의 일상적 단면을 통해 비정상인의 한정적 사고와 배려에 관해 인지할 수 있는 계기를 만들어 많은 파장을 가져왔다.

두 번째의 경우는 장애인 무용수로 구성된 장애인 무용단이다. 작품에 따라 비장애인이 등장하기도 하지만 주된 무용수들은 장애인이다. 캔두코 무용단(Candoco Dance Company)이나 레스트리스 무용단(Restless Dance Company), 악시스 무용단(Axis Dance Company) 등이 있다. 장애인 춤이 가지는 동정적이거나 비참하거나 비극적 희생자이거나 열등하거나 하는 정서적 차원의 특정한 대상이 아니라 다양한 움직임을 구성하는 또 다른 인간으로 불편함 없이 바라볼 수 있도록 유도한다는 예술적 함의를 논할 수 있겠다. 춤에 관한 인식을 기능적 측면이나 시각적인 측면에 우선시하는 것이 아니라 그 이면에 심층적 의도나 치유에 중점을 둔다. 그러나 앞서 언급한 무용단의 활동에 비해 양적으로 다양한 관객을 만날 수 있다고 보기에는 미흡한 부분이 있다.

이러한 구분을 넘어서 중요한 것은 이들이 무대 위에 등장함으로써 담론 생산자로서 역할을 가능케 한다는 것이다. 이들의 몸짓으로 인해 사회적 정체성과 인식은 재고될 수 있다. 무엇보다도 춤을 이루는 것은 춤추는 주체를 통해 완성된다. 따라서 비장애인에 관한 상대적 차원의 정체성이 아닌 진정한 자신을 찾고 스스로를 말하는 것으로서 의미가 크다. 구조적 차원에서 규정된 장애인에 관한 의미가 아니라 이들을 이해하는 것, 서로를 높낮이 없는 시선으로 바라보는 간주관성의 공간을 스스로의 움직임으로 구성했다는 것에 대한 의미다.

나. 퀴어: 성적 위반으로서 구속력 탈피

퀴어(queer)[16]는 원래 '별나고' '낯선'이란 뜻을 지니지만 동성애 혹은 동성애스러운이라는 의미를 지닌다. 퀴어는 유동적 아이덴티티를 가르치는 것으로 성에 관한 이론보다는 섹슈얼리티에 중점을 둔 포스트모더니즘적 사고가 내재되어 나타난 것으로 경계적 기반을 넘어 확장된 담론으로 성규범의 억압성에 대한 정치적 실천이라고 하겠다. 게이(gay)라는 표현은 1960년대 스톤월 항쟁(Stonewall riots) 이후 형성된 동성애자 고유의 하위문화와 공동체로서 그들이 획득하고자 투쟁한 법적 권리와 연결된 정체성을 뜻하는 정치 용어다. 그러나 퀴어는 데이비스 핼퍼린(David Halperin)이[17] 레즈비언과 게이들이 자신들의 성적 위반을 1980년대부터 '퀴어'라 지칭했고, 1991년 드 로레티스(Teresa De

---

16 퀴어라는 개념은 정의내리기조차도 어려운 모호한 개념이기도 하다. 매우 다층적으로 사용되기에 한국에서도 번역되지 않고 통용되는 경우가 대부분이다.

17 M. 칼리니스쿠(1987). 『모더니티의 다섯 얼굴』. 백지숙 옮김(서울: 시각과언어, 1993), p.178.

Lauretis)는 동성애를 지칭하는 새로운 담론으로 '퀴어'라 언급했다.[18] 퀴어 연구의 초석으로 여겨지는 이브 코소프스키 세즈윅(Eve Kosofsky Sedgwick)의 『밀실의 인식론』(1990)이나 주디스 버틀러(Judith Butler)의 『젠더 트러블』 등의 저작에서 주장하는 것은 그러한 정체성이 억압적인 사회 규범과 관습에 의해 수행적으로 형성되었다는 것이다. 따라서 퀴어는 단순히 성적 파트너에 따라 정해지는 성정체성을 보고하려는 것이 아니라 좀 더 근원적으로 우리의 욕망을 통제하고 조정하려는 후기 자본주의 사회에 관한 도전이자 모든 규범을 해체하려는 시도다.[19]

1960년대에 들어서 작품의 색채와 주제는 변화되었다. 이전의 이사도라 덩컨이나 마사 그레이엄 작품에서의 여성 해방적인 시각에서 벗어나 60년대에 들어서는 인권에 관한 시각으로 확장되면서 춤의 젠더가 중요 이슈로 부각되었다. 그리고 1980년대에 이르면 작가들에 의해 자신의 호모섹슈얼리티에 관한 생소한 언급이 등장하기 시작했다. 당시 미국 사회는 기독교 가치관과 보수성으로 인해 성소수자임을 밝히기 어려웠으나 많은 무용가가 스스로 커밍 아웃의 행보에 동참하며 섹슈얼 오리엔테이션을 강조했다. 물론 남성 작가들의 활동이 두드러지며 여성 작가를 찾아보기는 어려운 실정이었다. 이들은 작품을 통해 성차에 관한 상식과 선입견에서 벗어나 스스로를 병적이지 않은 존재, 주변적이지 않는 자로 표현했다. 여기에 빌 존스(Bill T. Jones), 마크 모리스(Mark Morris), 마이클 클라크(Micheal Clark)의 활약이 두드러진다. 마이클 클

18 퀴어는 버틀러(Judith Butler), 세즈윅(Eve Kosofsky Sedwick) 등의 작업에 힘입어 정상적인 모든 것들에 대한 도전과 거부, 조롱을 가리키는 일종의 정치적 기호로서 널리 유통하게 되었다. 퀴어 이론은 성적 선호, 지향성, 정체성뿐 아니라 다양한 문화, 인종, 계급, 성적 지향성을 가로지르는 여성이라는 범주에 기대는 대신, 그러한 개념들을 모두 흔들어 해체하고자 한다. Lee, Ji won(2012). Korea's Queer on Stage: A Hidden Sensibility Awakening Stereotypes. *The Korea Journal of Dance Studies*, 36(3), pp.83-84.

19 김수연(2012). 두 번의 결혼식과 한 번의 장례식. 『안과 밖』, 33, p.186.

라크의 누드댄싱 보다나 빌 존스의 남성성의 재현, 그리고 마크 모리스의 성전환적 시도가 장식되었던 시기가 1990년대까지 이어졌고, 이들은 동성애나 에이즈, 성적 불평등에 관해 문제삼았다.[20] 이로 인해 퀴어에 관한 소재는 성적 억압의 표현이자 정체성의 문제로서 자연스럽게 받아들여지게 되었다. 과거 무용가들의 실천적 활동과 정치로 인해 동성애에 대한 사회적 시각은 좀 더 유연하게 확장되었다고 할 수 있다.

그렇다면 퀴어 댄스는 무엇인가? 동성애자들의 작품은 모두 퀴어 댄스인가? 아니면 퀴어에 관한 사회적 차별과 구조적 문제를 소재화하면 퀴어 댄스인가? 혹은 동성애적 성행위나 그들의 삶이 무대 위에 보고되면 퀴어 댄스라 할 수 있는가? 복잡 미묘하고 다층적인 것으로 개념화하기에는 어려움이 있다. 그러나 경향성은 두 가지로 나열해 볼 수 있다.

첫 번째로 동성애자들의 삶의 문제를 '사회 문제'로 바라보고 구조적으로 개선해야 한다는 선언을 담고 있는지 살펴볼 수 있다. 빌 존스나 마이클 클라크처럼 사회정치적 시각에 초점을 두고 억압과 배제에 관한 문제를 말하는 경우다. 최근 적극적인 행보를 보여주는 닐 그린버그(Neil Greenberg)를 예로 들 수 있다.[21] 그는 유튜브 사이트에 「퀴어 댄스(Really Queer Dance with Harps)」(2008)라 공공연하게 명명하며 자신의 춤을 무대 위에서 선보였다. 음악은 하프 연주의 조화로움과 불협화음이 파동을 일으키고 무용수는 무대 중앙에 위치하기보다는 구석 혹은 무대 뒤 조명 안쪽에서 움직임을 펼친다. 그는 여성들과 함께 머리에 꽃

---

20 Lee, Ji won(2012), p.89.

21 자신의 남자 형제가 죽은 후 제작한 첫 번째 작품은 「에이즈 춤이 아닌(Not about AIDS Dance)」(1994)이었다. 가족의 이야기뿐 아니라 무용수 개개인이 가지고 있는 경험을 춤으로 담아내고 있다. 「세 명의 게이와의 사중주(Quartet With Three Gay Men)」(2006)의 작품도 퀴어에 관한 직감이 노골적으로 다가온다. 그러나 이들의 움직임은 성적 표현을 과도하게 보인다거나 과도한 의상으로 남다른 정체성을 강조하는 구성은 아니다. 〈작품 영상 http://vimeo.com/channels/neilgreenberg/68803217 2014.12.1.〉

을 달고 움직이며 여성들과의 섞임과 뒤범벅되는 움직임으로 사회 속 공존을 말한다. 여성의 움직임과 남성의 움직임은 대비적이지도 가식적이지도 다르지도 않다. 털기나 뛰기, 비틀기와 같은 동작들을 군무로 선보이며 성적 표현에 관한 구분과 한계를 실험했다.[22] 극적인 구성을 포함하거나 자신의 이야기를 경청해달라고 애원하지도 않는다. 각각의 무용수들이 자신의 공간 안에서 자신의 삶의 이야기를 몸짓으로 구사하고 있다. 이렇게 자신의 성적 정체성을 말하고 춤의 무대로 공포했다는 사실은 중요하다. 무엇보다도 기존 가치에 반기를 든 정신이 작품에 투영되었다는 것은 의미가 깊다.

두 번째로는 정치적인 현실이나 비극적인 존재로 부각하기보다는 퀴어의 성향과 소재를 즐겁고 코믹하게 연출하는 경향이다. 사실 퀴어는 색다르고 독특하다는 측면에서 여전히 관객의 구미를 당기는 자극적 요소로 간주된다. 희극적 존재로 부각시켜 재미를 더하거나 소재 고갈의 해소를 돌파하는 창의적인 접근이나 실험으로 여기기도 한다. 한 예로 트로카데로 발레단(Les Ballets Trockadero de Monte Carlo)은 1974년 오프브로드웨이에서 설립되어 이후 선풍적인 인기를 구가하는 단체다. 남성 포인트 발레를 실행하며 기존의 고전 발레 레퍼토리를 유머스럽게 비틀어 선보인다. 이들은 고전 발레의 주체가 여성이 아님과 동시에 성적 움직임이라는 대비나 대조를 거부하고자 한다. 또한 남성과 남성의 이인무나 사랑을 그리는 장면을 통해 기존의 제한적인 성적 표현에 도전하고자 했다. 아름다운 백조가 터벅터벅 걸을 수도, 엉덩이를 만질 수도, 동성 간의 애정을 갈구할 수도 있음을 보여준다. 이들의 움직임은 일상적 동작과 더불어 재치를 수반하는 표현이 가미되었다. 이것은 삶의 이야기가 다양하듯이 일상적이고 다양한 측면으로 더 많은 관객에게

---

22 작품 영상 〈http://www.youtube.com/watch?v=u53t7VozSYs 2015.1.23.〉

성을 이해시키고, 이들에 관해 편안하고 친근하게 다가가고자 하는 의지를 내포하고 있다. 이전에는 이성애자들의 이야기 속에서 그들의 왜곡된 삶과 인상을 담아냈다면 지금은 자신의 이야기를 스스로 당당하고 숭고하고 코믹하게 서술하고 있다는 점에서 주목할 만하다. 무엇이 되었든 이들의 작품은 이분법적 이데올로기로 표면화되어 있는 무대에 균열과 파음을 일으켰다. 고정화되어 있는 이성애적 결집을 움직임으로 해체하고 이를 상기시키고 재고하게 했다는 데에서 퀴어 댄스로서의 의미를 부여할 수 있을 것이다.

다. 노화: 춤추는 몸에 부가된 시간성 파기

이제 수명은 평균 80세가 넘어서고 있고 20년 후면 100세가 될 것이라 전망하고 있다. 노인은 과거에 비해 정신적으로나 신체적으로 건강한 상태에서 노년을 맞이하게 되면서 실버 세대라 칭해진다. 하나의 집단으로 부각되었고 이에 따라 문화 환경과 공간도 변화되었다. 이들을 위한 사회 제도나 향유할 수 있는 문화예술 활동은 점진적으로 증대하며 자연스럽게 노인의 활동이나 참여가 늘어나는 추세다.

그럼에도 불구하고 일반인들은 늙음이나 늙어가는 과정을 죽음에 이르기 전에 봉착하는 부정적인 상태로만 해석하는 경우가 대부분이다. 질병, 무기력, 은퇴, 고독, 쇠약 등은 늙음을 연상시키는 단어로 떠올린다.[23] 여전히 나이든 사람이 받는 부당한 처우와 차별적 사건은 끊이지 않으며, 이들의 신체적 어려움은 다른 사람들이 감당하거나 극복할 수 없는 것으로 간주하기도 한다. 따라서 고령사회에서의 노년기의 문제, 생산 활동으로부터의 비자발적인 배제, 가정과 사회에서의 역할 상실, 고독, 소외감은 사회 문제로 여겨진다. 사회학자 존 맥니콜(John

23 김문준(2011). 유학에서의 늙어감의 관한 지혜. 『철학』, 106, p.2.

Macnicol)은 연령 차별이 성차별이나 인종 차별보다 더 사악하고 모순적이라고 주장한다. 연령 차별의 가해자도 시간이 흘러 늙으면 순식간에 피해자가 될 수 있음을 망각하고 있기 때문이라고 말한다.[24] 사실 인생은 태어나고 성장하고 결국 죽음에 이르게 된다. 이것은 누구나 할 것 없이 맞이해야 하는 과정이기에 이것을 받아들이고 즐기는 태도가 요청된다 하겠다. 언제 마칠지 모르는 여정이지만 삶의 도전과 문제를 적극적으로 받아들이고 끊임없이 노력하는 태도가 각자의 인생에서 요구된다 하겠다.

그러나 춤에서도 시간의 단층으로 인한 차별은 존재한다. 나이든 무용수는 무대 위에 마이너리티로 인식되며 생물학적 연령으로 인한 차별을 겪어 왔다. 사실 연령과 노화는 성, 인종, 계급과 더불어 인간을 정치적·문화적으로 분류하는 여러 범주 중 하나다. 과거에는 의식하지 못했으나 이제 노화나 노인에 관한 발언은 시작되었다. 젊은 무용수에 의해 대변되는 삶의 모습이 아니라 스스로의 몸짓으로 고하겠다는 선언이다. 이제는 이들의 이야기를 경청할 때다.

젊음과 다르게 늙음이라는 단어에는 시간이 가지는 과거와 현실의 간극이 존재한다. 특별히 젊은이는 경험하지 못하는, 그리고 절대 이해할 수 없는 불가해 영역이지만 '일반적'이라는 대체 용어로 포장한 채 무대 위에서 젊은이들의 움직임으로 대변되어 왔다. 이는 인간의 삶을 제한적으로 표현하는 것이며 자기 중심적으로 타자를 규정하는 시각에서 벗어나지 못한 결과라 하겠다.

최근 몇몇 작품에는 노인들이 등장해 화제를 모았다. 시간적 성찰에 관한 신체성을 표방한 의도된 작품도 나타났고, 대조나 분리를 통해 노화에 관한 함의를 제시한 작품도 포함되어 의미가 있었다. 노인들의 몸

---

24 박형욱(2013). 노쇠한 사이보그. 『과학기술학연구』, 13(1), p.51.

을 통한 움직임의 진술은 제한과 규범을 넘어서는 것이자 연령에 관한 담론을 새롭게 구성하는 것이기에 중요하다. 여성학에 관한 담론이 여성에게 지워진 생물학적 한계를 넘어설 수 있다는 주장인 것처럼, 노인들에게도 연령에 대한 담론을 넘어서 몸의 한계를 극복할 수 있다는 외침이기 때문이다.

특별히 시간의 경험을 소중히 여기는 작가가 있다. 얼마 전에 타계한 독일의 세계적인 무용가 피나 바우쉬(Pina Bausch)다. 그녀는 다른 시간 속에 놓인 저마다의 몸에 관한 이해를 작품으로 펼쳐놓는다. 작품에서 늙어감이라는 시간적 과정을 고스란히 드러낸다. 「피나(Pina)」는 무용수들과 몇십 년을 함께 작업하며 이뤄온 성과와 세월들을 그들의 얼굴 위에 주름과 날렵하지 않은 움직임으로 앉혀내고 있음을 보고했다. 잊히는 것은 잊혀지는 대로, 추억은 추억대로 펼쳐내어 시간의 무게를 흡수하는 삶의 이야기를 만들어낸다.[25] 여기에서는 그녀와 함께 해온 무용수들의 춤 이야기가 인터뷰의 형식으로 그려졌다. 수십 년을 함께 해온 무용수가 여전히 무용수의 자리를 지키며 연령의 차별을 극복하고 다른 세대의 무용수들과 공존하고 있음을 보인다. 무대 위에서 감행되는 연령에 대한 신체적 통제를 극복한 경우로 예를 들 수 있을 것이다.

또 다른 작가로 네덜란드 댄스 시어터의 안무가였던 지리 킬리안(Jiri Kylian)을 들 수 있다. 그는 무용단을 조직했는데 40대 이후의 무용수로 구성된 무용단을 NDTⅢ으로 호명했다. 특별히 그의 작품 「생일(Birth-Day)」은 세계 무대에서 선보인 NDTⅢ의 대표 작품이다. 고령이라 구분되는 무용수들의 몸짓은 숙성된 포도주와 같은 그윽한 향기를 지니며 경험이 가지는 노련함을 표현했다. 생일에 관한 에피소드를 두 남녀의 일상으로 코믹하게 담아내고 있으며 나이든 무용수를 보조나 주변이 아

25 이지원(2013). 『춤 테마로 읽다』(서울: 두솔), p.131.

닌 메인으로 당당하게 위치시켰다. 무용수의 숙련된 몸짓이 흥미롭고 재미있게 묻어나지만 더 중요한 것은 겉 표면이 아닌 내면에서 말하고 있는 힘이다. 자본주의와 시간은 노인이라 칭하고 이들을 구별하지만 죽음이 갈라놓기 이전까지 여전히 이생에서 함께하는 일원이자 구성원임을 지각하게 한다. 또한 그들은 함께하며 이해해야 할 대상으로 평등하게 바라봐야 한다는 시각을 담고 있다. 무용수가 반드시 세련되고 유연한 움직임을 펼쳐야 함이 아니라 외형적으로 낡고 기능적으로 부족하다 할지라도 그 안에 담겨져 있는 지혜로움과 진정한 여유로움임을 눈이 아닌 가슴으로 전달받으라는 메시지다.

3. 현대 춤에 나타난 육체와 욕망 그리고 시간의 경계로부터 탈주

1) 제롬 벨의 「장애극단」(2012)

1964년에 프랑스에서 출생해 다양한 작품을 선보이고 있는 제롬 벨(Jérôme Bel)은 최근 내러티브적 성격이 강한 작품으로 전통적 방식의 안무를 거부하며 일상적 움직임을 실천해 큰 주목을 받았다. 작품의 특징을 "기억에 관한 자서전적 말하기"라 요약할 수 있는데 「베로니크 드와노(Veronique Doisneau)」(2004), 「루츠 포스터(Lutz Forster)」(2009), 「세드리크 앙드리외(Cédric Andrieux)」(2009), 「PK와 나(Pichet Klunchun and Myself)」(2005), 「이사벨 토레(Isabel Torres)」(2005) 등이 그러한 성격을 지닌다.

특별히 2012년도 「장애극단」은 마그리엣(Margriet) 상을 수상한 바 있어 큰 주목을 받았다. 제롬 벨과 스위스의 호라극단(Theater Hora)이 함께한 이 작품은 각각의 출연자들의 움직임 표현과 인터뷰를 통해 소통과 접촉에 관한 지점을 그려냈다.[26] "그들은 공적 영역에 존재하지 않는다. 가늠할 수 없을 정도의, 또 감내할 수도 없는 분리의 벽이 존재한다. 나는 이렇게 저평가된 타자들이 연극을 풍요롭게 할 수 있다는 사실을 보여주고 싶다"고 제롬 벨은 언급한 바 있다.[27] 11명의 장애를 가진 출연자를 통해 관객은 마이너리티에 관한 인식과 소통이라는 현재적 지점을 목격하게 된다. 다양한 몸, 연령, 인종, 음악 선정, 성별의 장애인과의 만남을 통해 우리가 인식하지 못했던 사람들의 삶의 이야기와 생각을 접할 수 있다.

「장애극단」이 의미 있는 것은 개개인의 몸짓을 조명함으로써 장애인을 하나의 집단으로 간주하는 경향에서 벗어난다. 호명된 각각의 무용수는 무대 위에 나와 자신을 소개하고 자신에 관한 이야기를 한다. 그 누구도 대신해 줄 수 없는 경험을 전하는 것이다. 장애인을 단체로 묶어 하나로 해석하는 것에 대한 반항이다. 각각의 움직임은 자신만의 삶을 담고 있기에 정형화되지도 형식적이지도 않다. 움직임은 그 사람 자체를 말하고 있다.

중반부에 이르면 한 여성 장애인이 등장한다. 머리가 길고 통통한 몸을 지녔다. 춤추는 장애 여성은 마이클 잭슨의 음악에 맞춰 다양한 움직임을 선보이고 파란 트레이닝복 안쪽에 빨간 팬티가 엿보일 정도로 열정적인 춤을 춘다. 그러나 섹시한 표현과 에로틱한 몸놀림에도 불구하고 그녀는 춤을 잘 추는 장애인으로 인지된다. 생물학적 여성이라 해도 장애 여성일 경우 무성적 존재로 제외시키고 바라보는 경우라 하겠다. 사실 어떠한 기준을 가지고 바라보지 않는다는 것이 정확한 표현일지

---

26 〈http://danceumbrella.co.uk/event.php?ref=disabled-theatre#.VLkQpLf9nIU, 2015. 1.15.〉

27 박태해(2013). 새봄에 만나는 특별한 예술한마당. 『세계일보』(3.13).

모른다. 여성적 기준이라는 것은 하나의 예이지만 그 무엇이 이들을 소외시키지 않는가에 대한 물음이다. 그녀의 움직임은 주변 사람들에 대한 간절한 외침이자 확인이다. 장애인도 하나의 인간으로 다른 사람과 크게 다르지 않다는 몸에 관한 고백인 것이다.

중요한 것은 각각의 장애인들이 저항의 주체이자 왜곡에 대한 시선을 바로잡는 춤의 주체로 표현하고 있다는 것이다. 장애에 관한 시각은 개인의 특징으로 파악하고 차별보다는 차이로 이들을 이해하고 바라봐야 한다는 것이다. 사실 수동적인 장애인의 모습이 아니라 삶의 욕망을 가진 주체로 장애인을 표현했다는 것이 핵심적이다. 장애인 담론이 부각될 수 있는 여지를 만든 대표적인 작품이라 강조할 수 있다. 과거의 장애인 대상 움직임이나 표현 정도에서 확대되어 적극적으로 스스로를 현실의 경험자로 제시하고 있고 자신의 삶을 재현하기에 이들에 관한 작품은 매우 의미 있는 행보라 말할 수 있다. 춤의 무대를 통해 장애인을 정확하고 긍정적으로 묘사할 수 있다면 이들의 관한 시선과 장벽도 높지만은 않을 것이라는 기대를 가지게 한다. 더불어 장애인들의 양적 증가에 못지않게 장애인들을 묘사하는 관점과 표현 방식이 다채로워지고 이들의 몸짓은 숙고의 대상이자 예술 표현일 수 있음을 확인시킨 예라 하겠다.

2) 드미트리 파파이오아누의 「투(Two)」(2006)

파파이오아누(Demitris Papaioannou)는 1964년 그리스에서 출생해 화가, 연출가, 코믹 작가, 안무가, 무대 감독 등 다양한 타이틀을 가지고 그 어느 누구도 표출할 수 없는 감성과 지성을 작품에 녹여내어 관객의 사랑을 받는 예술가다. 에릭 호킨스(Erick Hawkins)의 스타일과 부토(舞踏)를 접했고, 로버트 윌슨(Robert Wilson)과의 작업을 통해 자신만의 개성을 공고히 했는데 그의 스타일은 한마디로 "몸과 성 그리고 이미지에 관한 창의적 연출"이라 하겠다. 「노우웨어(Nowhere)」, 「프라이멀 매터(Primal Matter)」, 「메데아(Medea)」 등 명작을 남겼고, 2004년에는 아테네 올림픽의 개폐막작 안무로 국제적인 주목을 받은 바 있다.

2006년 초연한 「투(Two)」는 22명의 남성 무용수의 움직임으로 90분간 작품이 지속되었다.[28] 중반부에 이르면 「러브 스토리」의 테마곡이 흐르고 한 남성이 음악에 맞춰 춤추는 장면이 보인다. 붉은색 막에 붉은색 조명 그리고 상체에 꽉 달라붙는 재킷에 스타킹과 하이힐을 신은 사람이 서 있다. 그의 움직임은 두 팔의 유연한 관절과 뒤틀어지는 몸 선의 강조가 두드러진다. 서정적 음률과 함께 두 다리를 고정한 채 목과 상체의 변형만을 통해 고혹적인 면모를 보인다. 마치 정장을 입은 우아한 여성처럼 보이기도 하고 앙탈을 하는 소녀처럼도 보인다. 고혹적인 움직임은 그의 주체를 분명히 하는 몸적 코드다. 고혹적이라는 단어는 여성들에게 부과된 것으로 여겨진다. 창세기 이브가 아담을 유혹했듯이 남성을 유혹할 수 있는 주체로 여성은 팜므 파탈이라는 단어로도 표현되어 왔는데 이러한 경계는 사라졌고 춤추는 주체를 통해 고혹성이라는 단어는 그 누구에게나 부여될 수 있는 능력으로 비추고 있다. 이후 붉은 막 앞으로 문이 등장하는데 그는 문 뒤로 사라져버린다. 「러브 스토리」 음악이 흐르면 마치 바닥에서 물이 차고 넘치듯이 남성 무용수들이 무대 바닥에 뒤섞여져 어우러진 장면으로 전환된다. 「러브 스토리」에서 안타까운 사랑이 완성되지 못했듯이 현실 속에 절망하며 살아가는 사람들의 모습으로 반영된다. 보호받지 못하고 자신의 존재를 밖으로 드러내지 못하는 동성애자들의 어두운 이면을 환기시킨다. 작품의 의미는

---

28 이지선·이지원(2013). 드미트리 파파이오아누의 작품 「투」에 나타난 남성성의 표현과 이미지. 『대한무용학회논문집』, 71(6), p.195.

남성의 몸에 투영된 여성스러운 동작과 움직임은 남성들에 대한 사회적 억압을 상징함과 동시에 이에 대한 저항과 해방을 보여주는 것이다. 비남성적, 여성적, 양성적이라는 수식어도 남성에 대한 새로운 호명으로 가능하다는 것이다. 버틀러는 '진리는 반복에 의한 습관'이라는 점에 착안해 여성의 정체성을 알튀세르(Louis Althusser)의 '호명(呼名)'을 통해 재정의한다고[29] 언급한 바 있는데 그의 움직임은 기존 남성성의 진리를 전복하는 것으로 다양한 성에 관한 해방적 선언이자 연출이었다.

3) 피핑 톰의 「살롱」(2004)

벨기에 무용단인 피핑 톰(The Peeping Tom)은 복합 장르를 선보이는 유럽의 대표적인 단체다. 프랑스 출신의 프랭크(Franck Chartier)와 아르헨티나 출신의 가브리엘라(Gabriela Carrizo), 벨기에 출신의 유리디크(Eurudike De Beul) 그리고 네덜란드 출신의 사이먼(Simon Versnel)에 의해 2000년도에 창단되었는데, 이 구성원만 봐도 알 수 있듯이 다국적이며 탈경계적이다.[30] 행위미술, 연극, 춤 그리고 음악 공연을 방불케 하며, 작품의 성향은 현존과 실존에 관한 다양한 성찰과 의미를 마주하게 한다.

그의 대표작 「살롱」은 인간의 욕망의 문제와 사회적 실태를 거실이라는 공간 안으로 집중시켰다. 2006년 서울 모다페에서 선보인 바 있으며 복합 장르의 다채로운 표현과 연출이 특색을 이뤘다. 이 작품은 인간의 생물학적인 노화와 욕망의 문제를 다뤘다는 점에서 대중적 반향을 일으켰고 삶과 일상이 한편의 영화처럼 처연하게 흘러가는 시간의 변주

---

29 윤정화(2012). 서사기법으로서의 퀴어. 『대중서사연구』, 28, p.296.

30 앞의 글, p.294.

를 포함하고 있다. 유한한 시간의 흐름 속에서 누구나 겪고 거쳐야 하는 인간 존재의 유상함과 타자로서의 관망을 자유로운 몸과 대사, 노래, 연출을 통해 완성했다.

노인을 우리는 사회, 가족이라는 울타리에서 어떻게 바라보고 있는가? 그들은 추함이자 기형이고 이해 불가한 것인가에 관한 질문을 내던진다. 무대 위에 펼쳐진 소소한 풍경은 인간 육체에 관한 시선을 담고 있다. 창단 멤버인 사이먼 버넬(Simon Versnel)은 극중 할아버지로 등장해 무대를 활보한다. 1947년생인 그에게 흰머리, 검버섯, 주름은 자연스러운 것이다. 근육이 없는 팔과 다리, 튀어나온 배, 몸에서 빠져나가는 털, 이것은 시간의 그림자로 육체의 노화라는 자연의 순리와 실존을 말하는 형상이다. 같은 인간이 공존하는 무대이지만 세대별로 경험된 시간에 따라 다른 역사적 층위를 만들어간다. 인간은 시간의 인과율에 얽매이지만 동시에 관객과의 소통과 현존이 교차하면서 인간의 숙명에 대한 이해가 진지하게 스며든다. 결국 자기가 살아가는 시간은 남과 다르며 이러한 이질적 시간은 여러 범주에서 배타적이다. 작품은 타자들 사이의 시간성과 경험을 중심으로 삼고 있다.

노화에 대한 이미지는 빛의 소멸이나 한정된 공간, 처연한 음률을 통해 극대화된다. 또한 움직임을 통해 주제를 시각화하는 대비적인 톤은 주목할 만하다. 젊은이의 움직임은 활동적이며 거침없는 욕망을 담지하고 있다. 키스할 수 있는 몸, 움직일 수 있는 몸, 춤출 수 있는 몸, 성관계를 할 수 있는 몸에서 늙은이라는 수식어는 젊은이들에게는 안쓰럽고 끔찍한 것으로 해석되고 있다는 것을 각인시키는 무대이자 동시에 이러한 경계와 지점을 대조시킨다는 것이다. 이것은 바로 시간의 교차 지점이다. 그러나 이러한 이해 불가의 노인이라는 움직이는 주체는 여전히 다른 젊은이들과 같이 욕망하고 갈등한다는 것을 발견하게 된다. 그리하여 자연스럽게 고정 관념과 사고 속에서 춤의 주체로는 노인을 인식하지 못하고 배제했다는 것을 바라보게 된다. 더불어 이 또한 전혀 느끼지 못했다고 생각했던 한계를 내다보게 했다는 의미 있는 결과로 귀결된다. 노화는 자연의 혜택을 입은 결과이고 시간을 덧입은 현실이지만 이들을 바라보는 시선과 편견은 그렇지 않음을 확인하는 것이다. 기형도 시인의 '더 이상 내 것이 아닌 열망들이여'라는 문구를 떠올리게 한다. 노화라는 현상은 자연스럽다 할지라도 이러한 시간 속에 괴로워하는 인간의 실존적 문제를 마주하게 함은 흥미롭다. 이것은 내가 관객으로서 거기에 있는 것이 아니라 그 무대 위에 노인이 될 것이라는 예견과 체험의 순간으로 자신을 뒤돌아보고 성찰하는 시간을 가능케 한다. 정작 춤에서 불가능하다고 여긴 생각, 제외한 그들은 얼마나 먼 곳에 있었는지 말이다. 정작 다수라는 혹은 우리라는 주체가 스스로 눈을 감아버리고 보지 않았던 것은 아닌가 하는 질문을 던진다.

지금까지 마이너리티는 보편적으로 범주화하고 이에 따라 단일한 원인이 작동한다고 상정하며 목소리에 귀기울이지 않았다. 따라서 춤에서도 이들의 출연은 배제되었고 늘 숨겨진 존재로 제외되어 왔다. 그러나 이제 마이너리티는 보편적으로 획일화된 모습로서의 제한된 해방이 아닌 스스로의 행위를 제안한다. 마이너리티 간의 차이를 말하고 드러내는 것이다. 무대는 변화되었다. 스스로의 입장과 생각을 당당히 말함으로써 하위 주체의 목소리를 내뱉고 또한 귀기울일 수 있는 장소로 등극한 것이다. 춤은 생각하고 말하고자 하는 바를 무대 위에서 쏟아내는 사회정치적 매개체 역할을 하는 것이다. 이제 춤의 무대는 새로운 글쓰기의 가능성을 확상하는 곳이자 마이너리티라는 주체의 변화와 복원 그리고 그 의미를 밝히는 장소로 정당화되고 있음을 살필 수 있다.

◆ ◆ ◆

무대 위에서 마이너리티가 존재하는가? 의식하고 인지하지 못했던 자들이 움직임을 통해 발언하기 시작했다. 마이너리티에 관한 논의는 1960년대 이후 인권에 관한 조명과 함께 여성, 인종, 성성(sexuality), 계층 등 다양한 지점으로 확대되었다. 사회에서는 이들에 대한 제도적 차원의 뒷받침도 이뤘지만 불평등하게 대우받고 타자로 잔존하고 있는 사람들은 여전히 무대 위에서 현실을 보고하고 있다. 정상적이지 않은 자, 일반적이지 않은 자, 움직이기 어려운 자, 아픈 자들에게는 배제되었던 춤이라는 경계를 확인하고 우리에게 남겨진 문제와 현재적 지점을 조망하는 것이다. 이 글에서는 마이너리티의 논의를 통해 진정한 경계에서의 자유로움을 외치는 자들에 대한 시선과 마주한다. 제롬 벨, 피핑 톰, 드미트리 파파이오아누의 대표작을 중심으로 육체와 욕망 그리고 시간에서의 탈주가 춤에서 어떻게 이뤄지고 있는지 해석했다. 비록 이 글이 미시적인 수준에서 작품을 분석했다고 할지라도 불평등과 억압이라는 복잡한 차원의 상호작용과 차이를 이해하고 밝힐 수 있기에 의미가 깊다.

무대는 침묵하는 자들을 스스로를 발화(發話)하는 위치로 재배치시켰다. 자기 역사를 스스로 기록하는 새로운 주체의 등장을 고하는 장소이자 동시에 정치적 공론의 장이다. 춤은 다원적인 해석으로의 열린 사고를 투영할 수 있으며 또한 사회의 구성원과 매개해 다른 사고로

표 9 현대 춤의 마이너리티 논의

사조	담론	중심 요소	구분	대표작	현대 춤의 마이너리티 논의
포스트 모더니즘	탈구조주의	개방성	장애	제롬 벨의 「장애극단」	소외된 육체의 경험에 주목
			퀴어	드미트리 파파이오아누의 「투」	성적 위반으로서 구속력 탈피
	탈식민주의	저항성	노화	피핑 톰의 「살롱」	춤추는 몸에 부여된 시간성 파기

이해시키고 확장시킬 수 있는 전략적인 위치로 매개되고 있음을 확인할 수 있다.

이 글은 마이너리티의 권력에 관한 문제와 일련의 과정을 상기하고 주목할 수 있다는 데 의미를 둔다. 물론 이와 같은 오류가 있을 수 있음을 경계하고 권력 구조에서 희생되는 자가 없는지 뒤돌아보며 마주해야 한다는 메시지에 귀기울여야 할 것이다.

제3부

컨템퍼러리 현장

제11장

푸코와 포사이드의 '헤테로토피아'

김말복

이 연구는 미셸 푸코(Michel Foucault, 1926-1984)가 자신의 새로운 사유를 설명하기 위해 제시한 '헤테로토피아(hétérotopie)'란 개념과 동일한 용어를 표제로 하여 무용을 만든 윌리엄 포사이드(William Forsythe, 1949-)의 작품을 비교 논의함으로써 포사이드의 작품에 나타나는 푸코적 사유의 영향과 차이점을 살펴보고자 하는 목적을 지닌다. 푸코는 오늘날 들뢰즈, 데리다와 함께 프랑스 현대 철학을 대표하는 사상가다. 그가 사르트르 이후 가장 중요한 프랑스 사상가로 자리 잡게 된 계기는 바로 『말과 사물(*Les Mots et Les choses*)』(1966)의 출판으로 볼 수 있다. 그 책의 서문에서 푸코는 '헤테로토피아'란 개념을 소개하고 있다. 이는 그의 사상의 전략적 핵이 되는 '다르게 생각하기'의 정찰병쯤으로 볼 수 있다. 흔히 유토피아라는 실재하지는 않지만 일반인들에게 위안을 주는 공간을 먼저 언급한 뒤 유토피아가 아닌 이른바 다른 공간으로서의 헤테로토피아란 개념을 새롭게 제시함으로써 그의 저항의 사유를 개시한 것이다.

포사이드는 현재 세계 무용계에서 가장 혁신적인 무용가 중의 하나이며 동시대 정신을 짚어내며 미래 무용의 방향을 짐작케 하는 기민한 무용가다. 포사이드는 발레단의 감독으로 20여 년간 활동하면서 발레 언어의 초점을 없애고 학문적 규칙을 타파하는 동시에 발레 전통의 관례적 관계를 허물어 폭파시키고 관습적인 발레 텍스트의 구조를 전환해 재배치시킴으로써 불안정하고 소멸하는 신체와 춤 언어를 만들어내고 있다. 그는 예리한 실험 정신으로 철학, 건축, 컴퓨터 테크놀로지, 고등수학, 문학, 대중문화, 인지과학 등과의 교접을 통해 무용예술의 영역을 확장시켜 나가고 있으며, 발레 전통에서 출발했으나 이를 '다르게 생각'해 새롭게 되살려내고 있다. 따라서 필자는 푸코와 포사이드의 새롭고 다른, 따라서 저항적인 사유의 방식에서 연관성과 공통점을 찾아내고 이를 분석해 본다.

포사이드는 자신이 데리다와 푸코의 생각에 영향을 받아 안무에 대한 열린 생각을 갖게 되었다고 인터뷰에서 고백한 적이 많다.[1] 하지만 이 글은 동일한 개념의 작품이라고 해서 포사이드가 푸코의 개념을 그대로 자신의 작품에 적용했다고 보는 것이 아니라 푸코의 개념에 대한 공감에서 작품의 상상력이 발동되었으나 그것이 자신이 가지고 있는 안무에 대한 근원적인 문제 의식과 결합해 발전적인 사유와 실험의 결과에 다다르고 있다는 가전제에서 출발한다. 21세기의 지성적인 예술가 중 하나라 생각하는 포사이드에 대한 선행 연구는 외국에서는 최근 활발히 시작되고 있지만 내용적으로 그의 안무 방식 전반에 대한 연구가 대부분이다.[2] 국내에서 그의 헤테로토피아 개념에 대한 연구는 철학과

---

1 Steven Spier(2011). *William Forsythe and the Practice of Choreography*(London and New York: Routledge), pp.41, 47, 123 외 다수의 출처. 포사이드가 프랑크푸르트발레단 감독으로 있을 시절 프랑크푸르트발레단 웹사이트에는 푸코의 『지식의 고고학(*The Archaeology of Knowledge*)』의 서문 발췌 구문이 전면에 게시되어 있었던 적도 있어 그의 사상적 영향을 보여주고 있다.

2 Sabine Huschka(2010). Media-Bodies: Choreography as Intermedial Thinking Through

역사 분야에서 이뤄졌는데[3] 허경과 장세룡은 이 개념이 지니는 푸코의 공간 이론적 특성에 관련한 것이고, 무용 「헤테로토피아」에 관한 이선형의 연구는 그 작품을 데리다의 경계 해체 개념으로 분석한 바 있다. 이 글에서는 푸코의 헤테로토피아와 포사이드의 동일 제하의 작품 간의 상관성에 주목해 본다.

1. 푸코의 헤테로토피아

미셸 푸코는 흔히 후기구조주의자나 포스트모더니스트라고 지칭되지만 푸코 자신은 그런 호칭을 거부하고 대신 자신의 사상을 현대성의 비판적 역사로 설명하는 것을 좋아했다. 그리고 "당신이 구조주의자냐?"라는 질문에는 화를 내기까지 했다고 한다. 푸코는 구조가 지니는 질서 혹은 안정이나 고착성을 기질적으로 싫어하며 항시 기존의 사유 구조로부터 유동적으로 빠져나와 '탈주선'을 그리며 '저항의 사유'를 펼치며 '다르게 생각하는' 길을 걸었다. 그의 비판적 사유의 초점은 근대성을 이끌어온 사유 전체의 근원적인 토대를 겨냥하고 있다. 그것은 시간 중심적인 세계 인식의 구도를 향한 것이다. 서양의 사상사에서 18세기 말과 19세기에 이르러 세계를 성찰하는 도구적 중심축에 시간이 자리

in the Work of William Forsythe. *Dance Research Journal*, 42(1), pp.62-72.
Ryan Platt(2009). Forsythe's Box. *PAJ: a Journal of Performance and Art*, 31(1), pp.1-15.
Freya Vass-Rhee(2010). Auditory Turn: W. Forsythe's Vocal Choreography. *Dance Chronicle*, 33(3), pp.388-413.

3 허경(2011). 미셸 푸코의 '헤테로토피아': 초기 공간 개념에 대한 비판적 검토. 『도시인문학연구』, 3(2), pp.233-267; 장세룡(2009). 헤테로토피아: 탈근대공간 이해를 위한 시론. 『대구사학』, 95(1), pp.285-317; 이선형(2014). 헤테로토피아의 탈경계성. 『드라마연구』, 44(1), pp.63-89.

잡게 되었다. 공간은 무언가 죽은 것, 경직된 것으로 간주되는 반면 모든 종류의 시간적 분석에 일정한 특권적 권위가 주어져 있었다. 19세기를 사로잡은 것은 역사였고 당시의 지배적인 사상이었던 헤겔이나 마르크스주의가 각기 '지속' 및 '역사'의 개념을 통해 시간의 분석에 몰두하고 있었기 때문이다. 게다가 당대의 또 다른 "지배적 조류를 형성하고 있던 현상학과 실존주의적 경향 역시 하이데거와 니체의 영향을 받아 공간보다는 시간의 문제에 집중하고"[4] 있었기 때문이다.

푸코는 당시의 시대적 조류에 반해 공간과 공간성에 대한 강박에 가까운 관심을 지니고 있었다. 그는 여러 인터뷰에서 자신이 공간에 대한 강박 관념을 가지고 있다고 말한 바 있다. 푸코가 당시의 주류 방법론인 시간적 혹은 역사적 분석이 아닌 공간의 분석에 관심을 가지게 된 이유는 "공간은 모든 공동체적 삶에 근본적인 것이며, 모든 권력 행사에도 근본적인 것"[5]이라는 생각에서였다. 푸코의 공간에 대한 관심과 방법론적 접근은 당시 서구 학계에서는 매우 낯선 것이었을 뿐 아니라 저항적인 것이었다. 그의 공간에 대한 분석은 앙리 베르그송(Henri Louis Bergson, 1859-1941)이 시간적 상상력과 서사가 우월하고 공간적 상상력은 깊이가 얕은 천박한 것으로 평가한 것에 대한 전면적 도전이라는 점과 개인적 의식, 즉 주체를 가정하는 근대 철학 전체에 대한 비판으로 이어지기 때문이다. 기존의 시간적 분석은 자신만의 고유한 속성을 가진 것으로 가정되는 개인적 의식, 곧 주체를 전제하는 주체의 철학 즉 근대 철학을 낳았다. 반면 공간에 대한 분석은 주체를 근대 철학에서 생각하듯 개인적 의식을 가진 하나의 실체로 보는 것이 아니라 주체를 형성하는 인식론적 조건들을 공간적으로 분석하는 것인데, 그러면 주체란

4 허경(2011), p.239.

5 장세룡(2009), p.301.

각각의 요소들이 점유한 위치와 공간의 배치를 통해 구성되는 하나의 효과에 불과하다고 주장하는 것이다. 그러므로 주체가 아닌 주체를 형성하는 공간적·인식적 조건들에 대한 위상학적 전략적 분석은 근대 주체 철학 전체에 대한 비판이 된다.

푸코의 공간에 대한 분석은 동시대의 지배적인 사상적 사조들인 베르그송주의, 현상학, 실존주의, 마르크스주의, 자유주의, 자본주의 모두에 대한 비판과 마찬가지였는데 이들은 현대 사상의 토대를 이루는 생각들이다. 현대성을 대변하는 모든 사상적 조류에 반하는, 따라서 새로운 좌파적인 방법론의 핵심은 푸코가 여러 인터뷰에서 말했듯이 모든 분석의 열쇠는 바로 '공간의 문제'에 있다. 푸코 사상은 일관되게 힘과 지식의 관계에 대한 관심을 축으로 전개되는데, 사회 기관들을 통해 이들이 어떻게 사회적 지배의 형식으로 이용되는지를 탐구했다. 푸코는 공간을 통해 권력과 지식 사이에 존재할 수 있는 어떤 관계를 발견했을 뿐 아니라 그의 사상적 전개를 살펴보면 공간 분석은 권력-지식(le pouvoir-savoir)의 작용을 설명하기 위한 도구이자 출발점으로 작동하며 그의 권력-지식이론의 형성과 전개에서 결정적 열쇠가 되는 수단이 된다. 그러므로 푸코는 자신의 사상을 '현대성의 비판적 역사'라고 생각했던 것처럼 서양 철학의 논의의 틀을 시간에서 공간의 문제로 전환시키는 데 기여한 역사적 의의를 지닌다.

헤테로토피아(hétérotopie)는 푸코의 공간에 대한 인식을 대표하는 개념적 특징을 지녔다. 헤테로토피아는 푸코가 『말과 사물』의 출간으로 그가 '우리 시대의 칸트'라 불릴 만큼 엄청난 관심과 성공을 거둔 뒤 그에 힘입어 1966년 12월에 라디오 특강에서 행한 「유토피아적 몸/헤테로토피아(Le corps utopique/Les hétérotopies)」에서 『말과 사물』 서문에서 나온 헤테로토피아를 구체화하고 1967년 3월 건축가모임에 초빙되어 '헤테로토피아'를 발전시켜 「다른 공간들(Des espaces autres)」이란 제목의 강연을 했다. 헤테로토피아 개념은 건축가 등 공간 문제 전문가들 사이에서 큰 반향을 불러일으켰다. 이후 푸코는 이 글의 출판을 그가 죽기 직전인 1984년에야 허락했기 때문에 헤테로토피아는 그의 사상에서 초기 개념에 해당한다고 볼 수 있다. 1960년대 중반 헤테로토피아와 함께 시작된 푸코의 공간 분석은 1975년 『감시와 처벌: 감옥의 탄생』에서 수용소, 감옥, 병원 등의 공간 논의를 통해 소위 정상화 권력과 지식이 어떻게 공간의 배치와 구성을 통해 힘을 행사하는지, 즉 권력의 공간화의 역사에 대한 연구의 준거점으로 작동하게 된다. 하지만 이후 푸코는 헤테로토피아란 개념을 더 이상 사용하지 않았다.

헤테로토피아란 일상의 사회적 공간들 안에서 발견하는 특이한 공간들로서 그 기능이 다른 공간들과 다를 뿐 아니라 반대되는 이질적인 것이다. 『말과 사물』 서문 첫 쪽에서 푸코는 있을 법하지 않은 중국백과사전의 예를 들면서[6] 이 동물에 관한 사전 설명의 기괴함이 바로 각 설명 항목들을 서로 연결해 줄 공통의 바탕, 즉 사물들이 인접할 수 있는 공통의 장소의 결여에 있음을 지적한다. 이 중국 사전의 동물 설명의 엉뚱함은 동물이라는 사물이 몹시 상이한 자리에 '머물러' 있고 '놓여' 있고 '배치'되어 있어서 그 사물을 위한 수용 공간을 찾아내거나 공통의 텍스트 공간을 밝혀내는 것이 불가능한 사유인 것에 기인한다. 푸코가 생각하기에 또 다른 '없는' 공간은 유토피아인데 하지만 이는 실재하는 장소를 갖지 못한다 해도 사람들이 공상을 통해서라도 경이롭고 살기 좋은 곳임을 알게 하고 보여주는 위안을 주는 공간이다. 그 이유는 유토피아가 이야기와 담론을 가능하게 하는 장소이기 때문이다. 반면에 헤테로

---

6 보르헤스의 인용으로 중국백과사전에 동물이 ㉠황제에게 속하는 것, ㉡향기로운 것, ㉢길들여진 것, ㉣신화에 나오는 것, ㉤방금 항아리를 깨뜨린 것, ㉥아주 가느다란 낙타털 붓으로 그린 것…등 말과 사물 간의 공간적 관련이 없어 사유 불가능한 예를 들면서 헤테로토피아 개념의 소개로 이어진다.

토피아는 푸코가 '다른(hétheros)'과 '장소(topos)'를 결합해 유토피아에 대비시켜 새롭게 만든 신조어인데 한 사회가 일상적인 것 혹은 정상적인 것으로 규정한 한계의 바깥에 위치하는 무엇인가에 관련된 공간이다. 따라서 이 공간 안에서는 정상적인 언어적 가능성이 희박한, 무정부적인 분산된 발화가 이뤄지는 곳이기도 하다.

푸코는 '정상성'을 벗어나는, 있을 수 없는 장소로서의 공간 배치가 실재하는 경우를 헤테로토피아로 명명했으니 이런 곳은 주변부에 자리하거나 무질서의 온상 같은 다른 이질적 공간을 말한다. "그런데 서로 구별되는 이 온갖 장소들 가운데 절대적으로 다른 것이 있다. 자기 이외의 모든 장소에 맞서서, 어떤 의미로는 그것들을 지우고 중화시키고 혹은 정화시키기 위해 마련된 장소들, 그것은 일종의 반공간(countre-espaces)이다. 이 반공간, 위치를 가지는 유토피아들(utopie localisées)"[7]을 아이들은 잘 알고 있다고 말하며 정원의 깊숙한 곳, 다락방, 인디언 텐트, 부모의 침대 등 아이들이 비밀을 속삭이고 꿈꿀 수 있게 해주는 것들을 예로 들고 있다.

우선 푸코의 공간 논의 속에는 크게 세 종류의 장소가 있다. 우선 일상적이고 정상적인 현실 공간이 있고 이들은 정상적 규칙 안에서 세계가 돌아간다. 그 외 실재하지는 않지만 사회 구성원들이 꿈꾸는 완벽한 유토피아가 있다. 유토피아는 비현실적이지만 그 사회 구성원의 무의식을 규정하는 하나의 요소가 된다. 그리고 이들과 완전히 다른 공간으로 현실 속에 실재하지만 일상의 정상적 규칙과는 다른 독자적인 기능을 가진 헤테로토피아가 있는데 이것이 푸코의 '다르게 생각하기'의 특성을 보여주는 특이한 공간이다. 헤테로토피아는 "현실 공간 및 유토피아와는 구분되는 것으로, '현실적인 동시에 신화적인' 공간이다. 어떤 공간을

7 미셸 푸코(1994). 『헤테로토피아』. 이상길 옮김(서울: 문학과지성사, 2014), p.13.

헤테로토피아로 만드는 결정 요소는 그 공간이 한 사회에서 수행하는 기능, 곧 주어진 공간을 다른 여타의 장소들과는 절대적으로 다른 것으로 만들어주는 그것의 이질화 기능이다."[8]

이런 이질적인 헤테로토피아는 우리의 일상 공간에 신화적이고 실제적인 이의 제기를 수행하는 역할을 하되 그로 인해 헤테로토피아는 우리에게 불안을 야기한다. 그 이유는 헤테로토피아가 "언어를 은밀히 전복하고, 이것과 저것에 이름 붙이기를 방해하고, 보통 명사들을 무효가 되게 하거나 뒤얽히게 하고, '통사법'을 그것도 문장을 구성하는 통사법뿐만 아니라 말과 사물을 (서로 나란히 마주보는 상태로) '함께 붙어 있게' 하는 덜 명백한 통사법까지 사전에 무너뜨리기 때문일 것이다."[9] 달리 말하면 헤테로토피아적 공간은 전통적인 말과 사물의 관계, 즉 언어적 질서를 전복하고 이들의 관계 맺기와 연속적인 의미의 발전을 저해함으로써 이야기의 구성적 질서를 가지지 않기 때문이다. 결과적으로 이런 부조리하며 이질적인 다른 장소는 보는 이로 하여금 말문이 막히게 하고 서사의 형성이 불가능하며 문법의 가능성을 아예 근원적으로 무산시켜 신화를 해체하고 선형적 문장의 서정성을 없애버리기 때문에 다른 모든 공간의 반대가 된다.

이제까지의 논의를 종합하자면 헤테로토피아란 모든 문화와 문명에서 발견되는 실질적인 장소인데, 이는 일종의 반(反)배치이자 동시에 실제로 현실화된 유토피아인 장소가 된다. 헤테로토피아에서 그 사회 제도나 문화를 떠받치고 있는 실제 배치나 구성은 재현되는 동시에 이의 제기당하고 또 전도된다. 헤테로토피아 공간은 어떤 중심에도 특권을 부여하지 않으며 모두 파열, 전환, 불연속적으로 절단되고 흩어지는 탈

8 허경(2011), p.250.

9 미셸 푸코(1966). 『말과 사물』. 이규현 옮김(서울: 민음사, 2012), pp.11-12.

중심의 공간이다. 그러므로 헤테로토피아는 실제로 위치를 한정할 수 있지만 모든 장소의 바깥에 있는 저항과 경계 넘기의 성격을 지닌 장소다. 즉, 이 장소가 말하고 반영하는 것들은 온갖 여기의 배치들과는 달리 우리의 '현실'의 규범 바깥에 서서 끊임없이 차이를 전개하고 도전하는 타자성의 공간이자 공간적 타자다. 따라서 헤테로토피아는 푸코 자신도 "그것이 언어를 비밀리에 손상시키고 이름짓기 불가능하게 만들기 때문에 혼란스럽다"[10]고 시인하고 있다. 필자는 포사이드의 춤 사유와 작품 세계에서 이런 헤테로토피아를 빈번히 목도하게 되며 이를 이어지는 절에서 살펴보고자 한다.

2. 포사이드의 소멸하는 춤 사유

포사이드(William Forsythe, 1949-)는 1984년부터 2004년까지 프랑크푸르트발레단(Ballet Frankfurt)의 감독으로 있으면서 분명하게 발란신(George Balanchine, 1904-1983)의 영향을 보이는 신고전주의적 발레로부터 대사, 영상, 비디오, 소도구, 음악, 정교한 테크놀로지 등을 현란하게 구사하는 극장적인 작품에 이르기까지 너무나 광범위한 영역의 스타일을 선보이며 변화해 왔다. 그의 생산적인 작품 활동은 겁없고 무모하기까지 한 지적인 호기심을 드러내면서 전통적인 무용과 안무의 인식과 규범에 대한 근원적인 문제를 제기한다. 동시에 유쾌하고 재미있기도 한 작품을 만드는데 그것이 여러 예술 경계를 넘나들기 때문에 점점 그의 작업 영역을 무어라 규정하기 힘들 정도로 유연한 정신을 지닌 자신의 천재성을 유감없이 발휘하고 있다. 그의 작업 성향은 소름끼칠 만큼

---

10 앞의 책, p.14.

변화무상하고 그의 실험 연구의 대상은 안무이지만 그가 이를 통해 가장 근원적인 예술의 문제를 탐구하고 있기 때문에 그는 현재 모든 예술 분야를 통틀어 활동하고 있는 가장 중요한 예술가 중의 한 사람으로 생각된다.

프랑크푸르트발레단에 감독으로 있는 동안 그는 일개 지방 무용단이었던 그 단체를 전 세계인이 그의 작품을 보기 위해 프랑크푸르트를 찾아오게끔 만들며 세계 주요 발레단으로 성장시켰다. 발레 세계는 이제까지 포사이드만큼 지적인 안무가를 가진 적이 없었으며 발란신 이후 그만큼 과격하고 급진적인 극장 언어와 움직임 어휘를 본 적이 없었다. 하지만 발레 전통으로부터 너무 멀어진 혁신적인 그의 작업 방향에 불만이었던 프랑크푸르트 시가 발레단을 해체하기로 결정을 내리자 이는 전 세계적인 분노를 불러일으켰으며 예술에 대한 야만적인 결정이라고 비난받았다. 이에 프랑크푸르트 시가 세계적 공분에 굴복해 협상을 재개했지만 계약 마지막 순간에 포사이드가 프랑크푸르트발레단을 떠나기로 결정했다. 이후 2005년부터 규모가 작은 포사이드무용단(Forsythe Company)을 꾸려 프랑크푸르트에서 그가 했던 발레 콘텍스트에 대한 실험적 탐구를 안무 그 자체에 대한 조사로 확대시켜 전개하고 있다.

포사이드는 무용을 정식으로 배우기 훨씬 전인 어릴 적부터 고등학교 때까지 집에서 항시 춤을 추었다고 말한 것처럼 본능적으로 주위의 것들을 신체적으로 받아들이고 흡수해 즉각적으로 이를 개인적인 동작 어휘로 전환하는 능력을 가진 매우 신체적인 사람이다. 소위 그는 세상에 대한 특별한 동작적인 관계를 가진 듯하며 이런 움직임에 대한 본능적인 접속 능력은 그의 안무와 동작 스타일에서도 발견된다. 포사이드가 잭슨빌대학(Jacksonville University)에서 연극과 역사 복수 전공으로 공부할 때 처음으로 정식 무용 레슨을 받게 되는데 현대무용이었다. 동시에 발레도 배우게 되는데 1969년 잭슨빌을 떠난 뒤 조프리 발레학교

(Joffrey Ballet School)에서 발레를 정식으로 배우게 되고 뒤이어 조프리 발레단원으로 활동하다가 스투트가르트발레단(Stuttgart Ballet)에서 처음 안무(「근원의 빛(Urlicht)」, 1976)를 하게 된다. 하지만 조프리에서 배우는 동안 그는 매일 밤 뉴욕시티발레 공연을 보면서 발란신을 연구했다. 포사이드의 작품 세계는 그가 오늘날 발란신 전통의 신고전주의적 작품에서 설치예술에 이르기까지 얼마나 멀리 떠나왔는지는 몰라도 그 초석은 발레와의 관계에 있다.

프랑크푸르트발레단 감독으로 부임한 1984년 이후부터 포사이드는 여러 인터뷰에서 "시대에 뒤떨어진 요정 이야기나 고상한 사랑 이야기의 발레가 오늘날 무익한 짓이고 예술 형식으로서 종말을 맞이한 것 같다"[11]고 얘기해 왔다. 그는 고전 발레 테크닉의 전제들을 달리 처리해 새로운 의미를 부여한 사용 가능한 언어로 전환시키고자 한다. 즉, 발레의 정통적인 규칙이나 형태와 실시 방식에 따라서 기존의 스텝과 프레이즈(句)를 순서만 바꿔서 정확히 실시하는 것이 아니라 발레 동작이나 스텝을 엉뚱하고 이상한 각도와 방식으로, 즉 요소들의 배치를 바꿔서 치환시키는 것인데 그래도 우리는 여전히 그 출처를 알아낼 수가 있다. 1998년도 바젤극장(Theater Basel) 공연 팸플릿에서 포사이드는 "나는 발레 무용수들을 무대에 올리기 때문에 발레 테크닉을 사용한다. 그리고 그들 신체에 깃든 지식을 사용하기도 한다. 나는 발레가 자주 '치, 치' 하며 조롱하기에 매우, 매우 좋은 대상이라고 생각한다."[12] 즉, 그는 발레 테크닉에 내재하는 관례적 관계와 조합들을 풀어내고 내부적으로 파열시켜 발레 텍스트의 배치를 이전시키고 전환시켜서 새롭게 보이게 하는 것이다.

---

11 Steven Spier(2011), p.128.

12 앞의 책, p.53에서 재인용.

그가 발레 테크닉의 코드화된 관계를 풀어버리는 방식은 여러 가지가 있는데 우선 그 자신 '초점 없애기(disfocus)'라 부른 것이 있다. 이 안무적 장치는 「작은 부분의 상실(The Loss of Small Detail)」(1987)을 안무하면서 시작된 것이다. 발레에서 시선은 단지 눈앞을 바라보는 것에 그치지 않고 신체의 중심축이 된다. 그런데 이 초점을 무용수의 앞으로, 즉 바깥으로 보내지 말고 자신의 머리 뒤쪽으로 향하게 하여 무용수들의 자기 자극 지각을 예민하게 만들고자 하는 것이다. 그러면 무용수들은 자신의 동작을 둘러싸고 있는 외부 환경에 대해 지각하는 관습적 경향은 줄고 대신 자신의 사지와 근육 정렬 등의 내면적 자각이 더 예리하게 되고 이에 집중하게 하기 위한 장치다. 이런 '내면적으로 굴절된 조정(internally refracted coordiantions)' 작용은 무용수들이 발레 댄서로 훈련된 방식으로 춤추는 것을 방지하는 효과가 있다. 그럴 경우 나타나는 효과는 포사이드가 설명하기를 "발레의 토대를 파괴하는 것이 아니라 체중 지지의 반대 상황에 처하는 것이다. 무용수가 상실한 작은 부분은 당신의 신체적 지향성(physical orientation)이다. 그러면 신체는 일종의 힘을 상실하는 대신 다른 것이 들어와 작동하게 된다."[13] 이는 발레의 움직임 법전을 무너뜨려 발레 코드와 무용수 신체를 내부적으로 파편화시키는 결과를 낳는다.

그러므로 '초점 없애기'는 무용수 신체의 초점을 외부에서 내부로 이동시키는 것으로 발레의 신체를 재배치시키는 것이다. 신체적 지향성이 방향 전환됨으로써 무용수들은 소재 인식을 상실하게 되고 또한 무용수 신체가 내향적으로 자신의 신체를 접어버림으로써 발레 무용수의 몸에 각인된 역사적 텍스트, 즉 발레적 신체 코드들이 읽기 힘들게 된다. 물론 발레 신체가 이런 내면에의 자각과 내부적 지향성을 처음으로 경험

13 앞의 책, p.135에서 재인용.

하는 것이지만 초점이 뒤바뀐 동작 아래 그 발레 댄서가 지녀온 역사적 신체는 한 층 아래에서 여전히 빛나고 있다. 하지만 발레의 관습적 신체는 더 이상 쓰여질 수 없고 읽힐 수 없으며 발레의 전통적 기호들 역시 작동하지 않게 된다. "단지 무용수들의 신체적 기억은 흔적으로 남아 발레의 법전과 같은 관례적 관계를 풀어내어 내부적으로 파열시킨다."[14] 그 결과 전통 발레에서 보던 것과 같은 화려한 동작으로 가득 찬 공간 대신에 움직이는 과정 중에 드러나는 내면화된 공간과 신체 그 자체를 벗겨낸다. 결과적으로 그의 동작들은 중심을 상실하는 과정에서 드러나기 때문에 소멸해가는 과정에 포착되고 정형화된 형태나 코드에서 빠져나가는 불안정한 상태에서 존재하므로 기록 불가능하다. 그런 장면은 무엇을 재현하는 것이 아니라 말로 형용할 수 없는 다루기 힘든 상상의 타자적 모습이다.

포사이드는 이런 방식으로 기존 무용의 패러다임에 도전하는 데 열중해 그 과정에서 예술적 규범의 경계를 초월하고 증폭시켜 분열시키도록 노력한다. 그는 자신의 작품에서 신체가 사라지는 상태를 추구한다. 포사이드에게 안무란 "춤추고 싶은 욕구를 위한 경로의 기능을 한다."[15] 그에 따르면 안무와 춤추기란 완전히 다른 활동인데 이들은 무대 위에 '안무적 대상(choreographic object)'으로 출현한다. 일반적으로 안무자의 생각의 실재는 신체 속에 존재한다고 생각하기 싶다. 하지만 포사이드의 급진적인 안무에 대한 최근의 고민은 "안무가 신체 없이 안무된 대상의 표현을 가능할 수 있을까" 하는 데 이르고 있다. 따라서 포사이드는 안무자와 무용수 사이의 위계적 질서를 허물어 집단 안무를 시도하고 그는 프로그램 노트에 자신과 함께 무용수들의 이름을 안무 크레딧으로 올리

---

14 앞의 책.

15 William Forsythe(2011). *Choreographic Objects*. *William Forsythe and the Practice of Choreography*(London and New York: Routledge), p.90.

기도 했고, 프랑크푸르트발레단을 그는 '안무적 앙상블(choreographic ensemble)'이라 지칭했다.

포사이드가 찬양하는 신체가 사라지는 상태란 공연 중에 무용수의 신체는 실재하지만 다른 방식으로 연기되는 것을 말한다. 즉, 춤추는 신체의 기막힌 아름다움을 전시하면서 동시에 그 정체를 알 수 없게 지워버리는 전략을 쓴다. 그러므로 그는 일종의 매 순간 사라지는 건축과 같은 공연 이벤트를 연출하고자 한다. 그 전략의 핵심은 발레의 전통적 움직임의 통일성과 중심을 파괴하는 것이다. 그 결과 무용수 신체의 현존이 더 이상 확실하지 않은 효과를 낳는다. 그리고 움직임 탐색에서의 실패나 좌절이 남기는 잔류 효과를 노린다. 따라서 그의 동작들은 발레로부터 나온 것이지만 더 이상 발레 같아 보이지 않는다. 포사이드는 발레 테크닉이 흔히 가정하고 있는 하나의 신체 중심에서 나오는 것이 아니라 중심이 여러 개이거나 혹은 어떤 선이나 면이 아닐까 질문해 본다. 만약 그럴 경우 무용수의 신체 공간은 무한히 확장될 것이고, 그 신체 공간의 중심도 신체의 여러 곳에서 동시 발생할 수 있을 것이라 생각했다. "포사이드에게는 라반이 상상했듯 신체가 신체 공간(kinesphere) 속의 하나의 중심 위에 평정을 이룬 채 통일된 형태가 아니다. 하나의 신체 공간에 지정된 중심은 그 신체 공간과 함께 움직이는 것이 아니라 생각한다."[16] 그러므로 포사이드는 라반 이론의 주축이 되는 하나의 신체 중심과 신체 공간과 대지와의 관계의 기초가 되는 수직축을 부정하는 것이며, 이들 동작의 구조를 형상화하는 선형성의 원칙 역시 무너뜨리고자 한다.

포사이드는 무언가 코드 하나를 제거해 동작이 균형의 경계를 벗어나 추락이 임박한 순간을 포착해 보여주고자 한다. 그 찰나의 순간이 소

---

16 Steven Spier(2011), p.120.

멸하고 사라지고 폭삭 땅으로 혹은 공간 속으로 사라지기 직전의 찰나의 불안정한 무용수 신체를 드러내는데 그것은 관객으로 하여금 무한한 집중력으로 바라보게 하는 힘을 지닌다. 이는 수직축에 대한 노골적인 도전에서 그 효과가 가중된다. 포사이드의 춤에서 무용수와 대지와의 관계에서 수직축의 규범 혹은 법전은 통하지 않는다. 그의 움직임 연구는 중력과 다양한 관계를 가지며, 이 수직성의 상실은 그의 움직임 스타일을 특징짓는 동태적 효과를 제공한다. 균형을 상실하는 순간의 불안정성과 소멸의 파동을 연장시키기 위해 포사이드는 일시성이 작동하는 순간을 탐구한다. 이 불안정한 순간을 살리기 위한 포사이드의 전략은 즉흥을 적극 활용하는 것이다. 그는 작품에서 흔들리고 떨리는 순간과 그 여진을 유지하기 위해 영속성을 회피하려 한다. 포사이드는 "즉흥의 요점은 사라짐(소멸, disappearance)을 무대화하는 것이다"[17]라고 하며, 종종 무용수들에게 동작 중간 중간 "멈추는 것을 잊지 마라"든지 "동작 형태를 재각인하는 순간을 유지하라"고 요구한다. 그리고 작품들의 일부분이나 전체 구조를 바꾸거나 공연 때마다 안정된 안무를 피하기 위해 완전히 새롭게 만드는 경우가 허다해서 「치졸한 주소 풍자(The Vile Parody of Address)」(1988)는 현재까지 6개의 다른 버전으로 공연된 바 있고, 「고상함의 가운데서(In the Middle, Somewhat Elevated)」(1987)는 파리 오페라 초연 시작 직전에 무용수들에서 동작구의 연결 순서를 모두 바꿔서 알려주기도 했다.

이런 방식으로 그는 무용수와 관객 그리고 그 자신을 포함한 모든 사람을 끊임없이 불안한 상태로 몰아감으로써 그래서 기대하지 못했던 것을 기대하도록 하는 경계의 극단으로까지 몰아가는 것이다. 그러므로

---

17 Heidi Gilpin(2011). *Aberrations of Gravity, William Forsythe and the Practice of Choreography*(London and New York: Routledge), p.122에서 재인용.

포사이드의 작품은 원천적으로 기록 불가능하며 그 자신 자기 작품을 남기는 것에 관심이 없다. 그런 짓은 그의 소멸하는 춤의 이상에 반하는 것으로 "자신의 작품을 끝난 것으로, 특징적인 범주로 규정지을 수 있는 것으로 또한 재생산 가능한 대상으로 물신화하는 것이기 때문"[18]에 그는 상업용 작품 DVD를 만들지 않는다. 이런 식으로 그는 역사의 선형성에 도전한 푸코의 이상에 부응하고 있는지 모른다. 하지만 이렇듯 극한의 한계에 대한 호기심은 그의 작품 세계에 생명력을 부여해 주는 요소다. '춤추는 몸의 가능성은 어디까지인가?', '무엇이 춤을 만드는가?', '공연이란 무엇인가?' 등의 지속적인 근원에 대한 질문과 특정 움직임 스타일의 예술적·신체적 규범에 한정되지 않으려는 노력 그리고 안무를 단지 무용예술의 영역에만 국한시키지 않으려는 그의 학문적 규범을 타도하려는 노력이 그의 작품 세계에 말로 형용할 수 없는 순종하지 않고 다루기 힘든 특질을 부여해 주고 있다.

프랑크푸르트발레단 재임 말기의 주요 작품인 「디크레이션(Decreation)」(2003)을 만들면서 포사이드 앙상블은 움직임을 무용수들의 목소리로 번역하는 작업을 시작했다. 그리고 이때부터 그의 앙상블 작업에서 즉흥적인 패러다임이 자리 잡게 되었다. 포사이드는 「듀오(Duo)」(1996) 때부터 그 자신 '호흡 보표(breath scores)'라 부른 무용의 청각적 영역을 확장하는 실험을 시작했는데 목소리와 호흡이 움직임의 발생기가 되어 움직임이 호흡을 통해 동시에 일어나게 하는 것이다. 호흡 보표란 숨소리 음악처럼 무용수가 춤추면서 내는 호흡 제스처나 발소리, 신체 접촉에서 나오는 소리, 움직이는 신체에서 나오는 모든 소리가 춤의 안무 요소에 포함되어 목소리와 동작적 요소가 서로 조응하는 것이다. 「디크레이션」 이후 포사이드의 작품 세계는 다음 시기에 접어

---

18 앞의 책, p.123.

든다. 포사이드무용단 활동으로 접어들면서 두드러진 특징은 「흩어진 군중들(Scattered Crowd)」(2002), 「추상의 도시(City of Abstracts)」(2000), 「헤테로토피아(Heterotopia)」(2006) 등의 비극장적인 환경의 설치 작품인데, 이들 작품에서 포사이드는 무용수들의 움직임이 작품의 모양을 만들어가는 데 그치지 않고 관객들의 움직임을 조각하는 경지에 이르렀다. 최근 포사이드 작품에서 오랜 동안 같이 작업해 온 톰 윌렘(Thom Willems)의 음악은 그에게 "춤출 수 있는 청각적 공간을 제공해 주는 … 음향적 환경(acoustic environment)'을 제공해 주며"[19] 그 중요성이 증대되고 있다. 포사이드는 여러 번 윌렘의 음악이 자신의 무용에서 가장 중요한 극장적 장치라고 말해 왔다. 실시간 무용수의 목소리가 컴퓨터 테크놀로지로 증폭되고 믹싱되어 동시에 출력 장치로 나오는 음향 작곡은 포사이드의 움직임 구성에 필적한 만큼 중요한 작품 기반이 되며, 그의 파편화된 사라지는 움직임들과 세계의 흐름 속에 포사이드의 사유하는 신체를 표현하는 데 최적의 공간을 제공해 주고 있다.

3. 「헤테로토피아」에 나타나는 푸코적 사유 특성

「헤테로토피아」(2006)는 포사이드무용단 이후 전개되는 그의 최근 10년간의 작품 성향을 잘 보여주고 있는 작품이다. 지난 10년간 포사이드 작품은 결정적인 변화를 보이는데 "무용 같지 않은 움직임, 소품과의 상호작용, 말해지는 언어 등인데 이는 그의 과거 정통 무용 언어의 순수성에 비춰볼 때 매우 이례적인 것이다."[20] 게다가 미니멀 데코와 운동복 같은 리허설 의상, 스튜디오적 환경 역시 빼놓을 수 없다. 포사이드 자

---

19 앞의 책, p.68.

20 Ryan Platt(2009), p.1.

신이 '안무적 대상'이라 부른 「흩어진 군중들」, 「추상의 도시」, 「화이트 바운시 캐슬(White Bouncy Castle)」(1997)에서 나타나는 춤추는 신체와 안무에 대한 초기의 설치 예술적 탐구에서 나아가 이 작품은 설치 공간 혹은 '설치 공연(performance installation)'이라 할 작품이다. 포사이드 자신은 이 작품을 콘서트 또는 오라토리오라 불렀는데 「헤테로토피아」는 일반적으로 가정되고 있는 언어적 텍스트의 의사소통 능력의 우월성에 대한 코멘트이자 번역의 이해 불가능, 나아가 무용의 독해 가능성(readability) 자체에 대한 예리한 질문이기도 하다. 이 작품은 대개 극장 로비나 일반인들이 쉽게 접근할 수 있는 비극장적 공간에서 공연되는데, 한국 공연(2013)에서는 성남 아트센터에서 열렸기 때문에 관객들을 무대 위로 올라오게 하여 무대 전면과 뒤의 연습 공간에서 실시되었다.

두 개의 인접된 공간에서 첫 번째 테이블로 가득 찬 공간의 소리가 마이크로 채집되어 인접한 방의 벨 모양의 스피커를 통해 전달되고, 관객들은 양쪽 공간을 이동하며 무용수와 함께 스튜디오적 공연 공간의 일부가 되어 서로간의 시선의 주고받음으로써 상호작용을 하게 된다. 이 작품의 공연 구조는 관객들을 위해 정해진 안무적 질서가 없이 무용수 상호간의 즉흥적인 반응으로 진행된다. 무용수들의 발성이 움직임을 낳고 이에 반응하는 다른 무용수의 동작으로 서로 조응하며 혹은 다른 무용수의 소리나 움직임을 동작으로 해석해 즉흥적으로 반응하기도 하며 이들은 서로를 지휘하며 가짜 인간, 짐승 소리 등을 낸다. 테이블 위에는 의미를 알 수 없는 알파벳 글자가 배열되어 있고 무용수들도 사전적으로 논리가 통하지 않는 분절된 문장이나 알 수 없는 소리를 내는데 웃음소리, 한숨소리, 기침, 코웃음소리들을 여러 곳에 설치된 스탠딩 마이크에다 뱉어낸다. 빠른 뒤틀린 관절의 움직임과 함께 짐짓 러시아어 같이 들리는 거짓 언어를 구사하기도 하는 무용수들은 전통적 동작 규범에서 벗어난 반(反)텍스트적인 신체를 보여주면서 감정적 분위기를 지닌 시적인 공간을 창출한다.

포사이드는 안무란 "공간 속에 신체를 배치하는 것 혹은 신체들을 다른 신체들과 구성하는 것 또는 한 신체를 계획된 환경 속 다른 신체들과 조직화하는 것"[21]이라고 했다. 이 작품에서 포사이드는 무용수들을 공동의 텍스트를 간파할 수 없는 몹시 상이한 자리에 '머무르게' 하고 '배치'하고 '놓여 있게' 함으로써 전통적인 안무와 언어적 소통의 규범을 벗어나 있게 한다. 무용수들의 신체는 관습적 관계를 읽어낼 수 없는 이상한 곳에 머물러 있고 비치되어 있으며 거기에 톰 윌렘의 초자연적인 전자 합성음의 파동과 음색이 더해진다. 관객들은 좌석이 없이 테이블 위와 테이블들 사이의 빈 공간 그리고 테이블 아래에서 움직이는 무용수들을 가장 잘 포착하고 인지할 관점을 찾아 공연 중 첫 번째 방의 4면을 자유롭게 움직일 수 있고 이웃한 다른 방으로 가기도 하며 그 안무 환경의 요소로서 참여하며 공연 공간 생성에 참여한다.

이런 공간 설치는 정상적인 공연장의 구도가 아니며 이질적인 무용 공간이다. 푸코는 사물이 몹시 상이한 자리에 '머물러' 있고 '놓여' 있고 '배치'되어 있어서 그 사물을 위한 수용 공간을 찾아내거나 공통의 텍스트 공간을 구명(究明)하는 것이 불가능한 정상성을 벗어난 있을 수 없는 공간 배치가 실재하는 경우를 헤테로토피아라 했다. 그런 면에서 이 공간은 전통 공연 공간에 대해 이의 제기를 하는 반배치이자 안무자의 이야기와 작품의 의미를 읽고자 하는 관객을 불안하게 만드는 헤테로토피아다. 무용수들은 언어의 기능을 통째로 무시하는 가짜 언어와 언어적 질서가 파괴된 말들을 통해 언어를 전복하고 있을 뿐 아니라 무용수들

---

21 Steven Spier(2011). Choreographic Thinking and Amateur Bodies, *William Forsythe and the Practice of Choreography*(London and New York: Routledge), p.139에서 재인용.

의 움직임 역시 '춤추는' 것이 아니라 그 공연을 지휘하고 있는 여러 요소 중의 하나이기에 발레나 현대무용의 관습적 동작과 스타일의 관례와 안무적 질서 역시 무너뜨리고 있으며 춤을 통한 어떤 서정성의 전달이나 이야기를 하고 있는 것이 아니다. 이 공간은 무용 테크닉의 전통, 안무자의 서사적 권위 등 어떤 중심에도 특권을 부여하지 않으며 모두 파열, 전환, 불연속적으로 절단되고 흩어지는 탈중심의 공간으로서 푸코식의 헤테로토피아다.

여기서 발견되는 푸코적 영향의 '다르게 생각하기'는 전통적인 음악과 무용의 관계에 대한 것이다. 이 작품에서는 일반적으로 아름다운 음악에 맞춰 춤추는 전례 방식이 아니라 무용수들은 자신들의 숨소리 음악에 기초한 신체의 음악성으로 그 공연 공간의 음악적 토대가 되고 안무적 구성을 이끌고 있다. 이런 방식으로 포사이드는 자신의 춤을 '춤추는 음악(dancing music)'으로 만든다. 이는 무용의 영역을 무용수 신체의 내부 공간으로까지 확장시킨 것이라 볼 수도 있는데, 포사이드 무용수들의 호흡 보표 즉 숨소리 음악은 무용수 몸의 안쪽에서 일어나는 힘의 흐름을 소리라는 형태를 빌려 외부로 표출하고 이에 반응하는 동작으로 시각화해 드러내는 방식이기 때문이다. 포사이드는 무용을 "일종의 음악으로, 즉 시각적 음악(visual music)"[22]이라고 했다. 이는 무용수 신체 내면의 생경험(生經驗)을 동작을 통해 신체 외부로 드러냄으로써 무용수 신체의 안과 밖의 경계를 무너뜨린 것이라고 볼 수도 있다.

또한 이 작품에서 춤에 반영된 푸코의 춤추는 사람의 몸에 대한 생각을 발견할 수 있다. 푸코는 몸을 '세계의 영도(point zero)'이며 세상의 중심에 있다고 생각했는데 "내 몸은 태양의 도시(Cité du Soleil)와도 같다. 그것은 장소를 가지지 않는다. 하지만 바로 그것으로부터 실제적이든

22 Freya Vass-Rhee(2010), p.410에서 재인용.

유토피아적이든 모든 가능한 장소가 시작되어 뻗어나가는 것"[23]이라 했다. 포사이드는 무용수 몸의 가장 중심인 포인트 제로에서 시작한 호흡에서 발동되는 음성 혹은 소리를 신체 경계를 넘어 외부로까지 확장시켜 표현하고 공간적으로 뻗어나가는 시각적 형상을 만들어냈다. 이는 푸코의 "춤추는 사람의 몸이란 바로 몸의 내부인 동시에 외부인 공간만큼 확장된 몸이 아닌가? 그러면 몸은 자신의 물질성, 자신의 살덩어리 속에서 그 자신의 환상의 산물 같은 것이 될 것이다"[24]라고 한 사유를 적용한 경우라 본다. 이럴 경우 무용수의 몸은 자신의 물질적인 몸의 내부이면서 동시에 외부인 공간까지 그 활동 영역을 확장시키게 되는 것이다. 즉, 춤추는 음악으로서 무용수의 몸은 무용수 신체의 내면으로까지 무용의 공간을 확장해 이를 외부로 연장 확대시켜 가시화하고 표현해낼 뿐 아니라 신체의 외형적 제스처와 전통 무용 어휘를 통하지 않고 물질인 살덩어리 속에 직접적으로 춤의 환상을 조형한다는 점이 푸코의 몸 사상을 그대로 반영하고 있다.

두 번째 방은 첫째 방에서 채집한 소리를 무대 가운데 위치한 벨 모양의 큰 스피커로 내보내고 그리고 그 옆에 그랜드피아노를 두고서 정면에 경사진 객석을 두어 비교적 전통 공연장의 모습을 연출하고 있다. 하지만 그 피아노는 공연 내내 연주되지 않는다. 그랜드 피아노와 벨 스피커, 객석의 존재는 전통적 공연 커뮤니케이션의 구도를 연출하고 있기에 관객에게 좀 더 콘서트 같은 환경을 느끼게 한다. 이는 첫 번째 방보다는 좀 더 정상적인 공연장의 구도를 지니지만 이는 공연이란 작가가 말을 하는 것인가라는 질문을 던지기 위한 설정이 된다. 이 작품은 관객들이 공연에서 의미를 찾고자 하는 경향을 정면으로 질문하고 있는

23 미셸 푸코(1994), p.37.

24 앞의 책, p.36.

것이다. 첫 번째 방에서는 무질서와 극단의 부절제의 경계를 넘나들고 두 번째 방 역시 완결된 안무적 질서가 없이 즉흥적이고 간헐적인 무용수의 움직임으로 구성되는데, 앞방에서 무용수들의 알 수 없는 소리와 음악 그리고 관객들의 소음은 이 두 번째 방 무용수들을 위한 오케스트라가 된다. 하지만 그 의미를 이해하고자 하는 관객들의 시도는 좌절할 수밖에 없다. 벨 스피커에서 나오는 소리는 무용을 위한 반주 음악이라기에는 아름다운 음색과 멜로디를 결여하고 있으며, 무용수의 음성도 그 일부로 들어 있지만 그 의미나 문법을 간파할 수 없는 것이다. 따라서 이전 방에서 음악에 따라 춤추는, 즉 음악이 먼저이고 춤이 그에 따르는 정상적인 음악과 무용 관계를 타파해 무용수들의 음악성에 기대어 무용수들이 지휘하는 음악적이고 감정적인 공연 환경의 충격에 비해 두 번째 방은 좀 더 정상적인 공연장의 구조 속에 대조적으로 안무와 의미의 부재가 더욱 극명하게 드러나게 하는 전략으로 그 결과 포사이드의 '다르게 생각하는' 방식이 더 피부에 와닿게 한다.

포사이드는 '헤테로토피아'라는 제목 자체가 "관객들이 예술가에게 자신을 설명하라고 요구"[25]하는 전통적 인식의 문제를 제기하고 있다고 말한다. 포사이드는 "이 작품이 언어와 해석의 주제와 공간으로서 극장의 의미를 탐구한다"[26]고 말했다. 그는 『코리아 헤럴드』와의 인터뷰에서 이 작품이 푸코의 생각에서 출발했지만 단지 헤테로토피아 개념이 "작품을 시작하고 풀어가는 과정에서 시사적인 것이었지 끝내는 데는 유용하지 않았다"고 말한다. 푸코의 헤테로토피아란 "여기에도 없고 저기에도 없는" 타자의 공간인 것이다. 푸코는 이를 거울에 비친 나의 모습의 예를 들어 설명했는데 거울에 비친 내가 있으면서 없는 장소를 뜻한다.

---

25 Freya Vass-Rhee(2010), p.407에서 재인용.

26 William Forsythe on Foucault's 'space of otherness'. *Korea Herald*. 2013. 4. 10.

첫 번째 방의 알아들을 수 없는 소리와 몸짓의 공연은 행위에 대한 텍스트의 우위를 도전하며 반텍스트적인 신체를 선보인다. 이들은 발화(發話)하는 무용수에 대해 몸짓으로 반응하는 소위 이야기하는 방식의 구조 속에 행위하고 있지만 이들의 소리와 몸짓은 그 의미를 알 수 없고 반대로 텍스트적 의미의 종속에서 이탈한 그리고 감정의 재현으로부터 자유로워진 신체의 상태가 극명히 드러남을 목도하게 한다. 포사이드는 안무적 질서만 파괴한 것이 아니라 언어의 문법적 규칙도 제거한 것이다. 이 작품은 움직임과 무용수의 신체를 시공간 속에 어떻게 배치해서 구체적인 이미지와 스토리, 감정을 만들어내는가 하는 것을 묻고 있다. 그 공간에 들어온 관객들은 각자의 관점이 다를 수밖에 없고 그 공연 공간에 들어온 어느 누구도 같은 공연을 보았다고 할 수가 없다. 누구도 이 방에 있는 순간 저 방에서 일어나고 있는 일을 알 수가 없다. 따라서 극장 관객들은 자신만의 고유한 해석적 관점에 따라 개별적인 내용과 의미를 가지게 된다. 물론 포사이드의 이런 작품은 그가 던진 예술과 안무에 대한 근원적인 문제 의식을 관객이 공감하는데 의의가 있지만, 설혹 관객이 고유한 해석적 의미를 파악하는 것이 가능하다 하더라도 그것은 공연 이후 사후의 숙고를 통해 자신만의 헤테로토피아에서나 가능할 것 같다. 이렇듯 포사이드는 말과 사물의 관계처럼 안무자의 의도가 무용 동작으로 인지 가능한 방식으로 전달되는 무용 '현실'의 규범 바깥에서 차이의 춤추기를 전개하며 전통적 무용 사유에 도전하고 있다.

포사이드는 여러 인터뷰에서 자신은 무엇을 표현하려 하지 않는다고 말해 왔다. 『코리아 헤럴드』와의 인터뷰에서 "나는 작품에 메시지를 주지 않는다. 그런 노력도 하지 않으며 내 작품에 메시지가 없기를 희망한다. 그럼 왜 이 작품을 만들었냐고 물으면 난 생각이 없다고 말해야겠다. 난 과학자가 아니고 과학적인 문제를 풀고자 하는 것이 아니다. 단지 공연 환경에서 무엇이 가능한지에 호기심이 있다"라고 말한다. 이어서 그는 이 작품을 통해 전통적으로 안무 과정에서 음악이 먼저이고 춤을 두 번째로 여기는 잘못된 위계 질서를 무너뜨리고자 했다고 한다. 그리고 자신의 안무 과정에서 일반적으로 당연하게 받아들여지고 있는 질서에 너무 큰 가치를 두지 않으려 한다고 고백한다. 그리고 '초점 없애기'에 대해 설명하면서 그는 무용수가 시선을 안으로 향하게 하면 일종의 반의식 상태에 이르러 옛 움직임들로부터 벗어나 새로운 움직임에 맞닥뜨리게 된다고 생각한다.

그 결과 "중심을 잃으면 잃을수록 신체는 더 투명하게 되고 사라지는 느낌을 지니며 더욱 다양한 형태와 다이내믹스, 즉 활력을 지닐 수 있다"[27]고 한다. 그럴 경우 무용수는 더욱 가속을 지닌 채 빨리 움직일 수 있고 어떤 동작을 자신이 행하는가보다는 어떤 동작을 남겨놓는가를 의식하게 된다. 이것은 마치 무용수가 자신이 동작을 만든다는 생각 대신에 움직임에서 자신의 신체를 분리하는, 즉 흔적을 남기며 신체의 잔류 효과를 공간에 남기며 신체로부터 벗어나는 상태를 요구하는 것이다. 그럴 경우 포사이드는 무용수가 공간 속으로 들어가는 것, 즉 침범하는 것이 아니라 신체를 공간에 잠시 남겨두고 떠나는 것 같은 상태를 요구하는 것이다. 그것은 무용수의 해체, 즉 무용수가 증발해버리고 단지 움직임만이 무용수의 증발을 증명해 주는 사실로 남게 되는 효과로 나타난다. 그럴 경우 무용수는 정체를 알 수 없는 흔적을 남기며 사라지는 세계의 중심으로 끊임없이 사라지고 변화하는 그리고 해체되는 과정으로서 완결되지 않은 포사이드의 공연 이벤트 혹은 공연 공간이 설치되는 것이다. 여기서 포사이드 자신은 공연 환경에서 작동하는 기능들이 무엇인지에 호기심을 가지고 지켜보는 하나의 중재자로 남는다. 안무자로서 자신은 "마치 카드를 읽는 주술사 같다"라고 포사이드는 표현한다.

---

27 Steven Spier(2011), p.136에서 재인용.

무용수와 무용 현상에 대한 이런 그의 소멸하는 춤 사유가 그의 작품들을 매번 작품 구조가 완전히 다르게 다양한 버전으로 실시하고 작품 DVD를 만들지 않는 이유가 된다. 그것은 그의 소멸하는 춤과 변화를 가로막는 일이기 때문이다.

◆ ◆ ◆

포사이드는 관습적으로 전해 내려오는 움직임 어휘들을 실시하는 움직이는 신체로서의 무용이라는 예술적 인식을 불신하고 저항했다. 안무란 신체를 위해 전통 어휘 코드로 입력된 움직임의 공간이라는 생각도 거부했다. 그는 이들이 단지 특정 개인의 혹은 문화적으로 축적된 규약의 표현에 다름아니라고 보았다. 이들 무용과 안무에 대한 법전은 그들 동시대의 '안의 공간(espace du dedans)'에 불과한 것이다. 포사이드는 푸코처럼 '바깥의 공간(espace du dehors)'을 찾고자 끊임없이 탐구하고 있다. 이제까지 논의한 그의 작품에 나타나는 초점 없애기와 호흡 보표, 즉흥, 춤추는 음악, 반(反)텍스트적 신체, 무용수의 해체, 지휘하는 무용수, 무용수와 관객의 경계 타파, 설치 공연, 무용수 신체의 안과 밖의 경계 타파, 춤추는 몸의 확장, 음악과 무용, 언어와 동작 간의 우월적 서사적 위계 질서의 타파, 차이의 춤추기 등이 그의 소멸하는 춤 사유를 표현하는 전략이라 본다.

이렇듯 현대 철학의 핵심 의제를 찍어서 춤에 적용하는 대단히 지적인 그의 작품 세계를 살펴본 이후에도 그가 고고한 철학자와 달리 여전히 매력적인 이유는 그가 이 글에서 지적했듯이 매우 신체적인 사람이기 때문이다. 그는 적어도 필자에게 우리가 살아가는 이 세계와 어떻게 춤과 동작을 통해 소통하고 반응할 수 있는가를 보여주고 있기 때문이다. 20여 년의 프랑크푸르트발레단 기간 그가 이룬 업적들, 즉 발레 언어의 초점을 없애고 학문적 규칙을 타파하고, 발레 전통의 관례적 관계를 폭파시키고 관습적인 발레 텍스트의 구조를 전환해 재배치시킴으로써 불안정하고 소멸하는 신체와 춤 언어를 만들어낸 것만으로도 그는 역사상 지워지지 않을 변혁을 최단 기간에 이룬 것이다. 프랑크푸르트 이후 10년간의 그의 행로는 앞선 20년에 비해 기하급수적으로 그의 사유의 공간이 넓어져 감을 보여주고 있다. 따라서 21세기 무용예술의 가능성을 체크하기 위해서라도 그의 앞으로의 변화를 주목할 필요가 있다.

제12장

디지털 융합과 포스트 코레오그래피

이지선

21세기 사회 전반의 화두라 할 수 있는 '디지털 융합(convergence)'[1]이 무용예술에 어떠한 현상적 변화들을 초래하고 있는가. 여기서 융합이란 안정성 혹은 대통합이 아니라 역동적인 긴장 상태를 말하며,[2] 단순한 기술적 차원뿐만 아니라 이로 인한 문화적 변화까지도 포함[3]하는 매우 이중적이며 광범위한 의미를 내포한다.

융합이란 주제는 철학적으로 후기구조주의의 형이상학 해체 이후 철학이 다시 방향을 잡게 된 지점이며, 문화사회적으로 기술 중심 현대 사

1 본문에서 사용하는 융합(convergence)이라는 용어는 사전적 의미로 볼 때, 수학에서 이미 존재하는 하나의 값에 접근 혹은 다가가는 동질화 또는 근접성을 의미하는 수렴(convergence)과 단순한 합쳐짐의 합산과 화학적 합성을 모두 의미하는 융합(fusion), 그리고 복합기 같은 여러 기기의 기능이 한 기기로 합쳐진 복합(composition)의 의미를 모두 포괄한다. 사용 맥락에서 convergence란 용어는 단순히 '융합'으로 번역하는 데는 무리가 있으나 컨버전스, 융복합, 융합 등으로 분화되어 있는 번역어의 해석을 통합한 의미로 사용하며, '디지털 기술 매개에 의한 융합 현상'으로 그 영역을 한정한다.

2 Ithiel de Sola Pool(1983). *The Future of Ideas: The Fate of the Commons in a Connected World*(New York: Random House) 참조.

3 헨리 젠킨스(2006). 『컨버전스 컬처』. 김정희원·김동신 옮김(서울: 비즈앤비즈, 2008) 참조.

회의 특성을 밝히는 핵심 키워드인 한편, 예술사적으론 포스트모더니즘 이래로 테크닉 혼종과 인접 예술과의 교류 등과 같은 새로운 방법론을 찾기 위한 예술가들의 끊임없는 실험의 종착점이다. 따라서 융합이란 무용 논의에서 당대적 연구의 가치를 지닌 개념으로서, 광범위한 의미에서 그 적용과 해석은 선행된 많은 연구에서 개진되어 왔으나 다른 한편으로 이론적 구축이 진행되는 과정이기에 연구자에 따라 매우 상이하고 다양한 방식으로 전개되었다 하겠다.

특히 기술과 무용예술에 대한 연구는 디지털 매체의 기술적 속성과 그에 따른 무용의 예술적 변화에 대한 논의들로 주로 미학, 좀 더 구체적으로는 매체미학과 같은 인문학적 시도에 집중되어 왔으며, 융합이라는 주제를 직접적으로 적용한 연구는 융합 교육 또는 대중 콘텐츠와의 융합에 대한 연구가 몇몇 시도되었을 뿐 공연예술 자체의 춤에 대한 연구는 미진한 실정이다.[4] 따라서 최근 기술에 대한 인문학과 과학의 접점에서 개진되고 있는 기술철학자들의 주요 논의를 통해 융합이 지닌 인간 이해와 인식론적 입장들을 무용예술에 적용함으로써 기술 시대 무용예술이 지닌 융합적 의미와 가치를 밝혀보고자 한다.

필자는 종래 무용예술 내에서 기술과의 융합 논의가 무용수와 안무 표현의 확장 또는 인간 활동으로서의 순수 예술에 대한 위협으로 해석되어 왔다고 보고, 이 같은 양분된 입장에 대해 기술철학에서 전개되는 탈휴머니즘적 논의들이 기술 융합에 대한 현대 철학적 인식과 무용예술에 대한 미래 기술적 활용 가치를 새롭게 조명해 줄 수 있으리라 생각했

4 이지원(2012). 컨템포러리 춤에 나타난 컨버전스의 의미와 해석. 『무용예술학연구』, 35, pp.181-198; 이지선(2013). 무용과 컴퓨터 게임 컨버전스 특성 연구. 『한국디지털콘텐츠학회논문지』, 14(4), pp.493-503; 김종규·김주희(2013). 디지털 오디세이: 춤추는 몸과 디지털 컨버전스. 『대동철학』, 63, pp.201-225; 태혜신·박명숙(2014). 텔레비전 무용 프로그램 "댄싱9"의 융합 의미. 『한국체육학회지』, 53(5), pp.435-444; 한윤희(2014). 유아무용교육 현장에서의 예술융합교육 적용. 『한국무용연구』, 32(3), pp.287-306.

다. 이에 광범위하고 다양한 맥락 속에서 사용되고 있는 융합의 개념을 기술철학적 관점에서 명료히 하고, 무용사의 흐름에서 기술 융합이 어떻게 전개되어 왔는지, 또한 미래기술 환경에서 현재의 무용예술이 디지털 융합을 통해 어떠한 문화예술적 변화를 겪고 있고, 앞으로 어떠한 방향으로 전개될 것인지에 대한 의문들을 주된 논의 주제로 상정했다.

논의의 방법으로는 주요 기술철학자들[5]이 공통적으로 제시하는 융합의 단계인 '물리적 층위', '내용 층위', '코드-논리 층위'의 세 영역을 무용 테크놀로지 역사에 적용해 융합 층위에 따른 무용 양상의 특성과 그 의미를 밝혀볼 것이다. 또 구체적인 기술철학적 관점과 의미의 논의는 브루노 라투르(Bruno Latour, 1947-)와 돈 아이디(Don Ihde, 1936-)가 개진하는 '기술 주체'에 대한 포스트휴머니즘적 입장, 그리고 '주체와 대상'의 인식적 관계, 주체와 기술의 융합에 따른 '형이상학적 인식 논리의 변화'를 무용 디지털 융합에 적용해 '움직임 주체로서의 무용수'와 '움직임 생성과 실행 논리로서의 안무', '춤 융합 대상으로서의 무용 작품'이라는 세 요소에 대비되는 '무용수 인터페이스', '후기 안무', '정보 작품'이라는 융합적 양상으로 한정 분류해 논의해 보고자 한다. 각 양상에서 열거되는 작품의 사례 외에도 다양한 유형의 예시들이 포함될 수 있겠으나 그중에서도 춤의 예술적 실천의 경계 또는 새로운 영역에서 시도되는 사례들을 그 논의의 대상으로 선별했다.

본문에서 다뤄지는 시기적 범위는 무용과 디지털 기술과의 긴밀한 협력이 적극적으로 개진되는 1990년대에서 현재에까지 이른다. 따라서 기술철학의 입장에 대한 매우 거시적인 접근으로 방대한 무용 테크놀로지 역사의 궤적을 세 가지의 양상으로 일반화할 오류가 있다. 그럼에도 불구하고 이 같은 접근은 무용과 기술 융합에 대한 낙관론 혹은 비관론

5 Benkler, 2000; Lessig, 2001; 이화인문과학원, 2011.

의 뜨거운 논쟁이 전개된 이후 답보 상태에 놓인 무용과 디지털 융합 예술의 현재를 진단한다는 데 의의가 있다.

1. 디지털 융합의 이해

1) 디지털 융합의 개념과 구조

첫 번째 논의 주제인 융합의 의미를 명료히 하기 위해 기술철학자들이 개진하고 있는 핵심 논제인 융합 주체, 융합 주체와 대상 간의 관계, 융합 논리의 변화에 주목해 보자. 여기서 강조되는 것은 융합을 논의할 때 의미의 혼란 또는 기술에 대한 양분된 입장들이 근대적 사고의 소산인 주체와 도구로서의 기술, 그리고 주체의 세계 이해의 결과인 인식적 대상물들의 위계의 변화에서 초래되는 철학적 귀결이라는 점이다. 따라서 여기에서는 이러한 근대적인 기술 인식을 해체하는 해체주의 철학 이후 주체의 소멸과 이원론에 대한 기술철학자들의 탈형이상학적 시도들을 살펴보도록 하겠다.

먼저 융합의 주체는 누구인가? 도구적 인간이 이룩한 기술적 정점인 컴퓨터에 의한 디지털 기술은 과거 인간 주체가 사용하는 도구적·수동적·객관적 기술로 인식되었으나, 최근 기술철학자들의 견해로부터 인간의 존재와 의미, 인간의 세계 인식을 규정하는 미치는 능동적·비중립적·비인간 행위자(actor)로 간주되기 시작했다. 즉, "인간-주체, 기술-객체"[6] 라는 상정은 근대 기술관의 전제에 깃들어 있던 철학적 오류라는 것이다.

기술철학자 브루노 라투르는 행위자 네트워크 이론(actor-network

6 박영균(2001). 근대 '기술관'과 '해체' 전략. 『시대와 철학』, 12(1), p.208.

theory: ANT)을 통해 비인간(nonhuman)에 주목한다. 그의 주장에 따르면 세계의 올바른 인식을 위해 그래프나 설계도, 실험실, 세균과 같은 비인간도 인간과 마찬가지의 행위자로 주목해야 하며, 인간이 비인간과 적절한 네트워크(network)[7]를 형성함으로써 세계와 자연에 대한 논리, 즉 과학적 사실 발견을 통해 사회를 만들어 나아간다고 설명한다. 따라서 인간 행위자가 비인간 행위자를 네트워크에 끌어들이기 위해 적절한 기술을 활용하게 되며, 이때 유용한 기술이 문화를 지배하고, 그 기술을 지배한 인간이 권력을 구축해 나아간다는 논리다.

과학기술학(Science and Technology Studies: STS)[8]에 학문적 출발점을 두고 있는 라투르는 근대주의 이후 확립되어온 과학과 기술에 대한 생각, 즉 과학은 인간이 자연에 담긴 사실을 밝혀낸 객관적 지식이며 기술은 이에 필요한 도구라는 기술결정론(technological determinism)적 입장에 반대할 뿐만 아니라 이와 정반대의 견지로서 과학과 기술이 사회문화적으로 결정된다는 사회구성주의 과학기술론(social construction of technology)을 넘어서는 급진주의자다. 따라서 과학(사실)과 기술(인공물)이라는 서구 철학의 이원적 구분의 경계 자체가 모호하며, 세계

7 라투르가 제기하는 ANT 이론에서 핵심용어는 두 가지다. 첫째 '네트워크(network)란 일반적 의미에서의 망의 개념이 아니라 인간, 비인간 행위자들의 연합 효과를 의미한다. 즉, 상이한 인간, 비인간 행위자들이 만났을 때 필연적으로 발생하는 타협과 절충을 통한 연합의 구축을 의미한다. 둘째, 이러한 네트워크들이 상호 이해 가능한 언어로 행위자들에 의해 견고해지는 것을 번역(translation)이라 지칭하며, 완결된 해석이 아닌 지속적인 과정으로서 질서를 만들어내는 것이다. 브루노 라투르 외(2011). 『인간·사물·동맹: 행위자 네트워크 이론과 테크노사이언스』(서울: 도서출판 이음), pp.20-27.

8 과학기술학(Science and Technology Studies: STS)이란 프랑스어권 학자들을 중심으로 과학기술에 대해 철학, 역사학, 사회학, 인류학적 접근을 통해 연구하는 학제적 분야(브루노 라투르 외(2011), p.12)로 영미권에서 전개되고 있는 과학지식사회학(sociology of scientific knowledge: SSK)이 인간 중심의 주체를 우선시하는 것과 반대로 기호학 혹은 구조주의 전통에 의한 인간, 비인간의 대칭성을 강조한다. 돈 아이디(2002). 『테크놀로지의 몸』. 이희은 옮김(서울: 도서출판 텍스트, 2013), p.146.

이해란 인간 및 비인간 행위자 집단이 '테크노사이언스(technoscience)'를 통해 네크워크를 구축해 나아가는 역동적인 번역(translation)의 과정으로 해석하고 있다. 이에 스스로의 연구를 '과학인문학(humanités scientifiques)'이라 규정하며,[9] 과학기술을 중심으로 한 융합적 인식론의 틀을 제시해 주고 있다.

라투르가 인간의 상대적 위치에 기술을 부각시켰다면 기술철학자 돈 아이디는 기술을 인간의 몸 중심으로 끌어들인다. "우리는 테크놀로지의 몸이다"[10]라는 그의 주장에서 알 수 있듯이 그의 이론은 인간과 기술의 상호작용을 강조한다. 그는 과학과 철학의 이원론적 전통에서 벗어나 인간 중심적 세계관에서 소외되어 왔던 기술의 역할에 주목해 "인간이 테크놀로지를 만들고 테크놀로지는 다시 인간의 삶을 재구성하며 인간 존재 자체를 변형시키고 있다"[11]는 점에서 라투르와 견해를 같이한다.[12] 더 나아가 아이디는 과학 실천에 근거한 인식론, 즉 기술을 체현(embodiment)하는 상황적인 몸 또는 현상학적인 몸을 더욱 강조하고 있다. 그리고 몸 자체는 기술과 별개의 것이 아니며 인간은 '인간-기술'이라는 인터페이스를 통해 세계를 구성해 나아간다. 이러한 기술 융합적 인터페이스는 인간의 본래적 가능성을 확대하게 되는데, 여기서 확대는 인간의 고유성을 해체하는 동시에 새롭게 형성하는 양가성(兩價性)을 지니게 된다.[13]

---

9 브루노 라투르(2010); 브루노 라투르 외(2011).

10 돈 아이디(2002), p.239.

11 앞의 책, p.19.

12 라투르가 인간과 비인간을 대칭적 역할을 교환하는 관계에 두었다면 아이디는 중도적인 사회구성주의의 입장을 취한다는 근본 입장의 차이가 있으나, 이 논의에서는 기술결정론 또는 인간 기술에 대한 이원론과 기술에 대한 도구적 관점에 반대하는 이들의 공통점을 강조하고자 한다.

13 김성동(1998). 기술철학의 시각에서 본 인간의 문제: 돈 아이디의 기술철학을 중심으로. 『철학』, 54, p.210.

라투르나 아이디가 제안하는 인간-기술 존재론에 대한 이중성은 해체주의의 선구인 데리다(Jacques Derrida)가 종래의 형이상학적 모순을 밝히는 것으로부터 탈형이상학적 사고를 모색했던 이중적 해체 전략과도 같이,[14] 인간-기술의 이원적 인식론을 해체하고 기술 융합 시대 포스트휴머니즘(posthumanism)이라는 새로운 인간 이해를 제시한다. 포스트휴머니즘이 취하는 입장은 이제까지의 인간에 대한 혹은 기술에 대한 모든 판단을 서구 이원론의 관점으로 이해하고 이로부터 벗어나는 탈휴머니즘적 시도와 같다.

산업혁명 이후 인간은 기술이 인간의 인식에 영향을 미친다는 데에 주목했고, 기술이 발전할수록 근대적 사고로 확립된 인간중심주의(humanism)가 변형되기 시작한다. 이러한 변형은 특히 디지털 융합 기술의 등장과 함께 좀더 첨예한 대립 관계로 발전되었다. 종래의 기술철학자들은 두 가지의 상반된 입장에서 인간과 기술의 관계에 대해 주목해 왔는데, 첫째, '기술 비판'에 따라서 기술이 반휴머니즘적 위기 의식과 윤리 문제를 불러일으킨다는 '부정적 포스트휴머니즘(posthumanism)'과 기술적 확장을 통한 수퍼휴먼의 비전을 제안하는 '트랜스휴머니즘(transhumanism)'이 그것이다. 따라서 탈휴머니즘적 시도란 기술이 반인간적이라는 판단 또는 인간의 확장이라는 판단 모두가 이원적 형이상학 구도에서 제기된 해석이라는 것을 인식하고, 이로부터 벗어나고자 한다는 점에서 '비판적 포스트휴머니즘'으로 구별된다.[15]

그렇다면 디지털 융합은 무엇의 융합을 의미하는가? 기술철학적 관점에서 크게 세 가지 수준[16]에서의 융합을 구별할 수 있다. 첫째는 '물리

---

14 이지선·김말복(2015). 자크 데리다의 해체론적 관점으로 본 현대 춤의 탈중심화 논의. 『대한무용학회논문집』, 73(6), pp.191-194.

15 토머스 필벡(2012). 포스트휴먼 자아: 혼합체로서의 도전. 이화인문과학원 엮음(2013). 『인간과 포스트휴머니즘』(서울: 이화여자대학교출판부), pp.25-30.

적 층위(physical layer)'의 융합으로 내용이 담겨지는 매체 혹은 하드웨어의 융합을 의미한다. 둘째는 '내용 층위(content layer)'의 융합으로 물리적 매체에 담겨진 의미나 그것을 경험하는 과정 혹은 콘텐츠들의 생산 소비 양식의 융합이 이에 해당된다. 마지막으로 '코드-논리 층위(code-logical layer)'의 융합은 그 이전의 매체 혹은 내용들이 지녔던 논리 방식이 디지털 치환과 융합 이후 컴퓨터 코드나 논리의 생성 또는 융합을 일컫는다. 따라서 이 논의에서 강조해야 할 것은 세 번째의 단계로 디지털 융합에 대한 논의가 새로운 매체 등장 또는 내용의 혁신적 융합 등 가시적 또는 외재적으로 드러나는 것들 자체에 대한 주목보다는 그를 통해 새로이 제기되는 논리의 발견과 의미 해석에 있다. 즉, 앞서 논의된 라투르와 아이디의 기술철학적 견해는 '코드-논리'의 융합 단계에서 드러나는 주체와 기술, 인식 논리의 변화로 요약된다.

따라서 최근 대두되고 있는 '융합'의 주제 아래 일어나는 변화들은 매체 형식 또는 내용의 결합이라기보다 코드-논리 단계에서 드러나는 문법적 변화라 하겠다. 코드-논리는 단순한 매체 형식에 적합한 논리에 맞게 그 내용을 해석하는 틀을 제공하는 데에 그치는 것이 아니라 그 자체로서 다양한 정보 또는 내용을 융합하는 지위를 갖게 된다. 헨리 젠킨스(Henri Jenkins)가 융합 개념의 정의에서 강조한대로 "기술적, 경제적, 사회적 융합"을 너머 "문화적, 지구적 융합" 측면에서의 변화를 아우르는 것으로 해석한 것[17]과 같은 견지다.

이를 예술미학적 관점에 적용해 본다면 내용과 형식의 오랜 이원적

---

16 Yochai Benkler(2000). From consumers to users: Shifting the deeper structures of regulation, *Federal Communications Law Journal*, 52; Lawrence Lessig(2001). *The future of Ideas: The fate of the commons in a connected world*(New York: Random House); 이화인문과학원(ed.)(2011). 『디지털 시대의 컨버전스』(서울: 이화여자대학교출판부).

17 헨리 젠킨스(2006). 『컨버전스 컬처』. 김정희원·김동신 옮김(서울: 비즈앤비즈, 2008), pp.17-36.

관계, 그리고 이에 따른 위계 설정에서 비롯된 논란으로부터 벗어나 그 '사이의 논리'가 미학적 의미를 결정짓는 요소가 된다. 즉, 일종의 예술 경험을 위한 내용은 물질적인 토대 또는 형식을 빌려 체현되고 경험하게 되는데, 디지털화라는 코드-논리가 사이에 개입해 물질성과 의미의 존재에서 존재적 필연 관계를 흔들어 놓음으로써 새로운 가능성을 모색하도록 하고 있다.

2) 예술과 디지털 융합의 발전과 전개

전거한 논의에서와 같이 디지털 시대에서 융합이란 주체와 기술, 주체와 기술 대상, 주체 논리와 기술의 논리를 의미한다. 융합의 논의를 주체와 대상, 논리의 문제로 좁혀 볼 때, 두 번째 연구 문제인 현대 춤에서의 디지털 융합의 전개는 역사적으로 어떻게 축적되어 왔는가? 환언하자면 탈휴머니즘적, 탈형이상학적 관점에서 춤-기술의 관계를 어떻게 재맥락화할 수 있을까?

무용과 기술의 관계에 대한 논의는 기술이 인간 도구에서 규정의 가치를 갖게 된 것처럼 기술이 예술가의 표현 도구에서 예술 자체의 개념을 규정하게 된 비디오 댄스(video dance)의 등장에서 그 출발점을 잡을 수 있다.[18] 비디오 댄스라는 장르적 개념을 규정지은 시도는 아날로그 영화 매체의 출현과 함께 이뤄진 마야 데른(Maya Deren)의 무용영상실험 「카메라를 위한 안무(A Study in Choreography for Camera)」(1945)로 거슬러 올라간다. 데른은 이 작품에서 영화 매체가 가진 카메라의 편집

18 비디오 댄스란 영상을 기반으로 하는 비디오 댄스뿐 아니라 댄스 필름, 다큐멘터리 성격 무용 영상 등을 모두 포함하는 것으로 발레, 모던 댄스, 표현주의 무용, 형식주의 무용, 포스트모던 댄스와 같이 미학적 개념으로 명명된 장르 대신 매체 자체가 예술 장르를 규정한 첫 번째 시도이기 때문이다.

기법으로 매개된 무용 안무의 표현성의 확대를 가져왔다. 영화의 일반적이고 저가의 형태로서 비디오는 활동사진기의 저장과 기록의 목적에서의 출발과 같이 시작되어 1950~1970년대 포스트모던 댄스의 다매체(multimedia) 실험에서 예술 매체의 혼합(fusion) 형태로서의 시도로 이어지게 되었다. 즉, 비디오 매체 기술과 무용과의 접목은 무용이 지닌 움직임의 신체적 이미지와 역동성, 그리고 비디오의 내용인 동화상(moving image)과의 공통 분모 안에서 예술 장르 간의 내용과 형식의 융합들이 시도되었으며, 무용예술 밖의 매체 기술을 도구적으로 확장해 활용한 것이라 하겠다.

이후 춤 예술에서 디지털 기술의 보급은 1970년대 춤 기록을 목적으로 노테이션 시스템을 위한 컴포스(Compose)의 개발에서 시작되었는데,[19] 이 같은 실험은 1980년대 컴퓨터의 일반적 보급과 이로 인한 디지털 기술의 속성이 적용되면서 매체 결합에서 기술 융합의 단계로 넘어가게 된다. 특히 1986년 머스 커닝엄과 사이먼 프레이저 대학 연구팀과의 안무 프로그램 라이프폼즈(LifeForms)의 개발[20]과 같은 해 인터랙티브 프로그램인 VNS(Very Nervous System)의 개발, 이외 다양한 포럼 및 워크숍을 통한 예술가들의 디지털 프로그램 활용 교육은 무용수와 신체, 움직임의 디지털화 기초를 마련하는 계기가 되었다.[21] 이 두 프로그램의 출현으로 인해 춤과 기술의 결합은 애니매이션 프로그래밍을 통한 '스크린 기반(screen-based)' 속성과 상호작용 프로그래밍을 통한 '인터랙션 기반(interaction-based)' 속성의 두 가지 두드러진 양상

---

19 플로랑스 드 메르디외(2003). 『예술과 뉴 테크놀로지』. 정재곤 옮김(서울: 열화당, 2005), p. 174.

20 현재는 밴쿠버에 기반을 둔 크레도사(Credo Interactive)에서 개발한 3D 캐릭터 애니메이션 프로그램 댄스폼즈(DanceFroms)로 발전되었다.

21 Steve Dixon(2007). *Digital Performance*(Massachusetts: MIT Press), p.187; Johannes Birringer(2008). After Choreography. *Performance Research*, 13(1), p. 66.

으로 나타난다.[22]

1990년대에는 공연예술에서 '디지털'이라는 수식어가 붙기 시작했는데, 라이프폼즈를 활용한 머스 커닝엄(Merce Cunningham)의 「손으로 그린 공간(Hand-drawn Spaces)」(1998), 「바이페드(Biped)」(1999), 빌 존스(Bill T. Johns)의 「고스트캐칭(Ghostcatching)」(1999) 같은 작품에서 춤-기술의 융합적 시도와 예술미학적 또는 매체미학적 의미 해석의 가능성이 선구적으로 시도되었다. 미디어 아티스트와 애니메이터로 구성된 리버베드(Riverbed)는 1997년 커닝엄의 초대로 애니메이션 프로그램 바이페드(Biped)와 3D Studio Max를 활용한 「손으로 그린 공간」이라는 설치무용 작업에 참여하게 되었고, 1998년에 동명의 무대 버전으로 발전시켰다. 이후 커닝엄은 애니메이션 프로그램(Biped)의 이름으로부터 자신의 안무 작품을 계획하게 되고, 1998년 작업에서 사용되었던 애니메이션 이미지 대신 직접 무용수의 움직임을 모션 캡처하고 기존 프로그램에서 확장 발전된 캐릭터 스튜디오(Character Studio)를 활용해 「바이페드」(1999)를 완성하게 된다.[23]

이 같은 무용수/움직임 포착과 매핑에 관한 시도들은 독일 팰린드롬 무용단(Palindrome)을 위해 프리더 바이스(Frieder Weiss)가 개발한 아이콘(EyeCon, 1995)이나 미국 트로이카 랜치 무용단(Troika Ranch)의 마크 코니글리오(Mark Coniglio)가 설계한 이사도라(Isadora, 2002)와 같은 무용단 고유의 프로그램 개발로 이어졌다.[24] 아이콘이나 이사도라 같은 프로그램의 개발에 힘입어 춤 안무에서 디지털 기술을 활용은 더욱 직

22 Johannes Birringer(2013). Choreographic and Performance Systems. *Dance Research Journal of Korea*, 71(4), p.186.

23 Steve Dixon(2007), pp.187-189.

24 http://troikatronix.com/isadora/about/; http://www.palindrome.de/content/pubs/leeds.pdf\

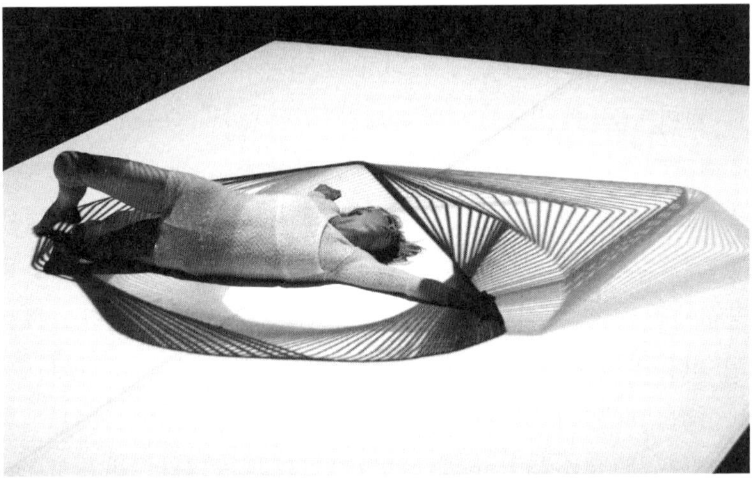

그림 10 「불빛(Glow)」의 춤 움직임 포착과 이미지 투사
(http://lebanon.embassy.gov.au/birt/GLOWEN.html)

접적이고 효과적으로 활용할 수 있게 되었다.

일례로 수전 코젤(Susan Kozel)의 작품 「윤곽(Contours)」(1999)은 돔 형태의 거대한 설치물에 360도의 스크린을 두르고 무용수가 천정에 매달려 움직임이고 이것이 실시간으로 감지되고 변형되며 돔 스크린에 투사되도록 설계되어, 무용수가 기계 기술 속으로 들어가 기계의 일부가 되고 무용수의 움직임이 기계 공간으로 투사되는 형태를 띤다. 사라 루비지(Sarah Rubidge)의 작품 「감각적 지형학(Sensuous Geographies)」(2003) 역시 무대 무용수들이 감지 장치들을 입고 설치된 카메라에 움직임이 영상과 소리의 변형태로 매핑(mapping)되어 무대에 투사되도록 표현된다. 같은 맥락에서 청키 무브(Chunky Move)의 작품 「불빛(Glow)」(2007)에서도 [그림 10]에서와 같이 무용수의 움직임이 비디오 모션 센싱을 통해 바닥 스크린에 다양한 이미지로 투사되며 무용수와 이미지의 상호 움직임 인터랙션이 적극적으로 구현되고 있다.

1990년대 말에서 2000년대에 걸친 무용 디지털 프로그램의 개발과 보급은 간략하게나마 제시된 앞선 사례에서 드러나는 바와 같이 춤의 물리적 기반인 인간 신체와 기계, 인간 움직임과 이미지 또는 소리와의 융합을 적극 독려하고 있다. 또한 이로 인해 춤이 갖는 의미, 즉 무용수가 지닌 신체와 움직임의 역동성으로부터의 의미가 파괴되고 대신 시각적 이미지나 청각적 요소들이 만들어내는 의미나 공간의 설계에 따른 파생적 의미에로의 확장을 꾀하고 있다. 따라서 여기에서는 물리적 기반과 내용적 기반 층위에서의 결합들이 여전히 반복적으로 강조되고 있기 때문에, 작품의 주된 형태들은 이들 층위의 결합 자체를 강조할 수 있는 인터페이스의 형태를 과장되게 강조하거나, 아니면 정반대로 인터페이스를 최소화해 감상자의 측면에서 감각적으로 쉽게 인지될 수 있는 인터랙션 효과를 더욱 과시함으로써 예술적 쾌감을 추구하는 특성을 띠고 있다.

물론 기술적으로 1990년대 말에서 2000년대에 이르는 작품들은 그 이전의 융합적 시도들에서 선보인 무용수의 움직임을 디지털화하고 그것을 이미지나 소리로 매핑하는 단계에서 한 걸음 더 나아가 피드백 루핑(feedback looping)을 통해 그 결과를 무용수의 움직임에 따라 반응하도록 하는 인터랙션 가능성과 그 결과의 즉각적 실현을 발전적으로 구현해냈다.[25] 그러나 그 가능성은 안무자가 상정해 놓은 닫힌 프로그래밍 체계 내에서 무용수의 신체가 지닌 시공간의 한계에 구속되지 않고 안무가가 원하는 방식으로 프로그래밍될 수 있다는 한계를 지닌다.

이 같은 견지에서 코젤이나 루비지의 작품에서 보여졌던 움직임 포착을 위해 복잡한 기계 속으로 들어가거나 기계 장치를 몸에 부착하는 '기계 몸(machine-body)'과 같은 사이보그적 인간 또는 청키 무브의 작품에서 움직임과 움직임 이미지 간의 매핑과 상호작용을 통한 '이미지

25 이지선(2012). 디지털 영상시대 무용수의 몸. 『무용예술학연구』, 37(4), p.72.

몸(image-body)'으로의 결합은 움직임 주체로서의 몸과 기계적 장치 혹은 기계적 이미지라는 이원론적 관점에서 위계를 상정하고 어떠한 것을 우위에 두느냐에 따라 부정적 포스트휴머니즘의 입장에서 춤의 예술적 존재론의 위기 또는 트랜스휴머니즘의 입장에서 춤 예술의 확장으로도 해석될 수 있게 된다.

즉, 무용과 기술의 융합에 대한 무용사적 전개와 발전은 근대적 기술관에서와 같이 안무가 주체와 기술 안무 도구라는 형이상학을 구축하고 주체와 대상, 실재와 가상 등의 이분법적 위계를 전제해 왔음을 알 수 있다. 기술 융합에 대한 무용 논의에서 제기되었던 미학적 논제들, 즉 이중실재(mixed realty) 혹은 초실재(hyper reality) 역시 존재론적 모호함으로부터 발생되는 인식론적 생경함을 이른바 디지털 매체 융합을 통한 감각적 미라는 예술적 테두리 안으로 끌어들이는 일관된 시도들로 읽혀진다.

2. 현대 춤의 '논리-코드' 층위에 나타난 디지털 융합 특성

앞서 기술한 스크린, 카메라 안무 편집, 동화상으로서의 움직임에 대한 융합적 시도들은 2000년대 중반 이후 디지털 기술이 예술 전반에 보편적인 요소로 자리 잡게 되면서 더 이상 총체 예술로서 무용의 극장적 전통과 구별되지 않게 되었다. 즉, 단순한 물리적 내용적 층위에서의 융합은 합쳐진다는 맥락에서 결합, 퓨전, 다매체, 총체의 의미로 수렴될 수 있다. 그렇다면 이로부터 변별될 수 있는 '논리-코드'의 층위에서 드러나는 디지털 융합이란 무엇인가? 세 번째 연구 문제로서 무용 매체 기술 역사에 대한 형이상학적 한계와 인식을 해체하고 융합에 의한 새로운 형태의 논리를 부여할 수 있는 것, 즉 춤에서의 논리 자체를 변형시키는 것들로서 크게 춤에서의 무용수 주체, 안무 논리, 무용 작품의 세 측면에서 나타나는 융합 키워드에 주목해 보자.

1) 무용수 인터페이스

춤–기술에 대한 이원적 사고의 해체는 무엇을 의미하는가. 여기에서 바라보는 융합 주체로서 인터페이스 개념은 '안무자/퍼포머–컴퓨터 프로그램–인터페이스 공간'이라는 하나의 시스템 형태의 구축을 의미한다. 이 시스템은 전거한 브루노 라투르의 주장대로 인간과 비인간 행위자의 집합으로서 융합의 주체를 의미하며, 돈 아이디가 피력했던 테크놀로지를 입은 몸과 같다. 또한 시스템이란 물리적 내용적 단계에서 이뤄졌던 기술 융합과 그에 따른 상호작용에서 드러났던 폐쇄적인 구조에서 벗어나 안무자와 프로그래밍이 행위자로서 상호작용을 통해 창작의 결과를 만들어내는 잠재적 상태를 의미한다. 따라서 기술 융합 이전 안무가가 고안해 놓은 전통적 의미의 안무 또는 형식적 내용적 혼용과 확장에서 온 안무의 확장에서 나아가 컴퓨터 알고리듬(algorithm)에 기반한 안무 시스템의 체계를 갖추는 것이다. 물리적–내용적 단계에서의 인터랙션이 인간–컴퓨터 간의 상호 동인으로서 작용–반작용의 관계였다면, 기술–논리 단계에서의 인터랙션은 인지적인 대화, 즉 인간과 기계 각각의 자율성을 가지고 각자의 영역에서 즉각적이고 다이내믹한 상호관계를 스스로 재조직/재구성한다.[26]

이러한 춤 주체 개념의 변화는 호주 출신 클라우스 오베마이어(Klaus Obermaier)의 「유령(Apparition)」(2004)에 잘 드러난다. 외형적으로 볼 때, 이 작품은 앞에서 예시되었던 스크린 기반 인터랙션의 전형적인 형

26 Johannes Birringer(2008), p.153.

태와 유사하다. 그러나 여기서 가장 큰 차이점은 상호작용 시스템을 퍼포머로 간주한다는 점이다. 작품 설명에 따르면 무용수의 움직임을 추적하는 카메라 시스템은 매우 복잡한 컴퓨터 알고리듬을 통해 무용수의 움직임의 실루엣이나 형태를 압축적으로 만들고, 속도나 방향, 밀도 같은 움직임의 질적 다이내믹 요소를 실시간 즉각적으로 데이터로 환원해 무용수의 몸이나 배경에 시각적 이미지로 투사된다.[27] 특히 프로그래밍 과정을 분석해 보면 열린 구조의 시스템으로 구성되어 있는데, 이는 움직임에서 파생된 물리적 데이터 값들은 무용수가 영향을 미친 결과라 하더라도 데이터의 변형태 그 자체를 통제할 수는 없는 것을 의미한다. 작품에서 상호작용 시스템은 하나의 공연 파트너가 되어 무용수와 시스템 자체가 상호작용을 하며 작품 전체의 형태와 서사를 만들어 나아가는 것이다.

그러므로 여기에는 신체적, 기계적, 정서적 은유를 위한 선택이나 각 프로그램 체계 간의 위계가 존재하지 않는다. 무용수는 움직임 중심이 되어 자신의 움직임으로부터 파생된 이미지에 반응해 춤을 추는 것이 아니라 프로그래밍 이미지와 함께 춤을 춘다. 다만 그 발생적 근원이 무용수에 위치해 있을 뿐이다. 따라서 라투르의 지적처럼 인간으로서의 행위자와 마찬가지로 기계로서의 프로그램에 비인간 행위자로서의 역할이 부여되고 있다.

물리적, 내용 층위에서의 융합은 무용수를 기술과 접촉하게 하는 인터페이스를 직면하게 했고, 인터페이스를 통해 안무자는 무용수의 움직임과 기술적 매핑 데이터를 접촉할 수 있게 된다. 즉, 인터페이스는 움직임의 주체인 무용수와 그 행위 결과로서의 움직임 대상을 이원하고 그 사이에 기술이 도구적 매개를 중재한다는 설정이다. 그러나 비인간

27 http://www.exile.at/apparition/background.html

행위자의 등장은 인간과 기계의 집합, 그리고 컴퓨터 프로그래밍 환경이 연결되고 각자의 논리에 따라 영향을 주고받는 하나의 네트워크 시스템을 구축하고 있다.

2) 후기 안무

따라서 춤의 주체로서 인간 또는 기계라는 이분법이 해체되고 네트워크 시스템이라는 행위자가 성립될 때 주체가 대상에 부여하는 논리로서 안무 역시 해체된다. 무용수의 움직임에 논리를 부여하는 것으로서 안무는 디지털 융합 이후 그 움직임 조작과 편집의 자유로움을 실험해 왔다. 여기서 더 나아가 '코드-논리' 층위에서의 융합은 춤 안무에 대한 새로운 논리와 문법을 제시하는데, 종래의 안무 논리 이후에 덧붙여지거나 재구성 혹은 새롭게 창조된다는 점에서 '후기 안무(after choreography)'[28]라 하겠다.

이러한 후기 안무의 양상은 넓게 비행위자의 역할이 강조됨으로써 디지털 융합이 일어나는 춤 전반에 걸친 양상이지만 특히 최근 프로젝트 기반 연구나 아카이브 구축과 같은 종래의 무용 창작 외적 실천들에서 더욱 명료하게 드러나고 있다. 움직임 기록과 저장으로서의 아카이브 혹은 노테이션 연구 프로젝트들은 무대의 춤에 종속된 도구적인 저장 기록 수단의 위치에서 디지털 융합 이전에서는 감지될 수 없었던 작품에 내재된 안무가의 지식과 신체적 사고를 드러내주는 안무 오브제(choreographic object)로 간주된다. 안무 오브제는 무용 원작에서 비롯된 파생 오브제이자 독립 오브제로서의 가치도 지닐 수 있다.

이 같은 연구 프로젝트들은 라투르가 과학적 지식의 구축에서 참여

28 Johannes Birringer(2008).

했던 실험실, 또는 연구실의 도구들, 연구 목적과 같은 가정들이 인지적 사실 발견과 이해에 비인간 행위자로 영향을 미치는 것과 같이 아카이브 또는 기록 도구의 물리적 디자인, 부가되거나 삭제되거나 재창조 또는 추가되는 춤 정보들, 사용되는 인터랙션 방식이 하나의 시스템으로 작용해 안무가 만들어 놓은 결과물로 여겨지던 춤 논리 또는 안무의 변형과 덧붙여짐이 일어나게 된다. 즉, 후기 안무란 디지털로 치환된 안무적 자원들을 기술적으로 코딩(source coding)하는 것이라 하겠다.

네덜란드 에미오 그레코 무용단(Emio Greco | PC)의 2007년 「기보의 새로운 방법, 무용 기록과 재창조(New Ways of Notating, Documenting and Re-creating Dance)」라는 연구 프로젝트는 후기 안무의 개념으로까지 발전된 좋은 예가 된다. 이 프로젝트는 노테이션과 아카이브에 대한 연구의 일환으로 진행되었던 「더블 스킨/더블 마인드(Double Skin/Double Mind)」 워크숍 작업, 그리고 그 결과물로 축적된 연구의 내용과 논의를 담은 저술 『캡처링 의도(*Capturing Intention*)』(다큐멘터리 영상과 인터랙티브 DVD-ROM이 포함), 그리고 연구 내용을 체험할 수 있는 대형 움직임 감지 상호작용 설치물로 이뤄져 있다.

저술에는 라반-바네쉬(Laban-Banesh) 무용기록법과 컴퓨터 기반 움직임 분석법, 인터랙티브 미디어 디자인 및 다양한 분야의 전문가들의 참여로 춤에 내재된 여러 가지 정보와 지식을 기록법과 저장법을 통해 밝혀보고자 한 시도다. 이 작업은 첫째로 그레코무용단 안무가가 1996년부터 진행해 온 움직임 워크숍 과정을 분석해 그들 안무에 드러나는 핵심 개념들을 분석해내고, 그 용어들을 컴퓨터 감지 프로그램에 입력해 실제 무용수의 실행 결과를 컴퓨터의 눈으로 비교 분석함으로써 사용자에게 피드백할 수 있도록 한다. 또한 무용기록법을 통해 어떻게 활용 가능한 아카이브를 만들 것인가, 그리고 무용수의 움직임에 깃든 내적 의도와 제스처 및 프레이즈(句)의 형태를 어떻게 포착할 것인가를 목적으로 한다.

상호작용 설치물은 안무가가 교육해 왔던 안무법의 디지털 버전이라 할 수 있다. 설치물의 내용은 안무법 과정에서 강조해 왔던 안무가 작품의 안무 원리인 "내적 신체와 바깥 공간의 대화로서의 호흡(breathing)", "신체 증식으로서의 도약(jumping)", "공간을 꿰뚫고 신체를 늘리는 확장(expanding)", "길이와 선이 동시에 확장되면서 오는 감소(reducing)"의 네 가지를 기본으로 하여 워크숍 모드와 학습 모드로 구성되어 있다. 워크숍 모드에서는 그레코의 시연과 함께 해당 안무 원리에 대한 설명을 들을 수 있고, 학습 모드에서는 설치물 공간에 들어간 참여자가 주어진 안무 원리의 움직임을 수행하고, 이것에 설치된 적외선 카메라에 감지되어 프로그램에 데이터가 전송되며, 이 값이 다시 움직임 분석 프로그램을 거쳐 안무가의 시연 영상과 비교되며 즉각적인 스크린 이미지와 소리 피드백으로 제공된다.[29]

이 같은 프로젝트에 기반한 다양한 춤의 결과들을 통해 안무가 그레코는 무용 작품의 형태를 포함한 아카이브(archive), 노테이션(notation), 설치 등을 통해 자신의 춤을 출판(publishing)한다. 그의 작품에서 안무의 논리로 구축된 춤이 무용수의 신체를 통해 공연되는 예술적 형태가 해체되고 순수 예술로서 현대 춤이 배제해 왔던 신체적 사고(physical thinking)를 지식으로 생산하고 배포할 수 있게 된다.

같은 맥락에서 영국 안무가 시오반 데이비스(Siobhan Davies)는 2007년부터 3년에 걸쳐 「리플레이(RePlay)」라는 춤 온라인 아카이브를 완성했다.[30] 이 예는 외형적으로는 좀 더 전형적인 온라인 아카이브의 형태를 띠고 있는데, 도서관 검색창처럼 입력한 키워드에 부합되는 안무가

29 https://www.researchcatalogue.net/view/?weave=1585

30 http://www.siobhandaviesreplay.com/

의 자료를 검색 결과를 제시해 준다. 또한 사용자는 스크랩 도구를 통해 그 검색 결과를 주제에 맞게 저장하고 필요에 따라 검색한 내용들을 분석 비교할 수 있다. 이 계획은 기존의 물리적 아카이브 자료를 디지털로 변환한 것이 아닌 디지털 그 자체를 목적(born digital)으로 만들어진 것으로 영국 내에서 춤 아카이브로는 처음 시도되는 것이다.

이 아카이브의 유의미성은 순간적이고 복잡한 무용을 그 대상으로 했다는 것을 아카이브 설계 단계에서부터 인식하고 있다는 점에 있다. 홈페이지 설명에 따르면 설계 초기 참여자들에게 무용을 주제로 하는 디지털 아카이브는 어떤 방식, 어떤 내용들로 구성되어야 하는가가 가장 선결되어야 할 과제였다고 한다. 또 현재 활동 중인 현역 안무가의 아카이브이므로 그녀의 과거 작업 및 앞으로의 작업들을 반영할 수 있는 것이어야 했다.

「리플레이」는 그녀의 안무작들에 사진, 영상, 음악, 글 등 천 가지 이상의 디지털 기록을 포괄하며, 이를 손쉽게 검색 활용 가능하도록 일원화했다. 그러나 중요한 것은 이 아카이브 작업이 "그녀의 모든 작품을 단순히 춤 종류의 카테고리를 구분하는 것이 아니라, 디지털화 과정을 통해 아카이브에 대한 창의적이고 상상적인 개념을 시도해 보는 것에 목적을 두었다"[31]는 점이다. 이러한 의도로 아카이브에는 모든 자료의 축적 대신 데이터의 선별과 관계 맺음이라는 섬세한 편집 과정이 필요했는데, 그녀의 안무 방식을 드러내줄 수 있는 작품들 간의 관계망이나 그 작업에 참여했던 무용수들로부터 얻을 수 있는 정보들이 필요에 따라 가감되었고 춤 아카이브란 단순히 작품 녹화 영상과 보조적 자료만으로는 충족될 수 있는 것이 아니기에 결과적으로 아카이브 정보로부터

31 Sarah Whatley(2013). Siobhan Davies RePlay: (Re)visiting the digital archive. *International Journal of Performance Arts & Digital Media*, 9(1), p.83.

작품 이해 또는 보존에 이해될 수 있는 유의미한 메타 데이터를 만들어 낼 수 있는 정보들이 편집 선별되었다 하겠다.

또한 아카이브 사용자는 그녀의 출판물, 공연, 필름 상연, 전시물, 레지던시나 프로젝트 참여, 대담, 워크숍 등 그녀의 작품과 결부된 활동 전체를 자신의 요구에 따라 다양하게 브라우징할 수 있으며, 스크랩북 도구를 통해 자신만의 오브제를 만들어가게 된다. 또 홈페이지에 저장된 게스트 스크랩북을 통해 리플레이의 춤 데이터들을 수집한 다른 사용자들의 논리와 콘텐츠들을 공유할 수 있다. 데이비스의 작업과 아카이브 각 자료들이 유기적이고 다양한 논리로 브라우징되고 활용될 수 있도록 설계되어 있다.

작업 과정에서 이 디지털 자산 관리를 위한 어떤 시각적인 디자인을 선택할 것이고 이 메타데이터들의 광범위한 사용에 대한 저작권 문제 등 기술적이고 방법론적 차원의 연구들이 병행될 수 있었다고 한다. 또 아카이브 분류 안의 '배움 공간(learning space)'에 선별된 최근작들에 대해 작품 구상 단계에서 리허설을 거쳐 최종 형태로 발전되는 과정을 포함시킴으로써 아카이브 사용자가 그녀의 안무의 논리를 이해할 수 있도록 하고 있다.

이 아카이빙 과정은 그녀의 작품을 온라인 공간에 재구성하는 과정이며, 실제 무대에서의 춤과 일치하는 또는 그대로의 것을 담아내는 것과는 차별화된다. 디지털 아카이브 자체가 예술가의 안무 원리가 반영된 결과물이자 앞으로의 작업에 영향을 미치는 대상으로서 예술 작품 또는 하나의 '안무 오브제'로 간주될 수 있다.

3) 정보 작품

논리-코드의 단계에서 주체는 시스템 형태의 인터페이스가 되고, 안무는 안무가를 떠나 가변적이고 부가될 수 있는 신체 지식 축적의 원리가 되었다. 이에 따라서 이를 소비하는 사용자들은 플레이슈머(playsumer)로서 안무자-무용수-디지털 기술 시스템으로 접촉하는 인터페이스인 메신저를 통해 무용, 움직임, 안무, 예술이라는 예술 인식적 테두리를 넘어 산업 영역을 파괴적으로 넘나들고 디지털 융합 문화와 소통 방식을 취하고 있다.

특히 ICT 기술에 의한 기술의 혁신은 신체와 움직임, 인식론적 관점에서의 안무 개념을 통해 건축, 뇌과학, 로봇학, 광고 등 산업 파괴적 융합을 시도한다. 이러한 융합은 젠킨스가 제시한 융합의 의미대로 춤 예술에 디지털 커뮤니케이션 방식의 논리를 부여하게 되며 소셜네트워크, 위키피디아, 문자 메시지 서비스 같은 디지털 공유 문화와 소비 방식을 독려하게 된다. 결과적으로 디지털 융합은 춤과 움직임이 작품이라는 테두리를 넘어 정보의 상태로 온라인상에 축적되도록 통합시키며 빅데이터, 고해상 디스플레이, 클라우드 서비스 같은 기술의 정보 콘텐츠가 된다.

일례로 필로볼러스 무용단(Pilobolus)과 구글(google)의 비디오댄스 메신저 「전혀 희망이 없는 것은 아니다(All is Not Lost)」(2011)를 살펴보자. 이 서비스는 구글이 만든 새로운 인터넷 표준 HTML5을 따른 크롬(Chrome) 브라우저가 지닌 예술 표현 도구에 비견될 만큼의 기술적 유용성을 알리기 위해 시도된 실험이다.[32] 메신저의 콘텐츠는 OK Go 밴드의 노래와 필로볼러스의 춤으로 이뤄져 있으며, 뮤직 비디오와 메신저의 기능을 포괄할 수 있는 형태를 띠고 있다. 이 메신저 서비스는 무용 스튜디오에서 투명 아크릴판 위로 필로볼로스 무용단원들의 발자국 움직임으로 영어 알파벳을 타이핑하는 형태로 모듈 영상을 촬영해 정보

32 www.chromeExperiments.com

① ② ③

그림 11 필로볼러스의 「전혀 희망이 없는 것은 아니다(All is Not Lost)」 메시지 입력, 전송과 공유 (http://www.allisnotlo.st/index_en.html)

화하고, 이 데이터를 HTML5의 형식을 활용해 메신저 전송 서비스 형태로 제작한 사례다.

[그림 11] ①에 보이는 메신저 홈페이지 입력창에 자신이 원하는 메시지를 타이핑하고 저장하면 이 텍스트가 사전에 입력되어 있는 알파벳 모듈 댄스 비디오로 변환되어 ②의 이미지처럼 완성된다. 연구자가 임의로 "DANCE DIGITAL CONVERGENCE"라고 입력한 내용이 ②의 완성창에 나타나는 것을 볼 수 있다. 이 텍스트는 키보드로 타이핑되듯 만들어지며 정지된 문자이면서 동시에 신체를 활용한 이미지로서 이모티콘의 형태를 띠며 동시에 플래시콘과도 같은 움직이는 춤 메시지로 완성된다.

사용자는 앞서 기술한 것처럼 자신이 원하는 텍스트만으로 메시지를 만들 수도 있고, 구글이 필로볼러스와 완성한 뮤직 비디오 형태의 메시지 후렴에 자신의 텍스트를 포함시킬 수도 있다. 자신이 입력한 텍스트를 뮤직 비디오 형식으로 보거나 자신의 메시지가 형성되는 것을 반복적으로 볼 수도 있다. 이를 저장하면 자신만의 웹 링크 주소를 갖게 되어 원하는 상대에게 웹 링크를 보낼 수도 있고 메시지 카드 형태의 이미지로도 저장할 수 있다. 또 ③에서와 같이 갤러리를 통해 전 세계 방문자들의 위치와 그들이 고유의 텍스트로 완성한 비디오 댄스 메시지를

공유할 수도 있다.[33]

다른 한편 2012년 온라인 서비스로 발표된 「구글 컬처럴 인스티튜트(Google Cultural Institute)」[34]는 세계 문화예술 온라인 전시 서비스다. 여기서 다뤄지는 문화예술은 2011년 세계 각국의 아트 컬렉션을 전시하는 "아트 프로젝트(Art Project)"를 시작으로, 세계대전과 같은 세기적 사건들의 기록 사진을 모은 "역사적 순간"과 구글 스트리트 뷰를 활용한 현대 및 고대의 세계문화유산을 둘러보는 "장소(World Wonders)", 구글 아트 프로젝트로 완성된 작품들을 전시하는 "거리예술(Street Art)"이라는 항목으로 구성되어 디지털 문화 융합이 이뤄진다. 현재 국기원, 국립국악원, 국립극장 등 한국 기관을 포함해 전 세계 60개국 900개 이상의 기관이 참여하고 있으며, 6만 개에 달하는 작품 및 콘텐츠를 제공한다.

이 같은 문화 소비 방식은 고해상 기술, 디지털 박물관 뷰, 가상공간 전시, 구글 카드 보드를 통한 3D 감상이라는 테크놀로지의 눈으로 문화예술을 소비함으로써 종래의 맥락으로부터 해당 콘텐츠를 전혀 다른 방식으로 바라보게 한다. 70억 화소 사진으로 유명한 화가의 그림을 확대해서 유화의 질감이나 붓 터치를 세밀하게 볼 수도 있고, 구글어스 서비스에서 사용되고 있는 스트리트 뷰 기술을 적용해 세계 문화유적지를 직접 방문한 것 같은 체험을 할 수도 있다. 또 자신의 웹사이트에 구글이 사용한 기술을 반영해 구글이 취하는 지식 생산자로서의 역할에 동참해 나아갈 수도 있다.

특히 공연예술기관의 공연 예술 현장의 리허설, 백스테이지 스케치 등을 스트리트 뷰 기술로 적용해 360도 동영상으로 유튜브를 통해 제공하고 있는 것은 종래의 춤 소비 방식과 매우 차별화된다. 무용수의 시점

---

33 http://www.allisnotlo.st

34 https://www.google.com/culturalinstitute/about/

에서 무대를 내려다보거나 무대 위에서 오케스트라 부스를 보는 등 다양한 시선에서의 감상을 선택할 수 있다. 예를 들어 유튜브 동영상 좌측 상단에 있는 뷰어 컨트롤러를 마우스로 돌려가거나 화면을 드래그로 제어해 파리오페라극장의 무대 한가운데 무용수들 틈에 서서 마치 고개를 뱅뱅 돌리며 위아래 전후좌우를 원하는 대로 볼 수 있다.

또한 사용자는 자신만의 아트 컬렉션을 저장할 수도 있고 유튜브나 SNS에 자료를 축적하고 이야기를 만들어가는 것과 같은 논리로 세계 문화예술을 해석하고 연관 콘텐츠들을 만들어 나아간다. 구글은 「구글 컬처럴 인스티튜트」를 통해 방대한 문화예술 자료 및 파생 콘텐츠들을 구축하고 온라인 지식을 만들어 나아가고 있다. 즉, 예술과 문화라는 소프트 콘텐츠들을 통해 빅데이터를 구축하는 시도로 해석된다. 구글 서비스는 인터넷 사용자의 필수 관문이란 의미의 '포털(portal)'로부터 시작해 점차 하나의 비인간적 행위자가 되어 지식을 생산하고 인간의 문화에 영향을 미치며 인간 자신을 네트워크 안으로 끌어들이려는 대립행위자이면서 그 시스템 자체가 인간의 행위자를 전제한다는 점에서 인간이 입은 테크놀로지 몸이 된다. 이 같은 정보 작품의 형태는 PC나 태블릿, 스마트폰, 크롬캐스트 등의 다양한 소비 디바이스를 통해 새로운 디자인으로 변형되며 사용자의 편이성과 접근성을 극대화하고 있다.

◆ ◆ ◆

이제까지 다양한 관점에서 제기되고 있는 융합이라는 주제를 통해 현대 춤의 융합 양상과 특성을 기술철학적 관점에서 조명해 봤다. 특히 무용과 기술의 융합적 시도를 무용 매체 기술사 속에서 시기적으로 구분해 보고, 디지털 융합이란 단순한 예술 형식의 혼합 또는 그 의미나 표현의 확장에서 나아가 기술 매개의 논리에 의한 철학적·인식론적 이원론의 해체로 바라보고자 했다.

무용과 디지털 기술의 융합은 1950년대 무용 기록을 위한 도구적 관점에서 출발해 1970~80년대 다매체적 예술 표현 확장의 수단으로 이용되기도 했으나 1990년대 컴퓨터와 웹이라는 기술의 발전은 형식과 내용적 측면에서 확장이 아닌 춤을 새로운 인간 활동으로 바라보도록 했다. '물리적 융합'은 '기계 몸', 또는 '이미지 몸'으로 무용수의 신체의 변형을 가져왔으며, '내용적 융합'은 춤의 매체인 움직임과 이미지, 음악, 춤 공간의 경계를 흔들어놓았다. 1990년대 말 적극적인 무용 디지털 작업들은 이 같은 주체-대상 이원론의 입장에서 매핑과 루핑이 기술을 통해 그 존재론적 경계의 넘나듦을 드러내주는 즉각적인 인터랙션을 강조했다. 비디오에서 컴퓨터의 출현으로 이어지는 무용과 기술의 융합은 스크린과 인터랙션을 기반으로 한 융합으로 전개되었으나 전통적인 무용미학의 전제, 즉 주체/대상, 무용수/신체, 안무자/무용수라는 이원적 위계를 전제하고 있었다.

다른 한편으로 '논리적 융합'의 단계에서는 서구 철학과 인간 중심적인 근대의 사고 방식이 해체되고 '인간-기술-프로그래밍 시스템'의 네트워크를 통해 춤에 새로운 논리를 부여하고, 춤을 이해하고 창조하며 해석하는 과정의 문법들을 재편하고 있음을 지적해 보았다. 즉, 춤의 중심으로서 안무자의 안무는 춤과 그것을 구성하는 지식적 정보의 디지털화를 통해 신체 지식으로 통합되고, 그것이 프로그램의 논리 및 사용자의 요구와 필요에 따라 재구성·재창조되는 '후기 안무'의 논리를 갖게 된다. 춤은 예술 작품의 규정을 넘어 ICT 기술로 구현되는 초연결 사회 빅데이터로서 새로운 문화의 논리와 소비의 방식을 취하게 되는 것이다.

디지털 융합의 관점에서 예술에 대한 개념은 완전히 해체되었으며 동시에 예술이 디지털 기술의 도구로 전락한 것도 아니다. 또한 위계적 관점에서 융합 논리에 부여되어 왔던 인간 중심적 이분법을 평가절하하고자 한 것도 아니다. 다만 디지털 융합의 진정한 의미는 브루노 라투르의 기술 비중립성과 능동성을 인정하면서도, 돈 아이디가 단언한 대로 우리가 현상적으로 존재하는 몸은 이미 테크놀로지를 입은 몸으로 체현되고 있음을 주지해야 한다.

디지털 기술의 융합은 춤에 사라짐 혹은 일반화를 지지하는 것이 아니라 극장에서 이뤄지는 순수한 것으로서의 무용예술이 끊임없이 주장해 온 몸을 통한 감성적 인식을 증명해 보일 수 있는 현재에 놓일 수 있도록 한다. 현대 철학은 스스로 생각하는 주체로서의 자아의 절대성을 해체했으며, 그 휴머니즘의 위기로부터 기술철학의 포스트휴먼 비전을 발견해냈다. 포스트휴먼은 디지털 기술 세계 속에서 테크노사이언스로 불리는 과학기술 지식을 적극 활용해 기술을 포함한 비인간 행위자들과의 관계 맺음을 통해 현대 사회를 번역해 나가고 이해해 나아가는 것이다. 같은 맥락에서 종래의 춤에 대한 해석은 극장 안팎을 넘나들며 인간의 신체와 움직임, 그것을 통한 표현이라는 독립예술 행위로서의 사명 안에 스스로를 가두고 그 예술론적 중심주의 관점에서 춤의 위기 또는 춤의 확장을 논의해 왔다면, 기술철학적 입장에서 가까운 미래의 현대춤은 무용예술의 고유한 영역을 해체하고, 그 경계 밖으로 나아가 디지털 융합을 통해 인간을 규정하고, 디지털 세계를 구축하는 '테크노사이언스'가 될 것이다.

제13장

컨템퍼러리 댄스의 신체 확장과 재구성

나일화

프랜시스 스파샷(Francis Sparshott)은 철학이 오랜 역사 동안 무용을 등한시했던 이유 중 하나로 "무용은 육체적인(corporeal)[1] 것이며, 철학자들은 신체를 두려워하거나 증오했음"을 꼽았다.[2] 서양 철학의 전통에서 신체는 그것이 지닌 물질성과 감각적이고 가변적인 질료의 특성으로 인해 진리에 반대되는 부정적인 것으로 여겨졌기 때문이다. 그러나 오늘날 신체는 과거의 이분법적인 편견이나 부정적인 시선으로부터 완전히 벗어나 있다. 이와 같은 신체에 대한 인식의 급진적인 변화는 20세기 초 후설(Edmund Husserl)에서 메를로 퐁티(Maurice Merleau-Ponty)에 이르는 현상학에서 발견되며, 이후 20세기 후반의 후기구조주의는 신체에 좀 더 가까이 다가간다. 그들은 신체가 지니는 가변성과 역동성,

---

1 이 글에서 '신체'는 20세기의 현상학적인 신체, 후기구조주의에서의 신체 개념들을 모두 포괄한다. 위에 언급되는 스파샷의 육체적인 무용은 전통적인 심신이원론에서 정신과 대비되는 신체의 의미를 가지며, 이 글에서 언급되는 '육체'의 개념 또한 이와 동일하다.

2 R. Copeland & M. Cohen(ed.)(1983). *What Is Dance. Why Philosophy Neglects the Dance*(New York: Oxford University Press), p.95.

주체성에 주목하면서 사회, 문화, 정치, 과학 등의 다각도적인 접근을 통해 신체에 대한 인식을 확장시킨다. 이러한 사상을 배경으로 현재의 신체는 순수한 인식을 위해 '떠나야 하는 대상'[3]이 아니라 세계를 직접 경험하고 이해하며, 주체를 표현하는 이미지이자 신체 그 자체로서 주목받고 있다.

이 글에서는 현상학에서 후기구조주의에 이르는 20세기 후반의 논의들을 살펴보고, 이들의 신체 개념과 비견될 수 있는 컨템퍼러리 댄스에서의 신체 표현 방식들을 '신체 확장'의 의미로 해석해 본다. 오늘날 컨템퍼러리 댄스에서 신체는 무용예술의 경계를 넘나드는 작품들에서 기존의 재현적 표현 방식을 벗어나 독창적이고 다양한 표현들을 보여준다. 여기에서 춤추는 신체는 관객으로 하여금 작품을 이해하고 해석하기 위한 다양한 관점과 시각을 요구하게 된다. 오늘날 인간의 신체가 과거의 물질적인 부정성을 벗어나 삶의 영역에서 사유를 실천하고 있는 것처럼, 춤추는 신체는 실재적인 차원에서 확장시킨 미학적 표현의 의미를 가지게 된 것이다.

1. 20세기 후반 신체의 인식과 변화의 흐름

20세기 후반에 전개되는 메를로 퐁티의 현상학과 후기구조주의 사상은 과거 이분법적인 사유의 구조와 반성적 인식, 주체 개념에 대한 근본적인 재조정을 통해 새로운 사유를 구성한다. 이들 사상의 중심에는 공통적으로 '신체'가 존재한다. 인간의 신체는 비로소 20세기에 이

3 플라톤은 그의 저서 『파이돈』에서 육체와 더불어 있는 동안 진리에 이르지 못하므로 무엇이든지 순수하게 인식하기 위해서는 육체를 떠나야 한다고 말한다. 플라톤(BC360). 『플라톤의 대화편』. 최명관 옮김(서울: 창, 2008), pp.130-131.

르러 "신체는 무엇을 할 수 있는가?"에 대해 진지한 고찰을 하게 되었고, 그 스스로 '위대한 이성'이자 '알려지지 않은 현자'로서 존재하게 된 것이다.[4]

1) 메를로 퐁티의 신체 : 신체-주체의 지각

메를로 퐁티는 『지각의 현상학(*Phénoménologie de la Percetion*)』(1945)에서 지각의 대상인 동시에 주체가 되는 신체를 강조한다. 그에게 '지각'이 중요한 것은 데카르트(Renē Descartes)로부터 시작된 주체와 객체의 이원화가 지각 행위, 즉 세계 내에 존재하는 대상을 인식하는 것으로부터 비롯되었기 때문이다. 데카르트의 코기토 '나는 생각한다. 고로 존재한다'는 메를로 퐁티에게서 '나는 나의 신체다(Je suis mon corps)'[5]로 변화된다. 메를로 퐁티에게 정신에 의한 사유는 신체와 분리된 것이 아니라 오히려 신체의 체험을 통해 이뤄지며, 여기에서 인간의 의식은 세계와 신체에 속하는 육화(肉化, incarnation)[6]의 과정을 거친다. 세계에 대한 인식은 인간 주체의 정신과 지성이 아니라 세계를 감각하고 이를 종합하는 신체에 의해 이뤄진다는 것이다. 좀 더 쉬운 이해를

---

4 17세기의 스피노자(B. Spinoza)는 "신체가 무엇을 할 수 있는지에 대해서 지금까지 아무도 진지하게 생각하지 않았다"고 지적하면서 신체와 정신의 관계를 면밀하게 고찰한다. 이후, 19세기의 니체(F. Nietzsche)는 신체를 이성보다 더 큰 위대한 이성이며 알려지지 않은 현자로 칭한다. 이들은 이분법적인 사유에 대한 비판과 정신에 비견되는 신체의 능력을 강조함으로써 20세기의 전복적 사유를 이끌었다. B. 스피노자(1657). 『에티카』. 강영계 옮김(서울: 서광사, 1990), pp.134-135; F. 니체(1883-1891). 『짜라투스트라는 이렇게 말했다』. 장희창 옮김(서울: 민음사, 2004), pp.50-53 참고.

5 M. Merleau-Ponty(1945). *Phénoménologie de la Percetion*, Éditions Gallimard, p.186. 이소희(2009). 메를로 퐁티와 푸코의 신체론 비교: 선험적 주체와 자연주의적 신체를 넘어서, 『철학연구』, 37, p.127에서 재인용.

6 여기에서 육화란 의식이 세계와 신체에 속하게 되는 과정을 말하며, 이 육화의 과정을 통해서 의식은 신체를 매개로 사물화된 존재가 된다(앞의 글, p.128).

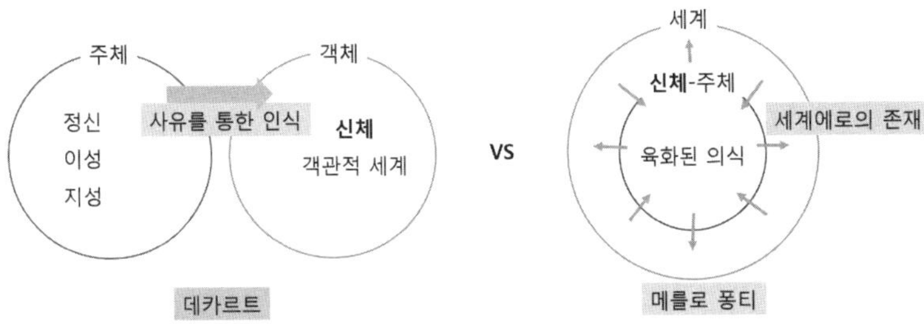

그림 12 데카르트와 메를로 퐁티의 신체 비교

위해 데카르트와 메를로 퐁티의 코기토에 나타나는 신체를 도식화해 본다면 [그림 12]와 같이 정리할 수 있을 것이다.

그림에서와 같이 메를로 퐁티의 신체는 대상화된 객체가 아니라 세계를 체험하고 세계를 향해 기투(企投, project du monde)하는 능동적인 '신체-주체(sujet corporel)'로서 존재한다. 신체-주체는 과거의 주체가 일방적으로 세계를 대상화하고 지각했던 것과 달리 의식을 육화하는 동시에 세계 안에 연결됨으로써 세계의 본질을 지각할 수 있게 된다.[7]

메를로 퐁티의 신체가 능동적인 운동을 통해 세계에로의 존재가 되는 동안 동시대의 춤추는 신체는 자신의 존재론에 충실한 변화를 완성한다. 이와 관련해 현대무용(modern dance)이라는 명칭을 정착시킨 무용비평가 존 마틴(John Martin)의 글에는 주목할 만한 내용이 발견된다. 그는 이전 시대의 발레가 스펙터클한 움직임을 보여주기에 주력했던 것과 달리 현대무용에서의 신체는 움직임을 자신의 본질로 인식하기 시작했다고 주장한다. 이는 춤추는 신체가 과거의 시각적 대상을 탈피하고 '운동적 공감(kinetic empathy)'을 요구하는 신체-주체의 움직임 표현을

7 메를로 퐁티의 현상학적 사유는 후기의 『보이는 것과 보이지 않는 것(*Le Visible et l'invisible*)』(1964)에서 "몸과 정신, 주체와 대상이 하나의 덩어리에서 파생된 것임을 의미하는 살의 존재론"으로 발전된다. 김민정(2014). 메를로 퐁티의 살 존재론과 몸의 반성. 『한국미학회지』, p.71 참고.

가지게 되었음을 의미한다. 마틴은 또한 낭만 발레와 고전주의 발레는 안무적으로 인상적인 포즈에 집착했으며 신체의 표현을 강조한 이사도라 덩컨(Isadora Duncan)의 경우에도 음악에 지나치게 종속되었음을 지적한다. 그가 생각하는 진정한 움직임 표현은 1930년대를 기점으로 미국의 마사 그레이엄(Martha Graham), 도리스 험프리(Doris Humphrey), 유럽의 마리 뷔그만(Mary Wigman), 루돌프 폰 라반(Rudolf von Laban)에 이르러서야 무용은 움직임을 본질로 하는 자율적인 예술로 인정된다.[8]

움직임을 본질로 하는 현대무용에서 관객의 눈앞에 '보이는' 신체는 '보이지 않는' 안무가의 의식과 움직임의 의미를 표현함으로써 세계를 드러냈다. 이러한 신체의 동작과 춤의 관계에 대해 메를로 퐁티는 다음과 같이 서술한다.

> 신체는 우리가 세계를 소유하는 일반적 수단이다. 신체는 삶의 보존에 필요한 동작들에 만족하는 것으로 그치고 … 때로는 이러한 최초의 동작들을 연출하다가 이들의 고유한 의미로부터 비유적 의미로 이행하면서 그 동작들을 통해 신체는 **의미의 핵**을 드러낸다. 이것은 **춤**과 같은 운동 습관의 경우이다.[9]

마틴이 언급한 바와 같이 무용예술의 신체는 메를로 퐁티의 신체에 대한 사유에 앞서 실제적인 차원에서 육화된 의식과 세계의 존재를 체현했다. 마틴이 언급했던 현대무용에서 춤추는 신체는 관객에게 감상의 대상이 아닌 움직임에 공감하며 의미를 이해하는 능동적인 지각을 요구했던 것이다.

---

8 J. Martin(1972). *The Modern dance*(New York: Dance Horizons), p.6.

9 메를로 퐁티(1945). 『지각의 현상학』. 류의근 옮김(서울: 문학과지성사, 2002), p.233. 강조는 연구자 표기.

2) 후기구조주의의 신체: 탈주체의 권력과 생성

20세기 후반에 나타난 후기구조주의 사상에서 신체는 여러 각도에서 조명됨으로써 그 의미의 영역을 더욱 넓게 확장한다. 프랑스의 1968년 혁명은 기존의 체제, 사회, 권력 등에 대한 전면적인 저항 정신을 전 세계로 전파시켰고, 이는 후기구조주의 사상이 성립되는 직접적인 계기가 된다. 합리적인 사고와 사유가 개념, 언어, 기호 등의 체계적인 구조에 대한 저항은 크게 탈구조주의와 후기구조주의의 두 갈래로 분화되었다. 탈구조주의가 데리다(Jacques Derrida), 바르트(Roland Barthes), 보드리야르(Jean Baudrillard)를 중심으로 극단적인 거부와 부정을 추구했다면, 후기구조주의는 푸코(Michel P. Foucault), 들뢰즈(Gilles Deleuze)와 가타리(Felix Guattari), 부르디외(Pierre Bourdieu)를 중심으로 기존의 구조주의에 역동성을 부여함으로써 고정된 사유의 틀을 변화시키고자 했다. 따라서 후기구조주의 사상에서는 "그 무엇으로도 환원될 수 없고 법칙화될 수 없는 신체의 역동성과 가변성, 개체성 등의 측면"[10]이 강조된다.

후기구조주의와 탈구조주의 사상이 분화하는 동안 현대무용은 포스트모던 댄스로 이행한다. 그 시작은 커닝엄(Merce Cunningham)의 안무로부터 발견되는데, 그는 기존의 안무 방식을 타파하고 표현주의적인 요소들을 배제하는 우연성 기법(chance method)을 통해 무용 전통의 해체를 시도한다. 그의 작품에서 춤추는 신체는 원근법에 근거했던 무대 공간의 중심으로부터 자유로워지고, 안무 의도에 종속되지 않는 움직임으로 관객들에게 독자적인 해석을 요구한다.[11] 이러한 작업은 데리다의 '해체(déconstruction)', 바르트의 '저자의 죽음'과 공명(共鳴)하면서 포스

---

10 이정우(1999). 『시뮬라크르의 시대』(서울: 기획출판 거름), p.38.

11 김말복(2012). 해체미학의 선구 머스 커닝엄. 『무용예술학연구』, 35(2), pp.11-14 참고.

트모던 댄스의 정신을 선도하게 된다. 무용 전통과 기존 체계를 해체하고자 했던 커닝엄의 정신은 이후 저드슨무용단(Judson Dance Theater), 그랜드 유니온(Grand Union) 등의 '비무용·반무용(non dance·anti dance)'적인 표현 방식과 극단적인 실험들에서 구체화된다. 이러한 탈구조주의의 정신은 1990년대 프랑스를 중심으로 유럽에서 전개된 농당스(non dance)라는 새로운 안무 형식에서도 발견된다.

포스트모던 댄스 이후 신체는 구성된 안무를 재현하는 수동적 매체에 머무르지 않고, 그 스스로 표현의 한계를 넘어서는 능동적인 운동을 획득한다. 요컨대 춤추는 신체는 안무가와 무용수의 '신체-주체'로부터 나아가 '신체 자체'의 순수한 움직임 표현을 통해 의미를 드러내게 되는 것이다. 이러한 변화는 후기구조주의 사상이 강조하는 신체의 특성들과 공통점을 가지며, 신체에 주목하는 푸코와 들뢰즈의 사상은 이후 컨템퍼러리 댄스의 신체들과 연결지어 생각해 볼 수 있다.

푸코와 들뢰즈에게 신체가 강조되는 이유는 '신체'를 경유해 고정된 전통 사유의 구조와 편견을 벗어나고자 했기 때문이다. 먼저, 푸코의 신체를 살펴보면, 그에게 신체는 데카르트의 생물학적인 대상도 메를로퐁티의 육화된 의식도 아닌 사회적 권력과 통제에 의해서 구성되는 것이다. 푸코는 『감시와 처벌(*Surveiller et Punir*)』(1975)에서 권력이 어떻게 신체를 효율적으로 통제해 왔는가를 계보학적으로 연구한다. 고전주의 말부터 인간의 신체는 권력에 의해서 훈련되어 왔는데, 과거의 감옥이 죄수들의 신체를 통제했던 것과 달리 현대 사회의 권력은 우리의 눈에 보이지 않는 규율의 형태로 군대, 공장, 학교 등의 모든 공간에 존재하면서 우리 신체의 미세한 부분까지 그 작용점을 확대시킨다. 이는 "신체를 한 덩어리로, 대량으로 다루는 것이 아니라 미세한 강제력을 신체에 행사하며 기계적인 수준—운동, 동작, 자세, 속도—까지 그 영향력을 확보하는"[12] 세련된 권력의 미시물리학이라 명명된다.

규율은 신체의 능력을 증가시켜 유용성을 가진 신체를 만들지만, 동시에 미세한 강제력을 신체에 세세하게 작용시켜 순종하는 신체를 완성한다. 푸코는 이러한 규율이 "공간의 분할에 따른 서열화, 시간의 통제와 조직화, 훈련된 신체의 유기적 연결"을 거쳐 신체를 유용하고도 순종적인 상태로 훈육한다고 설명한다.[13] 신체는 권력을 내재화한 규율에 따라 사회문화적으로 만들어지며, 인간의 정신은 이러한 신체의 내부에서 끊임없이 생산된다. 따라서 푸코에게 신체는 심신이원론의 정신에 대비되는 개념이 아니라 "주체성의 조건 그 자체"라고 할 수 있으며, 영혼은 "권력이 신체에 대해 행사하는 지배력 안의 한 부품이고, 정치적 해부술의 성과이자 도구이며, 또한 신체의 감옥"[14]으로 명명된다.

푸코의 관점에서 봤을 때, 무용예술의 신체 또한 미시적인 권력의 영향 아래에서 조직된다. 춤추는 신체의 표현들은 고도로 훈련될수록 움직임의 테크닉과 기술적 표현에서는 유용성의 힘이 증가되지만, 반대로 기존의 움직임 체계와 안무의 구성 그리고 무용수의 움직임 습관들로 순종적인 신체가 된다.

그렇다면, 우리는 어떻게 권력의 통제에 저항할 수 있는 신체를 가질 수 있을 것인가. 푸코는 자기 스스로의 삶을 구축하는 '자기 배려의 기술'로부터 사회적 통제를 벗어날 수 있는 해결점을 찾고 있다. 그는 『성의 역사 3: 자기에의 배려(*Histoire de la Sexualité 3: La Souci de Soi*)』(1984)에서 그리스인들의 '양생술, 가정 관리술, 연애술'을 예로 들어 자기 배려의 기술을 설명한다. 여기에서 양생술은 적절한 운동과 섭생을 통해 건강을 유지하는 것을 의미하는 것으로 신체와 가장 밀접하게 관

---

12 미셸 푸코(1975). 『감시와 처벌: 감옥의 역사』. 오생근 옮김(서울: 나남출판, 2003), pp.214-218 참고.

13 앞의 책, pp.213-245.

14 앞의 책, p.65.

련된다. 무용 또한 자기 스스로의 신체를 조절하고 통제한다는 점에서 현대적 의미의 양생술이라 할 수 있지만,[15] 춤추는 신체의 움직임과 그 표현들은 오히려 푸코가 자기 배려의 기술을 통해 궁극적으로 추구하는 미적 주체와 직결된다. 그는 그리스인들이 스스로의 자유로운 미적 윤리에 따라 자아의 신체와 삶을 구성했다는 점에 주목하고, 이로부터 자신의 신체를 능동적으로 구성하고 자신의 삶을 창조적으로 이끌어 가는 예술적 주체로부터 새로운 주체의 가능성을 발견하고자 했기 때문이다.

푸코와 함께 후기구조주의 사상을 대표하는 들뢰즈 또한 예술과 신체에 주목한다. 들뢰즈는 전통 철학의 사유 방식이 고정되어 있음을 비판하고, 이로부터 발생하는 현대 철학의 위기를 극복하기 위한 해답을 예술에서 찾고자 한다. 그는 『철학이란 무엇인가?(*Qu'est-ce que la philosophie?*)』(1991)에서 "예술가는 철학자와 같다"라고 말하면서, 사유의 세 가지 형식으로 '철학, 과학, 예술'을 꼽고 있다.[16] 그에게 예술은 전통적으로 진리와 지성의 영역에 있던 철학, 과학과 동등한 위상을 가지게 되는 것이다. 들뢰즈는 모방과 재현에 근거하지 않고 새로운 창조를 거듭하는 예술에 주목하며, 동시대의 예술가와 그들의 작품들에서 '사유를 전제하지 않는 사유'를 창안한다.

들뢰즈의 사유에서 신체는 '사유를 실천하는 행동학'의 차원에서 강조된다. 이러한 신체 개념은 그의 사상적 근원이라 할 수 있는 스피노자

15 푸코의 신체관에 대한 연구에서 김정효는 권력에 대한 저항의 원점을 신체로 보고, 오늘날 스포츠를 포함하는 신체 운동, 혹은 움직임이 그리스적인 주체를 복원하는 핵심적인 자기 배려의 요소로 부상하고 있음을 서술한다. 무용 또한 신체의 운동을 통한 움직임이라는 점에서 양생술의 한 부분으로 생각할 수 있으나, 여기에 한정되지 않고 푸코가 주장하는 예술적 주체와 더 가까이 있다. 김정효(2008). 미셸 푸코의 신체관 연구. 『한국체육학회지』, 47(4), pp.35-36.

16 질 들뢰즈·펠릭스 가타리(1991). 『철학이란 무엇인가?』. 이정임·윤정임 옮김(서울: 현대미학사, 1995), pp.248, 285.

(Baruch de Spinoza)의 신체로부터 기원하는데, 스피노자는 『에티카(*Ethica*)』(1677)에서 "인간의 사유는 오로지 정신의 활동에 따른 것이 아니라 신체의 활동 또한 함께 작용하고 있음"[17]을 밝힌다. 이로부터 들뢰즈는 고정되어 있는 인간의 정신과 달리 신체는 다른 신체[18]와의 합성과 변용(affection)의 능력을 통해 사유를 행동하고 실천할 수 있음을 주장한다. 이로써 들뢰즈의 신체는 정신과 이성이 할 수 없는 사유의 실천과 실험을 능동적으로 실행함으로써 삶의 차원에서 의미를 갖게 된다.

들뢰즈의 신체로부터 무용예술의 신체는 작품 감상의 대상에 머무르지 않고, 실제적인 차원에서 사유를 실행하는 신체 자체로써 지각될 수 있다. 춤추는 신체와 그 움직임 표현은 안무가의 안무 의도나 동작의 상징적인 기호들을 근거로 이해되는 것이 아니라 신체가 무대 위에서 움직임을 실행하는 순간, 운동하는 신체의 표면에서 발생한다. 쉽게 말해서 들뢰즈가 주목하는 동시대 무용의 신체는 스토리와 캐릭터를 재현하거나 춤추는 무용수 주체의 생각과 감정을 상징하는 움직임 기호가 아니다. 이러한 표현들은 움직임 이전에 이미 어떠한 의미를 전제해두고 있기 때문이다. 그의 관점에서 볼 때, 무용의 의미는 움직임이 실행되는 순간 신체의 표면으로부터 관객의 신체에 직접적으로 전달되는 감각을 통해 즉각적으로 생성된다. 따라서 무용에서 춤추는 신체는 움직임을 실행하는 순간, 신체 그 자체로써 주목하게 되는 것이다.

여기에서 생각해야 할 점은 어떻게 신체의 움직임과 표현이 재현과 상징으로부터 탈피해서 지속적으로 새로운 의미를 표현할 수 있는가 하는 것이다. 이와 관련해 들뢰즈의 신체 개념인 '기관 없는 신체(corps

---

17 B. 스피노자(1675), pp.134-135.

18 여기에서 들뢰즈가 언급하는 '신체'를 인간의 육체에 한정되는 것으로 이해하면 안 된다. 스피노자로부터 가져온 신체의 개념은 인간의 신체, 동물의 신체, 물질의 신체 등 모든 것의 신체를 의미한다.

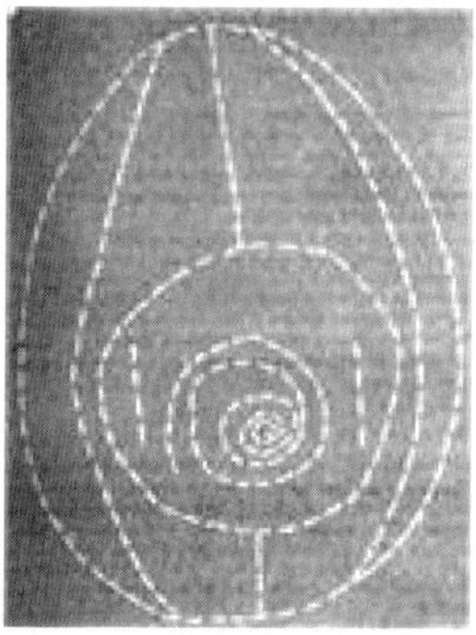

그림 13 도곤족의 알과 강도의 배분

sans organe, body without organs)'를 살펴볼 필요가 있다. 들뢰즈와 가타리는 『천 개의 고원(*Mille plateaux*)』(1980)에서 기관 없는 신체에 대해 자세히 다루고 있다. 이는 인간의 유기적인 신체에 반대되는 개념으로 신체의 모든 기관이 각자의 기능을 발휘하며 체계적으로 조직되어 있는 상태, 즉 우리가 정상적인 신체 또는 건강한 신체라고 부르는 상태로부터 벗어나는 것을 의미한다. 기관 없는 신체를 설명하기 위해서 들뢰즈는 [그림 13]과 같은 '도곤(Dogon)족의 알과 강도의 배분'[19]에 관한 삽화를 사용한다. 기관 없는 신체는 곧 '알'의 상태임을 의미하며, 여기에서 알은 부화가 되거나 또는 체세포 분열 이전의 근원적인 상태를 말한다. 알에 어떠한 힘의 강도(intensité)가 작용하면 그림에서 보이는 점선들과 같이 분열을 일으키게 되는데, 어떠한 조건의 강도가 가해지느냐에 따라 전혀 다른 기관이 형성되는 것이다. 따라서 기관 없는 신체란 기관을 제거하거나 병든 상태의 신체를 의미하는 것이 아니라, '그 자체로서 무엇이든 될 수 있는 상태'를 의미한다.

들뢰즈의 사상에서 기관 없는 신체는 현실화된 신체에 고정되어 머무르지 않고 변화를 지속할 수 있는 사유의 실천이라 할 수 있다. 그렇다면, 유기적인 신체는 어떻게 기관 없는 신체가 될 수 있을까. 들뢰즈와 가타리는 기관 없는 신체를 만들기 위해서는 유기체의 기관들을 탈기관화시키고, 거기에 새로운 '힘'[20]을 부여해서 기관 없는 신체를 재작

19 질 들뢰즈·펠릭스 가타리(1980). 『천 개의 고원』. 김재인 옮김(서울: 새물결, 2004), p.286.

20 들뢰즈와 가타리는 이러한 힘을 '욕망'이라 표현하는데, 이는 과거 이성과 정신에 반대되는 신체의 욕망으로서 식욕이나 성욕을 의미하는 것이 아니라 들뢰즈가 니체의 신체로부터 발

동시켜야 한다고 설명한다. 즉, 우리의 신체가 기관 없는 신체가 되기 위해서는 일상적으로 반복되는 습관으로부터 벗어나 새로운 힘의 흐름을 통과시킴으로써 새로운 신체를 구성해야 한다. 이는 푸코의 관점으로 보자면, 규율과 습관을 통해서 권력을 내재한 유용한 신체를 탈기관화시키고, 구속과 통제로부터 탈주하는 저항의 신체를 만드는 것이라 설명할 수 있다. 들뢰즈의 사유에서 춤추는 신체는 훈련되고 고도로 조직된 유용한 움직임들을 탈피하고, 신체의 표면에 새로운 힘을 작용시킴으로써 창조적인 의미를 생성시키는 춤추는 기관 없는 신체로 재구성될 수 있다.

2. 컨템퍼러리 댄스에서의 신체 확장

오늘날 컨템퍼러리 댄스는 다양한 표현과 재현 방식들을 통해 무용예술의 경계를 넓히고 있다. 이는 무용의 내부에서 전개된 예술 표현의 변화를 포함하는 한편, 거대 담론들이 무너진 사상적 배경과 다른 장르예술과의 융합, 문화적 혼종 상태를 반영하는 것이라 할 수 있겠다. 이러한 컨템퍼러리 댄스 작품들에서 춤추는 신체 또한 그 정체성과 움직임 표현에 변화를 가지며 이에 대한 새로운 지각 방식이 요구된다.

앞서 살펴본 20세기 후반의 메를로 퐁티의 현상학과 푸코, 들뢰즈의 후기구조주의 사상에서 신체는 전통 철학의 이분법적 한계를 탈피하면서 실제적인 삶의 차원까지 그 사유 영역을 확장시키는 것을 볼 수 있었다. 이들의 신체는 각각 '신체-주체, 신체-권력, 신체-생성'[21]으로 요약

견한 '힘에의 의지'와 같은 의미다. 기관 없는 신체는 욕망을 신체에 통과시킴으로써 정박된 상태로부터 나아가 지속적인 변화와 생성을 실천한다.

21 강미라는 메를로 퐁티와 푸코의 신체 개념을 비교하면서 이들의 신체를 '신체-주체, 신체-권

해 볼 수 있는데, 여기에서는 이에 대응되는 컨템퍼러리 댄스에서의 신체를 '탈주체-신체, 권력-신체, 생성-신체'로 생각해 본다. 또한 개별 안무가들의 작품에 나타나는 신체 표현의 변화와 의미에 초점을 맞추고, 그러한 변화들을 신체 확장의 의미로 이해하고자 한다.

1) 제롬 벨의 '탈주체-신체'

컨템퍼러리 댄스에서의 신체는 모던 댄스의 신체가 안무가와 무용수의 의식, 그리고 그들을 둘러싼 세계의 의미를 표현했던 것과 달리 주체로부터 탈피한다. 이는 현상학적 신체-주체가 육화된 주체의 의식과 세계를 표현했던 반면, 후기구조주의의 신체가 주체의 종속됨으로부터 벗어나 사회, 문화, 역사의 전통과 관습으로부터 사유를 자유롭게 한 것과 마찬가지의 변화라 할 수 있다. 안무의 주체로부터 신체가 벗어난다는 것은 무용에서 안무가(또는 무용수)의 생각과 감정을 표현하고자 했던 안무의 구성과 움직임으로부터 춤추는 신체가 구별됨을 의미한다.

제롬 벨(Jérôme Bel, 1964-)의 작품들은 '탈주체-신체'의 대표적인 예시가 된다. 그의 이름을 딴 「제롬 벨(Jérôme Bel)」(1995)에는 제롬 벨이 없다. 즉, 안무가-주체가 사라짐에 따라 「제롬 벨」은 제롬 벨에 대한 재현적인 신체와 의미는 없다. 그는 직접 무대에 출연하지도 않고, 그에 대한 이야기나 주제들을 작품에서 드러내지 않는다. 완벽한 암전 상태에서 시작되는 「제롬 벨」에는 네 명의 나체가 등장하는데, 무용수들의 신체 또한 그들의 주제-신체를 벗어나 각각 작품 안에서 부여하는 기호로써 존재한다. 이 작품에서 클레어 헤니(Claire Haenni)와 프레데릭 세

력'으로 명명하고 있다. 여기에 필자는 들뢰즈의 신체를 '신체-생성'으로 바라봄으로써 그들 사상에서 중심이 되는 개념들을 신체와 연결해 정리해 보았다. 강미라(2011). 『몸 주체 권력: 메를로 퐁티와 푸코의 몸 개념』(서울: 이학사) 참고.

게트(Frédérick Seguette)는 자신들의 이름으로, 나머지 두 명의 무용수는 스트라빈스키(Igor Stravinsky)와 에디슨(Thomas A. Edison)으로 지칭된다. 스트라빈스키는 작품이 진행되는 동안 「봄의 제전」을 허밍으로 읊조리고, 에디슨은 작품의 유일한 조명이 되는 전구를 들고 등장해서 그들 주체를 암시한다. 그러나 이들의 신체는 결코 특정한 주체로서 역할을 연기하거나 움직임 표현을 드러내지 않는다. 춤추는 신체는 그들이 무대 뒷벽에 분필로 직접 표기한 이름과 나이, 은행 잔고, 전화번호, 몸무게, 키를 의미하는 숫자들로 규정되고 상징화된다.

「제롬 벨」에서 신체는 과거 춤의 주체였던 안무가와 무용의 안무로부터 벗어나려는 제롬 벨의 시도를 보여준다. 춤추는 주체가 더 이상 안무가와 무용수에게 종속되는 단일한 객체로 인식되지 않을 때, 무용은 새로운 방법론과 인식을 가질 수 있다. 컨템퍼러리 댄스의 안무가들은 무용의 전통에서 지속적으로 강조되어 왔고, 현대무용의 시대에 더욱 고조되었던 리드미컬한 움직임과 인상 깊은 안무의 동작들로부터 벗어난다. 동시에 작품을 감상하는 관객들은 안무가와 무용수의 생각과 감정 표현의 해석에 집중하기보다 눈앞에 현전하는 신체 자체, 그 존재와 움직임에 몰입하게 된다. 작품의 의미는 무대 위에 등장하는 신체로부터 표현되고 완성된다.

컨템퍼러리 댄스의 이와 같은 변화에 대해 그동안의 연구들은 '무용 예술의 해체'와 '움직임의 부재'에 주된 관점을 두었다. 앞서 살펴본 「제롬 벨」의 신체에서도 역시 테크닉과 안무의 구조, 리드미컬한 움직임 표현을 전혀 찾아볼 수가 없다. 따라서 컨템퍼러리 댄스의 작품들은 기존의 안무 개념을 해체하고 움직임이 사라진 것으로 생각되었던 것이다. 그러나 이는 춤추는 신체의 해체와 부재에 의미를 두기보다 오히려 신체가 새로운 표현의 방향을 설정한 것으로 바라볼 필요가 있다. 무용의 역사를 헤아려 볼 때, 과거 발레의 신체가 고도의 테크닉과 구조적 안무를 표현하는 '감상의 대상'으로 기능했다면, 현대무용의 신체는 안무가 또는 무용수의 사상을 표현하는 '움직임의 주체'로서 작품을 이끌었고, 이후 포스트모던 댄스의 신체는 무용의 경계와 표현 가능한 '무용 본질의 실험'을 실천했다. 이처럼 무용의 역사에서 새로운 장르의 출현과 움직임 표현의 영역이 확장될 때마다 춤추는 신체는 그 변화의 방향을 매번 다르게 설정하고 실행해 왔던 것이다. 따라서 컨템퍼러리 댄스에서 나타나는 '탈주체-신체'의 표현들을 지각하고 해석하는 데 기존의 안무적 개념과 움직임 표현을 적용해, 무용예술의 해체와 움직임의 부재를 강조하는 것은 미학적 논의의 한계를 가져올 수 있다.

춤추는 신체는 작품 감상의 대상에서 움직임의 주체로, 그리고 무용예술의 변화를 이끌어가는 실험적 주체로 변모해 왔으며, 오늘날의 컨템퍼러리 댄스에서 신체는 안무가와 무용수의 고정된 주체-신체를 넘어서서 의미를 실천하는 탈주체로서 작품의 중심이 된다. 다시 말해서 춤추는 신체는 주체를 탈피함으로써 어떠한 주체도 될 수 있는 다양한 의미와 표현을 가질 수 있게 되는 것이다.

제롬 벨의 「마지막 퍼포먼스(The Last Performance)」(1998)에서는 '탈주체-신체'가 주체를 벗어나 다양한 의미체가 되는 것을 발견할 수 있다. 작품은 프레데릭 세게트가 등장하면서 관객을 향해 "나는 제롬 벨이다"라고 말하는 것으로 시작된다. 일정 시간 침묵으로 서 있던 그가 퇴장한 후, 제롬 벨이 등장해서 "나는 안드레 애거시다"라고 말한 다음, 무대 뒤의 벽을 향해서 테니스 공을 몇 번 튕긴 후 퇴장한다. 이어 등장한 안토니오 카랄로(Antonio Carallro)는 "나는 햄릿이다"라고 말한다. 여기까지 작품에서 전통적인 의미의 춤 움직임은 없다. 제롬 벨은 주체-신체가 다른 신체들로 명명되는 동안 여타의 안무적인 표현이나 무용 동작들을 표현하지 않음으로써 관객들로 하여금 재현적 의미를 벗어나는 새로운 의미에 주목하게 한다.

작품에서 춤은 마지막 클레어 헤니가 등장하는 부분에서 처음 등장하는데, 그녀는 "나는 수잔 링케다"라고 선언한 다음 수잔 링케(Susan Linke)의 작품 「변형(Wundlung)」(1978)의 한 부분을 4분여간 춘다. 이후, 다시 등장한 제롬 벨이 "나는 수잔 링케다"라고 말한 다음 클레어와 동일한 안무를 춤춘다. 이어서 카랄로와 세게트 또한 "나는 수잔 링케다"를 외치며 같은 안무 움직임을 반복한다. 이것은 작품의 앞부분과는 달리 춤추는 신체가 하나의 주체를 공유하면서 무용수 주체로부터 분리되고 서로의 주체성을 교환하는 과정을 명시적으로 드러낸다. 무용수들의 탈주체-신체는 어떤 신체도 될 수 있으며, 동시에 모두가 동일한 명칭을 갖는 신체가 될 수 있다. 흥미로운 점은 이들이 춤추고 연기하는 '수잔 링케-주체'는 각각의 신체들이 똑같은 안무를 반복할 때마다 서로 다른 움직임 표현들이 나타난다는 것이다.

이 작품에서 춤추는 신체가 표현하고자 하는 것은 안무적인 움직임이 아니다. 각각의 춤추는 신체가 탈주체화되면서 어떠한 주체로도 명명될 수 있으며, 동시에 수잔 링케라는 동일한 이름으로 다른 신체가 되었을 때의 움직임이 어떠한 차이를 보이는가에 대해 무대 위에서 실시간 실험을 하는 것에 집중한다. 그리고 이러한 작품에서 춤추는 신체는 '무엇으로도 될 수 있고' '서로 다른 동일한 주체'가 될 수 있는 변화를 획득하면서 의미의 확장을 체현한다.

제롬 벨의 작품에서는 탈주체의 신체와 함께 무용사의 거장들로부터 소외되어 있던 신체의 주목이 이뤄진다. 「베로니크 두아노(Veronique Doisneau)」(2004), 「루츠 푀르스터(Lutz Förster)」(2009), 「세드리크 앙드리외(Cédric-Andrieux)」(2009)는 파리 오페라 발레단의 군무진으로 활동했던 두아노, 피나 바우쉬의 무용수 푀르스터, 그리고 커닝엄무용단, 파리 오페라 발레단에서 춤추었던 그의 자전적 이야기를 담고 있다. 이 작품들에서 춤추는 신체는 그들이 경험했던 프티파, 커닝엄, 피나 바우쉬,

포사이드의 안무와 작업들을 담고 있으며, 그들이 참여했던 군무 부분은 제롬 벨에 의해 솔로 춤으로 재구성된다. 안무가도 주역 무용수도 아닌 군무 무용수들이 무대 위에서 자신의 목소리를 통해 들려주는 자전적인 이야기에서 제롬은 이제껏 아무도 관심에 두지 않았던 무용의 주변부를 중심화한다.

이들 작품에서 신체는 거장 안무가와 그들의 안무 움직임을 벗어나서 자신의 삶을 이끌어가는 각각의 능동적인 신체이자 신체 그 자체로서 존재한다. 그들의 움직임과 병렬적으로 배치되는 신체의 내레이션은 각각의 신체에 대한 기억과 역사를 함께 표현함으로써 하나의 작품 기호로서 인식되는 것이다.

2) 프렐조카주의 '권력-신체'

제롬 벨의 탈주체적인 신체가 무용 전통으로부터 탈피해 안무가 주체와 안무의 구성적 움직임으로부터 거리를 두었다면, 앙젤렝 프렐조카주(Angelin Preljocaj, 1957-)의 신체는 유동적인 안무 움직임들을 자유자재로 구사하는 무용수들의 유용한 신체를 통해 '권력-신체'를 표현한다. 그는 신체에 내재되어 있는 성(sexual), 인종, 문화, 타자와의 권력관계 등을 작품에 나타내면서 푸코의 신체-권력을 무대 위에 재현하고, 동시에 권력으로부터 저항하는 창조적인 신체의 움직임을 드러낸다.

프렐조카주의 작품 「마가복음 14/22 "이것은 나의 몸이다"(MC 14/22 "Ceci est mon corps")」(2001)[22]는 신체에 대한 다양한 양상들을 고찰하면서 신체와 신체 사이에 나타나는 권력 관계를 세밀하게 제시하고 있다. 작품의 제목은 성경의 한 구절을 차용하고 있지만, 이 작품의 내용은 성

22 이하 「이것은 나의 몸이다」로 표기.

서를 재현하지 않는다. 극는 이 작품의 착안이 성경으로부터 시작되었지만, 여기에서 중점을 두었던 것은 남성의 양상(aspect), 특히 작품에 등장하는 남성 신체에 관한 것이라고 밝히고 있다.[23] 그가 주목했던 점은 예수가 죽기 전 제자들과 함께 최후의 만찬을 나누는 종교적 텍스트가 아니라 예수의 신체를 상징하는 떡을 나눠 먹은 '12명의 남성 신체'에 관한 것이라 할 수 있다.

「이것은 나의 몸이다」에서 프렐조카주는 관객으로 하여금 인간의 개별적인 신체를 목도하게 하고, 신체들 사이의 성적 쾌락과 권력 관계를 명시적으로 드러낸다. 작품에 등장하는 6개의 테이블은 겹쳐 쌓아 올려지기도 하고, 길게 늘어뜨려지기도 하면서 신체의 공간을 구획하거나 움직임을 실행하는 장(場)의 역할을 한다. 테이블은 무대 공간에서 춤추는 신체 위치를 배열하고, 움직임의 폭과 속도를 제어하며 동시에 타자와 분리한다. 이는 푸코가 언급했던 신체를 훈련하는 효과적인 방식, 즉 공간의 배치와 시간의 속도, 신체의 배치를 통한 분자화의 역할을 하고 있다.

이 작품의 서두에서 춤추는 신체는 테이블 공간에 구획화된 개별적인 신체들을 보여주었다면, 이후 신체들 사이의 성적 관계를 표현한다. 열두 명의 남성 신체는 무대 중앙에 길게 펼쳐진 테이블 위에 각각의 동성애적인 포즈들로 정지되면서 관객들에게 강렬한 이미지의 지각을 경험하게 한다. 이러한 신체의 이미지들은 푸코가 '생체 권력'이라 명명했던 성에 관한 욕망을 체현하며, 이를 비추는 야광색 조명들은 이들의 욕망을 강조하는 효과를 가진다. 푸코가 그리스인들의 동성애를 절제의 관점에서 보았다면, 프렐조카주는 오히려 동성애의 신체를 욕망의 관점

23 프렐조카주 무용단 홈페이지, 〈http://www.preljocaj.org/menu.php?lang=en&m=1&a=4&m2=16, 2015. 10. 9.〉

에서 적나라하게 드러냄으로써 춤추는 신체의 의미를 극대화시키고 있는 것이다.

작품의 후반부에는 신체가 타자의 신체에 의해 속박, 억제, 구속당하는 권력 관계가 좀 더 구체적으로 나타난다. 아름다운 목소리로 노래를 하던 신체는 그의 목을 움켜쥐거나 복부를 가격하는 신체들에 통제당하고, 반복되는 동작구를 춤추던 신체는 테이프로 신체의 부분들을 접착시켜 더 이상 움직일 수 없게 되는 장면들이 연출된다. 이러한 폭력적인 장면들은 신체에 대한 권력을 가시화하면서 동시에 억압당하는 신체들이 권력에 굴복하지 않고, 끊임없이 목소리를 내고 움직임을 이어가는 저항을 드러낸다. 춤추는 신체는 푸코의 사유가 밝히고자 했던 '권력에 의해 통제되고 구성되는 신체'와 '저항의 원점이 되는 신체'를 실제 무대 위에서 표현함으로써 권력에 대한 지각과 인식을 이끌어낸다.

프렐조카주는 작품에서 사회문화적인 소수자들의 신체를 드러냄으로써 권력-신체를 가시화하기도 한다. 「백설공주(Blanche Neige)」(2008)에서 그는 '눈처럼 흰 피부'를 가졌다는 의미의 백설공주의 신체를 동양인 나기사 시라이(Nagisa Shirai)의 신체로 등장시키고, 파트너인 왕자 역시 흑인 무용수 세르지오 디아즈(Sergio Diaz)의 신체를 전면에 내세우면서 동화가 지닌 문화적인 관습적 시선과 권력에 대해 제동을 건다. 또한 백설공주와 권력 관계에 있는 왕비는 오히려 금발의 8등신 미녀의 신체를 배치하면서 섹슈얼한 신체의 극명한 대비와 아름다움에 대한 욕망을 효과적으로 보여준다.

이 작품에서는 주인공 외에 일곱 명의 난쟁이들의 신체 또한 우리의 관습적 편견을 깨며 등장한다. 그들은 무대 뒤쪽 전체를 광산으로 탈바꿈시킨 벽에서 밧줄을 타고 등장하는데, 벽을 타고 이동하는 그들의 신체는 마치 중력을 거스르는 듯한 움직임과 함께 관객의 시각적 지평을 확장시킴으로써 능동적이고 진취적인 신체의 이미지들을 표현한다.

이 밖에도 프렐조카주의 작품에서 권력과 성을 중심으로 신체를 통제하고 억압하는 사회문화적인 관습에 대한 저항은 꾸준히 시도되어 왔다. 그의 초기 작품에 해당하는 「로미오와 줄리엣(Roméo et Juliette)」(1990)은 전체주의 사회의 폭력을 배경으로 하고 있으며, 「카사노바(Casanova)」(1998)의 주인공 카사노바는 성병 환자로 등장했다. 이러한 그의 작품들에서 춤추는 신체는 안무가 개인의 의식과 사상의 범주에 머무르지 않고, 사회문화적인 구조와 의식들이 신체를 어떻게 구성하면서 권력을 효과적으로 발휘하는가를 가시적으로 드러냄으로써 그 표현의 한계를 확장시킨다. 그의 작품과 푸코의 신체가 공유하는 점은 그의 안무가 무용수들의 신체를 효율적으로 통제하면서 동시에 사회적인 권력에 대한 저항을 표현하고 있다는 것이다. 이것은 신체에 대한 그의 끊임없는 탐구[24]와 움직임 표현의 실험적인 실천으로부터 시작된다.

프렐조카주의 작품에서 춤추는 신체가 지니는 의미는 신체의 표현이 단순히 권력과 성에 관한 내용을 재현하는 것에서 나아가 통제되고 억압되어 있는 신체들을 실제적으로 목도하고 발견할 수 있게 한다는 점이다. 이는 권력의 억압과 통제를 자각하고 인식하며, 사회문화적인 비판을 통한 능동적인 변화들을 이끌어낸다. 춤추는 신체는 푸코가 강조했던 '자기 배려'의 능동적인 미적 주체로서 존재하며, 춤추는 신체의 표현들은 스스로의 삶을 하나의 작품으로 만들어가는 예술적 주체로서 의미화된다.

24 작품 「사계(Les 4 saisons)」(2005)에 대한 설명에서 프렐조카주는 자신의 안무가 스피노자의 '신체는 무엇을 할 수 있는가?'에 대한 질문으로부터 시작되었음을 설명한다. 그의 작업들은 모두 인간의 신체에 대한 면밀한 관찰과 권력과 성을 중심으로 하는 사회문화적인 의미를 움직임을 통해 표현하는 것으로 이뤄진다.

3) 자비에르 르 로이의 '생성-신체'

철학자 들뢰즈가 독창적인 철학적 사유 방식을 통해 개념을 생성하고자 했다면, 자비에르 르 로이(Xavier Le Roy, 1963-)는 새로운 안무 방식과 공연 형식 속에서 신체의 변용을 보여준다. 그는 분자생물학 박사 과정 중에 무용에 관심을 가지게 되어 안무가를 시작하게 된 독특한 이력을 가지고 있다. 생물학자에서 안무가로 전향한 자비에르의 작품에서는 들뢰즈가 비(非)철학의 영역에서 철학의 사유를 생성하고자 했던 것처럼 무용의 영역에서 비(非)무용적인 신체 움직임과 이미지들을 생성한다. 그의 작품에서 신체는 기관 없는 신체의 역할을 하고 있는데, 이는 끊임없이 변화하는 '생성-신체'라고 말할 수 있겠다.

그의 작품 「자아 미완성(Self Unfinished)」(1998)에서 신체는 '~되기'의 과정을 보여준다. 들뢰즈의 개념 중 하나인 '~되기'는 끊임없이 변화하는 신체가 현재의 상태가 아닌 다른 무엇으로 변화될 수 있음을 의미한다. 실제로 그는 자신의 작품을 설명하면서 들뢰즈의 ~되기 개념을 자주 언급한다. 이 작품에서 그의 신체는 자신의 일상적이고 유기적인 신체로 등장해서 각각의 신체 기관들에 평소와 전혀 다른 힘의 강도를 통과시켜 ~되기가 가능한 기관 없는 신체로의 이행 과정을 보여준다.

공연의 시작 전에 열려 있는 무대 공간에 자비에르의 일상적인 신체가 걸어 들어오고, 우측 한편에 놓인 테이블 앞 의자에 앉아 입장하는 관객들을 주시한다. 관객들은 공연장에 입장함과 동시에 검은 바지와 셔츠를 입은 일상복 차림의 그를 발견하게 된다. 공연이 시작되면 자비에르는 로봇의 기계음을 내면서 마치 로봇인 듯이 일어나서 걷고 이동한다. 그의 몸은 이미 평상시의 신체와 다른 신체로 전환되기 시작한 것이다. 그러다가 그는 서서히 입고 있는 셔츠를 걸어 올리고 네 발로 걷기 시작하는데, 그 순간 그의 양 손은 발이 되고, 팔은 새로운 다리가 된다. 여기에서 손과 팔은 글씨를 쓰거나 물건을 드는 평상시 운동과 전혀 다른 힘의 분포를 만들어내면서 '유기체가 어떻게 기관 없는 신체'로 이행할 수 있는가에 대한 실제적인 예시가 된다.

들뢰즈는 인간의 유기적 신체를 하나의 고정된 상태로 인식하고 이러한 유기체의 상태에 머물러 있는 것에 반대한다.[25] 그의 철학적 사유에서 기관 없는 신체가 되는 과정은 굉장히 난해하게 서술되지만, 자비에르의 춤추는 신체는 유기체가 기관 없는 신체로 이행하는 과정을 무대 위 실제적인 차원에서 표현한다. 셔츠를 거꾸로 뒤집어쓰고 네 발로 걷는 자비에르의 신체는 새로운 기관이 된 팔-다리와 손-발을 가진다. 이때 그의 신체는 그가 입고 있던 셔츠의 물질성마저도 변화시킨다. 다리에서 발에 이르는 신체 외부의 옷감은 셔츠라고 하기보다 치마가 된다. 그의 상반신은 긴 치마(실제로는 셔츠를 길게 늘려 입은)를 입은 여자의 하체로 변화되는데, 이것을 그는 '여자-되기'라고 부른다. 그 상태로 네 발의 자비에르는 무대 뒤쪽으로 이동해서 거꾸로 선 채 벽면을 타고 이동하다가 거꾸로 선 상태에서 멈춰 서서히 옷을 벗고 알몸이 된다. 옷이 없는 그의 누드는 두 어깨로 바닥을 지탱하고 얼굴을 가린 채 팔과 다리를 구조적으로 구부렸다가 교차시키면서 매우 비효율적으로 움직인다. 이제 그의 신체는 '자비에르 본인의 신체'도 '남성'의 신체도 '조금 전까지 무대에 현전하는 신체'도 아닌 하나의 의미로 규정 불가능한 '덩어리-신체'로 변형된다.

무용 감상의 관점에서 볼 때, 우리는 자비에르의 「자아 미완성」에 나타난 신체 표현에서 무엇을 지각하고 어떠한 의미를 이해해야 하는가. 여기에는 신체의 안무적 움직임도 없고, 무엇인가를 표현하는 재현적인

---

25 나일화(2008). 무용미학의 논의를 위한 들뢰즈 사상의 수용 가능성: Pina Bausch 작품에 나타난 '기관 없는 신체'를 중심으로. 『무용예술학연구』, 25, p.13.

신체도 없다. 단지 그의 신체가 일상적인 유기체에서 낯선 모습의 신체들로 변형되는 몇 가지 이미지를 목격하게 될 뿐이다. 이 작품에서 자비에르는 이제까지의 춤추는 신체와 완전히 다른 이해를 제안한다. 신체가 보여주고자 하는 것은 예측할 수 없는 신체 이미지들에 대한 실험의 실천이자 이 과정에서 신체를 통과하는 역동적인 힘이다. 즉, 「자아 미완성」에서 중요한 것은 신체의 움직임이 표현하는 역동적인 스펙터클이 아니라 신체의 수많은 정지와 운동, 반복, 유머러스한 이미지, 이름붙일 수 없는 신체의 형태에 대한 지각과 정서들이다.[26] 자비에르의 신체는 그의 주체를 표현하지도 그가 의도하는 어떠한 의미들을 예술적으로 드러내는 것도 아니라 그의 미완성된 자아 그 자체를 표현한다. 작품에서 신체는 계속해서 변화하는 기관 없는 신체이자, '신체는 무엇을 할 수 있는가?'라는 질문에 대한 신체의 실험이기 때문이다.

자비에르는 한 인터뷰에서 신체에 대해 다음과 같이 언급하는데, 여기에는 이제까지의 안무에서 언급되지 않았던 신체에 대한 새로운 개념이 포함된다.

> 몸의 표면과 맞닿는 어떤 것이라도 그곳에 오랜 시간 머무르면 그것은 몸의 이미지에 포함된다. … 그래서 해부학적인 이미지가 아니라 다른 대안적인 몸의 이미지가 필요하다. 예를 들어 나는 몸의 이미지가 무역, 교통, 거래를 위한 시공간처럼 인지될 수 있다고 생각한다.[27]

그는 신체가 그 자체로써 존재하는 것이 아니라 어떠한 것을 만나는가에 따라(어떠한 힘을 신체에 통과시키느냐에 따라) 새로운 신체의 이미지

---

26 안드레 레페키(2006). 『코레오그래피란 무엇인가: 퍼포먼스와 움직임의 정치학』. 문지윤 옮김(서울: 현실문화, 2014), pp.97-98.

27 앞의 책, p.99.

를 구성할 수 있음을 말한다. 그리고 여기에서 신체는 해부학적인 육체의 이미지와 같이 고정된 대상이 아니라 '무역, 교통, 거래'와 같이 서로 소통하는 관계를 위한 시공간처럼 인식될 수 있다고 밝힌다. 그에게서 춤추는 신체의 움직임은 주체에 귀속되어 있지 않고, 동시에 신체의 표면으로부터 다양한 의미를 생성하는 비신체적이고 탈신체적인 의미로 확장된다.

그의 또 다른 작품 「다른 상황의 산물(Product of Circumstances)」(1999)은 렉처 퍼포먼스(lecture performance)로 불리는 새로운 안무의 형식을 가진다. 이 작품은 자비에르의 신체가 처음으로 히지카타 타쓰미(土方巽)와 오노 가즈오(大野一雄)의 부토(舞踏) 댄스 안무를 만나 어떻게 새로운 부토를 창안하는가에 대한 실험적 안무 과정을 공개한다. 여기에서 그는 무대 앞에 책상과 노트북을 펼쳐두고 자신이 실행하게 될 '2시간 만에 부토 완성'하기에 대한 설명과 부토를 경험하는 신체, 그리고 부토에 대한 지식을 통해 자신만의 부토를 창작하는 신체의 움직임들을 병치시킨다.

공연의 시작 전부터 강단 앞에 서 있던 자비에르는 입장하는 관객들에게 말을 걸거나 자리를 안내하기도 하는 등 마치 강연을 하는 발표자와 같은 역할을 한다. 이후 본격적인 공연이 시작되면 그는 부토 춤을 추고 나서, 다시 자리로 돌아와 설명을 이어간다. 그리고 이 작품을 시작하게 된 계기가 자신의 친구가 보낸 '2시간 만에 부토 춤을 완성하기'를 제안하는 한 통의 메일을 받으면서 시작되었음을 소개한다. 그는 부토에 대해 검색을 하고, 그 내용에 따라 부토의 대가의 춤을 따라 추는 과정을 시연한다.

기존의 무용 개념에서 마치 학술대회의 발표를 연상시키는 자비에르의 렉처 퍼포먼스는 분명 무용 공연의 경계를 넘어선다. 실제로 이 공연은 무용보다 연극의 영역에서 더 많은 선행 연구를 보인다. 그러나 그의 작품에는 분명 신체가 있고, 춤추는 신체의 움직임과 표현이 있다. 우리가 그의 작품에서 눈여겨봐야 할 점은 전통적인 안무의 구조와 개념을 표현하는 안무적인 움직임이 아니다. 「다른 상황의 산물」에서 자비에르의 신체는 역동적인 움직임으로 이뤄진 안무의 구성 대신에 안무를 시작하게 되는 작품의 발생과 과정, 결과들을 모두 포함하는 지적이고 개념적인 형태의 무용 작품을 구성한다. 이러한 그의 작품에서 신체는 '무엇을 춤추느냐'보다 '무엇이 움직임의 근원이 되는가'에 집중하게 하고, '어떻게 춤추는가'의 실험적인 방식들을 관객에게 주목할 수 있게 한다.

이 작품에서 그가 목적에 두는 '2시간 만에 부토 춤 완성하기'는 결코 부토 대가들의 춤을 모방하거나 유사하게 흉내 내는 재현적 표현으로 이뤄지지 않는다. 그는 부토에 대한 정보를 검색하고 그 춤이 죽음에 대한 것이며 암흑 속에서 이뤄지는 공연의 특성들을 가지고 있다는 것을 알아낸다. 그는 무대 전체를 암전시키고 어둠 속에서 자신만의 부토 공연을 새롭게 구성한다. 이러한 그의 공연은 재현적인 신체 표현에 대한 비판이며, 자신의 신체를 통해 새로운 안무를 구성해내는 생성을 보여준다. 춤추는 신체는 자비에르의 주체와 그가 가진 유기적인 신체로부터 변화를 이끌어가는 주체가 되며, 이러한 과정을 통해 나타나는 창조의 경험과 신체가 그 스스로 구성해낸 새로운 부토 안무는 춤추는 신체의 확장된 표현의 영역을 보여준다.

◆ ◆ ◆

컨템퍼러리 댄스에서의 신체는 안무가의 주체로부터 벗어나서 신체 그 자체로써 움직임 표현을 확장시키고, 사회문화적인 삶의 차원으로 내밀하게 연결되며, 새로운 창조적 표현들을 위해 춤추는 신체 자체의 지속적인 변화를 거듭한다. 이러한 과정에서 기존의 안무 개념이나 움직임 표현의 구성들은 해체되거나 부재하는 것이 아니라 변화의 방향성을 가지고 다른 차원으로 확장되고 있다고 할 수 있다. 실제로 컨템퍼러리 댄스는 이전 시기의 춤추는 신체의 표현을 모두 포함하면서 동시에 새로운 표현 방식을 모색하고 있기 때문이다. 이제 우리는 21세기 컨템퍼러리 댄스에서 철학적으로 인식되던 신체가 실제적 차원으로 해방되는 것을 목격하고, 춤추는 신체가 삶의 영역에서 실험과 실천을 주도하는 것을 발견하게 될 것이다.

제14장

한국 컨템퍼러리 댄스의 글로컬 경향

나일화

오늘날 정치, 경제, 문화 등 사회 전반에서는 디지털 정보화의 구축과 기술의 혁신을 기반으로 그 어느 때보다도 활발한 국제적 교류가 이뤄지고 있다. 이러한 세계화 현상은 과거 서구를 중심으로 향했던 일방향에서 세계 각국의 로컬 문화를 발전시키고 새롭게 창조하는 글로컬(glocal) 문화의 변화에 따라 다양한 방향성을 가지게 되었다. 이러한 시대적 흐름에서 컨템퍼러리 댄스 또한 문화 혼종(culture hybridization)과 예술 상호주의에 따라 문화와 예술의 중심이 해체된 가운데 있다.[1] 이러한 시점에서 우리 문화예술의 현재를 바라보고 그 정체성과 글로컬 시대에 대응하는 표현 방식들을 재고해 보는 것은 중요한 의미를 가진다.

'글로컬(glocal)'은 세계적임을 뜻하는 글로벌(global)과 지역적임을 의미하는 로컬(local)의 조합어이지만, 단순히 두 개의 상반된 의미를 합한 개념이 아니라 "세계적인 동시에 지역적이고, 세계성은 지역성에 의해 수정되고 변경된다"[2]는 의미를 함축한다. 따라서 글로컬의 관점에서 한

1 김말복(2011). 컨템포러리 댄스의 몸. 『무용예술학연구』, 34, p.4.

국 컨템퍼러리 댄스 작품에 나타나는 주제와 표현들을 살펴보는 것은 '한국적인 것'의 정체성에 대한 고려뿐 아니라 '한국적인 것'이 어떠한 방법으로 세계와 지역(한국), 전통과 현대, 서양과 동양, 보편과 개별의 이원화된 구도를 벗어나 '세계적이자 동시에 지역적인' 의미를 가지는가에 대한 논의를 포함한다.

오늘날 우리 춤은 세계적인 수준에서 활발히 교류하고 있고, 다른 한편에서 K-pop과 드라마, 영화 등의 대중 예술들이 훨씬 앞서 한류 문화를 선점하고 있다. 이 글에서는 글로컬 시대에 요구되는 한국 컨템퍼러리 댄스의 글로컬 경향을 파악하고, 앞으로의 방향성을 가늠해 보고자 한다.

1. 글로컬의 개념과 다른 영역에서의 사례

1) 글로컬 개념의 이해

글로컬에 대한 인문학적 연구들은 대다수 보편과 개별에 관한 논의를 포함하고 있다. 이는 글로컬이 가지는 세계화와 지역화의 융합적 현상에서 세계와 지역, 중심과 주변, 서양과 동양, 주류와 비주류의 경계와 이들의 관계를 명확하게 이해할 필요가 있음을 의미한다.

먼저, 철학의 논리적인 관점에서 글로컬이라는 용어를 생각해 보면 '세계화-지역화'라는 반대되는 의미의 이항 대립의 조합으로 모순을 가진다. 그리고 이러한 논리적 모순은 '세계-지역'을 '전체-부분', '보편-개별'의 집합 관계로 봐도 마찬가지다. 따라서 글로컬 개념은 이러한 의미

2 R. Cohen & P. Kennedy(2007). *Global Sociology*(2nd ed.)(New York: New York University Press), p.62.

의 이분법적인 구분을 벗어나 문화적으로 또는 예술적인 차원에서 사용되는 '동시적인 개념'으로 이해되어야 한다.[3] 예를 들어 '세계-지역'의 관계를 문화적 차원에서 생각해 보면, '세계-한국', '세계-미국', '세계-일본' 등의 여러 항을 만들 수 있다. 그러나 이때 '세계의 문화'는 '한국의 문화, 미국의 문화, 일본의 문화…'의 반대 또는 총합이 아니다. 문화적인 관계에서 보자면 한국의 개별적인 문화는 '동시에' 세계적인 문화일 수 있고, 세계적인 문화 또한 '동시에' 한국적일 수 있다. 글로컬에서 세계와 지역은 동시적인 의미를 가지는 것으로 이해되어야 하고, 이러한 맥락에서 "가장 한국적인 것이 가장 세계적인 것이다"라는 문장이 논리적 모순 없이 성립될 수 있는 것이다.

글로컬에서 제기되는 '보편-개별'의 관계도 이와 동일한 연장선상에서 이해될 수 있다. 글로컬이 가지는 '세계-지역'의 조합이 '전체-부분'의 동시적임을 뜻하는 범위에 대한 것이라면, '보편-개별'의 문제는 가치 부여의 내용을 담고 있다. 보편과 개별에 대한 생각은 일찍이 서양철학의 전통에서부터 시작되는데, 플라톤은 보편과 개별을 이원화하고, '보편'에 해당하는 이데아에서 절대적인 가치를 찾고자 했다. 이는 이후 중세의 신, 근대의 이성과 지식, 현대의 구조주의에 이르기까지 끊임없이 보편을 추구하는 전통으로 이어졌다. 서양 사상이 가지는 보편과 개별에 대한 차등적 구별은 우등과 열등, 지배와 종속의 가치들로 대변되어 세계적인 것이 지역적인 것보다 뛰어나다는 의미를 부여하게 된다. 이는 곧 문화적인 차원에서 지역성보다 세계화를 추구하는 경향으로 나타났고, 이러한 일방적인 세계화의 과정에서 제기되는 문제는 국가와 국가, 국가와 지역 간의 교류가 결코 대등한 입장에서 이뤄지지 못했다는 점이다. 서구는 '근대성'의 개념을 필두로 문명의 진보와 발전을 강조

3 박치환·김성수(2009). 문화콘텐츠학과 글로컬문화. 『글로벌문화콘텐츠』, 2, pp.11-13.

하는 서구중심주의적인 관점을 지배적으로 발전시켜 왔는데,[4] 이러한 구도에서 '세계-지역'은 '서양-비서양'으로 대치되고 그들이 '보편-개별'에 부여했던 '우등-열등', '지배-종속'의 구도로 연결지어 비판의 대상이 되었다.[5] 오늘날 글로컬의 개념은 이처럼 일방적인 세계화에 대한 대안으로 사용되고 있다.

2) 다른 영역의 글로컬 경향과 사례

전 세계의 각 나라가 세계화의 노력을 기울이기 시작한 배경에는 '누가 세계화의 패권을 장악하는가'에 대한 경제 자본과 성장의 논리가 자리한다. 우리나라의 경우는 지난 문민정부 시기(1993~1998)에 세계화의 기치를 내걸고 한국의 문화와 사회를 국제무대로 진입시키려는 노력을 기울이기 시작했다. 그러나 신자유주의 자본의 구도에서 절대 우위를 선점하고 있던 미국이 2008년 국제 금융위기를 맞게 되면서 세계화의 문제점들이 지각되기 시작했다.[6] 이러한 배경으로부터 지역 고유의 문화에 대한 관심, 세계적인 것과 지역적인 것의 교류, 개별 국가에서 더 작은 단위의 지역으로까지 문화적인 차이를 존중하는 글로컬 현상이

---

4 서구의 문명에 대해서 박이문은 '야만과 대비되어 진화론적 관점에서 시간적으로나 기술적 발전, 즉 '진보'의 뜻을 함의'한다고 언급한다. 박이문(1998). 『자연, 인간, 언어』(서울: 철학과 현실사), p.13.

5 '보편-개별'에서 나타나는 서구중심주의에 대한 비판과 각성은 서양 지성계에서 먼저 일어났다. 물론, 보편적인 것은 서구적인 것일 뿐이라는 문화우월론적인 시각이 먼저 생겨나기는 했으나, 이에 따라 서구의 문명이든 지역 원주민의 문명이든 각각의 개별적 문화일 뿐이라는 문화상대주의적 인식도 생겨났다. 글로컬은 이러한 문화상대주의적 관점과 그 맥락을 함께 한다. 김성수(2013). 두 개의 글로컬라이제이션, 두 얼굴의 글로컬: 글로컬라이제이션 개념을 배경으로 한 문화콘텐츠 기획의 허와 실. 『글로벌문화콘텐츠』, 10, pp.112-113.

6 찰스 A. 쿱찬(2008). 『미국시대의 종말: 21세기 미국의 대외정책과 새로운 국제정세』. 황지현 옮김(서울: 김영사, 2005). pp.123-176 참고.

일어난 것이다.

인도의 영화는 자국의 문화에 대한 관심과 발전을 보여주는 대표적인 사례다. 마살라 무비(Masala Movie) 또는 볼리우드(Bollywood)[7] 영화로 불리는 인도 영화는 우리가 널리 잘 알고 있듯이 뮤직 비디오를 연상케 할 정도로 영화의 맥락과 전혀 상관없이 춤과 노래, 집단적인 군무가 등장한다. 처음 인도 영화를 보는 이들에게 당황스럽기도 하고, 다소 촌스럽거나 우스꽝스러워 보이는 집단적인 춤과 노래는 인도인들에게 그들의 일상과 뗄 수 없는 핵심적인 지역 문화 코드로 존재한다. 인도의 관객들은 춤과 노래가 영화 화면에 나오면 일제히 자리에서 일어나 영화 속 주인공들과 한 몸이 된다.[8] 현재 인도는 세계 최대의 영화 제작국으로 연간 약 1천 편 이상의 영화를 제작, 소비하고 있으며, 인도에서 미국 영화의 점유율은 5% 정도에 불과하다.

인도의 영화가 세계 보편의 문화인 할리우드 영화에 대해 굳건한 로컬 문화를 형성한 글로컬의 예가 된다면, 영국의 뮤지컬은 자국의 로컬 문화를 글로벌한 문화로 발전시킨 글로컬의 예시라고 할 수 있다. 영국의 창조적인 문화는 세계화를 목적으로 하지 않는다. 그들은 자신들의 로컬 문화가 곧 세계의 중심이라고 여기는 글로벌 의식을 가지고 있다. 「해리 포터(Harry Potter)」 시리즈로 전 세계적으로 유명해진 조앤 롤링(Joan K. Rowling)이나 「오페라의 유령(The Phantom of the Opera)」(1986), 「캣츠(Cats)」(1981), 「에비타(Evita)」(1976), 「지저스 크라이스트 수퍼스타(Jesus Christ Superstar)」(1970) 같은 뮤지컬을 만든 앤드류 로이

---

7 마살라는 인도의 '마시아'라고 부르는 요리용 스파이스를 말하는데, 이는 스파이스가 가미된 자극적인 영화, 혹은 인도 요리같이 각종 스파이스가 서로 조화를 이룬 영화라는 뜻에서 붙여진 명칭이다. 박치완(2011). 왜 글로컬문화콘텐츠인가?. 『인문콘텐츠』, 20, p.14. 또한 볼리우드는 인도의 옛 수도였던 봄베이와 미국의 할리우드의 합성어로 인도의 영화산업을 일컫는 단어다.

8 앞의 글, pp.13-16.

드 웨버(Andrew Lloyd Webber)는 그들의 작품을 로컬의 문화에서 글로벌한 것으로 발전시켜야 한다는 목적보다 단지 작품의 창조적인 창작에 노력을 기울였을 뿐이다. 이들의 소설과 뮤지컬은 다시 영화와 캐릭터 상품 등으로 제작되어 문화 콘텐츠의 '원 소스 멀티 유즈(One Source Multi Use)'가 지닌 문화상품과 경제적 부가가치에 대한 성공 사례가 된다.

영국은 이미 오랜 전통에서부터 세계적으로 유명한 작가 셰익스피어(William Shakespeare)가 있었고, 현대에 와서는 비틀스(Beatles)와 아바(ABBA)가 영국 문화의 아이콘이 되었다.[9] 이러한 영국의 사례가 우리에게 시사하는 바는 자국 문화에 대한 자부심을 가지고 예술 작품을 창조적으로 구축해야 한다는 것이다. 이는 결코 자문화중심주의를 의미하는 것이 아니다. 자국의 로컬 문화에 대한 이해와 전통에 대한 자부심을 가지고 있어야만 비로소 다른 로컬 문화들을 적극적으로 수용하고 활용할 수 있기 때문이다. 오늘날 영국의 다문화주의적인 성향과 예술에서의 혁신적인 작품들의 등장은 바로 이러한 문화적 정신을 배경으로 두고 있다.

유럽의 영국만큼이나 아시아에서의 일본은 자신의 전통문화를 창조적으로 발전시키며 성공적인 글로컬 문화를 구축했다. 일본의 만화를 대표하는 지브리 스튜디오(Studio Ghibli)의 작품들은 그들이 얼마나 섬세하고 효과적으로 글로컬 문화인 일본 애니메이션을 생산하는가를 보여준다. 지브리 스튜디오를 이끌어가는 핵심 인물 미야자키 하야오(みやざきはやお, 宮崎駿)는 일본 내에서의 활발한 활동은 물론 미국의 대표적인 애니메이션 회사인 월트 디즈니(Walt Disney)와 손을 잡고 국제시장으로 그의 활동 영역을 넓혔고, 이후 이탈리아와의 합작을 시도하면서 전 세계를 겨냥하는 작품들을 만들어냈다. 하야오의 대표작 「바람의 계곡 나

9 앞의 글, pp.18-21.

우시카(風の谷のナウシカ)」(1984)의 주인공 나우시카의 이름은 「오디세이아(Odysseia)」에 등장하는 스케리아의 공주에게서 따온 것이지만, 또 하나의 원류는 헤이안(平安) 시대 사람들의 생활상을 그린 「쓰쓰미추나곤 모노가타리(堤中納言物語)」에 등장하는 '무시아이즈루 히메기미'라는 일본 설화 속의 등장인물을 담고 있다. 이는 서양의 신화와 일본의 설화를 중첩시킨 신화의 현대적 존재 방식을 보여준다.[10] 이후의 작품들에서는 좀 더 구체적으로 일본적인 요소들이 노출되는데 「이웃의 토토로(となりのトトロ)」(1988)에는 숲의 정령 모노노케가 등장하면서 일본의 일상 생활이 잔잔하게 그려지고 있고, 「원령공주(もののけ)」(1997)는 일본의 중세 무사 시대인 무로마치(室町) 시대를 배경으로 하고 있다. 그러나 이들 작품의 주제는 자연과 환경에 관한 세계적인 관심사를 다루고 있다. 이후 「센과 치히로의 행방불명(千と千尋の神隠し)」(2001)은 전체적인 배경에서는 서양풍을 모방했던 쇼와(昭和) 시대와 에도(江戶) 시대의 온천장, 중국과 동남아시아풍의 유행이 뒤섞인 이미지들을 보여준다. 이는 일본의 전통 문화와 동아시아의 문화를 융합시킨 이미지를 통해 주인공 센이 치히로가 되면서 겪는 혼란스러운 상황을 효과적으로 표현해낸다.[11] 미야자키 하야오의 일본 애니메이션은 서양 중심의 세계관에 대응해 일본의 시각에 중심을 둔 인류 보편적인 존재 방식과 일본 문화, 역사, 신화, 일상의 삶, 독특한 캐릭터들을 창조한다. 이는 서양-동양, 세계-일본 문화의 창조적인 교류이자 동시적인 글로컬 작품의 양상을 보여준다.

이제까지 살펴본 인도의 마살라 무비, 조앤 롤링의 소설과 앤드류 로이드 웨버의 뮤지컬, 미야자키 하야오의 애니메이션은 국내에도 널리 알려져 있고, 상당수의 마니아 계층이 존재할 정도로 성공한 글로컬 작

---

10 오상현(2006). 일본 애니메이션의 세계화 전략: 미야자키 하야오의 이미지와 표현 컨셉. 『한일군사문화연구』, 4, pp.199-201.

11 앞의 글, pp.211-214.

품이자 대중문화이며 각국을 대표하는 문화 콘텐츠라 할 수 있다. 이제 우리에게 시선을 돌려 국내에서 이뤄지고 있는 다른 예술 영역의 글로컬 사례들을 살펴본다. 먼저, 연극에서는 우리 고유의 문법으로 세계적인 고전들을 재구성해 국내는 물론 해외에서 호평을 받고 있는 이윤택 연출의 「햄릿」(1996)에 주목해 볼 수 있다. 「햄릿」은 1996년 초연 후, 러시아 세계 아시테지(Asitej) 청소년 연극제 초청, 1998년 독일, 1999, 2000년 일본 등 해외에 초청되어 세계 연극 인사들은 물론 현지 관객들의 찬사를 받았다. 「햄릿」에서 이윤택은 셰익스피어의 원전을 젊은 우리 배우들이 연기하기 쉽도록 구어체로 바꾸거나 무대 공간과 극의 주요 부분에 동양적인 변화를 주어 글로컬 표현을 시도했다. 왕의 무덤에는 고분 천마총의 벽화를 그려넣어 세계는 결국 거대한 무덤이라는 햄릿의 개념을 구체화했고, 햄릿이 선왕의 유령과 만나는 부분을 동양의 샤머니즘적 접신의 과정으로 풀어내거나 오필리아의 장례식에는 한국 상여꾼들의 노래를 삽입하면서 "어떻게 우리의 인식과 양식을 담을 것인가? 서양의 골조에 어떻게 아시아적인 살과 피를 통하게 할 것인가" 하는 과제를 10년 동안 지속적으로 실천한 것이다. 이 밖에도 김정옥의 「햄릿」 또한 샤머니즘의 굿판을 가미했으며, 오태석은 「로미오와 줄리엣」을 3,4조 혹은 4,4조로 이뤄진 우리 전통의 운율로 바꾸고, 작품의 결말을 로미오와 줄리엣이 죽은 이후에도 몬테규와 캐플릿 가(家)가의 화해 없이 적대적인 상태로 끝맺음으로써 우리의 분단된 현재적 상황을 은유하기도 했다. 이 작품은 2001년 독일의 브레머 셰익스피어 페스티벌에 아시아 대표로 초청되었고, "한국의 전통과 언어와 동작과 색채를 셰익스피어 원전의 정수와 결합한 독창적인 작품"[12]이라는 평가를 받았다. 연극에서의

---

12 김동욱(2008). 글로컬화로 완성된 「햄릿」: 이윤택이 연출한 「햄릿」(1996-2005) 공연 연구. 『셰익스피어 비평』, 44(4), pp.718-737 참고.

셰익스피어 작품에 대한 다양한 연출과 새로운 해석은 서양의 원작들을 국내화, 즉 로컬화시키면서 동시에 현지화하는 시도를 보여준다.

한편, 음악에서는 해외에서 활발하게 활동하고 있는 작가들의 무대에서 발전적인 글로컬 예술로서의 예시들을 발견할 수 있는데, 그 시작점에서는 동아시아의 음악을 서양 현대 음악과 접목시켜 독창적인 작품들을 창작했던 윤이상과 같은 작곡가들이 있다. 그가 활동했던 1960~70년대에 서구 현대 음악에서는 동서양의 만남이라는 패러다임으로 그의 음악을 해석하면서 그가 서양과 다른 자국의 전통을 어떻게 전유했는가에 주목했다.[13] 이후 현재 활동하고 있는 음악가들은 전통과 서양의 접목에서 더 나아가 전통의 새로운 재구성의 경향을 가진다. 그 대표적 표현 방식은 동서양의 악기를 함께 연주하는 앙상블이라 할 수 있는데, 미국 실크로드 프로젝트의 위촉작이었던 「밀회」(2001)는 가야금 병창, 오보에, 첼로가 사용되었고, 「에밀레종」(2006)은 바이올린, 첼로, 장구, 이란 관악기를, 「팔만대장경」(2006)은 바이올린, 첼로, 대금 등을 사용한 앙상블 연주가 이뤄졌다. 국내에서 활동하는 작곡가들 또한 전통악기를 포함한 앙상블로 해외에서 초청받고 있는데, 전통 산조의 장단과 음계를 현대적으로 재구성한 「댄싱산조」(2008)는 오스트리아 비엔나의 한국 음악 쇼 케이스에서 연주되었고, 창, 바리톤, 대금, 해금, 가야금, 피아노, 타악기로 연주된 「너의 목소리를 바라보노라」(2010)는 독일 뒤셀도르프에서 열린 슈만 탄생 200주년 기념 페스티벌 위촉작으로 초청되었다. 음악에서 이처럼 글로벌과 로컬이 접합된 글로컬적인 표현은 점차 다양한 표현 방식들을 보여주는데, 이자람의 판소리 「사천가」(2007), 「억척가」(2011)는 브레히트(Bertolt Brecht)의 「사천의

13 이희경(2014). 글로컬, 탈경계 시대 한국 현대음악의 지형: 조망의 현재화. 『음악과 문화』, 31, p.105.

선인」과 「억척어멈과 그 자식들」을 판소리로 창작한 작품이며, 박민희의 「가곡실격」 프로젝트(2011~현재)는 퍼포먼스 중심의 작곡 가능성을 보여주고 있다.[14]

마지막으로 미술 분야에서 최근 진행되는 아트 프로젝트들을 눈여겨볼 수 있다. 아트 프로젝트는 20세기 후반 미술계의 올림픽이라 할 수 있는 각국의 비엔날레들이 신선함을 잃어가면서 지역의 정체성과 로컬 예술이 갖는 관람자(지역 주민)와의 관계, 소통의 과정에 의미를 두면서 등장했다. 국내에서는 2003년 '지역 활성화'와 지역의 '삶의 질'을 목표로 하는 '생활문화 공동체 만들기, 마을미술 프로젝트'와 같은 정부 지원 아트 프로젝트가 등장했고, 2006~2007년에는 문화체육관광부가 발족한 '공공미술추진위원회'에서 프로젝트 형식의 공공미술이 기획, 실행되며 본격적으로 활성화되었다. 이후 2009년에는 기존 사업들의 문제점과 제도를 보완하고자 하는 취지에서 '마을미술 프로젝트 추진위원회'가 설립되었다. 현재는 공공미술을 활용한 생활 친화적이고 영구적인 미술 공간의 조성, 미술가들에게 다양한 창작 활동 기회 제공, 문화 소외계층의 미술문화 향유 여건 조성, 지역주민 공동체 참여 문화 활성화를 위한 프로젝트 사업을 이어가고 있다.

표 10 국내외 글로컬 경향과 특성

no.	지역 및 분야	글로컬 경향	표현 특성
1	인도 영화	로컬의 강화를 통한 글로벌에의 양립	강력한 로컬 문화 대중적 관심과 지지
2	영국 소설/뮤지컬	로컬 문화의 창조를 통한 세계화	로컬/글로벌을 의식하지 않음
3	일본 만화	로컬과 글로벌, 로컬과 다른 로컬 문화의 융합	세계 보편적인 신화, 정치, 사회, 환경의 주제
4	한국 연극	글로벌의 로컬화 및 글로컬화	글로벌의 현지화
5	한국 음악	로컬과 글로벌의 퓨전	전통과 현대의 결합
6	한국 미술	글로벌의 단점을 보완하는 로컬 예술	국가주의 지원과 개발

14 앞의 글, pp.107-108.

이제까지 살펴본 해외 및 한국의 글로컬 사례들에 나타나는 표현 특성과 경향은 앞의 〈표 10〉과 같이 정리해 볼 수 있겠다.

2. 한국 컨템퍼러리 댄스 작품에 나타난 글로컬 표현

1) 개별 작품 사례 및 분석

가. 「묵향(墨香)」: 한국 전통과 현대적 이미지 융합

국립무용단의 「묵향」(2013)은 사군자라는 전통적인 한국의 소재와 춤사위를 가지고 있으면서도 동시에 현대적인 감각을 가미한 의상과 음악, 무대 연출의 절충을 보여주는 작품이다. 이 작품은 안무가 윤성주의 스승인 고(故) 최현의 유작 「군자무」(1993)로부터 시작되는데, 초연 당시 국립무용단의 여성 주역급 무용수들이 각각의 춤사위와 개성을 매(梅), 난(蘭), 국(菊), 죽(竹)으로 표현해서 화제가 되었다. 윤성주는 「군자무」의 주제를 고수하면서 춤의 시작을 알리는 서무(緖舞), 매, 난, 국, 죽, 그리고 작품을 마무리짓는 종무(終舞)의 6장으로 변형 및 확장시켰다. 예를 들어, 남자의 독무였던 서무는 군무로 구성하고, 기존 여성 독무로 진행되었던 춤들도 각 장의 특성에 따라서 여성 군무와 남성 군무로 다양한 변주를 주는 변화를 담은 것이다.

「묵향」은 사계(四季)와 동양의 사군자가 가지는 의미와 이미지들을 작품에서 표현하는데, 여기에는 동서양의 악기가 어우러진 음악과 현대화된 전통 의상이 가미되어 한국의 전통을 세련된 감각으로 그려낸다. 이 작품의 의상과 음악, 무대, 연출의 아트 디렉터를 맡은 정구호는 이 작품에서 의상의 큰 주제는 '전통 복식의 양식화'라고 밝혔다. 우리 전통의 한복이 몸에 휘감기는 형태였다면, 「묵향」의 의상은 무용수의 발동작이 보이지 않을 정도로 치마폭을 과장되게 넓혔다. 마치 유럽의 드레스처럼 무용수들의 하체를 가리는 의상 때문에 안무가는 상체 중심의 움직임을 안무했다.

작품의 각 장과 주요한 내용, 음악과 춤 움직임을 살펴보면 다음과 같다. 1장 서무는 계절의 시작을 알리는 춤으로, 거문고 중모리와 콘트라베이스의 중저음과 함께 백색 도포를 입은 열두 명의 남성 무용수가 무대를 연다. 2장 매화는 추위를 뚫고 제일 먼저 피는 꽃으로 겨울을 이기는 강인한 이미지를 여성의 독무에서 시작해서 여덟 명의 군무로 전개시킨다. 여기에 정가(正歌)의 맑은 음색과 휘몰이 시조와 합창은 활짝 핀 매화와 봄의 시작을 표현했다. 3장 난초는 여름날 청초한 난초가 가지는 외유내강의 이미지를 선비의 기개를 품은 세 명의 남성 무용수와 세 명의 여성 무용수가 함께 춤춘다. 음악은 가야금, 거문고 4중주 중중모리가 연주되는데 가야금은 부드러운 바깥(外柔)을, 거문고는 강인한 내면(內剛)을 의미한다. 4장 국화는 늦가을의 추위를 이기며 피는 꽃으로 꿋꿋한 인내와 결실을 의미하며, 여성 독무에서 시작해서 여섯 쌍의 남녀 군무로 발전된다. 중저음의 해금 두 대만을 사용한 느린 진양조의 음악은 기본 해금 연주에 라이브 음악을 더해 우리 춤의 중후한 멋을 발산한다. 5장 오죽(烏竹)은 겨울에도 푸른 대나무처럼 곧은 선비의 기개를 의미하며 두 대의 대금으로 연주하는 산조와 자진모리 음악이 겨울의 바람처럼 울려 퍼진다. 여기에서는 철릭을 입은 열 명의 남성 무용수가 2~3미터가량의 긴 대나무 장대를 들고 등장하는데, 대나무가 바닥에 부딪치며 나는 소리가 또 다른 음악적 효과를 준다. 그리고 작품을 마무리하는 마지막 종무는 사계절의 조화와 군자의 정신, 자연의 이치를 표현하는 조화로운 군무가 추어진다. 음악은 가야금의 휘몰이 장단과 바이올린의 연주가 복잡한 하모니를 들려준다.

「묵향」에서 나타나는 주제와 전통의 춤사위는 '가장 한국적인 것'의 중심이 되고, 여기에 동양과 서양의 악기를 뒤섞은 음악, 전통 한복에 서양의 드레스 스타일을 가미한 의상은 작품에 현대적인 이미지의 변주를 자아낸다. 더불어 무대 위에 화선지를 펼쳐놓은 듯한 하얀 장막을 배경으로 각 장마다 바뀌는 계절이 디지털 영상과 캘리그래피(calligraphy)로 나타나면서 전통과 현대의 정갈한 조화를 시각화했다. 이 작품은 2015년 6월 일본 오사카(大阪) 시의 초청을 받아 공연되었으며, 오사카 시의 총영사 하태윤은 "현재 많은 재일동포가 거주 중인 오사카에서 한국 전통 예술의 품격과 현대적인 세련미로 높은 평가를 받은 「묵향」이 양국의 우호 친선을 확대하는 계기가 될 것을 기대한다"[15]고 밝힌 바 있다.

나. 「왕자 호동」: 세계적인 발레의 한국화

국립발레단의 「왕자 호동」(2009)은 지난 1988년 국립발레단의 초대 단장 임성남이 안무했던 작품을 지난 2009년 문화체육관광부가 대한민국을 대표하는 레퍼토리를 만든다는 취지의 국가브랜드사업 1호로 지원을 받아 국립발레단의 문병남 부예술감독이 새롭게 재안무했다. 여기에서 잠시 이 작품의 초연이 되었던 1988년을 되돌아보면, 당시 우리나라는 86아시안게임과 88서울올림픽이라는 국제적인 행사들을 통해 우리 문화의 세계화와 선진 공연예술에 관한 관심이 고조되어 있었고, 세계적 예술인 발레에 우리의 정서를 접목시킨 민족 발레의 정립을 위한 노력들이 활발하게 이뤄지고 있었다.[16] 그러나 국립발레단을 이끌었던

---

15 조준형(2015년 6월 16일), 국립무용단, 日 오사카서 '묵향' 첫 해외공연, 『연합뉴스』, 〈http://www.yonhapnews.co.kr/bulletin/2015/06/16/0200000000AKR20150616124600073.HTML?input=1195m, 2015. 12. 11.〉

16 한국적인 발레를 창작하고자 하는 노력들은 이미 오래전부터 이뤄졌다. 이는 대부분 고전 발레의 테크닉을 바탕으로 한국의 민속적 소재 혹은 민속춤을 결합하는 방식으로 창작되었다. 대학을 중심으로 하는 발레단에서는 이화여대 홍정희 교수의 「코리아 환상곡」(1971), 「어떤 궤적」(1981), 「장생도」(1988), 「녹색의 불길」 등이 있고, 국립발레단에서는 임성남 단장이

임성남의 민족 발레는 1986년 아시안게임을 기점으로 달라지는데, 그 이전의 작품들이 민족 발레의 정립을 목표로 '한국적 발레'를 시도한 것이었던 반면, 88 서울 올림픽을 위해 「왕자 호동」을 발표하면서 "한국의 고전을 알리고자", 그리고 "고구려 남성의 기상을 알리고자"라고 외국에 한국을 알리려 하는 의도를 명확하게 밝히고 있다.[17] 문병남의 재안무작 「왕자 호동」은 이러한 임성남의 의도를 그대로 고수하고 있다. 이에 대해 문병남은 "세계 시장에 한국적인 소재를 사용한 우리 창작 발레 작품을 내놓는 작업은 결코 중단할 수 없는 발레인들의 시대적 소명이다. 내가 주안점을 둔 것은 형식의 파괴보다는 클래식 발레의 전통을 보존하면서도 현대적인 극적 요소의 조합을 시도하는 것이다"[18]라고 밝힌다. 재창작된 「왕자 호동」에서 임성남이 강조했던 '고구려 남성의 기상'은 스물여덟 명의 남성 무용수의 출연으로 무대에 웅장함을 더하게 된다.

이 작품의 줄거리는 우리가 잘 알고 있는 『삼국사기』의 호동왕자와 낙랑공주의 이야기다. 고구려 대무신왕의 아들인 호동은 어느 날 옥저를 유람하다가 사냥대회에 출전을 하고, 길조인 흰 사슴을 잡아 낙랑의 왕 최리의 눈에 든다. 최리는 호동을 낙랑궁에 초대하고 여기에서 처음 만난 호동과 낙랑공주는 첫눈에 반해 사랑을 약속하고 결혼을 한다. 그

안무한 「지귀의 꿈」(1974), 「대비」(1980), 「배비장」(1984), 「춘향의 사랑」(1986) 등이 있다. 그러나 이 시기의 발레는 아직 고전 발레의 테크닉이 완전히 정착하지 못했고, 발레 공연에 전공자와 함께 한국 무용 전공자들이 출연함으로써 공연예술 작품의 완성도에서는 긍정적인 평가를 받지 못했다. 한국적 소재를 가진 1980년대까지의 민족 발레 작품은 김영태(2001). 창작 발레의 계보와 전망. 『문화예술』, 6월호, pp.54-64 참고.

17 김경희(2008). 국립발레단의 '한국적 발레' 작품들에 나타난 한국적 특성에 관한 연구. 『대한무용학회지』, 55, p.16.

18 황보유미(2009). 국립발레단 창작 발레: 세계 무대를 겨냥한 왕자 호동. 『예술의 전당 월간 정보지』, 2009년 11월호. 〈http://www.sac.or.kr/magazine/s_m_view_a.jsp?mag_id=3441, 2015. 12. 11.〉

러나 이 소식을 들은 대무신왕은 호동을 고구려로 불러들이고, 낙랑국을 쳐부수라고 명한다. 호동을 기다리던 낙랑에게 들려온 소식은 '적의 침입을 알리는 자명고를 칼로 찢는다면 그녀를 아내로서 받아들이겠다'는 호동의 편지였고, 낙랑은 사랑을 위해 자명고를 찢게 된다. 결국 낙랑국은 고구려에 항복하게 되고 최리는 자신과 나라를 배신한 낙랑을 죽인다.

이러한 줄거리 때문에 이 작품은 '한국판 「로미오와 줄리엣」'이라 불리기도 하지만, 그 내용을 좀 더 들여다보면 '원수 가문 사이의 이룰 수 없는 사랑 이야기'와 '호동과 낙랑 그리고 필대장군의 삼각 관계' 같은 서양의 낭만 발레적 요소들과 함께 '고구려와 한족의 전쟁, 신묘한 동물 사슴과 자명고의 동양적인 상징, 주술, 윤회' 등의 동양적이고 한국적인 내용들이 민속춤과 함께 포함되어 있다. 이 작품의 연출은 국립무용단 단장과 서울올림픽 문화예술축전 예술총감독을 역임한 국수호가 맡아서 문병남의 발레 안무에 한국적인 색채를 더했고, 음악을 담당한 조석연은 동양의 정적인 아름다움과 서양의 동적인 아름다움을 표현하고자 했다. 여기에 전 국립극장장 신선희의 웅장하면서도 섬세한 무대 세트 디자인과 「홍등」(2008)[19]의 의상을 담당했던 제롬 캐플랑(Jerome Kaplan)의 의상은 2009년에 다시 태어난 발레 「왕자 호동」이 한국적인 지역성을 효과적으로 드러내는 데 시너지 효과를 가져왔다.

「왕자 호동」은 2011년 이탈리아 나폴리 산카를로 재단이 주최하는 '산카를로 댄스 페스티벌(San Carlo Dance Festival) 오프닝 무대에 초청받아 현지인들의 찬사를 받았으며, 이후 캄보디아(2012), 인도(2013), 세르비아(2014)까지 매년 해외 무대를 넓히고 있다.

---

19 「홍등」은 동명의 영화를 만든 세계적인 감독 장예모가 연출을 맡고, 유럽에서 활동 중인 중국 출신 안무가 왕신평이 안무를 맡은 작품으로 서양의 발레 양식을 바탕에 두면서도 중국의 문화예술을 풍부하게 함양하고 있다는 평가를 받았다.

다. 「불쌍」: 동서양 문화의 혼종과 보편적 주제

국립현대무용단의 「불쌍」(2009)은 현(現) 예술감독 안애순이 2009년 LG아트센터와 공동 제작으로 초연한 이후, 수정과 보완을 지속해 온 안애순의 대표적인 레퍼토리다. 안무가는 이 작품을 만들게 된 것이 파리의 '부다 바(Buddha Bar)'에 장식된 거대한 크기의 불상을 본 충격에서부터 시작되었다고 말한다. 부다 바는 불교를 중심으로 하는 오리엔탈리즘(Orientalism)을 콘셉트로 몽환적인 라운지 음악을 감상하는 파리의 명소 중 하나다. 안애순은 그곳에서 동양의 대표적인 종교 아이콘이 실내 인테리어로 장식되어 있는 것에 깊은 인상을 받고 "우리의 시선뿐 아니라 '밖'의 시선도 알려주고, 이제 전통이 어떻게 해석돼야 하는지 대안도 제시하려고 했다"[20]고 밝혔다. 「불쌍」은 작품의 시작부터 서로 다른 문화가 갖는 상대적인 시각과 태도를 무용 작품을 통해 전달하려는 안무가의 의도가 포함되어 있다. 예술가의 섬세한 시각이 동서양의 문화가 혼종되는 현실의 공간과 상징물을 포착하고, 이어 작품의 창작으로 연결된 것이다.

「불쌍」의 무대에는 다양한 불상들과 함께 무용수들이 저마다의 포즈를 취하거나 불상을 옮기고 자유롭게 활용하는 움직임이 이뤄진다. 이것은 동양의 전통 문화에서 가졌던 불상이 가진 신성한 의미가 동서양의 잦은 문화 교류에 따른 서구화와 근대화의 배경에서 시간이 흐를수록 점차 변형되고, 퇴색되는 현상을 시각적으로 드러낸다. 또한 여기에서 불상은 신의 얼굴을 상징하는 것이 아니라 오히려 우리의 얼굴임을 역설적으로 의미한다. 「불쌍」에는 불상 외에도 상징적인 오브제들이 여럿 등장하는데, 1천 개의 원색적인 플라스틱 바구니들과 스티로폼은 무

---

20 박동미(2015년 8월 19일), 안애순 "피렌체 공연 때 기립 박수 쏟아져… 커튼콜 6번이나". 『문화일보』. 〈http://www.munhwa.com/news/view.html?no=2015081901032518090001, 2015. 12. 10.〉

용수들에 의해 허물고 던져지면서 파괴적인 현대 사회를 은유하기도 하고, 일회적인 소모품이라는 물성(物性)을 드러냄으로써 소외되고 파괴된 인성을 상대적으로 극명하게 대비시킨다.[21] 이는 우리 사회의 근대화 과정을 떠올리게 하는데, 이것은 비단 한국만의 특수한 것이 아니라 범아시아적이며 보편적인 것으로 해석된다.

이 작품은 불상에서 착안되고, 불상이 등장하지만 그 제목은 「불쌍」이다. 이는 작품에서 우리 사회가 서구화, 근대화를 거치면서 전통을 변형하고 왜곡하는 것에 대한 반성을 언어의 유희와 역설적인 의미로 드러낸 것이다. 여기에 설치미술과 최정화의 오브제, 시종일관 작품의 배경에서 흘러나오는 DJ 소울스케이프(Soulscape)의 라이브 디제잉(DJ-ing)이 더해져서 "전통과 현대, 동양과 서양, 성스러움과 속된 것의 경계를 현대적인 감각으로"[22] 표현해낸다. 또한 안애순 작품들에서 나타나는 유연한 관절과 근육의 움직임은 무용수들 각각의 개성을 살리면서도, 한국의 북춤, 인도의 카탁, 중국의 무예 등 동아시아 지역의 로컬 문화들과 어우러지면서 관객의 시선을 사로잡는다. 이 작품에 대해 관객들은 "한국의 전통춤을 보지는 못했지만, 전통을 바탕으로 한 현대 춤으로 세계적인 보편성을 지녔다"거나 "전통적인 것과 현대적인 것을 함께 섞어놓은 듯한 느낌을 받았다. 매우 흥미로웠다"[23]는 평을 남겼다.

이 작품은 2009년 초연 이후, 2014년 인도네시아 자카르타 '아트 서밋 인도네시아 2013(Art Summit Indonesia 2013)', 2015년 이탈리아 피렌체 '파브리카 유로파(Fabrica Europa)'와 몰타 안코나의 '인터아트로 페스티벌(Inteatro Festival)', 호주 시드니한국문화원 초청 공연으로 호평을

---

21 앞의 글.

22 손준현(2015년 8월 30일), '불쌍', 베를린의 주말 밤을 적시다. 『한겨레』. 〈http://www.hani.co.kr/arti/culture/music/706659.html, 2015. 12. 8.〉

23 앞의 글.

받았으며, 지난 8월에는 독일 베를린의 '탄츠 임 아우구스트(Tanz Im August')에 한국무용단 최초로 초청되어 기립 박수와 거듭되는 커튼 콜을 받았다. 2016년에는 노르웨이의 무용축제 '단센스 후스'의 초청을 받아 공연할 예정이다.

2) 한국 컨템퍼러리 댄스 작품에 나타난 글로컬 표현의 논의

앞서 살펴본 국립무용단의 「묵향」, 국립발레단의 「왕자 호동」, 국립현대무용단의 「불쌍」에 나타나는 글로컬 경향과 표현 특성, 표현 방법에 대해 〈표 11〉과 같이 정리해 볼 수 있다.

「묵향」, 「왕자 호동」, 「불쌍」의 작품 사례에서 공통적으로 발견되는

표 11 「묵향」, 「왕자 호동」, 「불쌍」에 나타난 글로컬 경향과 표현 특성

작품명 공연 단체	작품 정보	글로컬 경향	표현 특성	표현 방법
묵향 (국립무용단)	안무: 윤성주 의상, 아트디렉터: 정구호 영상, 캘리그래피: 심전 선우정선	로컬 문화의 현대화 /동아시아 로컬 문화의 강화	한국 전통과 현대적 이미지 융합	한국 전통 춤사위 + 현대화된 의상, 음악, 무대장치, 미디어 기술의 조화
왕자 호동 (국립발레단)	안무: 문병남 대본 및 연출: 국수호 무대: 신선희 음악: 조석연 의상: 제롬 캐플랑	글로벌의 로컬화	세계적인 발레의 한국화	클래식 발레 테크닉 + 한국적 소재와 정서 (한국 무용가 대본 및 연출, 한국적 무대 배경, 동서양의 조화된 음악)
불쌍 (국립 현대무용단)	안무: 안애순 설치미술: 최정화 음악: DJ소울스케이프 무대: 김종석 영상: 염지혜	로컬과 글로벌의 퓨전 로컬 문화 간의 융합	동서양 문화의 혼종과 보편적 주제	상징적인 설치미술 미디어 영상 라이브 DJ-ing + 북춤, 카탁, 무예, 유연하고 탄력적 움직임 테크닉

점은 '한국 또는 동양의 로컬적인 소재와 정서'가 '세계 또는 서양의 글로벌한 문화'와 융합되고 있으며, 이에 따라 작품을 창작하는 안무가와 다른 예술가들의 협업 또는 공동 작업이 이뤄지고 있다는 점이다.

물론, 그 중심과 방향은 조금씩 다르다. 「묵향」은 한국의 전통적인 춤사위와 정신을 중심에 두고 의상과 음악, 무대장치, 디지털 영상과 캘리그래피 같은 기술적인 부분들에 서구적이고 현대적인 이미지를 가미했으며, 여기에는 의상 디자이너이자 아트 디렉터를 맡은 정구호의 감각이 더해진다.

「왕자 호동」은 글로벌한 무용예술인 클래식 발레의 전통적인 테크닉을 고수하면서, 작품의 주제, 배경, 의상, 무대 장치, 의상 등에 한국적이고 동양적인 로컬 문화의 요소들을 통섭한다. 여기에는 한국무용 전공자인 국수호의 대본과 연출, 한국의 역사와 신화적인 요소들을 드러내는 신선희의 무대장치, 동서양의 조화를 보여주는 조석연의 음악, 그리고 이 작품처럼 서양의 발레와 중국의 문화를 융합했던 「홍등」의 의상을 경험한 제롬 캐플랑의 의상이 있었다. 사실 발레의 역사를 살펴보면, 프랑스의 낭만 발레가 러시아로 이동했을 때, 러시아에서는 발레의 고전 테크닉과 전통을 존중하면서 그들의 크고 현란한 신체의 사용과 대륙적인 기질들을 포함해 러시아 발레 스타일을 구축했고, 발란신(G. Balanchine) 또한 미국적인 발레를 창작할 때 역시 클래식 발레의 테크닉에 미국의 현대적인 이미지와 대중문화적 요소들을 결합해서 신고전주의 발레를 만들어냈다. 따라서 중국의 「홍등」이나 「왕자 호동」 또한 이처럼 발레 역사에 나타나는 로컬 발레의 창작 방식을 크게 벗어나지 않고, 현대적인 표현 방식이나 매체의 사용 등으로 보완하면서 뒤따른다고 볼 수 있겠다.

마지막으로 「불쌍」은 동서양의 문화가 혼종되는 현상 자체를 작품에서 다루고 있는데, 작품의 주제적인 측면에서 보자면 문화 혼종의 방향이 양쪽에서 이뤄지는 것보다 동양의 문화가 서구화되고 있음을 포착하고 있다. 이 작품의 중심은 앞의 두 작품과 달리 움직임의 테크닉이 아니다. 안무가의 생각과 작품의 주제를 중심에 두고 이를 향해서 안무적 움직임과 설치미술, 소품, 라이브 음악, 그리고 다양한 동양의 로컬적 움직임들이 한데 모이고 있다. 그리고 이러한 가운데에서 관객으로 하여금 '전통의 변질과 왜곡', '자아 반성과 비판', '일회적 소모품과 같은 삶의 고민'들을 발견하게 함으로써 인류 보편적인 문제들에 가까이하고 있다.

물론, 이러한 차이점의 배경에는 각각의 작품이 가지는 춤의 장르적인 특성, 안무가의 성향, 그리고 무엇보다도 국립 단체라는 특성을 무시할 수 없다. 그러나 글로컬 시대에 따른 한국 컨템퍼러리 댄스의 표현에 대한 이 글에서 주목하고자 하는 점은 각각의 작품 사례에서 발견되는 '한국의 로컬 문화와 세계 문화의 교류와 융합'에 관한 것이다. 과거 세계화를 향해 수렴되었던 문화적 흐름의 방향이 이제는 세계와 지역, 서양과 동양, 지역과 지역 등의 더 작은 단위로 세분화되고 다양해졌기 때문이다.

따라서 이러한 글로컬 시대의 변화에 따라 한국 컨템퍼러리 댄스가 고려해야 할 점과 발전 방향에 대해 생각해 볼 필요가 있다. 그 첫 번째는 '일방적인 세계화와 자문화중심주의에 대한 비판적 사유'다. 과거 세계화의 과정에서 나타난 동양과 서양의 불균형한 관계는 서구 문화를 보편적인 위치에 두고, 비서구의 문화들이 발맞춰 뒤따라갔다. 우리는 지금도 '세계적인 것'이라 하면 막연하게 자연스럽게 미국과 유럽을 중심으로 하는 서구 사회에서의 인정을 떠올린다. 특히 한국의 경우, 근대화의 과정에서 일방적으로 서구의 문화를 수용하게 되면서 우리가 가지고 있던 '한국적인 것', 즉 전통적인 것을 서구의 신식 문화보다 뒤떨어지는 것이라는 사회적 통념을 가지게 되었다. 따라서 일방적인 세계화에 대한 비판이 필요하며, 반대로 세계화를 향한 서구중심주의는 물론 한국의 문화와 예술을 절대 우위에 두는 자문화중심주의적인 관점과 자세 또한 탈피해야 한다. '가장 한국적인 것이 가장 세계적인 것'이 될 수는 있지만, 다른 문화에 대한 이해와 고려 없이 우리 문화의 지역성(locality)만을 고집한다면 그 또한 글로컬 문화가 강조하는 대등한 관계에서의 교류가 될 수 없다.

두 번째는 '한국적 정체성의 고찰과 다양한 표현 방식의 개발'이라 할 수 있다. 글로컬 시대의 예술 작품으로서 한국의 컨템퍼러리 댄스에는 우리의 정신과 감성이 현대적 감각을 가진 세련된 방식으로 표현되어야 한다. 이를 위해서는 먼저 한국적인 것과 전통에 대한 고찰과 이해가 선행되어야 하며, 우리 고유의 문화, 즉 우리의 전통이 어떻게 현대적인 기교들과 융합할 수 있는가에 대한 다양한 표현 방법과 매체들에 대한 고려가 필요하다. 이는 과거 세계화를 위한 노력들이 단순히 '한국 문화+현대적 요소'라는 합성의 차원에서 이뤄졌던 반면, 현시대에서는 '한국적인 정서와 감성'이 현대적인 기술과 다양한 연출 기법을 활용함으로써 글로컬 예술 작품으로서 구성되는 것을 의미하며, 인터미디어의 탈경계 시대의 변화와 그 흐름을 함께하는 것이라 할 수 있다.

그리고 마지막으로, 우리의 춤은 '대중적인 삶에서의 춤 문화 콘텐츠'가 될 수 있어야 한다. 서양의 신무용이 들어오기 전에 우리 전통춤의 존재 양식은 일상의 삶 속에서 사회 공동체 모두가 참여적으로 즐기는 실용적인 가치를 가지고 있었다. 그리고 이것은 오늘날 서양의 예술이 추구하고 있는 '삶 속에서의 예술'과 정확하게 일치한다. 그러나 이러한 춤의 기능은 최근 우리 사회에서 드라마와 영화, K-pop, 비보이나 점프, 난타 등의 넌버벌 퍼포먼스(non-verbal preformance)가 이끌고 있는 대중문화가 대신하고 있으며, 이들은 한국을 대표하는 문화상품인 한류 콘텐츠로 개발되어 일반 대중의 호응과 함께 경제적인 부가가치까지도 거둬들이고 있다. 따라서 컨템퍼러리 댄스 또한 대중적인 삶에서의 춤 문화 콘텐츠로 기능할 수 있는 전략과 기획이 필요하다. 예컨대, 국내는 물론 해외의 다양한 로컬 시장을 겨냥한 빅데이터의 분석이나 현지화를 위한 작품 창작의 노력은 한국의 컨템퍼러리 댄스가 세계 전 지역으로 진출할 수 있는 효과적인 전략의 일환이 될 수 있을 것이다.

◆ ◆ ◆

21세기의 한국 컨템퍼러리 댄스는 세계적인 무대에서 활발한 창작과 공연 활동을 전개하고 있다. 이는 국제 무용 콩쿠르와 안무 대회의 수상, 해외 유수 무용단체에서 활동하며 세계 춤의 동향을 익힌 무용수와 안무가들의 활동이 원동력이 된 것이다. 또한 국가적인 차원에서의 예술 지원과 대기업들의 상업적인 예술극장 설립, 그리고 전문 무용 기획과 국제 페스티벌의 개최를 통한 국내외 무용예술의 교류를 배경에 두고 있기도 하다.

예술에서의 세계화는 인터미디어와 탈경계 시대의 흐름에 따라 과거 서구 유럽과 미국 중심의 차원에서 동아시아를 포함한 비서구권 문화예술의 양방향적인 소통과 영향력의 차원으로 확장되었고, 이로부터 우리 춤은 세계 무용계의 흐름 안에서 고유한 정체성과 입지를 구축해야 할 필요성을 가지게 되었다. 더불어 글로컬 시대의 문화 변동과 예술의 흐름에서 '한국적인 것'에 대한 로컬 문화의 이해와 정체성을 인식하는 것은 한국 컨템퍼러리 댄스의 표현과 발전 방향에 의미 있는 시사점을 남긴다. 그러나 더욱 중요한 것은 한국의 컨템퍼러리 댄스가 끊임없이 글로컬적인 해체와 재창조를 반복하면서 역동적으로 새로운 예술의 영역들을 확장시킬 수 있도록 다양한 차원에서의 연구와 실천적 노력들이 이뤄져야 할 것이다.

원문 출처

이 책에 실린 글들은 학술지에 게재되었던 연구논문을 수정, 보완한 것으로 원문의 출처는 다음과 같다.

제1부 _ 20세기 현대 춤의 표현

제1장 로이 풀러의 아르누보적 상징
로이 풀러의 아르누보적 상징, 『무용예술학연구』, 36, 2012.

제2장 독일 모던 댄스와 실존주의
20세기 초엽 독일 현대 춤에 나타난 실존적 의미와 해석, 『무용예술학연구』, 47(2), 2014.

제3장 춤의 현대성과 기호학적 해석
기호학적 관점에서 바라본 춤의 현대성과 표현, 『무용예술학연구』, 48(3), 2014.

제4장 예술심리학과 움직임의 표현
20세기 춤의 현대화 과정에 나타난 심리 표현의 특성: 예술심리학의 논의와 비교를 중심으로, 『무용예술학연구』, 48(3), 2014.

제5장 사회주의 리얼리즘과 무용
20세기 무용에서의 리얼리즘 경향과 표현, 『무용예술학연구』, 50(4), 2014.

제2부 _ 해체 시대의 춤

제6장 니체와 20세기 현대 춤
니체의 이성비판과 20세기 현대 춤의 반향, 『무용예술학연구』, 54(3), 2015.

제7장　해체미학의 선구 머스 커닝엄

해체미학의 선구 머스 커닝엄, 『무용예술학연구』, 35, 2012.

제8장　포스트모더니티와 현대 춤의 비표현

포스트모던 댄스에 나타난 비표현(anti-expression)에 관한 논의: 이본느 레이너의 「트리오 A」(1966)를 중심으로, 『대한무용학회논문집』, 73(5), 2015.

제9장　데리다의 해체론과 현대 춤의 탈중심화

자크 데리다의 해체론적 관점으로 본 현대 춤의 탈중심화 논의, 『대한무용학회논문집』, 73(6), 2015.

제10장　후기 현대 춤의 마이너리티

춤추는 주체의 마이너리티 논의: 육체와 욕망 그리고 시간의 경계로부터의 탈주, 『대한무용학회논문집』, 73(2), 2015.

제3부 _ 컨템퍼러리 현장

제11장　푸코와 포사이드의 '헤테로토피아'

푸코(M. Foucault)와 포사이드(W. Forsythe)의 '헤테로토피아' 논의, 『무용예술학연구』, 59(2), 2016.

제12장　디지털 융합과 포스트 코레오그래피

현대 춤에 나타난 디지털 융합 양상과 특성 연구, 『대한무용학회논문집』, 74(1), 2016.

제13장　컨템퍼러리 댄스의 신체 확장과 재구성

컨템퍼러리 댄스에 나타난 신체 확장과 의미: 제롬 벨, 앙젤렝 프렐조카주, 자비에르 르 로이의 작품을 중심으로, 『무용예술학연구』, 57(6), 2015.

제14장　한국 컨템퍼러리 댄스의 글로컬 경향

글로컬 시대 한국 컨템퍼러리 댄스의 표현과 의미: 「묵향」, 「왕자 호동」, 「불쌍」을 중심으로, 『한국무용교육학회지』, 27(1), 2016.

참고 문헌

■ 단행본

강미라(2011). 『몸 주체 권력: 메를로 퐁티와 푸코의 몸 개념』. 서울: 이학사.

굿맨, 넬슨(2002). 『예술의 언어들』. 김혜숙·김혜련 옮김. 서울: 이화여자대학교출판부.

그레이엄, 마사(1941). 현대무용가를 위한 동작의 원리. 김태원 엮음. 『현대무용의 미학과 비평 1』. 서울: 현대미학사. 2003.

______(2003). 마사 그레이엄의 현대무용론. 김태원 엮음. 『현대무용의 미학과 비평』. 서울: 현대미학사.

김기현 외(2013). 『그런 하나님을 어떻게 믿어요?』. 서울: SFC출판부.

김말복(1987). 『무용예술론』. 서울: 금광.

______(2003). 『무용 예술의 이해』. 서울: 이화여자대학교출판부.

______(2011). 『무용예술코드』. 파주: 한길아트.

김상환(1996). 『해체론 시대의 철학』. 서울: 문학과지성사.

______ 외(2000). 『니체가 뒤흔든 철학 100년』. 서울: 민음사.

김용락(2003). 『탈식민주의와 저항적 실천』. 대구: 문화원고.

김욱동(1980). 『리얼리즘과 그 불판』. 서울: 청하.

______(1992). 『모더니즘과 포스트모더니즘』. 서울: 현암사.

김종호(1983). 『역사철학 I』. 서울: 삼성출판사.

김태원(1992). 『후기 현대춤의 미학과 동향』. 서울: 현대미학사.

김형효(1993). 『데리다의 해체철학』. 서울: 민음사.

남경태(2006). 『개념어사전』. 서울: 들녘.

노클린, 린다(1970). 『리얼리즘』. 권원순 옮김. 서울: 미진사. 1986.

니체, 프리드리히(1883-1891). 『짜라투스트라는 이렇게 말했다』. 장희창 옮김. 서울: 민음사. 2004.
데리다, 자크(1967). 『그라마톨로지』.김성도 옮김. 서울: 민음사. 2010.
도이처, 페넬로페(2007). 『How to read 데리다』. 변성찬 옮김. 서울: 웅진 지식하우스.
드 메르디외, 플로랑스(2003). 『예술과 뉴 테크놀로지』. 정재곤 옮김. 서울: 열화당. 2005.
드 소쉬르, 페르디낭(1990). 『일반언어학 강의』. 최승언 옮김. 서울: 민음사.
들뢰즈, 질·가타리, 펠릭스(1980). 『천 개의 고원』. 김재인 옮김. 서울: 새물결. 2004.
______(1991). 『철학이란 무엇인가?』. 이정임·윤정임 옮김. 서울: 현대미학사. 1995.
라투르, 브루노(1991). 『우리는 결코 근대인이었던 적이 없다』. 홍철기 옮김. 서울: 갈무리. 2009.
______(2010). 『브뤼노 라투르의 과학인문학 편지』. 이세진 옮김. 경기도: 사월의책. 2012.
______ 외(2011). 『인간·사물·동맹: 행위자네트워크 이론과 테크노사이언스』. 서울: ㈜도서출판 이음.
레페키, 안드레(2006). 『코레오그래피란 무엇인가: 퍼포먼스와 움직임의 정치학』. 문지윤 옮김. 서울: 현실문화. 2014.
마틴, 존(1933). 『현대춤의 인식』. 김채현 옮김. 서울: 현대미학사. 1993.
______(2003). 미국의 현대무용, 김태원 엮음. 『현대무용의 미학과 비평』. 서울: 현대미학사.
메를로 퐁티, 모리스(1945). 『지각의 현상학』. 류의근 옮김. 서울: 문학과지성사. 2002.
미쇼, 이브(2005). 『기체상태의 예술』. 이종혁 옮김. 파주: 아트북스.
미학대계간행회(2007a). 『미학대계 제1권: 미학의 역사』. 서울: 서울대학교출판부.
______(2007b). 『미학대계 제2권: 미학의 문제와 방법』. 서울: 서울대학교출판부.
______(2007c). 『미학대계 제3권: 현대의 예술과 미학』. 서울: 서울대학교출판부.
미헬, 아르투르(2003). 새로운 독일무용의 발달. 김태원 엮음. 『현대무용의 미학과 비평』.서울: 현대미학사.
바르트, 롤랑(1997). 『텍스트의 즐거움』. 김희영 옮김. 서울: 동문선. 2002.
박이문(1998). 『자연. 인간. 언어』. 서울: 철학과현실사.
반리이센 외(1983). 『니체 사르트르, 프로이드, 키에르케고르』. 이창우 옮김. 서울: 종로서적.
백승균(1987). 『실존철학과 현대』. 대구: 계명대학교출판부.

백승영(2006). 『니체 우상의 황혼 』. 서울: 도서출판 관악.
베인스, 샐리(1998). 『춤추는 여성』. 김수인·김현정 옮김. 서울: 성균관대학교출판부. 2012.
변종민(2004). 『존 업다이크의 실존주의 문학세계』, 서울: 태학사.
볼노브, O.F. 『실존철학』. 최동희 옮김. 서울: 간디서원. 2006.
뷔그만, 마리(1963). 『무용의 언어』. 윤계정 옮김. 서울: 현대미학사. 1994.
비트겐슈타인, 루트비히(1994). 『철학적 탐구』. 이영철 옮김. 서울: 책세상.
사르트르, 장 폴(1981). 『실존주의는 휴머니즘이다』. 방곤 옮김. 서울: 문예출판사.
소렐, 월터(1986). 『서양무용사상사』. 신길수 옮김. 서울: 예전사. 1999.
솜머, 샐리 R.(2003). 무대의 도제(徒弟), 로이 풀러. 김태원 엮음. 『현대무용의 미학과 비평』. 서울: 현대미학사.
쇼운, 테드(1954). 『프랑소와 델사르트의 예술세계』. 육완순 옮김. 서울: 교육과학사. 1979.
수잔, 오(1986). 『서양 춤 예술의 역사』. 김채현 옮김. 서울: 이론과실천. 1990.
슐리허, 수잔네(2006). 『탄츠테아터』. 박균 옮김. 서울: 범우사.
쉬츠 존스톤, 맥신(1992). 『무용철학』. 장정윤 옮김. 서울: 교학연구사.
스피노자, 바루흐(1657). 『에티카』. 강영계 옮김. 서울: 서광사. 1990.
시우피, 질·단 반 람돈크(1999). 『언어학 이해를 위한 주제 100선』. 이선경·황원미 옮김. 서울: 동문선. 2005.
신승환(2013). 『포스트모더니즘에 대한 성찰』. 서울: 살림.
아른하임, 루돌프(1967). 『예술심리학』. 김재은 옮김. 서울: 이화여자대학교출판부. 1984.
아이디, 돈(2002). 『테크놀로지의 몸』. 이희은 옮김. 서울: 도서출판 텍스트. 2013.
알터, 주디스 B.(1991). 『무용: 그 실제와 이론—18명의 무용이론에 대한 비판적 분석』. 김말복 옮김. 서울: 예전사. 1997.
에스크릿, 스티븐(2002). 『아르누보』. 정무정 옮김. 서울: 한길아트.
오병남(2007). 『미학강의』. 서울: 서울대학교출판부.
오세진·최창호(1995). 『심리학이란 무엇인가』. 서울: 학지사.
윤현섭(1995). 『예술심리학』. 서울: 을유문화사.
윤호병 외(1992). 『후기구조주의』. 서울: 고려원.
윤효녕 외(1999). 『주체 개념의 비판: 데리다, 라캉, 알튀세, 푸코』. 서울: 서울대학교출판부.

위너, 엘렌(1982).『예술심리학』. 이모영·이재준 옮김. 서울: 학지사. 2004.
이광래(1989).『해체주의란 무엇인가』. 서울: 교보문고.
이덕희(2000).『불멸의 무용가들』. 서울: 작가정신.
이정우(1999).『시뮬라크르의 시대』. 서울: 기획출판 거름.
이주헌(1998).『미술로 보는 20세기』. 서울: 학고재.
이 중(1972).『교육과 사상』. 서울: 배영사.
이지원(2013).『춤 테마로 읽다』. 서울: 두솔.
이진우(2009).『니체, 실험적 사유와 극단의 사상』. 서울: 책세상.
이화인문과학원(ed.)(2011).『디지털 시대의 컨버전스』. 서울: 이화여자대학교출판부.
임춘갑(1980).『키에르케고르의 생애와 사상』. 서울: 종로서적.
임춘식(1991).『현대사회와 인간 소외』. 서울: 한남대학교출판부.
제임슨, 프레드릭(1972).『언어의 감옥』. 윤지관 옮김. 서울: 도서출판 까치. 1985.
젠킨슨, 헨리(2006).『컨버전스 컬처』. 김정희원·김동신 옮김. 서울: 비즈앤비즈. 2008.
진중권(2003).『현대미학 강의』. 파주: 아트북스.
카스, 조앤(1993).『역사 속의 춤』. 김말복 옮김. 서울: 이화여자대학교출판부.
카즈오, 가미자와(1990).『20세기 무용사』. 국수호 옮김. 서울: 현대미학사. 2000.
칸딘스키, 바실리(1979).『예술에 있어서 정신적인 것에 대하여』. 권영필 옮김. 서울: 열화당.
칼리니스쿠, M.(1987).『모더니티의 다섯 얼굴』. 백지숙 옮김. 서울: 시각과언어. 1993.
캘러, 루디(1995).『기호와 해석』. 이기숙 옮김. 서울: 인간사랑. 2000.
코디 최(2006).『20세기 문화 지형도』. 서울: 인그라픽스.
쿱찬, 찰스 A.(2008).『미국시대의 종말 : 21세기 미국의 대외정책과 새로운 국제정세』. 황지현 옮김. 서울: 김영사. 2005.
키멜레, H.(1996).『데리다』. 박상선 옮김. 서울: 서광사.
퍼스, 찰스 샌더스(2006).『퍼스의 기호사상』. 김성도(편역). 서울: 민음사.
포스터, 할(1933).『반미학』. 윤병호 외 옮김. 서울: 현대미학사.
표재명(1992).『키에르케고어의 단독자 개념』. 서울: 서광사.
푸코, 미셸(1966).『말과 사물』. 이규현 옮김. 서울: 민음사. 2012.
______(1975).『감시와 처벌: 감옥의 역사』. 오생근 옮김. 서울: 나남출판. 2003.
풀퀴, 폴(1978).『실존주의』. 박은수 옮김. 서울: 정음사. 1983.
프로스트, S.E.(1985).『철학의 이해』. 서배식 옮김. 서울: 현암사.

플라톤(BC360). 『플라톤의 대화편』. 최명관 옮김. 서울: 창. 2008.
피종호(2005). 『해체미학』. 서울: 뿌리와이파리.
필벡, 토머스(2012). 포스트휴먼 자아: 혼합체로서의 도전. 이화인문과학원 엮음. 『인간과 포스트휴머니즘』. 서울: 이화여자대학교출판부. 2013.
하우저, 아놀드(1973). 『예술과 사회』. 한석종 옮김. 서울: 홍성사. 1990.
______(1983). 『예술의 사회학』. 최성만 옮김. 서울: 한길사. 1996.
하이네만(Fritz Heineman)(1976). 『실존철학』. 황문수 옮김. 서울: 문예출판사. 2009.
학원사편집국 엮음(1963). 『철학대사전』. 서울: 학원사.
해리스, 로이(1995). 『소쉬르와 비트겐슈타인의 언어』. 서울: 보고사.
험프리, 도리스(1958). 『현대무용입문』. 김옥규·김말복 옮김. 서울: 도서출판 청하. 1985.
호스트, 루이(1960). 『현대춤 형태론』. 윤영희·김태원 옮김. 서울: 현대미학사.

Abrams, M. H.(1971). *The Mirror and the Lamp: Romantic Theory and the Critical Tradition*. Oxford: Oxford University Press.
Anderson, Jack(1986). *Ballet and Modern Dance*. New Jersey: Princeton Book Company.
Banes, Sally(1980). *Terpsichore in Sneakers: Post-Modern Dance* [1st edition]. Boston, MA: Houghton Mifflin.
______(1987). *Terpsichore in Sneakers: Post-Modern Dance* [revised 2nd edition]. Middletown, CT: Wesleyan University Press.
______(1993). *Greenwich Village 1963: Avant-Garde Performance and the Effervescent Body*. Durham, NC and London: Duke University Press.
______(1994). *Writing Dancing*, Hanover and London: Wesleyan University Press.
Becker, George J.(1963). *Realism in modern literature*. Princeton: Princeton University Press.
Burt, Ramsay(2006). *Judson Dance Theater: Performative Traces*. New York: Routledge.
Cohen, R. & P. Kennedy(2007). *Global Sociology*(2nd ed.). New York: New York University Press.
Cohen, Selma Jeanne(ed.)(1998). *International Encyclopedia of Dance Vol. 3.*

New York: Oxford University Press.

Copeland, Roger(2004). *Merce Cunningham: The Modernizing of Modern Dance*. New York: Routledge.

Copeland, R. & M. Cohen(ed.)(1983). *What Is Dance? Why Philosophy Neglects the Dance*. New York: Oxford University Press.

Cunningham, Merce(1955). Choreography and the Dance. In *The Creative Experience*(ed.). Stanley Rosner & Lawrence E. Abt. New York: Grossman.

Current, Richard N. & E. Marcia(1997), *Loie Fuller: Goddess of Light*. Boston: Northwestern University Press.

Derrida, Jacques (1978). *Writing and Difference* (Alan Bass, Trans.). Chicago: University of Chicago Press.

de Sola Pool, Ithiel(1983). *The Future of Ideas: The Fate of the Commons in a Connected World*. New York: Random House.

Dixon, Steve(2007). *Digital Performance*. Massachusetts: MIT Press.

Duncan, Isadora(1928a). *Art of the Dance*. New York: Theatre Arts Books.

______(1928b). *My Life*. New York: Liveright.

Franko, Mark(1995). Mimique. In E. W. Goellner & J. S. Murphy(eds.). *Bodies of the Text: Dance as Theory*. Literature as Dance(pp.205-216). New Brunswick: Rutgers University Press.

______(1995). *Dancing Modernism/Performing Politics*. Bloomington: Indiana University Press.

Forsythe, William(2011). Choreographic Object. In S. Spier(ed.). *William Forsythe and the Practice of Choreography*(pp.90-92). London and New York: Routledge.

Garelick, Rhonda K.(2007). *Electric Salome*. Princeton and Oxford: Princeton University Press.

Gottlieb, Robert(2004). *George Balanchine*. New York: HarperCollins Publishers Inc.

Graham, Martha(1941). Dancer's Focus. In *Barbra Morgan, Martha Graham: Sixteen Dances in Photographs*. New York: Morgan and Morgan.

Grau, Andrée & Stephanie Jordan (eds.)(2000). *Europe Dancing*. London & New York: Routledge.

Greenberg, Clement(1960/65). Modernist painting. In eds Francis Frascina & Charles Harrison. *Modern Art and Modernism: A Critical Anthology*(pp.5-19). London: Harper & Row. 1982.

Guest, Ivor(ed.)(1986). *Gautier on dance*. London: Dance Book.

Johnston, Jill(1998). *Marmalade Me*. NH and London: Wesleyan University Press.

Jowitt, Deborah(1993). Expression expressionism in American modern dance. In *Dance History: An Introduction*, ed. Janet Adshead-Lansdale & June Layson. London: Routledge.

Lambert-Beatty, Carrie(2008). Being Watched: *Yvonne Rainer and the 1960's*. Cambridge and London: The MIT Press.

Laurenti, Jean-Noël(1994). Feuillet's Thinking. In Laurence Louppe(ed.). *Trace of Dance: Drawings and Notations of Choreographers* (Brian Holmes, Trans.). Paris: Editions Dis Voir.

Lepecki, André(ed.)(2004a). *Of the Presence of the Body*. Connecticut: Wesleyan University Press.

______(2004b). Concept and Presence: the Contemporary European Dance Scene. In Susan Leigh Foster. *Rethinking Dance History*(pp.170-181). London & New York: Routledge.

Lessig, Lawrence(2001). *The future of Ideas: The fate of the commons in a connected world*. New York: Random House.

Martin, John(1968). *America Dancing* [1939]. New York: Dance Horizons.

______(1972). *The Modern Dance*. New York: Dance Horizons.

McCarren, Felicia(1998). *Dance Pathologies: performance, Poetics, Medicine*. Standford: Standford University Press.

Nietzsche, F. W.(1872). *The Birth of Tragedy*(W.Kaufmann trans.). New York: Random House.

Noverre, Jean-George(1760). Letters on Dancing and Ballets. In Roger Copeland & Marshall Cohen(eds.). *What is Dance?* Oxford: Oxford University Press. 1983.

Partsch-Bergsohn, Isa(1994). *Modern dance in Germany and the United States: cross currents and influences*. Switzerland: Harwood Academic Publishers.

Phelan, Peggy(1995). Thirteen Ways of Looking at Choreographing History, In Susan Leigh Foster(ed.). *Choreographing History*(pp.200-210). Bloomington: Indiana University Press.

Rainer, Yvonne(1966). No Spectacle. In *The Routledge Dance Studies Reader* (pp.35-36), ed. Alexandra Carter. Routledge. 1998.

______(1968). A Quasi Survey of some 'Minimalist' Tendencies in the Quantitatively Minimal Dance Activity Midst the Plethora, or an Analysis of Trio A, in What is dance(pp.326-333), ed. Roger Copland. New York: Oxford University Press. 1983.

______(1974). *Work 1961-73*. The Press of Novia Scotia College of Art and Design.

Rosemont, Franklin(1984). *Isadora Speaks*. Chicago: Chales H. Kerr.

Roslavleva, Natalia(1979). *Era of the Russian Ballet*. New York: Da Capo Press.

Sayre, Henri(1989). *The Object of Performance*. Chicago: University of Chicago Press.

Sheets-Johnstone, Maxine(ed.)(1984). *Illuminating Dance*. London: Bucknell University Press.

Siegel, Marcia B.(1972). *At the Vanishing Point*. New York: Saturday Review Press.

______(1993). *Days on Earth: The Dance of Doris Humphrey*. North Carolina: Duke University Press.

Sorell, Walter(1986). *Dance in Its Time*. New York: Colombia University Press.

Spier, Steven(2011). *William Forsythe and the Practice of choreography*. London and New York: Routledge.

Tomkins, Calvin(1968). *The Bride and the Bachelors: Five Masters of the Avant-Garde*. New York: Viking Press.

Watt, Ian(1957). *The Rise of the Novel: Studies in Defoe. Richardson and Fielding*. Harmondsworth: Cambridge University Press.

■ 논문

강시원(2003). 소비에트 발레에 관한 연구: 러시아 혁명 이후~1930년대. 충남대학교 석사학위 논문.

강영계(2006). 니체의 예술철학: 실험미학과 문명비판으로서의 예술철학. 『한국니체학회연구』, 10: 7-35.

강용수(2007). 니체의 『차라투스트라는 이렇게 말했다』의 밧줄에 대한 은유적 해석: 춤의 공간적 구조에 대한 분석을 중심으로. 『니체연구』, 12: 171-200.

권철근(1987). 사회주의 리얼리즘의 이론과 실제. 『슬라브연구』, 3: 77-99.

김경연(2012). 마이너리티는 말할 수 있는가?. 『인문연구』, 64.

김경희(2008). 국립발레단의 '한국적 발레' 작품들에 나타난 한국적 특성에 관한 연구. 『대한무용학회지』, 55: 1-26.

김동욱(2008). 글로컬화로 완성된 「햄릿」: 이윤택이 연출한 「햄릿」(1996-2005) 공연연구. 『셰익스피어 비평』, 44(4): 717-751.

김말복(2011). 컨템포러리 댄스의 몸. 『무용예술학연구』, 34: 1-27.

______(2012). 해체미학의 선구 머스 커닝엄. 『무용예술학연구』, 35(2): 1-18.

김말복·이지선(2014). 기호학적 관점에서 바라본 춤의 현대성과 표현. 『무용예술학연구』, 48(3): 1-37.

김문준(2011). 유학에서의 늙어감의 관한 지혜. 『철학』, 106.

김민정(2014). 메를로-퐁티의 살 존재론과 몸의 반성. 『한국미학회지』, 79: 69-107.

김성동(1998). 기술철학의 시각에서 본 인간의 문제: 돈 아이디의 기술철학을 중심으로. 『철학』, 54: 197-217.

김성수(2013). 두 개의 글로컬라이제이션. 두 얼굴의 글로컬: 글로컬라이제이션 개념을 배경으로 한 문화콘텐츠 기획의 허와 실. 『글로벌문화콘텐츠』, 10: 105-138.

김수연(2012). 두 번의 결혼식과 한 번의 장례식, 『안과 밖』, 제33호.

김영나(1993). 모더니즘과 포스트 모더니즘의 성격과 현상. 『조형』, 16: 70-77.

김영태(2001). 창작발레의 계보와 전망. 『문화예술』, 3월호: 48-60.

김재관(1999). '그리드(Grid)'의 형성과 해체: 서양 회화의 사적 맥락과 그 해석을 중심으로. 『조형예술학연구』, 1: 125-164.

김정효(2008). 미셸 푸코의 신체관 연구. 『한국체육학회지』, 47(4): 25-37.

김종기(2010). 큰 이성으로서의 몸과 유물론: 『차라투스트라는 이렇게 말했다』를 중심으로. 『코기토』, 69: 341-375.

김태희(1998), 미국 현대무용계에 나타난 정치적 성향에 관한 연구. 『무용예술학연구』, 1: 127-143.

김현옥(2008). 머스 커닝험과 시각 예술가들의 예술협력에 관한 연구. 『대한무용학회논문집』, 55: 49-72.

김 효(2008). 들뢰즈와 가타리의 되기 이론으로 살펴본 장 쥬네의 하녀들. 『한국연극학』, 36: 227-262.
나경아(2002). 포스트 모던댄스의 '탈형식' 양상 연구. 『대한무용학회논문집』, 32: 47-56.
나일화(2008). 무용미학의 논의를 위한 들뢰즈 사상의 수용 가능성: Pina Bausch 작품에 나타난 '기관 없는 신체'를 중심으로. 『무용예술학연구』, 25: 1-31.
나일화·이지선(2014). 스피노자의 사유를 통해 본 라반의 심신평행론적 신체. 『무용예술학연구』, 46(1): 1-17.
남상욱(1990). 루카치의 리얼리즘과 사회주의 리얼리즘. 『고황논집』, 6: 129-141.
마종수(2001). 인체 형상을 통한 현대인의 내면세계 표현 연구. 이화여자대학교 석사학위 논문.
박영균(2001). 근대 '기술관'과 '해체' 전략. 『시대와 철학』, 12(1): 205-278.
박인순(1993). 실존주의 철학을 통한 무용의 접근. 이화여자대학교 석사학위 논문.
박인찬(2001). 탈식민주의의 정체성과 계보에 관한 절충주의적 접근. 『영미문학연구』, 11.
박치완(2011). 왜 글로컬문화콘텐츠인가? 『인문콘텐츠』, 20: 9-33.
박치완·김성수(2009). 문화콘텐츠학과 글로컬문화. 『글로벌문화콘텐츠』, 2: 7-35.
박형욱(2013). 노쇠한 사이보그. 『과학기술학연구』, 13(1).
백은정(2001). 도시 주변 개체의 일상 표현. 이화여자대학교 석사학위 논문.
서용순(2013). 이방인을 통해 본 새로운 주체성에 대한 고찰. 『한국학논집』, 50.
성은애(1999). 세기말 문예사조의 전환: 리얼리즘. 자연주의. 모더니즘. *Athenaeum* 5: 177-205.
신기영(2012). 마이너리티 이론의 탐색. 『일본비평』, 8.
심영의(2013). 다문화 소설의 유목민 주체성 연구. 『아시아여성연구』, 52(2).
심철웅(1996). 시각예술문화의 텍스트에 대한 기호학적 소고. 『同大論叢』, 26(1): 683-710.
양정혜·노수진(2012). 휴먼다큐멘터리가 재현하는 장애인. 『한국방송학보』, 26(3).
엄기홍(1997). 실험미학과 현대미술에서의 소통의 문제. 『청예논총』, 14.
오상현(2006). 일본 애니메이션의 세계화 전략: 미야자키 하야오의 이미지와 표현 컨셉. 『한일군사문화연구』, 4: 193-220.
오선명(2011). 농당스(Non-Danse)에 나타난 현대 춤의 본질: 제롬 벨(Jérôme Bel) 안무 작품을 중심으로. 『대한무용학회논문집』, 67: 201-214.

오진곤(2014). 1930년대 사회주의 리얼리즘과 영화의 역사적 배경에 관한 고찰. 『서울여자대학교 사회과학논총』, 21: 413-438.
윤정화(2012). 서사기법으로서의 퀴어. 『대중서사연구』, 28.
윤지현(2008). 탈구조주의적 수업설계를 통한 초등실과교육에서의 교수: 학습 방법 적용 방안 연구. 『한국실과교육학회지』, 21(2).
이모영(2000). 예술에 대한 심리학적 접근의 비판적 고찰. 『미학예술학연구』, 11: 167-192.
_____(2008). 예술에 대한 심리학적 접근: 시지각의 문제. 『미학예술학연구』, 27: 269-298.
이상엽(2004). 이성과 이성의 타자.『니체연구』, 6: 149-175.
이선형(2014). 헤테로토피아의 탈경계성.『드라마연구』, 44(1): 63-89.
이소희(2009). 메를로 퐁티와 푸코의 신체론 비교: 선험적 주체와 자연주의적 신체를 넘어서. 『철학연구』, 37: 111-139.
이수자(2006). 문화연구와 페미니스트 문화이론. 『문화와 사회』, 1.
이왕주(2008). 매체, 니체, 그리고 춤. 『철학연구』, 106: 211-233.
이유경(1999). 프로이트 미학: 예술에 관한 심층심리학적 접근의 의의와 문제점. 『한국미학예술학회지』, 10: 119-143.
이지선(2012). 디지털 영상시대 무용수의 몸. 『무용예술학연구』, 37(4): 63-84.
이지선·김말복(2015). 자크 데리다의 해체론적 관점으로 본 현대춤의 탈중심화 논의. 『대한무용학회논문집』, 73(6): 189-207.
_____(2015). 포스트모던 댄스에 나타난 비표현(anti-expression)에 관한 논의: 이본느 레이너의 「트리오 A」(1966)를 중심으로. 『대한무용학회논문집』, 73(5): 109-132.
이지선·이지원(2013). 드미트리 파파이오아누의 작품 「투」에 나타난 남성성의 표현과 이미지. 『대한무용학회논문집』, 71(6).
이지원(2005). 페미니즘적 시각으로 본 이본느 레이너의 작품 연구. 『무용예술학연구』, 16: 129-158.
_____(2014). 현대춤에 나타난 내러티브 재현과 의미 분석. 『대한무용학회논문집』, 72(2): 113-134.
이진우(1996). 니체의 반역적 사유. 『철학』, 48: 187-241.
이희경(2014). 글로컬, 탈경계 시대 한국 현대음악의 지형: 조망의 현재화. 『음악과 문화』, 31: 95-120.

임홍빈(2006). 몸과 이성, 자아: 『차라투스트라는 이렇게 말했다』의 한 해석. 『니체연구』, 10: 175-195.

장세룡(2009). 헤테로토피아: 탈근대공간 이해를 위한 시론. 『대구사학』, 95(1): 285-317.

장진경(1993). 카프카의 변신에 나타난 인간 소외의 문제. 이화여자대학교 석사학위 논문.

전혜란(2009). 비판적 리얼리즘 미술의 전개 양상과 그 정치·사회적 문제에 관한 연구. 한국교원대학교 석사학위 논문.

조수진(2013). 라우센버그와 모리스의 움직이는 몸: 1960년대 미국 미술과 무용의 협업. 『현대미술사연구』, 33: 77-108.

조은숙(2008). 아르누보적 관점에서 본 로이 풀러의 예술 성향에 관한 연구. 『무용예술학연구』, 25: 217-235.

최면정(2014). 한국 소설의 글로컬 전략: 해외 독자에의 수용 가능성을 중심으로. 『국제한인문학연구』, 14: 233-268.

하용삼·김준수(2009). 니체, 철학의 해체와 재구성: 몸을 중심으로.『대동철학』, 48: 213-232.

허 경(2011). 미셸 푸코의 '헤테로토피아': 초기 공간 개념에 대한 비판적 검토. 『도시인문학연구』, 3(2): 233-267.

Atwell, John E.(1984). The Significance of Dance in Nietzsche's Thought. *The Midwest Quarterly*, 25(2): 129-147.

Barko, Carol(1977). The Dancer and the Becoming of Language. *Yale French Studies*, 54: 173-187.

Benkler, Yochai(2000). From consumers to users: Shifting the deeper structures of regulation. *Federal Communications Law Journal*, 52.

Birringer, Johannes(2008). After Choreography. *Performance Research*, 13(1): 118-122.

______(2013). Choreographic and Performance Systems. *Dance Research Journal of Korea*, 71(4): 181-206.

Buch, David J. & Hanna Worthen(2007). *Ideology in Movement and a Movement in Ideology: The Deutsche Tanzfestspiele 1934*(9-16 December, Berlin), 59(2): 215-239.

Cooke, Jacquelin(2006). Heterotopia: Art Ephemera, Libraries and alternative Space. *Art Documentation: Journal of the Art Libraries Society of North America*, 2592: 34-39.

Copeland, Roger(2002). Merce Cunningham and the Aesthetics of Collage. *TDR*, 46(1): 11-28.

Cunningham, Merce(1968). Two Questions and five Dances. *Dance Perspectives*, 34. Summer.

Huschka, Sabine(2010). *Media-Bodies: Choreography as Intermedial Thinking Through in the Work of William Forsythe*, 42(1): 62-72.

Ji won, Lee(2012). *Korea's Queer on Stage: A Hidden Sensibility Awakening Stereotypes*, 36(3).

Kew, Carole(1999). From Weimar Movement Choir to Nazi Community Dance: The Rise and Fall of Rudolf Laban's "Festkultur." *The Journal of the Society for Dance Research*, 17(2): 73-96.

Kozel, Susan & Kirk Woolford(1999). Utterance 5 Mesh Performance Partnerships. *Performance Research*, 4(2): 61-63.

LaMothe, Kimerer L.(2003). Giving Birth to a Dancing Star: Reading F. Nietzsche's Maternal Rhetoric via Isadora Duncan's Dance. *Soundings: an Interdisciplinary Journal*, 86(3/4): 351-373.

______(2005). "A God Dances through Me": Isadora Duncan on F. Nietzsche's Revaluation of Values. *The Journal of Religion*, 85: 241-266.

Levin, David Michael(1973). Balanchine's Formalism, *Dance Perspectives*, 55: 216-236.

Lydon, Mary(1988). Skirting the Issue: Mallarmé, Proust, and Symbolism, *Yale French Studies*, 74: 157-181.

Manning, Susan(1989). Terpsichore in combat boots. *TDR*, 33(1): 15-16.

Nurit, Y.(2003). Myth into dance: Martha Graham's Interpretation of the Classical Tradition, *International Journal of the Classical Tradition*, 10(2): 221-242.

Platt, Ryan(2009). Forsythe's Box, *PAJ: a Journal of Performance and Art*, 31(1): 1-15.

Preston, Carrie J.(2009). Posing Modernism: Delsartism in Modern Dance and Silent Film, *Theatre Journal*, 61: 213-233.

Prickett, Stacey(1989). From Worker's Dance to New Dance. *The Journal of the Society for Dance Research*, 7(1): 47-64.

Rainer, Yvonne(2009). Trio A: Genealogy, Documentation, Notation. *Dance Research Journal*, 41(2): 12-18.

Sommer, Sally(1975). Loie Fuller, *The Drama Review*, 19(1): 53-68.

______(1981). Loie Fuller's Art of Music and Light, *Dance Chronicle*, 4(4): 389-401.

Sontag, Susan(1983). For 'Available Light': a brief lexicon, *Art in America*. December, 100-110.

Vass-Rhee, Freya(2010). Auditory Turn: W. Forsythe's Vocal Choreography. *Dance Chronicle*, 33(3): 388-413.

Whatley, Sarah(2013). Siobhan Davies RePlay: (Re)visiting the digital archive, *International Journal of Performance Arts & Digital Media*, 9(1): 83-98.

Zornitzer, Amy(1998). Revolutionaries of the Theatrical Experience: Fuller and the Futurists, *Dance Chronicle*, 21(1): 93-105.

■ 기타

극단 거리패 홈페이지. 〈http://www.stt1986.com/, 2015.12.10.〉

문화체육관광부 주최 공고미술사업 '마을미술 프로젝트'. http://www.maeulmisul.org/index.php, 〈2015.12.10.〉

박동미(2015년 8월 19일). 안애순 "피렌체 공연때 기립 박수 쏟아져... 커튼콜 6번이나". 『문화일보』. http://www.munhwa.com/news/view.html?no=2015081901032518090001, 〈2015.12.10.〉

박태해(2013). 새봄에 만나는 특별한 예술한마당, 『세계일보』(3.13)

손준현(2015년 8월 30일). '불쌍'. 베를린의 주말 밤을 적시다. 『한겨레』. http://www.hani.co.kr/arti/culture/music/706659.html, 〈2015.12.8.〉

조준형(2015년 6월 16일). 국립무용단. 日 오사카서 '묵향' 첫 해외공연. 『연합뉴스』. http://www.yonhapnews.co.kr/bulletin/2015/06/16/0200000000AKR20150616124600073.HTML?input=1195m, 〈2015.12.11.〉

프랑스 국립안무센터(CCN) 발레 프렐조카주 홈페이지, http://www.preljocaj.org, 〈2015.10.9.〉

황보유미(2009). 국립발레단 창작발레: 세계 무대를 겨냥한 왕자호동. 『예술의 전당 월간 정보지』 2009년 11월호. http://www.sac.or.kr/magazine/s_m_view_a.jsp?mag_id=3441, 〈2015.12.11.〉

Alexandre, Arsène(1900). Le Theatre de la Loie Fuller, *Le Theatre* 4, August 11.

Anonymous review, Hannoverscher Kurrier, 20 January 1929. Cited by S. Manning(1993), Ecstasy and the Demon: Feminism and Nationalism in the Dances of Mary Wigman(Berkeley: University of California Press), p. 129. Translation by Manning.

Jiyun, Jung(2013). Mary Wigman and German Modern Dance: A Modernist Witch? http://fmls.oxfordjournals.org, 〈2013.12.1.〉

Konie, Robin(2011). A Brief Overview of Laban Movement Analysis. http://movementhasmeaning.com/wp-content/uploads/2010/09/LMA-Workshop-Sheet.pdf, 〈2014.5.1.〉

Sinsky, Carolyn & Loie Fuller. http://modernism.research.yale.edu 〈2014. 12.3.〉

The Makers of Modern Dance in Germany. Narrated by Isa Partsch-Bergsohn. Volumes 1 & 2, 2001.

http://www.dance-teacher.com/2011/08/kurt-jooss/, 〈2014.1.21.〉

http://www.centrepompidou.fr/cpv/ressource.action?param.id=FR_R-6dc45b097f2ca147939be4c4eddea5f&param.idSource=FR_E-fb2b12d84d474cee225dd6c8898dc8f, 〈2014.1.10.〉

http://www.legalaffairs.org/issues/January-February-2004/exhibit_janfeb04.msp, 〈2014.1.18.〉

http://artsmeme.com/2011/03/17/minneapolis-not-new-york-gets-merce-cunningham-dance-company-collection/, 〈2014. 11.14.〉

http://www.williamforsythe.de/installations.html?&no_cache=1&detail=1&uid=29, 〈2014.11.14.〉

http://www.williamforsythe.de/installations.html?no_cache=1&detail=1&uid=22, 〈2014.11.14.〉

http://vimeo.com/channels/neilgreenberg/68803217 〈2014.12.1.〉

http://danceumbrella.co.uk/event.php?ref=disabled-theatre#.VLkQpLf9nIU, 〈2015.1.15.〉

http://www.youtube.com/watch?v=u53t7VozSYs 〈2015.1.23.〉

http://ausdance.org.au/articles/details/artists-in-the-academy-reflections-on-artistic-practice-as-research, 〈2016.1.10.〉

http://troikatronix.com/isadora/about/, 〈2016.1.10.〉

http://www.palindrome.de/content/pubs/leeds.pdf, 〈2016.1.5.〉

http://www.dance-tech.net/video/contemporary-dance-chunky-move-glow-official-full-hd

http://www.chromeExperiments.com, 〈2016.1.5.〉

http://www.allisnotlo.st/index_en.html, 〈2016.1.10.〉

https://www.youtube.com/watch?v=L2Be11a_Rgo&list=PLu4Zo9fB5MNeLYaRn5wpqzbQG2RcBp5Q, 〈2016.1.5.〉

https://www.google.com/culturalinstitute/about/, 〈2016.1.5.〉

https://www.youtube.com/watch?v=TDHy_nh2Cno

찾아보기

| 저자 소개 |

김말복

미국 위스콘신-매디슨주립대학교에서 무용학 박사학위를 취득하고, 페퍼다인대학교 경영대학원에서 수학했다. 현재 이화여자대학교 무용과 교수로 재직 중이며 한국무용예술학회 고문을 맡고 있다. 저서로는 『무용예술코드』, 『춤과 몸』, 『무용예술의 이해』, 『*Dancing Korea*』, 『우리 춤』, 『*Korean Dance*』, 『일상과 예술 속의 커뮤니케이션』(공저), 『무용의 이해』, 『무용예술론』이 있고, 역서로는 『역사 속의 춤』, 『무용: 그 실제와 이론』, 『움직임과 예술에 있어서 표현』, 『무용의 현상학』, 『무용의 철학』이 있다. 논문으로는 「푸코(M. Foucault)와 포사이드(W. Forsythe)의 '헤테로토피아' 논의」, 「니체의 이성비판과 20세기 현대 춤의 반향」 등이 있다.

이지원

이화여자대학교에서 무용학 박사학위를 취득하고 현재 한국체육대학교 교수로 재직 중이며 한국무용예술학회와 3.1여성동지회에서 이사로 활동하고 있다. 저서로는 『춤과 몸의 정치』, 『춤과 논문작성법』, 『춤, 테마로 읽다』 등이 있고, 논문으로는 「Dance on Politics in Cultural Space」, 「혁명기 러시아 발레에 나타난 막시즘적 표현과 해석」, 「메레디스 몽크의 '16mm 귀걸이'에 나타난 해체미학적 특성 연구」, 「Grand Union's Politics of Body」 등이 있다. 현재 한국연구재단 저술출판사업의 지원을 받아 『춤과 필름, 미학으로 읽다』를 집필 중이다.

이지선

이화여자대학교에서 무용학 박사학위를 취득하고 현재 인하대학교 인터랙티브문화기술연구소 연구교수로 재직 중이다. 이화여대 연구교수, 성균관대 겸임교수를 역임했고, 중앙대, 세종대, 한국예술종합학교 등에서 강의했다. 「현대춤에 나타난 디지털 융합 양상과 특성 연구」, 「자크 데리다의 해체론적 관점으로 본 현대춤의 탈중심화 논의」, 「포스트모던 댄스에 나타난 비표현(anti-expression)에 관한 논의: 이본느 레이너의 〈트리오 A〉(1966)를 중심으로」, 「영화관 대안 콘텐츠로서의 무용」, 「피나 바우쉬의 작품 〈콘탁트호프〉를 통해 살펴본 커뮤니티 댄스의 사회적 기능에 관한 고찰」 등 다수의 논문이 있다.

나일화

이화여자대학교에서 무용학 박사학위를 취득하고 현재 이화여자대학교 무용과 초빙교수로 재직 중이다. 이화여대 공연예술대학원, 중앙대, 상명대에 출강했으며, 저서로는 『효명세자연구』(공저)가 있다. 「글로컬 시대 한국 컨템퍼러리 댄스의 표현과 의미: 《묵향》, 《왕자 호동》, 《불쌍》을 중심으로」, 「컨템퍼러리 댄스에 나타난 신체 확장과 의미: 제롬 벨, 앙젤렝 프렐조카주, 자비에르 르 로이의 작품을 중심으로」, 「스피노자의 사유를 통해 본 라반의 심신평행론적 신체」, 「무용미학에 있어서 들뢰즈(G. Deleuze)의 신체 논의와 예술 개념의 의미」 등 다수의 논문이 있다.

현대무용사상: 표현과 해체

펴낸날 초판 1쇄 2016년 9월 26일
지은이 김말복 · 이지원 · 이지선 · 나일화
펴낸이 권은미
펴낸곳 이화여자대학교출판문화원
주소 서울특별시 서대문구 이화여대길 52(우03760)
등록 1954년 7월 6일 제9-61호
전화 02) 3277-2965(편집), 362-6076(마케팅)
팩스 02) 312-4312
전자우편 press@ewha.ac.kr
홈페이지 www.ewhapress.com
디자인 신성기획
찍은곳 한영문화사

ISBN 979-11-5890-171-4 93680
값 28,000원

* 잘못된 책은 바꾸어 드립니다.

이 도서의 국립중앙도서관 출판예정도서목록(CIP)은 서지정보유통지원시스템 홈페이지(http://seoji.nl.go.kr)와 국가자료공동목록시스템(http://www.nl.go.kr/kolisnet)에서 이용하실 수 있습니다. (CIP제어번호: CIP2016021510)